Manfred Hermann Schmid

Beethovens Streichquartette

Manfred Hermann Schmid

BEETHOVENS STREICHQUARTETTE

Auf der Spur
musikalischer Gedanken

Ein Werkführer

Bärenreiter
Metzler

Auch als eBook erhältlich:
ISBN 978-3-7618-7255-0 (epdf)

Bibliografische Information der Deutschen Nationalbibliothek
Die Deutsche Nationalbibliothek verzeichnet diese Publikation in der Deutschen Nationalbibliografie; detaillierte bibliografische Daten sind im Internet über www.dnb.de abrufbar.

© 2021 Bärenreiter-Verlag Karl Vötterle GmbH & Co. KG, Kassel
Gemeinschaftsausgabe der Verlage Bärenreiter, Kassel,
und J. B. Metzler, Berlin
Umschlaggestaltung: +CHRISTOWZIK SCHEUCH DESIGN
Umschlagabbildung: akg-images / Beethoven-Haus Bonn
Lektorat: Daniel Lettgen
Innengestaltung und Satz: Dorothea Willerding
Druck und Bindung: Beltz Grafische Betriebe GmbH, Bad Langensalza
ISBN 978-3-7618-2609-6 (Bärenreiter)
ISBN 978-3-662-63593-3 (Metzler)
www.baerenreiter.com
www.metzlerverlag.de

Inhalt

Einführung 7

Tradition und Innovation in Beethovens Streichquartetten

Besetzung und Gattung 10
Notierungsfragen: Das Violoncello und seine Schlüssel 12
Werkzyklen, Satzfolge und Satzcharaktere 13
Hierarchie und Ordnung der Stimmen 18
Sprachcharakter in den späten Quartetten 22
Formveränderungen unter dem Diktat prozesshaften Verlaufs 24
Tonale Dispositionen: Wege der Durchführung 33
Themenbildung und syntaktische Verfahren 37
»Fremdkörper« in den Streichquartetten: Zitat, Selbstzitat, Pseudozitat 43

Die einzelnen Quartette: Werkbesprechungen

Die frühen Streichquartette 45
    Streichquartett in F-Dur op. 18 Nr. 1 45
    Streichquartett in G-Dur op. 18 Nr. 2 55
    Streichquartett in D-Dur op. 18 Nr. 3 60
    Streichquartett in c-Moll op. 18 Nr. 4 68
    Streichquartett in A-Dur op. 18 Nr. 5 75
    Streichquartett in B-Dur op. 18 Nr. 6 81
Die mittleren Streichquartette 91
    Streichquartett in F-Dur op. 59 Nr. 1 94
    Streichquartett in e-Moll op. 59 Nr. 2 108
    Streichquartett in C-Dur op. 59 Nr. 3 122
    Streichquartett in Es-Dur op. 74 136
    Streichquartett in f-Moll op. 95 151
Die späten Quartette 165
    Streichquartett in Es-Dur op. 127 174
    Streichquartett in B-Dur op. 130 192
    Die Große Fuge op. 133 218

Streichquartett in cis-Moll op. 131 226
Streichquartett in a-Moll op. 132 245
Streichquartett in F-Dur op. 135 264

Hinweise zu Quellen, Dokumenten und Literatur

Ausgaben 282
Quellen zum Notentext 282
    Gedruckte Faksimiles von Autographen 282
    Gedruckte Faksimiles und Übertragungen von Skizzen 282
Historische Zeugnisse 282
Literatur 283
    Monographien zu Beethovens Quartetten insgesamt 283
    Monographien zu einzelnen Quartetten oder Quartettgruppen 283
    Texte in Handbüchern und Beethoven-Sammelbänden 284
    Beethoven-Biographien mit Kapiteln zu den Streichquartetten........ 286
    Aufsätze 286
    Varia mit indirektem Bezug zu Beethovens Streichquartetten 289

Register

Register der Werke Beethovens 290
    Die Streichquartette 290
    Andere Werke 290
Personenregister 290

Einführung

Der baltisch-russische Feuerkopf und Beethoven-Enthusiast Wilhelm von Lenz, in Kontakt mit Liszt, Mendelssohn und Chopin, gliederte 1852 in einem ersten Versuch Beethovens Werke anhand der Klaviersonaten nach ihren Stilen in drei Gruppen: »Beethoven et ses trois styles«. Ebenso gut hätte er die Streichquartette wählen können. Sie werden bis heute in »frühe« (op. 18), »mittlere« (op. 59, 74, 95) und »späte« (op. 127, 130–133, 135) eingeteilt. Eine Dreigliederung, die bei jedem Künstler irgendwie plausibel gemacht werden kann, hat bei Beethoven unstrittig ihr besonderes Recht. Jugendliche Frische, konzertant virtuose Expressivität und zuletzt Streben nach Abstraktion sind unüberhörbare, wenn auch nicht die einzigen Merkmale im Schaffen Beethovens. Nur zwei der Quartette passen nicht so recht in die bewährte Einteilung: das Es-Dur-Quartett op. 74 und das f-Moll-Quartett op. 95. Für sie wäre gewissermaßen in der »mittleren« Schublade ein eigenes Fach nötig.

Beethovens Streichquartette haben wie kaum eine andere Werkgruppe, vergleichbar allein dem *Wohltemperierten Clavier* Bachs, in der Musikgeschichte die folgenden Generationen beschäftigt, Musiker, Musikgelehrte und vor allem Komponisten. Nicht zufällig wollte Strawinsky die späten Quartette im 20. Jahrhundert verortet wissen, nachdem Ignaz Schuppanzigh, Beethovens bevorzugter Quartettprimarius, gegenüber dem Komponisten Aloys Förster behauptet hatte, »dass man diese Werke erst nach tausend Jahren verstehen werde«. Darin kommt halb resignierend und doch einfühlsam zum Ausdruck, dass die Quartette eine dauernde geistige Herausforderung bleiben werden. Was sich über sie sagen lässt, behält immer den Charakter einer Momentaufnahme, bestenfalls einer solchen, die in einem historischen Album ihren Platz findet.

Ich habe während des Schreibens in einem solchen Album geblättert und mich besonders an den Büchern von Theodor Helm (1885), Joseph Kerman (1967) und Gerd Indorf (2004) erfreut. Mein Text verdankt sich aber mehr noch dem Unterricht bei Rudolf Koeckert (1913–2005), mit dem ich als Bratschist 1982 bis 1986 sämtliche Beethoven-Quartette spielen und studieren durfte. Nicht weniger verdankt er sich dem wissenschaftlichen Denken von Thrasybulos Georgiades (1907–1977). Mein Studium bei ihm begann im Mai 1970 mit einer Diskussion über das Scherzo von op. 18 Nr. 1.

Das Kapitel »Tradition und Innovation in Beethovens Streichquartetten« lässt sich abgesehen von den ersten beiden Abschnitten gleichermaßen als Einführung wie als Resümee lesen. Bei den einzelnen Quartetten wollte ich jeden Satz in seinem Verlauf verfolgen, doch nicht vom ersten bis zum letzten Takt aufzählend Geschehnisse nacherzählen, sondern im Nachspüren von Wechselbeziehungen unterschiedlicher Faktoren primär auf charakteristische Eigenheiten der Komposition eingehen, und zwar ohne Rücksicht auf entstehungsgeschichtliche Debatten und Skizzenfragen, die nur in Einzelfällen zum Werkverständnis beitragen. Bei op. 131 und 132 folge ich auszugsweise eigenen älteren Texten (1994). Manch gelehrter Kopf der Vergangenheit suchte seine Kompetenz durch Vorbehalte und Kritik zu erweisen. Von dieser Versuchung war ich ganz frei. Mir erscheint jeder Ton von Beethoven wie eine kleine Offenbarung.

Zwanzig oder dreißig Jahre früher wäre mein Text anders ausgefallen, weil ich keinesfalls auf einen kompletten kritischen Apparat mit der Diskussion von Forschungsthesen verzichtet hätte. Heute sehe ich in einem solchen Buch doppelten Umfangs, das von den eigenen Gedanken ständig ablenkt, keinen Gewinn und erlaube mir als Alterslizenz, auf Fußnoten zu verzichten und Literatur pauschal, aber immerhin gegliedert im Anhang nachzuweisen, mit der Bitte, Eigenheiten meiner Darstellung nicht auf mangelnde Vertrautheit mit anderen Lösungen zurückzuführen. Ich habe das in den westeuropäischen Sprachen zum Thema Publizierte über Jahrzehnte hinweg einigermaßen vollständig zur Kenntnis genommen.

Der Sprache fällt die schwierige Aufgabe zu, im Nacheinander erklärend zu sortieren, was sich in der Musik gleichzeitig ereignet. Die der Sprache immanente Logik unterstützt andererseits das Streben nach Herstellen von kausalen Zusammenhängen bei den permanenten Rückbeziehungen, die in der Musik jeder Ton hat. Einfach kann eine Sprache der Interpretation nicht sein. Klar sollte sie gleichwohl bleiben, lautete die Forderung an mich selbst.

In zwei Bereichen war es mein Anspruch, dem aufmerksamen Hören wie Spielen von Beethovens Streichquartetten und ihrer weiteren Erforschung neue Impulse zu geben, nicht zuletzt auch Forschungsfelder zu eröffnen, nämlich beim Nachverfolgen formwirksamer harmonischer Prozesse und ganz besonders bei Erklärungen auf einem für Beethoven kategorisch wichtigen Feld: dem von Rhythmus und Syntax. Wo Formen und Satzgliederungen erläutert werden, ist der Verlegenheitsbegriff »Überleitung« gemieden. Ich spreche lieber von verschiedenen Zonen innerhalb von Großabschnitten wie dem Hauptsatz der Sonatenform, um sie von den wirklichen Übergängen zu unterscheiden, die Beethoven ganz besonders kultiviert hat.

Für Anregungen habe ich den Kollegen Hans-Joachim Hinrichsen in Zürich und Hartmut Schick in München zu danken, zudem Wolf-Dieter Seiffert, vor allem aber Bernd Edelmann als ältestem Freund und kritischem Leser. Mein Dank gilt zudem Daniel Lettgen und den Mitarbeiterinnen im Verlag, Jutta Schmoll-Barthel und Dorothea Willerding.

TRADITION UND INNOVATION IN BEETHOVENS STREICHQUARTETTEN

Im Streichquartett als einer Gattung, die innerhalb weniger Jahrzehnte von bescheidenen Anfängen aus dem Umkreis des Divertimentos zu höchstem Ansehen aufgestiegen war, konzentrierte sich für Beethoven die ganze Kunst seiner Disziplin. Hier musste sich jene »Compositionswissenschaft« bewähren, von der Joseph Haydn 1785 eben im Zusammenhang des Streichquartetts gesprochen hat. Sie forderte eingehendes Studium der älteren Musterwerke und minutiöse Ausarbeitung, oder wie Mozart es in seinem Widmungstext für den Vater der Gattung formulierte: »una lunga e laboriosa fatica«, eine lange und arbeitsreiche Mühe. Bei den letzten Quartetten ab op. 127 wollte Beethoven den Anspruch auch sichtbar machen. Er forderte von seinen Verlegern über den Stimmendruck hinaus in der Tradition des studierbaren »exemplum classicum«, der Pleyels *Bibliothèque musicale en partition* seit 1802/03 mit den Streichquartetten Haydns wie Mozarts ihren Erfolg verdankte, auch die Veröffentlichung in Partitur. Von den früheren Quartetten waren zu seinen Lebzeiten dagegen nur Stimmen erschienen.

Besetzung und Gattung

In der Besetzung ist das Streichquartett ein Erbe der Familienbildung der Geigeninstrumente im 16. und 17. Jahrhundert, verbunden mit der Herausbildung des vierstimmigen Satzes als Standard bei der Komposition. Eine Familie definierte sich generell durch drei Baugrößen: ein mittleres Instrument für Tenor und Alt, ein kleines für den Diskant und ein großes für den Bass. In der Stimmung unterschieden sich die Baugrößen durch den Abstand einer Quint oder Quart. Mit diesem Hintergrund fügten sich die drei Instrumente Violine, Viola und Violoncello zu einer Gruppe. Die Formation des Streichquartetts scheint diesen Vorgaben allerdings zu widersprechen, denn es ist nicht die Viola verdoppelt, sondern die Violine. Zudem stehen Viola und Violoncello nicht im Abstand einer Quint oder Quart, sondern im Abstand einer Oktav.

Die Abweichungen sind das Ergebnis zweier unterschiedlicher historischer Prozesse. So waren die Geigeninstrumente im 16. Jahrhundert zunächst dreisaitig:

Violine			g	d^1	a^1	$[e^2]$
Viola		c	g	d^1	$[a^1]$
Violoncello	$[B]$	F	c	g	

Als diese neuen Instrumente in der zweiten Hälfte des 16. Jahrhunderts im Tonumfang vergrößert wurden, erhielten sie eine vierte Saite (Töne in eckiger Klammer). Bei den kleineren Baugrößen erweiterte sie den Umfang nach oben, beim Violoncello jedoch nach unten. In dieser Quintschichtung war die Geigenfamilie in Frankreich das ganze 17. Jahrhundert über besetzt. In Italien dagegen bevorzugte man eine Variante, bei der das Violoncello einen Ganzton höher gestimmt war ($[C-]G-d-a$) und deshalb nicht im Quint-, sondern im Quartverhältnis zur Viola stand. Bei Viersaitigkeit kamen die beiden unteren Instrumente so in einen Oktavabstand, wodurch sie sich insgesamt leichter zusammenstimmen ließen.

Die bautechnische Entwicklung wurde von einem satztechnischen Prozess begleitet. Im mittleren und späten 16. Jahrhundert war gegenüber der Vierstimmigkeit die Fünfstimmigkeit die bevorzugte Formation für einen vollstimmigen Satz »a voce piena«. Die drei Instrumente verteilten sich dann etwa bei Monteverdi folgendermaßen auf die fünf Stimmen: zwei Violinen, zwei Violen, ein Violoncello. Auf diese Weise kamen die zwei Geigen ins Ensemble, das sich dem Streichquartett nähert, wenn ab circa 1700 in einem Verfahren der Simplifizierung die Mittelstimmen auf eine Viola reduziert werden. Zum Standardquartett führt aber noch ein zweiter Weg. Als ganz neuer Satztyp etablierte sich in Italien im 17. Jahrhundert der Triosatz mit zwei gleichrangigen und gleich gestimmten Oberstimmen und einem Bass. Es sind gewissermaßen die Außenstimmen des fünfstimmigen Satzes, die sich verselbstständigen, im Fall der Geigeninstrumente: zwei Violinen plus Violoncello. Im Orchesterspiel bot es sich an, zur Füllung des Tonraumes noch eine Mittelstimme mit der Viola zu ergänzen. Die Abhängigkeit vom Triosatz zeigt sich lange an der vor allem in Italien engen Bindung der Viola an den Bass als seine häufig nur oktavierende Verstärkung (»colla parte«).

In der Formation des Streichquartetts laufen also zwei Wege zusammen: eine Reduktion des fünfstimmigen Satzes und eine Erweiterung des Triosatzes. Daneben existieren die Basiselemente im 18. Jahrhundert auch noch lange selbstständig. Der fünfstimmige Satz lebt in einer Streicherbesetzung mit geteilten Bratschen weiter und wird unter den Auspizien eines doppelten Trios nach dem Muster »3 + 3 = 5« (zwei Violinen plus Bass, zwei Violen plus Bass) die Voraussetzung für die Streichquintette Mozarts und damit auch Beethovens. Werke im Triosatz wiederum sind bis Mitte des Jahrhunderts die Muster, mit denen sich ein Komponist vorstellt; das gilt bis zu Leopold Mozarts op. 1. Danach übernimmt eine solche Musterrolle die Quartettbesetzung, in Anlehnung auch an die gewöhnliche Vierstimmigkeit des Vokalsatzes. Joseph Haydn hat der kammermusikalisch instrumentalen Vierstimmigkeit mit seinen Quartetten seit circa 1760 zu Erfolg und Ansehen verholfen. Für Beethoven war die Formation des Streichquartetts deshalb so selbstverständlich, dass er sich keine Gedanken zu historischen Bindungen machen musste. Als er nach Wien kam, waren Quartettaufführungen in den besseren Kreisen von Adel und Bürgertum längst ein regelmäßiges, wenn auch eher exklusives Ereignis.

Notierungsfragen: Das Violoncello und seine Schlüssel

Das Violoncello wird in hoher Lage von Beethoven unterschiedlich notiert. Im Erstdruck von op. 18 stehen »solistische« Stellen im Violinschlüssel, der nach den Regeln des 18. Jahrhunderts die Stimme notationstechnisch eine Oktav höher legt. Der geläufigen Praxis dürfte Beethoven auch in seinem verlorenen Autograph gefolgt sein, zumal die Amenda-Abschrift der Frühfassung des F-Dur-Quartetts gleichfalls den oktavierenden Violinschlüssel vorsieht. In op. 59 bevorzugte Beethoven dagegen den Tenorschlüssel. Die späten Quartette mischen beide Schreibvarianten auf engstem Raum und führen zudem neue Notationstechniken ein. Im Finale des Autographs von op. 127 (T. 153–160 und 263–272) bedient sich Beethoven singulär des für Violoncellisten nicht ohne Weiteres geläufigen Altschlüssels, akzeptierte jedoch gleichzeitig für den Erstdruck als vertrautere Alternative den oktavierenden Violinschlüssel. Beim Finale von op. 132 (Presto, T. 280–320) wich Beethoven von den üblichen Praktiken kommentarlos ab und entschied sich für den Violinschlüssel in Loco-Lesung, eine Schreibweise, die ansonsten erst im späten 19. Jahrhundert üblich wurde.

Werkzyklen, Satzfolge und Satzcharaktere

Beethoven folgt den Gattungsgepflogenheiten, wenn er seine ersten Quartette in Sechser- und Dreiergruppen publiziert und die Tonarten so aufeinander abstimmt, dass sie wie bei Mozarts »Haydn«-Quartetten ein mittleres Segment des Quintenzirkels ohne extreme Ausschläge in die ♭- oder ♯-Richtung ergeben (op. 18: $B^{\flat\flat}$-$F^{\flat}$-C-$G^{\sharp}$-$D^{\sharp\sharp}$-$A^{\sharp\sharp\sharp}$ in der Reihenfolge F-G-D-c-A-B; op. 59: F-e-C). Ein Werk im Inneren der Sammlung sollte in Moll stehen; bei op. 18 hat es mit c-Moll selbst einen der Quintenplätze, bei op. 59 vertritt es die Paralleltonart G-Dur. Ab op. 74 gibt Beethoven den Gruppenzusammenhang im Interesse fortschreitender Individualisierung allerdings auf und veröffentlicht seine Quartette einzeln wie die Sinfonien und wie dort in fortlaufender Zählung. Bei op. 95, das im Autograph zudem als *Quartetto serioso* eine Art Titel erhält wie bei den Sinfonien die dritte mit *Eroica* oder die sechste mit *Pastorale*, rief das die Angabe »Eilftes Quartett« hervor, was bedeutet, dass Beethoven seine Umarbeitung der Klaviersonate op. 14 Nr. 1 in ein Quartett nicht mitgezählt hat. Überraschenderweise suchen die späten Quartette ab op. 127 wieder die Abstimmung innerhalb einer Gemeinschaft. Sie werden zwar trotz des Ausgangsplans für drei Quartette nicht zu einer äußeren Gruppe zusammengefasst, auch wenn durch Separierung der *Großen Fuge* op. 133 die alte Sechszahl wieder hätte entstehen können, sind aber innerlich in Techniken und intervallischen Strukturen aufeinander bezogen.

In der Satzfolge hielt Beethoven lange an den vier »klassischen« Grundtypen fest, die sich selbst noch in der Binnenstruktur der *Großen Fuge* spiegeln.

I	Diskursives Allegro
II	Kantables Andante
III	Tänzerisches Scherzo
IV	Lebhaftes Finale

Anstelle des Scherzos ist mehrfach das ältere Menuett vorgesehen, so in op. 18 Nr. 4–5 und op. 59 Nr. 3. Die beiden Mittelsätze werden in der Reihenfolge nach Haydns Vorbild gelegentlich auch getauscht (↔ in der Tabelle). Dann kommt der langsame Satz an dritter Stelle wie in op. 18 Nr. 5 oder op. 59 Nr. 1, op. 131 und op. 135. Bis an die Grenzen der Verwechselbarkeit der Mittelsätze geht Beethoven im c-Moll-Quartett aus op. 18, weil der »langsame« zweite Satz in keckem Tonfall das Tempo so beschleunigt (Andante scherzoso quasi Allegretto), dass er als Scherzo durchgehen könnte, zumal er bei unveränderter, lediglich nach Dur gewendeter C-Tonika im Dreiertakt steht und auch noch die Überschrift »Scherzo« aufweist, stünde dem nicht die Formentwicklung und ein folgendes »Menuetto« entgegen, das sich als der eigentliche Tanzsatz erweist. Wiederholungen bei Menuett und Scherzo sind gelegentlich modifizierend ausgeschrieben – bei op. 59 Nr. 3 der erste Teil, bei op. 18 Nr. 3 und op. 130 das komplette Da capo – und Trios in einer Erweiterung der Formanlage verdoppelt. In op. 59 Nr. 2 und op. 74 kommt das selbstständige Mittelstück jeweils zwei Mal. Die Verdopplung führt in op. 95, weil sie nicht mechanisch erfolgt, zu einer durchführungsartig mit tonartverschobenen Reminiszenzen operierenden Sonderform, die auch in op. 127 und seiner Coda ein Echo hat. Die Großanlage mit doppeltem Trio schimmert noch im Presto von op. 131 trotz des Zweiertaktes durch.

Vergrößerbar war das Formkonzept durch langsame Einleitungen (→ in der Tabelle), die dem ersten Satz vorausgehen, wie in op. 59 Nr. 3, op. 74 und allen späten Streichquartetten außer op. 135, aber auch das Finale eröffnen können, wie schon in op. 18 Nr. 6 und op. 95 oder wieder in op. 131; in op. 132 wird aus der Final-Einleitung ein instrumentales Rezitativ, in der *Großen Fuge* op. 133 eine Ouvertura in Anlehnung an das ältere Präludium. Ein Rezitativ dient in op. 131 als Einleitung zum langsamen Satz, die in op. 127 und 130 ohne eigenes Tempo auf wenige Takte komprimiert ist. Auch in den vielgliedrigen Formen der späten Quartette mit ihren Einschüben kann also die ursprüngliche viersätzige Anlage immerhin noch durchscheinen, so im cis-Moll-Quartett op. 131 mit den Segmenten 2, 4, 5 und 7 samt den Einleitungen 1 und 6. Einschübe waren erstmals bei op. 127 geplant, wurden definitiv aber erst bei op. 130 und 132 realisiert.

	[I]	[II]	[III]	Einschübe	[IV]
op. 18, 1–4	♦	♦	♦		♦
op. 18, 5	♦	♦ ↔	♦		♦
op. 18, 6	♦	♦	♦	→	♦
op. 59, 1	♦	♦ ↔	♦		♦
op. 59, 2	♦	♦	♦		♦
op. 59, 3	→ ♦	♦	♦		♦
op. 74	→ ♦	♦	♦		♦
op. 95	♦	♦	♦	→	♦
op. 127	→ ♦	♦	♦		♦
op. 131	{→ ♦} →	♦	♦	→	♦
op. 132	→ ♦	♦	♦	Alla Marcia →	♦
op. 130	→ ♦	♦ ↔	♦	Alla danza tedesca Cavatina	♦
op. 135	♦	♦ ↔	♦	→	♦

Verändert wird die traditionelle Satzfolge früh durch drei Faktoren, durch Tempo- wie Tonart-Modifizierungen, durch neue »Charaktere« und durch Satzverschmelzungen.

Tempoverschiebungen – nach Beethovens Motto, dass es die »tempi ordinari« nicht mehr gebe – betreffen vor allem die Mittelsätze. Das Scherzo kann sich stark beschleunigen wie erstmals in op. 18 Nr. 2. Der langsame Satz wiederum erfährt Veränderungen in beide Richtungen. Er kann an Tempo sowohl zulegen wie in op. 18 Nr. 4 und op. 59 Nr. 3 als es auch zurückhalten. Das Adagio in op. 59 Nr. 1 ist extrem verlangsamt (Adagio molto e mesto), ähnlich dem Lento in op. 135 (Lento assai, cantante e tranquillo, mit Più lento im Mittelteil). Mit den Tempoextremen korrespondieren tonartliche Weitungen. Die langsamen Sätze sind mehrfach in chromatischen Brechungen von der Grundtonart entfernt, so schon in op. 18 Nr. 3 mit B-Dur gegen das D-Dur der Haupttonart. Die gleiche tiefalterierte VI. Stufe kehrt im Lento assai von op. 135 wieder. Bei op. 130 schafft alternativ die tiefalterierte III. Stufe den Sonderraum für das Andante con moto, beim f-Moll-Quartett op. 95 mit D-Dur die hochalterierte VI. Stufe, die nochmals im Alla danza tedesca von op. 130 eine Rolle spielt, weil für das Scherzo das B-Dur der Grundtonart in ein b-Moll verwandelt ist. Gelegentlich ist auch das Scherzo von tonalen »Exkursionen« betroffen. In op. 59 Nr. 1 steht es, seiner Form nach ohnehin ein Pseudo-Scherzo, in der Unterquinte B, als handle es sich um einen bewegten langsamen Satz nach dem Muster von op. 18 Nr. 4. In op. 74 ist es in die Mollparallele gerückt, in op. 132 in die Durvariante. In op. 131 sind nur noch die Ecksätze und der zentrale Mittelsatz traditionskonform. Alle anderen Tonarten, das »neapolitanische« D-Dur für das erste Allegro und die III. Stufe E-Dur für das auch noch geradtaktige Scherzo, stehen außerhalb »klassischer« Dispositionen.

Nicht weniger auffällig sind die »inneren« Veränderungen. Das Adagio vor dem Finale in op. 18 Nr. 6 ist nicht bloß eine formal erweiternde Einleitung zum Allegro, sondern ein Satzteil eigener Aussage, ausgezeichnet durch die programmatische Überschrift »La Malinconia«. In anderen Fällen ist Beethoven weniger deutlich oder überhaupt schweigsam. Die verdeckt literarischen Bezüge beim Adagio affettuoso ed appassionato von op. 18 Nr. 1 mit der sprechend langen Tempobezeichnung in Abänderung eines ursprünglichen Adagio molto lassen sich nur über die Skizzen mit dem Vermerk »Les derniers soupirs« und einer Bemerkung des Freundes Amenda präzisieren, der Shakespeares *Romeo and Juliet* als Quelle genannt hat. Unabweisbar ist aber auch ohne den Hinweis der Eindruck einer großen theatralischen Szene, mit deren Dimensionen Beethoven den Rahmen vokaler und auch arioser Bindungen bei langsamen Instrumentalsätzen nach dem Vorbild von Haydns op. 20 Nr. 2 oder op. 33 Nr. 4 dramatisch sprengt, um zu überhaupt neuen Satzcharakteren vorzustoßen. Deren Veränderung kann auch ganz nebenbei spürbar werden. Im Menuett von op. 18 Nr. 5 setzt die Bratsche bei der Reprise einen Takt früher ein als zuvor, sodass sich die gesamte Taktordnung verschiebt. Die tanzmäßig choreographische Ordnung ist kurzerhand außer Kraft gesetzt. Rhythmisch an die Grenzen des Taktverständnisses geht auch das Scherzo aus op. 18 Nr. 6 mit seinen synkopischen Verschiebungen und einem verlängerten Auftakt. Kadenziert der erste Teil immerhin noch an den regulären Stellen von viertem und achtem Takt, bilden sich nach dem Doppelstrich syntaktisch ganz neue Einheiten, weil gleich der erste Halbschluss in T. 15 einen siebten Takt akzentuiert.

Für das Gesamtkonzept eines Werkes haben neuartige Satzverschmelzungen entscheidende Bedeutung. Mit ihrer Hilfe gehen ursprünglich separate Teilstücke nahtlos ineinander über. Die Voraussetzungen dafür hat Haydn mit Sonderformen von Scherzo und Menuett geschaffen, denn das mittlere Trio wird gelegentlich durch eine eigene Coda in den Hauptsatz zurückgeführt wie in op. 77 Nr. 2, wo die Coda von der Tonart des Trios ausgeht, aber bereits Elemente des Menuetts ankündigt. Darin zeigt sich eine Zwischenzone, die zwei zunächst eigenständige Einheiten auffällig verknüpft. Auf die Rückbeziehung kann auch noch harmonisch verwiesen sein, wenn das Trio auf einen Halbschluss hinausläuft wie bei Haydns op. 77 Nr. 1 und schon op. 20 Nr. 2. Das enge Heranziehen über einen Halbschluss verbindet in diesem Quartett sogar Adagio und Menuett. Mit einem regelrechten Coup an der Anschluss-Stelle wartet das »Sonnenaufgangsquartett« op. 76 Nr. 4 auf, weil sein Trio wie durch eine Falltür bei Schluss 2 des Menuetts »hereinstürzt«. Verschmelzungsgedanken führen letztlich auch zu motivischen Korrespondenzen. Das »Alternativo« überschriebene Trio von op. 76 Nr. 6 gleicht sich thematisch dem Hauptsatz an.

Beethoven greift derlei Experimente auf. Den motivischen Wechselbezug zwischen Scherzo und Trio demonstriert gleich die Nr. 1 von op. 18. Eine Verbindungs-Coda nach dem Trio ist in der ersten Quartettserie vierfach präsent: in Nr. 2, 3, 4 und 6. Die interessantere Lösung bietet aber nochmals das erste dieser Quartette, weil beim Trio-Schluss auf ein Kadenzieren verzichtet ist. Ähnlich kadenzlos leiten die Trios von op. 59 Nr. 2 und op. 135 nach schrittweisem Klangumbau ins Scherzo zurück. Den eigenartigsten Fall interner Verschränkungen bietet der langsame Satz von op. 18 Nr. 2, weil ins Adagio nach einer Überarbeitung des Satzes eine überraschende Allegro-Passage im Gestus eines Finales einmontiert ist, als handle es sich beim langsamen Teil nur um eine Art Vorspann. Im Finale von op. 18 Nr. 6 ist das Verhältnis umgekehrt: Hier sind die langsamen Teile die »importierten«, denn ungewöhnlicherweise kehren Takte des Adagios der Einleitung mitten im Allegretto wieder (T. 195 und 210).

Über Binnenverknüpfungen hinaus strebte Beethoven im Interesse übergreifender Einheiten vor allem nach engerem Zusammenziehen der Sätze. In op. 59 Nr. 1 geht das Adagio an dritter Stelle zäsurlos ins Finale über. Bei op. 59 Nr. 3 verzichtet das Menuett auf die Schlusskadenz und wendet sich in einer überleitenden Coda dem Finale zu, das im Einsatzton seines Fugenthemas aus dem vorausgehenden Dominantklang herauswächst. Auch in op. 74 nimmt der Übergang vom Scherzo seinen Ausgangspunkt und erfasst wieder das Finale. Dass gerade der letzte Satz an den bisherigen Verlauf herangezogen wird, zeigt Beethovens Absicht, einen prozesshaften Verlauf zu gestalten, der auf einen Schluss hin ausgerichtet ist. Das integrative Moment kann sich aber schon früher zeigen, wenn in op. 95 die beiden Mittelsätze ineinander verzahnt werden. Der Anfang des Finales ist zudem motivisch mit dem vorausgehenden Scherzo verknüpft. In op. 131 schließlich gibt es überhaupt keine »regulären« Satzschlüsse mehr. Alle einzelnen Teile, von Beethoven »Stücke« oder »pezzi« genannt, gehen ineinander über, sodass das Finale einen vergrößerten Schluss finden muss, der übergreifend den Gesamtverlauf zu einem Ende bringt. Beethoven leistet das nach dem Innehalten einer Generalpause (T. 348) mit einer 40-taktigen Coda, die zunächst den Charakter eines rückschauenden Epilogs hat, um sich letztlich doch zu einem gewaltigen Fortissimo vollgriffiger Akkorde von affirmativer Gegenwart zu steigern und so eine mehrgliedrige Anlage zu zyklischer Einheit zu zwingen. Richard Wagner hat in seiner Beethoven-Schrift von 1870 für die neue Idee eines mit rein instrumentalen Mitteln verwirklichten »inneren« und einheitlichen »Dramas« das schöne Bild des »Lebenstages« gefunden, in dem sich übereinstimmend mit der aristotelischen Forderung nach Einheit der Zeit musikalische »Vorgänge« krisenhaft zuspitzen und ihre Lösung finden.

Beethoven geht von gewohnten Satztypen aus, aber er gestaltet mit ihnen Neues im Sinne einer Gesamtform, deren Einheit mit subtileren Mitteln erreicht wird als mit den Zitaten im Finale der 9. Sinfonie.

Hierarchie und Ordnung der Stimmen

Die Serie op. 18 fordert als Quartettprimarius den Virtuosen. Im technischen Anspruch werden ihm so etwas wie kleine Violinkonzerte abverlangt. Beethoven orientiert sich hier weit mehr an Haydn als an Mozart und scheut nicht die Nähe des einstmals modischen Quatuor brillant, wenn er in der ersten Geige oktavierte Skalen (Nr. 2, 1. Satz), gebrochene Dreiklänge über drei Oktaven (Nr. 2, 2. Satz) oder selbstbewusstes Akkordspiel (Nr. 4, 1. Satz) verlangt. Zu den typisch konzertanten Elementen zählen auch ausgreifende Arpeggien über drei und vier Saiten (Nr. 4, 4. Satz), eine chromatische Tonleiter von zwei Oktaven (Nr. 6, 2. Satz) und das Durchmessen des ganzen Tonumfangs in großen

Sprüngen, beim Quartsextakkord samt abschließendem Triller (Nr. 4, 1. Satz). Ins Repertoire des Virtuosen fallen auch die Oktaven im ersten Satz von Nr. 2. Ein Moment des Solistischen liegt zuletzt in filigranen Verzierungen, so wenn in Nr. 2 beim Adagio cantabile das Reprisenthema in ein Figurenmuster an Vierundsechzigsteln aufgelöst wird.

Anders als im Quatuor brillant sind die übrigen Spieler aber nicht zu bloßen Begleitern degradiert, sondern in den thematischen Prozess eingebunden. Im Alternieren von erster und zweiter Geige zu Beginn des Andante con moto von Nr. 3 schimmert trotz des Wechsels der Oktavlagen sogar noch etwas von der Disposition des barocken Triosatzes durch, der auch in den frühesten Quartetten von Haydn (op. 1 Nr. 3) und Mozart (KV 80) eine Rolle gespielt hatte, wenn die zweite Geige der ersten Konkurrenz macht. Zu ganz neuen Satzstrukturen führt dann die solistische Beteiligung des Violoncellos, das in Nr. 2 in Anlehnung an den Beginn von Haydns op. 20 Nr. 2 sowohl das Finale als auch die Reprise des langsamen Satzes mit dem Hauptthema eröffnet. Mit der Lösung des Violoncellos vom Bass, die unweigerlich der Bratsche einen Rollenwechsel aufzwingt, werden freie Stimmkombinationen möglich, die bis hin zum durchbrochenen Satz in der Durchführung des Eingangsallegros von Nr. 3 führen, wo in T. 126–130 das kleine Motiv mit der Auftakttriole durch die Stimmen wandert. Eine Angleichung bewirken auch kontrapunktische Verfahren, mit denen in ebendiesem Satz noch innerhalb der Exposition alle Instrumente am Hauptthema beteiligt werden – zuletzt und besonders effektvoll das Violoncello (T. 27–35). Der Kopfsatz des ersten Quartetts macht die Instrumentenwechsel beim Thema zu einem regelrechten Ereignis, weil sich jeweils die Sphäre verändert, besonders deutlich beim Übergang des zentralen Motivs in den Bass unter tickenden Achteln der Mittelstimmen (T. 30) und bei Verlegung in die tiefe Lage der Bratsche, verbunden mit der Klangbrechung eines abrupten As-Dur, das ein Pianissimo auslost. Im langsamen Satz des F-Dur-Quartetts Nr. 1 sowie in den Variationen des A-Dur-Quartetts Nr. 5 kündigen sich erstmals sogar orchestrale Effekte an. Für sie sind vor allem Oktaven verantwortlich, wie in Variation 5 zwischen zweiter Geige und Bratsche, aber auch Mehrfachfunktionen von Stimmen: Das Violoncello liefert gleichzeitig in seinen Brechungen mit den tiefen Tönen den Bass und mit den hohen Tönen eine Mittelstimme; die erste Geige sorgt mit Forte-Trillern für tremoloähnliche Turbulenzen.

Die Kombination konzertanter Elemente mit orchestralem Duktus und freiem Wechsel in der Führung bei vielfältigen Stimmengruppierungen lässt neben dem Vorbild Haydns auch einen Einfluss des Mozart'schen Streichquintetts erkennen, obwohl dessen dialogische Grundstruktur im Wechselspiel von erster Geige und Bratsche nur gelegentlich genutzt scheint, so im Menuett von Nr. 4 und in einer Passage des langsamen Satzes wie des Finales in Nr. 1 (T. 76–79 bzw. 1–12).

In op. 59 nimmt Beethoven nichts von dem hohen technischen Anspruch zurück. Im Unterschied zu op. 18 betrifft er jetzt aber alle Instrumente. An instrumentaler Virtuosität bildet die neue Dreierserie deshalb einen Grenzpunkt in Beethovens Schaffen. Die Ablösung eines Motives durch alle Stimmen hindurch, noch ein Sonderfall in op. 18 (Nr. 4, Finale, T. 73–74; Nr. 5, 1. Satz, T. 113–114), gehört nun zum normalen Satzbild, Voraussetzung überhaupt für das Allegretto von op. 59 Nr. 1 und besondere Pointe im Finale von Nr. 2 (T. 89–106). Im Fugenfinale von Nr. 3 hat jede Stimme die gleiche Una-corda-Passage. Streckenweise ist das Ensemble behandelt wie ein einziges riesiges »Streicherklavier«, so in der Coda des Kopfsatzes von Nr. 1 (T. 368 ff.) oder schon in der Durchführung (T. 222–235) wie in der Reprise (T. 274–278). Die raumgreifende Motiventfaltung, bei der eine Stimme die andere nahtlos über alle Systeme der Partitur hinweg fortsetzt, feiert dann in vorbereitender Steigerung zur Erhöhung der Reprisenwirkung ihren größten Triumph im ersten Satz des »Harfenquartetts« op. 74 (T. 125–139).

Beethoven bleibt zwar bei den alten Spitzentönen. Aber er nutzt die Extremlagen viel intensiver und länger. Die räumliche Expansion der Durchführung im ersten Satz von op. 18 Nr. 1 kulminiert in einem C-b^3 der Außenstimmen. Entsprechend vergrößert sich das Unisono der Reprise von einer auf drei Oktaven. Das langgehaltene c^4 am Ende des ersten Satzes von op. 59 Nr. 1 sticht geradezu schmerzhaft ins Ohr, als sollten die Raumgrenzen gesprengt werden. Verschiedene Klangregister werden hart nebeneinandergestellt (T. 85–90). Die Totale des Fünf-Oktaven-Raums C-c^4 mit seinen gleichzeitig erscheinenden Rahmentönen wird mehr als nur einmal ausgespannt, in op. 59 Nr. 1 und Nr. 3 fast in jedem Satz (Nr. 1: 1. Satz T. 332–333, Adagio T. 131, Finale T. 154 und 201; Nr. 3: 1. Satz T. 250, Andante T. 50, Menuett T. 71, Finale T. 385 und 423). Die Extremtöne erscheinen gleichzeitig trotz ganz anderer Tonartvoraussetzungen, verbunden mit einem Fortissimo, sogar im ersten Satz des Es-Dur-Quartetts op. 74, nämlich in der Durchführung (T. 92), und dort geradezu wie eine Signatur des flächig ausgebreiteten C-Dur als Fernpunkt-Variante der traditionellen VI. Stufe.

Bei den mittleren Quartetten stellen sich vervielfachte Virtuosität, neue Klanglichkeit und Grenzerfahrungen in der Spieltechnik über alle Selbstdarstellung des Spielers hinaus wie bei den großen Klaviersonaten op. 53 und 57 in den Dienst von satztechnischer Synthese und gesteigertem »poetischen« Ausdruck. Beispielhaft deutlich kann das an der dramatischen Coda des ersten Satzes von op. 74 werden, wenn ab T. 221 das »Harfen«-Pizzicato aus dem Hauptsatz durch die drei Unterstimmen wandert, überlagert von virtuosen Sechzehnteln der ersten Geige, die aus dem Seitensatz abgeleitet sind und in den Repetitionen ihrer Spitzentöne einen Achtelimpuls geben, der aus der Schlussgruppe stammt. Gesteigert wird die Zusammenführung von Motiven noch, sobald sich aus dem Pizzicato ab T. 232 in Engführung von zweiter Geige und Bratsche das Hauptthema löst. Virtuosität, kontrapunktische Verdichtung und kombinatorisches Denken finden hier im Interesse einer Steigerung zusammen, die einen prozesshaften, in träumerischer Einleitung begonnenen Formverlauf zu seinem demonstrativen Ende führt. Die drei Viertel-Akkordschläge, die das Ziel der langsamen Einleitung waren, erweisen sich gleichermaßen als der Anfang und das Ende des Allegros.

Die späten Quartette ab op. 127 stellen griff- und bogentechnisch zwar beträchtliche Ansprüche, doch ohne in traditionellem Sinne »schwer« zu sein. Auf eine Frage Beethovens nach den Schwierigkeiten der *Großen Fuge* antwortete Karl Holz als zweiter Geiger etwas hilflos, sie lägen eben »im Ganzen«. Ignaz Schuppanzigh als Quartettprimarius wurde nach dem Misserfolg von op. 127 präziser. »Mechanische Schwierigkeiten sind ja nicht darin, nur die Originalität macht es schwer, welche man im ersten Augenblick nicht fassen kann.« Schon zuvor hatte er in den Konversationsheften vermerkt: »Ich müßte lügen, daß es für mich in Passagen zu schwer sey, das ensemble ist schwer.« Die Herausforderung lag für ihn also in der Gestaltung und im Zusammenspiel. Das dürfte bis heute seine Gültigkeit behalten haben.

Sprachcharakter in den späten Quartetten

Äußere Virtuosität verschwindet aus den späten Quartetten gänzlich. Das liegt schon daran, dass ihre gewöhnlichen Versatzstücke, nämlich Skalen und gebrochene Dreiklänge, auffällig gemieden werden. An rein figurativem Spiel hat Beethoven alles Interesse verloren. Soweit Skalen überhaupt noch vorkommen, haben sie, und sei es nur durch eine einzige Brechung, ihren »neutralen« Charakter abgelegt und sind individualisiert wie in der Coda des Finales von op. 127 oder in der Adagio-Variation von op. 131 (4. Satz, T. 130–161). Pure Dreiklänge rücken zitathaft in die Ferne einer verlorenen Welt wie im Bordun-Trio des Scherzos aus op. 132.

An die Stelle selbstgenügsam instrumentalen »Spielens« tritt eine Art mitteilendes vokales »Sprechen«. Mit ihm gewinnt Beethoven eine neue Dimension des Ausdrucks. Anlehnung an Gesangliches gehört von Anfang an zu langsamen Sätzen der Kammermusik. Die ersten drei Quartette aus op. 18 stehen unüberhörbar in der Tradition des Ariosen. In Nr. 5 bildet mit der Angabe »cantabile« in der Tempobezeichnung ein schlichtes Sätzchen die Basis für Variationen über ein Thema, das nicht anders als gesungen verstanden werden will. In den Quartetten op. 59 vergrößern sich die imaginierten vokalen Vorbilder noch: zu einer monologischen Klagearie (Nr. 1) und einem quasi religiösen Hymnus (Nr. 2). Von hier ist der Weg zu den förmlichen Choralvariationen des »Heiligen Dankgesangs« in op. 132 nicht mehr weit.

In all diesen Fällen geht es um Singen bis hin zu singendem Deklamieren. Beethoven wollte aber offenbar noch mehr. Einen ersten Versuch des Sprechenden unternahm er in der Einleitung zum Finale von op. 18 Nr. 6, überschrieben mit »La Malinconia«. Die Überschrift verweist nicht bloß auf einen programmatischen Gedanken, sie besagt vor allem, dass hier etwas *mitzuteilen* ist. Und dieses Mitteilen besorgen die Töne. Deshalb kann es nicht genügen, in dem Satz allein ein stummes Porträt zu sehen. Das »Bild« spricht vielmehr zu uns. Die Tonrepetitionen des Anfangs stehen für etwas wie Silben, und zwar außerhalb von geordneten und sich so im Singen verselbstständigenden Versstrukturen. Die Vereinzelung von Tönen ab T. 37 schließlich gemahnt an sich steigernde und wiederholte Laute von Empfindung, einer unmittelbar mitgeteilten Empfindung ohne den kunstvollen Umweg dichterischer Gefasstheit. Auf solch »sprechende« Verdichtungen kommt Beethoven im Adagio von op. 74 zurück. Ein großer Bogen gesanglicher Entwicklung endet mit dem Halbschluss von T. 49. Danach separiert sich ein Detailmotiv, an dem der Fortgang mit dreifachen Sforzati festgefahren scheint und nur noch mit stockenden Einzeltönen weiterfindet, als müssten Worte hervorgestoßen werden. Die mit »espressivo« bezeichnete Beklemmung löst sich erst in der variierten Reprise von T. 64, deren Verlauf allerdings noch einmal unterbrochen ist, wenn aus stockender Vereinzelung von zwei Tönen in Forte und Fortissimo etwas wie ein Verzweiflungsschrei herausbricht (T. 107–111). Ein ähnlicher Übergang vom Singen zum Als-Ob-Sprechen ereignet sich in der Cavatina von op. 130. Über dem pulsierenden Klangteppich der Unterstimmen erhebt sich zum Hinweis »beklemmt« die erste Geige mit melodischen Bruchstücken von eigenem Rhythmus und einem seltsam stammelnden Gestus, der nur als Ringen um Sprache verstanden werden kann und seine Vorbilder, soweit überhaupt, allein im Rezitativ hat.

Instrumentale Rezitative, schon seit der Sturmsonate op. 31 Nr. 2 in Beethovens Blick, werden geradewegs zum Kennzeichen der späten Quartette. Die langsame Einleitung von op. 132 operiert mit Elementen des Accompagnato. An stockendes Sprechen erinnern die abgerissenen Akkorde vor der Coda (T. 188–192). Ins offene Rezitativ schließlich wechselt der Satz im Stück zwischen dem Alla Marcia und dem Allegro appassionato des Finales. Im cis-Moll-Quartett op. 131 beginnt schon der erste Fugensatz mit einem Thema, dessen extreme Dynamik mit dem heftigen Akzent im zweiten Takt die Nähe zum Sprechen sucht. Die Variationen (4. Satz) werden von einem Rezitativ vorbereitet und finden ihren entscheidenden Moment im Sotto voce des ¾-Adagios – als würde hier im klanglichen Einfassen von Lauten und im Suchen nach sinngebender Betonung durch harmonisch unterstützte Akzente Sprache geboren, Sprache, die im Erringen eines langgezogenen Hochtones (T. 192) weiter zu innigem Gesang findet: Aus dem »sotto voce« wird ein »p cantabile«.

Das Drängen zur Sprache offenbart sich vollends am letzten Quartett durch sein Motto »Muss es sein? Es muss sein! Es muss sein!«, mit dem sich die Hauptmotive des Finales texturieren lassen. Bezeichnend bleibt, dass die Worte in der Nähe des Als-Ob-Sprechens verharren, weil sie ihre semantische Qualität gar nicht ausspielen, auf mögliche Präzisierung verzichten und unbenannt lassen, was immer mit »es« gemeint sei. Die Bedeutung wird beliebigen Interpretationen anheimgestellt.

Es ist offenbar mehr der gestische Akt als die inhaltliche Bestimmung, worum es Beethoven zu tun ist, zumal er zuvor, im langsamen Satz, von erklärenden Worten ganz abgesehen hatte. Dort, im Lento assai desselben Quartetts op. 135, fand er zum Höhepunkt magischen Sprechens überhaupt in seinem gesamten Werk. Mit der Verlangsamung zum Più lento, unter Wechsel der Des-Dur-Vorzeichnung zu einer cis-Moll-Vorzeichnung, verfällt der Satz in eine eigenartige Starre. Wie beschwörend wägt das Ensemble in völliger rhythmischer Kongruenz und in »sprechenden« Pausen einzelne »Tonsilben« gegeneinander ab: in einem gleichsam ermatteten Tonfall, der sich nur zu den crescendierenden Sechzehnteln, wenn der imaginäre Text um wenige Silben vorankommt, leicht belebt. Mit solchen Stellen nie gehörter Musik überschreitet Beethoven alle Grenzen üblichen Vokalimitierens in den instrumentalen Gattungen. Gerade das Rätselhafte verleiht den vernehmlichen »Botschaften« den Charakter des Bedeutenden im doppelten Sinne. Das spätere 19. Jahrhundert hat darauf mit einer ganz neuen Bezeichnung reagiert. Komponisten sollten künftig »Tondichter« heißen. Die neue Charakterisierung ist im Kontext der »Schönen Künste« primär im Blick auf Beethoven entstanden. Ein Rezensent der *Allgemeinen musikalischen Zeitung* hat ihn schon 1825 »unseren musikalischen Jean Paul« genannt, dabei allerdings weniger das Sprachhafte als das Poetisch-Programmatische und für die Zeitgenossen Bizarr-Phantastische im Sinn gehabt.

Formveränderungen unter dem Diktat prozesshaften Verlaufs

In den Formen kommt Beethoven traditionsgemäß auf die Standardtypen zurück: Sonatensatz, Variation, Rondo und zweiteilige lyrische Form, bereichert sie aber durch Choralvariationen (op. 132), fugenartige Satzkonzeptionen (op. 59 Nr. 3, op. 131, op. 133), eigene Tanzformen wie Alla Marcia in op. 132 oder Alla danza tedesca in op. 130 und Mischformen wie das sogenannte Sonatenrondo, von Adolph Bernhard Marx 1845 noch vorsichtig »sonatenartiges Rondo« genannt. Völlig umgewandelt ist das Rondo im Finale von op. 95. Noch einen Schritt weiter ging Beethoven im zweiten Satz von op. 131, der eine rein individuelle Form fern aller gängigen Muster ausprägt. Zudem experimentiert Beethoven mit Modifizierungen sowohl des Sonatensatzes (op. 59 Nr. 1, 2. Satz) als auch der Scherzoform (op. 95). Von formalen Sonderlösungen sind weniger die Rahmensätze als die Mittelsätze betroffen. Den größten Freiraum in der formalen Gestaltung eroberte sich Beethoven in langsamen Sätzen (op. 59 Nr. 3, op. 74 und op. 95).

Eine kaum zu überschätzende Bedeutung hat die Variationsform. Sie gehört zu allen Phasen von Beethovens Schaffen und nimmt Einfluss auf andere Gattungen. Das Denken in modifizierenden Varianten durchdringt so alle Kompositionen. Auch die Variationsform selbst erfährt ungewöhnliche Veränderungen. Im langsamen Satz von op. 135 ist sie in Steigerung eines Konzepts von op. 127 und auch op. 131 als Novum von einer übergeordnet dreiteiligen Reprisenanlage überformt.

Im Spätwerk berühren sich Techniken der Variation auffällig mit Techniken des Kontrapunkts. Ergebnis ist nicht zuletzt die *Große Fuge* op. 133. Verbinden ließen sich die Extreme im Zeichen von Improvisation, für Beethoven eine stete Quelle der Inspiration auch bei schriftlich Fixiertem.

Ins Zentrum aller Formen rückt der Sonatensatz, der sich über den ersten Satz hinaus auch auf Mittelsätze und das Finale auswirken kann. Beethoven wandelt den überkommenen Formtypus beträchtlich ab. In den Kopfsätzen der Quartette op. 18 liegt zwar generell eine doppelthematische Anlage mit kontrastierenden Themen vor, auch wenn bei Nr. 4 der Kontrast im ersten Satz eher auf einem Moll/Dur-Wechsel als auf der nur wenig veränderten thematischen Gestalt beruht. Dem Seitensatzbereich geht gewöhnlich ein klar definierter Halbschluss voraus, in Nr. 5 und Nr. 6 auch samt deutlicher Pausenzäsuren, mit denen in gewohnter Weise die Wendung zur V. Stufe angekündigt ist. In Nr. 5 bildet den Zäsurklang ungewöhnlicherweise ein Halbschluss der Grundtonart. Typisch für Beethoven wird allerdings, dass er Pausen beim Übergang vom Haupt- auf den Seitensatz eliminiert, zwar einen fast immer *wechseldominantischen* (doppeldominantischen) Halbschluss andeutet, ihn aber nicht freistellt, sondern im rhythmischen Gefüge für eine Fortsetzung sorgt, die als formal neuartige Zone einen Anschluss an den Seitensatz findet. War man bisher gewohnt, von »Überleitungen« in einem Bereich *vor* dem signifikanten Halbschluss zu sprechen, bilden sich die wahren Übergänge bei Beethoven *nach* dem Halbschluss.

Zu den Eigenheiten von Beethovens Seitensätzen kann als Folge von Eigenheiten des Hauptthemas eine »irreguläre« tonale Disposition zählen. In op. 18 Nr. 5 beginnt der Seitensatz in der Mollvariante der V. Stufe. Einzelne Ecksätze in den Quartetten op. 127, 130 und 135 umgehen diese V. Stufe überhaupt und bilden eine Gegenzone, die mit leitereigenen oder sogar alterierten Fremdklängen von Stufe III/III$^\sharp$ oder $\flat$VI der Durchführung vorgreift. Die Mollquartette op. 95 und op. 132 meiden in ihren Kopfsätzen entsprechend die parallele Durtonart und weichen auf die VI. Stufe aus.

Eine besondere Wendung nimmt regelmäßig die Schlussgruppe der Exposition, weil Beethoven konsequent auf das Hauptthema zurückkommt. In op. 18 Nr. 1 schaltet es sich schon bei der ersten Kadenz auf der V. Stufe wieder ein (T. 72) und verbindet sich mit dem Seitenthema, zu dem es eine Art Nachsatz bildet (T. 84 ff.), bis zuletzt syntaktisch und positionsbedingt die Konstellation des Hauptsatzes wieder erreicht ist (T. 101 entspricht T. 130). In Nr. 2 meldet sich das Hauptthema erst spät zurück, aber in ähnlich thematischer Korrespondenz zum Seitengedanken, weil Beethoven das Nachsatz-Element aus dem Hauptthema an den Schluss rückt und mit ihm die Kadenz vor dem Doppelstrich bildet. Auf dem Nachsatzgestus insistiert das wiederkehrende Hauptthema auch in der Schlussgruppe von Nr. 3 ab T. 80. Fehlt eine Schlussgruppe wie im Finale von op. 131 oder verfolgt sie andere Ziele als die der Befriedung wie im Kopfsatz von op. 127, steht der Sonatensatz auch in anderen Merkmalen zur Disposition.

Das Ziel, Anfang und Ende aufeinander zu beziehen, bestimmt in größeren Dimensionen das parallele Reprisensegment. Die Schlussgruppe erweitert Beethoven bei ihrer Wiederkehr in op. 18 generell zu einer ausgreifenden Coda. Jetzt fordert das Hauptthema unabweisbar seine Führungsrolle, selbst wenn es am Ende der Exposition nur zart angedeutet wurde (Nr. 5) oder gar nicht erschienen war (Nr. 3). In Nr. 5 genügt ein kurzer Anhang, um an die Ausgangssituation zu erinnern und die komplementär ineinandergreifenden drei Achtel zum neuen Spitzenton a^3 zu führen und so eine lapidare Kadenz auszulösen. Beim Quartett Nr. 1 fordert das zweifache Stehenbleiben auf einer Fermate (T. 276 und 280) eine sehr viel ausgedehntere Lösung, die Momente einer zweiten Durchführung aufweist. Das Thema verkürzt sich ab T. 282 beschleunigend und wird mit steigenden Vierteln aus der Durchführung

(T. 130 f.) kombiniert, um sich letztlich selbst zu kontrapunktieren, wenn sein erster und zweiter Takt in T. 285 erstmals übereinandergelegt werden. In der Verdichtung des Satzes unter Verzicht auf zäsurbildende Atemstellen schafft Beethoven einen größeren thematischen Bogen, der sich mit dem Hauptthemen-Zitat in einer neuen Nachsatzfunktion erfüllt (T. 300–302). Den Kadenzpunkt nutzt das Violoncello für die Verankerung eines Schlussblocks, in dem auch die früheren Sechzehntel nochmals anklingen und in dem Normal- und Beschleunigungsversion des Hauptthemas sich ablösen: mit dem Ziel des Unisono aus den Anfangstakten, dessen Bestimmung sich völlig ändert. Steht es anfangs für Vorläufiges, garantiert es zuletzt den Charakter des Endgültigen.

Die Rückkehr eines verwandelten Hauptthemas als Grundlage prozesshafter Formgestaltung muss zwangsläufig auch den Eintritt der Reprise zu einem besonderen Ereignis machen. Beethoven präsentiert sie nur noch in op. 18 Nr. 6 nach einer Fermatenzäsur in freiem Neuansatz (T. 175). In allen anderen Quartetten »springt« die Reprise aus einem turbulenten Fortgang gleichsam »heraus«. In Nr. 1 und 2 führt ihr wie erzwungenes Auftreten zu einer fast gewaltsamen Steigerung der Lautstärke ins Forte und Fortissimo (T. 179 bzw. 149). Der Verzicht auf ein Innehalten im expansiven Streben, dessen Ziel unvorhersehbar plötzlich erreichbar sein kann, gefährdet sogar die formale Orientierung. Beim G-Dur-Quartett Nr. 2 drängt sich in T. 141 wie unzeitig ein Signal in den Vordergrund, das umrisshaft das Hauptmotiv in seinen Gerüsttönen erkennbar macht, bis es im Violoncello auch in seiner vollständigen melodischen Gestalt erscheint, wenn auch in einem labilen Quartsext-Zusammenhang, den erst der Geigeneinsatz von T. 149 überwindet. Der Verdichtungsprozess, der für die Reprise verantwortlich ist, hält aber weiter an, weil die zweite Geige in eintaktigem Abstand das Thema imitiert. Die vielleicht schönste Reprisenlösung trotz einer eher altmodischen Stufenordnung fand Beethoven im D-Dur-Quartett Nr. 3. Die Durchführung fährt sich nach einem ersten Halbschluss von T. 150 an der Dominante des entlegenen Fernpunkts der III. Stufe fest. Ein überhängender Bastston, in einem Crescendo eigenartig belebt, verwandelt sich in T. 158 jedoch unvermutet durch den Themeneinsatz der zweiten Geige in den Leitton zur Tonika. Die Ausweitung in ein richtiges »Reprisenfeld« erreicht Beethoven zudem durch den harmonisch unterstützten Trugschluss von T. 166–167, der weitere Einsätze nötig macht und so die imitatorische Anlage des Hauptsatzes neu legitimiert. Solche Ereignisse machen verständlich, warum August Halm 1914 in eindringlichen Worten den Reprisenmoment als einen »Triumph« der Sonatenform beschreiben konnte, »als eines der Feste, welches die Musik der Sonate verdankt«. Jedenfalls, seit sich die Wiener Klassiker ihrer bemächtigt haben. Im Spätwerk ragt mit dem Ausbau eines mehrstufigen Reprisenfeldes das neue Finale zu op. 130 singulär heraus. Die letzten Quartette op. 131 und 132 verändern die Reprise und mit ihr den Sonatensatz grundlegend, weil die Einheit der Tonart preisgegeben ist, sowohl im ersten Satz von op. 132 als auch im Finale von op. 131. Die Reprisen stoßen weiter in neue Räume vor und verleihen so der Coda mit einem zweiten Repriseneffekt ungeahnte Schlusskraft. Im Gegenzug zur Öffnung der Reprise für Fremdklänge bleiben die Grenzen des Tonraumganzen beider Sätze mit Bevorzugung leitereigener Stufen dafür relativ eng gesteckt, nicht zu vergleichen mit der Weite des Raumes in op. 59.

Die schon in op. 18 eigenwillig modifizierte Anlage des Sonatensatzes wird in op. 59, ohne preisgegeben zu werden, extrem belastet, weil die typischen Formzäsuren weitgehend unkenntlich werden. Im Hauptsatz des Allegros von op. 59 Nr. 1 sind gleich zwei Kernmotive exponiert, von denen man das zweite ab T. 30 für ein Seitenthema halten würde, bliebe es nicht strikt der F-Dur-Tonika verhaftet. Nach der wechseldominantischen Kadenz (T. 48) dauert es eine ganze Weile, bis der erwartete Seitensatz endlich beginnt: jedoch mit einer Umformung des Hauptgedankens (T. 60), der unvermeidlich auch die Schlussgruppe ab T. 91 beherrscht und zum Anfang des Satzes zurückleitet (T. 103). Die tongetreue Wiederholung verlässt Beethoven jedoch nach vier Takten und beginnt mit drastischen harmonischen Veränderungen, die zur IV. und II. Stufe führen. Was sich als Expositionswiederholung angekündigt hatte, erweist sich unvermerkt als Durchführungseröffnung. Diese Durchführung sprengt in ihrem Umfang nicht nur alle bisherigen Dimensionen, sie zögert vor allem mit dem entscheidenden Eintritt der Reprise, die mehrfach nahe scheint, so in T. 222, wenn die V. Stufe stabilisiert scheint und ein Abschnitt aus der Exposition (T. 73 ff.) anklingt, und nochmals, als die alleingelassene erste Geige mit den extremen Spitzentönen $b^3 \rightarrow h^3 \rightarrow c^4$ mitten in den Hauptsatz der Exposition und ihre Tonart F-Dur hineinplatzt (T. 242 entspricht T. 19). Die eigentliche Reprise ist dagegen trotz des plakativen Fortissimos von T. 252 seltsam unbestimmt, weil der erste Thementakt im Violoncello noch vom überhängenden Abstieg der ersten Violine verdeckt wird (T. 254). Ganz sicher darf man sich aber selbst nach Übernahme des Themas in die erste Geige nicht sein, denn der wichtige zweite Gedanke mit seinem auffälligen Terzensatz wendet sich von der Tonika wieder drastisch ab und sucht ein chromatisch entlegenes Des-Dur der alterierten VI. Stufe. Erst wenn das eigentliche Seitenthema in ungetrübtem F-Dur erscheint, von der Bratsche vorgetragen (T. 307), hat die Reprise festen Boden gewonnen. Dem Hauptthema steht sein eigentlicher Triumph noch bevor. Er ist der Coda vorbehalten. Die formale Anlage entwickelt so einen unerhörten Sog zum Ende hin, umso intensiver, je länger der breit dimensionierte Satz von 400 Takten dauert.

Ein Moment des Prozesshaften dringt auch in die sonst so in sich ruhenden Variationen ein, und nicht erst bei den späten Quartetten. Schon im Andante von op. 18 Nr. 5 gibt es einen Punkt, wo die abgezirkelten Einheiten verlässlicher Themengliederung verlassen werden. Am Ende von Variation 5 fällt der Satz mit dem plötzlichen B-Dur auf eine andere Ebene, auf der eine neue und eher ostinate Art der Taktgliederung gilt, bei der das Thema seinen Auftakt verliert und das letzte Viertel zwar noch die alte Rolle als Träger einer »letzten Silbe« erkennen lässt, am Schließen aber weniger interessiert ist als an rückkehrendem Wiederholen. Die Endungskraft muss das Thema erst in einem Poco-Adagio-Anhang zurückgewinnen. Im Finale von op. 74 ist die alte optische Gliederung nach Doppelstrichen und Wiederholungszeichen zwar letztmals erhalten. Die sichere Ordnung löst sich aber bei Variation 6 auf, sowie die Achttaktigkeit des ersten Teils durch die grundierenden Violoncello-Triolen aufgehoben wird. Im zweiten Teil dieser Variation weitet sich dann bei der Wiederholung der Raum, und das Thema vergrößert sich durch »interne« Variationen, die in regelmäßigem Abstand auf den Tonika-Schluss zulaufen, bis in zwei angehängten Kadenztakten abschiedsgleich der Terzfall des Themenbeginns den Schlusspunkt setzt.

Im Variationen-Adagio von op. 127 gibt es keine Wiederholungszeichen mehr. Nach der vierten Variation lösen sich die Formkonturen überhaupt auf. Dafür sind im Thema selbst schon die Voraussetzungen geschaffen, weil die melodischen Endungen immer zum spätmöglichsten Zeitpunkt ihr Ziel erreichen und das Abrücken von der Takt-Eins auch harmonisch unterstützt ist. In Erinnerung an die verhaltenen

Einleitungstakte beginnen die jeweils neuen Variationen über eine kleine »Dominantbrücke«, sodass die variationentypische Verdopplung von Schluss- und Anfangstonika an den Nahtstellen der Form vermieden ist und die Teile eng aneinander anschließen. In der großen Anlage stellt sich ein Entwicklungsmoment durch die Reprisenwirkung von Variation 4 ein, die nach der extremen E-Dur-Variation und ihrem tonalen Fernpunkt nach Durchführungsmuster mit der alterierten und auch noch enharmonisch verwechselten VI. Stufe (Fes=E) in T. 76 zur As-Dur-Tonika und zum $^{12}/_{8}$-Takt zurückkehrt, im Violoncello (T. 81) sogar das ursprüngliche Thema fast tongetreu wiedergewinnt. Züge von Synthese hat die Reprisenvariation zudem durch den Rückgriff auf Einzelelemente früherer Variationen wie den Trillern von Variation 2. Der Reprisengedanke befördert zuletzt auch die Ausbildung einer großen Coda nach Sonatensatzvorbild, was bedeutet, dass durchführungsartige Techniken in Verdichtung und Beschleunigung bis hin zu einer »zweiten« Reprise (T. 109) eine Rolle spielen. Klanglich wird der letzte Anhang durch eine Wendung zur Subdominante angekündigt, motivisch wiederum in alter Nachsatz-Erinnerung durch ein Festbannen der Schlussfigur. Die Pizzicato-Viertel des Violoncellos ab T. 119 verharren beim Endungstakt des Themas von T. 20. Dessen charakteristisches Überhängen wird vom allerletzten Takt neu thematisiert. Er verzögert im Ritardando den Schlusspunkt und verlegt ihn mitsamt seinem entscheidenden Harmonieschritt um ein weiteres Achtel nach hinten – in eine wie entrückte und kaum mehr berührbare Ferne. Eine finale Formkonzeption gewinnt hier metaphysische Züge.

Bei den Finalsätzen äußert sich der allgegenwärtige Einfluss prozesshaften Formdenkens in einer Durchdringung von Rondo und Sonatensatz. In op. 18 Nr. 3 suggeriert das leichtfüßige Thema ein Rondo, in der Form setzt sich aber ähnlich wie in Nr. 2 und Nr. 5 die Sonatenanlage durch. Auch fürs B-Dur-Quartett gilt so etwas wie eine Gliederung nach Exposition und Reprise, allerdings fehlt der Themenwiederkehr, weil auf eine Durchführung zuvor verzichtet ist, jeder dramatische Impetus. Insofern wirken noch alte Reihungsprinzipien weiter. Doch ein »richtiges« Rondo, bei dem Form und geschlossene Themenstruktur in Einklang sind, weist nur noch das c-Moll-Quartett Nr. 4 auf. Am weitesten geht Beethoven im Versuch neuer Satzkonzeptionen beim ersten der Quartette aus op. 18, in mehrfacher Hinsicht das ambitionierteste

Stück der Serie. Der erste Formabschnitt kadenziert rondogemäß in der Tonika F-Dur. Daran schließt sich ein neuer Abschnitt an, der weder dem Couplet eines Rondos noch der Weiterentwicklung eines Sonatensatzes entspricht, sondern sich als Ausweitung des Themas erweist, allerdings mit harmonischen Kapriolen, die übers Ziel der anzupeilenden V. Stufe hinausschießen, sodass eine ganze Passage nachträglich um eine Quint tiefer gesetzt werden muss: Sie wird bei der Reprise in neuer Tonikabindung die Seitensatzrolle übernehmen (T. 287). Nach einer langen, von der V. Stufe diktierten Zone mündet der Satz ins Thema zurück. Weil es in der vorausgehenden Zone ausgeblendet geblieben war, also kein Schlussgruppen-Signal gab, und weil eine förmliche Kadenz auf der V. Stufe unterblieb, präsentiert sich das erneute Thema (T. 91) im Sinne des Rondos, wird nach zwölf Takten aber unvermutet aufgebrochen und harmonisch modulierend verändert. Damit beginnt eine fast überdimensionale und mehrphasige Durchführung von 143 Takten. Die Quintversetzung des zweiten Expositionsabschnitts führt in der Reprise zu einem Themeneinsatz auf der ungewohnten IV. Stufe (T. 327, entsprechend T. 91). Sie wird zum Ausgangspunkt einer Coda, die ihre eigene »zweite« Reprise findet (T. 346).

In op. 59 bringt Beethoven formal das Rondo-Element ungleich stärker zur Geltung und schafft so einen Finaltypus, der Eigenheiten zweier ganz unterschiedlicher Satzkonzepte verbindet. Das Presto von op. 59 Nr. 2 steigert die Doppelbestimmung noch durch tonale Ambivalenz. Das Thema stemmt sich mit einem plakativen C-Dur gegen seine eigentliche Tonart e-Moll, zu der ein Weg erst durch Stabilisierung des Tones *h* frei wird. Ein kurzes Zwischenstück, motivisch getragen von den auftaktigen Themenachteln, führt zu einem Halbschluss, auf den sonatengemäß ein neues und zweites Thema folgen kann, das provozierend, als gälten in Moll die gleichen Regeln wie in Dur, auf der V. Stufe steht (T. 70) und bei seiner späteren Wiederkehr in die Tonika versetzt wird (T. 216). Das neue Thema lässt sich aber ebenso in der Funktion eines Couplets verstehen, nach dem in spielerisch rondohaften Anläufen das Thema sich wieder an die Spitze setzen kann (T. 107). Anders als in op. 18 Nr. 1 klingt es nicht bloß kurz an, sondern breitet sich richtig aus, erobert sich auch trotz des schon bekannten C-Dur-Rückschlags seine e-Moll-Tonika wieder. Änderungen für den Satzverlauf ergeben sich erst aus dem zweiten und überraschenden Wegkippen nach C-Dur. Dass sich in T. 146 die alternative VI. Stufe durchsetzt, öffnet das Tor zu einer lautstarken Durchführung. Sie kommt auf einem Halbschluss zum Stillstand, den Beethoven für die Reprise nutzt, allerdings in direktem Sprung zum zweiten Thema bzw. früheren Couplet. Erstes und zweites Thema sind gemessen an Sonatenmustern quasi getauscht, sodass beständige Refrain/Couplet-Wechsel einschließlich eines »Durchführungs-Couplets« den Verlauf regeln, bei dem immer wieder das Thema mit seinem sperrigen C-Dur-Beginn die Oberhand behält, zuletzt in T. 275, wo es sich seinen e-Moll-Schluss nicht mehr streitig machen lässt. Der Satz lässt sich unschwer unter Vorgaben des Rondos lesen, obwohl Einflüsse des Sonatensatzes vor allem in Durchführung und Coda unüberhörbar sind. Die Einwirkungen des Sonatensatzes führen aber nicht zu einer Aufhebung der Rondoform wie weitgehend in op. 18, sondern zu ihrer Modifizierung.

Die neue Art von Rondo wird zum besonderen Kennzeichen der späten Quartette. Das a-Moll-Quartett op. 132 präsentiert sein periodisch gegliedertes Refrainthema von 32 Takten insgesamt viermal, die ersten beiden Male geschlossen und vollständig (T. 3, 92), das dritte und vierte Mal ohne interne Wiederholungen und deshalb auf 16 Takte verkürzt (T. 176, 280). Die Couplets 1 und 3 sind motivisch identisch und nur tonartlich unterschieden. Identität und Quintverschiebung sind Indikatoren für eine zweite Orientierung, nämlich am Sonatensatz, der seinen Einfluss am entschiedensten im »Durchführungs-Couplet« (T. 123–175) und in der Coda (ab T. 244) zur Geltung bringt, eine Coda, die wieder ihre eigene »zweite« Reprise in oktavierter Steigerung des Themas hat und einen großen Dur-Schluss für das ganze Quartett ermöglicht. Handelt es sich bei op. 132 um ein Rondo unter Sonateneinfluss, sind die Anteile bei op. 131 gewissermaßen verkehrt. Hier wird ein Sonatensatz mit Rondo-Elementen angereichert. Ans Rondo erinnern die tonale Geschlossenheit des Finalthemas in seiner periodischen Gestalt von 16 Takten und das vierfache Auftreten dieses Themas. Allerdings behält es seine formale Stabilität nur die ersten beiden Male (T. 5–21 und 81–93). In T. 168 und 313 wird es weitersequenziert und kontrapunktiert. Die Veränderungen gehen von einem Motto aus, das dem eigentlichen Rondothema vorausgeht und das im Satzverlauf ein Übergewicht gewinnt, um zuletzt in der Coda den Kontrapunkt zum Thema zu bilden (T. 371 ff.). Auch wenn sich die antithetischen und kombinatorischen Strukturen sinnvoll nur in einen Sonatensatz fügen, genügt es möglicherweise nicht, ihn als alleinigen Formträger anzusehen. Wesentlich für den Verlauf ist auch in diesem Fall der Drang zu einem Ende hin. Der Satz entwickelt eine Dynamik, die den Schluss als Ziel eines dramatischen Prozesses erscheinen lässt.

Tonale Dispositionen: Wege der Durchführung

Zur Zeit von Beethovens Geburt 1770 hatte sich ein räumliches Tonartverständnis verfestigt, in dem jede Tonart ihren eigenen, klar begrenzten Raum hatte. Die nach Quinten geordnete Totale aller Tonarten war dem Klavier zuliebe von der Theorie der Zeit ins Bild eines Zirkels gebracht worden, von dem den einzelnen Tonarten jeweils ein Segment zugeteilt war. In der praktischen Vorstellung hatte das optische Äquivalent jedoch eher die Form einer Vertikalen, in der sich nach dem räumlichen Prinzip von »oben« und »unten« eine Art Schwerkraft abbildete, die in den Namen von Sequenzformeln wie »Monte« und »Fonte« bei Joseph Riepel 1755 ihr Echo hatte.

Die Grenzen für jede Einzeltonart waren durch die Töne der Ausgangsskala gesteckt. Das Gerüst der tonalen Konstruktion gründete sich auf diese diatonischen Stufen und ihre zugehörigen Moll- und Dur-Dreiklänge. In C-Dur lag ein Klang über *fis* oder über *b* außerhalb des Raums. Die VII. Stufe blieb als selbstständige Station ausgeschlossen (im Schema durchgestrichen), weil sie mit den vorgegebenen Tönen keinen reinen Dreiklang bilden konnte.

		↑
		fis
	~~VII~~	*h*
e-Moll	III	*e*
a-Moll	VI	*a*
d-Moll	II	*d*
G-Dur	V	*g*
C-Dur	I	*c*
F-Dur	IV	*f*
		b
		↓

Am »oberen« Grenzpunkt lagen in einer Durtonart VI. und III. Stufe (a-Moll und e-Moll in C-Dur), und zwar bevorzugt die VI. Stufe, weil ihre Dominante regulär ohne Veränderung der Quint gebildet werden konnte. Den »unteren« Grenzpunkt bildete die IV. Stufe (F-Dur in C-Dur). Erweiterungen kamen höchstens aus importierten Stufen der Mollvariante, auffällig in Mozarts Werken der Wiener Jahre. Die Bindung an den üblichen Tonartrahmen zeigen bei Beethoven sehr deutlich die Kopfsätze der ersten beiden Sinfonien: die Erste erreicht am Ende der Durchführung den Halbschluss der VI. Stufe, die Zweite den Halbschluss der III. Stufe. Petrus Eder hat 2004 die vorzugsweise in einem phrygischen Schritt halbtönig eingeführten standardisierten Grenzklänge sehr treffend »Terminanten« genannt, ohne dass der Begriff bisher Eingang in die Theorie gefunden hätte.

Doch Überlegungen, die alten Grenzen zu sprengen, müssen den jungen Komponisten früh beschäftigt haben. Sein gleichaltriger Freund Anton Reicha berichtet in einer autobiographischen Skizze, sie hätten in Bonn zusammen die Arie der Elettra »Tutte nel cor vi sento« aus Mozarts *Idomeneo* gehört und wären so aufgewühlt gewesen, dass das Stück sie wochenlang noch im Schlaf verfolgte hätte (»que nous n'en faisons que rêver jour et nuit durant plusieurs semaines de suite«). Diese Arie durchbricht im Zeichen der Raserei mit einer Reprise auf der VII. Stufe und einem ständigen Dur/Moll-Changieren der III. Stufe demonstrativ den gesteckten Rahmen. Das könnte für Beethoven der Anlass gewesen sein, in schriftlich fixierte Komposition etwas von dem zu übernehmen, was ihm aus zwei Sondergattungen vertraut war, nämlich Rezitativ und Klavierphantasie oder freie Improvisation. Sie halten sich an keinen vordefinierten Raum und werden bei Verschriftlichung konsequenterweise ohne Generalvorzeichen notiert. Beide Gattungen haben mit einem Tasteninstrument zu tun, für das entlegene Schritte wie enharmonische Verwechslungen schon deshalb nahelagen, weil Tasten immer doppelt belegt sind wie bei *es/dis*. Improvisation aber war eine besondere Domäne Beethovens seit Jugendzeiten. Deshalb neigt auch vor allem seine Klaviermusik zu Extremen, sichtbar und hörbar nicht zuletzt am Kopfsatz der »Waldsteinsonate« oder der »Hammerklaviersonate«.

Die Ensemblemusik bleibt von solchen tonalen Brüchen und Weitungen nicht unberührt. Beethovens Streichquartette als Vertreter einer Gattung besonderen Anspruchs begnügen sich nicht mit dem herkömmlichen Tonraum. Die Durchführung ihrer ersten Sätze exponiert mehrfach eine »exterritoriale« Stufe, und zwar nicht als »durchgängigen« Fremdakkord, der vergleichbar dem melodischen Durchgang als Regelabweichung tolerierbar wäre, sondern in thematischer und metrischer Verselbstständigung als Pfeiler einer Neuland erschließenden Konstruktion.

Das Spiel mit Grenzen und ihrer Überschreitung führt das erste Quartett aus op. 18 wie exemplarisch vor Augen und Ohren. Nach dem Doppelstrich springt der Satz abrupt zu einem A-Klang als Dominante des gewöhnlichen Fernpunkts der VI. Stufe. Statt sich nach d-Moll zu lösen, kippt das A jedoch trugschlüssig in ein B-Dur der IV. Stufe, in dem das Hauptthema sich ausbreiten kann (T. 129). Beethoven geht so unvermittelt an beide Grenzen des Normalraumes, die obere und die untere. Zielpunkt einer sequenzierenden Entwicklung wird jedoch ein exterritorialer Klang: das b-Moll einer tiefalterierten IV^b. Stufe (T. 151), mit dem die Satzfaktur wechselt und das Thema wieder Zusammenhang gewinnt. In die Sphäre des neuen Klanges gehört auch der Ges-Dur-Akkord von T. 155. Erst eine Quintversetzung von acht Takten bringt ab T. 159 den Satz in den Normalraum und die Mollvariante der Tonika zurück. Ein Halbschluss (T. 167) bereitet dann die lange hinausgezögerte Reprise vor.

Im G-Dur-Quartett op. 18 Nr. 2 ist der Fremdklang als neuer Fernpunkt ein Es-Dur als chromatisch alterierte ♭VI. Stufe anstelle des zu erwartenden diatonischen e-Moll (T. 101). Die gleiche alterierte ♭VI. Stufe, kombiniert mit ihrem Parallelklang, der Mollvariante der IV^b. Stufe, markiert auch im D-Dur-Quartett op. 18 Nr. 3 mit B-Dur und g-Moll (T. 122–134) die Extrempunkte tonaler Expansion (vorangestelltes ♭: alterierter Grundton, nach- und hochgestelltes ♭: alterierter Terzton). Auffällig ist, dass die Expansionen nicht in den ♯-, sondern in den ♭-Bereich gehen, in Unterschreitung der IV. Stufe als gewöhnlicher Untergrenze. *Die IV. Stufe wird so ein immer wieder angesteuertes erstes Ziel.* Jahre zuvor war die Entwicklung häufig nur nach »oben« gegangen und die IV. Stufe in Durchführungen nicht einmal berührt worden. Ihre neue Rolle bei Beethoven demonstriert auch das A-Dur-Quartett op. 18 Nr. 5 in seinem ersten Satz. Die Durchführung bleibt innerhalb der traditionellen Grenzen, doch erfährt die IV. Stufe D-Dur, als erste neue Station ankadenziert in T. 91, besondere Ausdehnung und betont zudem ihre eigene Subdominante, auch wenn sich deren G-Gur nicht verselbstständigt.

Die IV. Stufe ist noch im F-Dur-Quartett op. 59 Nr. 1 der Eintrittsklang in die Durchführung (T. 112), bevor die VI. Stufe in T. 130 als alte Obergrenze ins Blickfeld kommt. Ein großes Es-Dur-Unisono kündigt in T. 140–143 eine Kette von Klängen aus ♭-Tonarten an, von denen sich ein Des-Dur als alterierte ♭VI. Stufe großflächig etablieren kann (mit Kadenz in T. 180). In seiner Folge erscheint ein b-Moll als IV♭ (T. 190, 200). Der wachsende Umfang der Sätze korrespondiert in op. 59 also auch mit einer Vergrößerung des tonalen Raumes. Beethoven führt seine Hörer quasi in die fremdesten subtropischen und arktischen Regionen. Für eine noch gemäßigte Zone sorgt sowohl in op. 59 Nr. 1 als auch Nr. 3 die erniedrigte ♭II. Stufe des verselbstständigten Neapolitaners. In Extrembereiche über ♭VI und ♭III hinaus führt bei op. 59 Nr. 1 die alterierte VII. Stufe in gleich zwei Erniedrigungsvarianten: dem Es-Dur ♭VII (T. 140) und dem es-Moll ♭VII♭ (T. 195–197). Dieses es-Moll entspricht der Repräsentonart c-Moll von Elettras d-Moll-Arie aus Mozarts *Idomeneo*, in der Fremdartigkeit von Beethoven durch den Dur-Zusammenhang noch überboten.

Das »Harfenquartett« in Es-Dur op. 74 führt drei ♭ bereits in der Vorzeichnung, sodass Beethoven erstmals eine Raumentwicklung nach »oben« bevorzugt. Gegenpol zur Tonika wird ein 14 Takte lang strahlendes C-Dur, also die in ihrer Terz chromatisch veränderte traditionelle VI. Stufe. Das gleiche C-Dur wiederholt sich im ersten der späten Streichquartette, im Es-Dur-Quartett op. 127 (T. 135), wo die tonalen Verhältnisse aber sehr viel komplexer sind, weil der traditionelle Fernpunkt der III. Stufe schon beim letzten Thema der Exposition erscheint (T. 41) und für einen Vorzeichenwechsel sorgt. Das g-Moll wird dann in einer erneuten Notationsverschiebung nach G-Dur verwandelt, mit dem die Durchführung beginnt (T. 75). Exterritoriale Stufen sind so mit einem III♮ und VI♮ in künstlicher Durform vervielfacht. Gleichwohl sind es den Grundtönen nach die alten oberen Fernpunkte, auf die Beethoven setzt, auch wenn sie durch chromatische Abwandlungen einen neuen Charakter annehmen. Der untere Fernpunkt der IV. Stufe spielt erst in der Reprise und Coda eine Rolle (T. 198, 241). Vergleichbar ist die tonale Disposition auch im B-Dur-Quartett op. 130. Beethoven operiert hier mit den gleichen Dur-Stufen von III♯ und VI♮ (D-Dur und G-Dur, T. 100, 113). Den Weg nach »unten« sucht er bereits in der Exposition, wenn in Ges-Dur als tiefalterierter ♭VI ein neues Thema erscheint (T. 55), das sich in der

Reprise nach Des-Dur verschiebt (T. 162). Die alten Fernpunkte sind also gleich doppelt verändert, sowohl über hochalterierte Terzen mit III$^\#$ und VI$^\#$ als auch über tiefalterierte Grundtöne mit $\flat$III und $\flat$VI. Ein Sonderfall ergibt sich im Molto Adagio aus op. 59 Nr. 2 durch ein Zitat, weil das nach B-A-C-H gerückte Thema (T. 63) ein B-Dur fordert, das innerhalb von E-Dur eine tiefalterierte $\flat$V. Stufe bedeutet, die in den Streichquartetten singulär bleibt.

Einen Musterfall chromatisch-enharmonischer Modulation in einer Verschiebung von traditionell leitereigenen zu neuen Grenzen und zurück exerziert Beethoven im Scherzo von op. 127 nach dem Doppelstrich durch: VI-II-$\flat$VII-I$^\flat$-$\underline{\flat\text{III}}$-$\underline{\text{III}^\flat}$-III-II-I (T. 40, 47, 55, 57, 60, 64, 69, 85, 90; unterstrichen: die »exterritorialen« Klänge). Bezeichnend scheint, dass im neuen, quasi unendlichen Großraum die alten Grenzen noch im Bewusstsein haften. Im letzten Quartett op. 135 erscheinen sie, zumindest kurz, sogar wieder in ihrer angestammten und danach gleich hochalterierten Form (T. 89–92: a-A-d-D). Im Finale von op. 127 bescheidet sich Beethoven in der Durchführung ganz mit den bewährten diatonischen Stufen und weitet den Blick erst in der Coda. Die Verhältnisse erinnern an die Vergrößerung der Tastatur von Klavieren der Beethoven-Zeit, wenn in der Musik trotz zusätzlicher Tasten oben und unten die Grenzen des alten Fünf-Oktaven-Raums F bis f^3 immer noch durchschimmern können.

Themenbildung und syntaktische Verfahren

Der Aufstieg der instrumentalen Gattungen bei den Wiener Klassikern bleibt nicht ohne Auswirkungen auf syntaktische Strukturen. Die Art, in der Einzelteile zu größeren Einheiten zusammengefügt werden, entfernt sich weit von vokalen Vorbildern. Solange die Musik Text zu bedenken und zu tragen hatte, folgte sie weitgehend seinen formalen und grammatischen Gliederungen. Mit unterschiedlichen Klassen von Kadenzen wurden seine Interpunktionszeichen musikalisch nachgebildet. An Textzäsuren orientierten sich in der Regel abphrasierend oder pausenfüllend alle Stimmen des Satzes, nicht nur die textierten, sodass sich eine Bauweise herausbilden konnte, bei der Melodie- und Begleitstimmen gliederungskongruent sind. Das hat einen Reflex in der

Beschreibung von »Absätzen« und »Perioden« im deutschsprachigen musiktheoretischen Schrifttum von Johann Mattheson (1739) über Joseph Riepel (1752) bis Heinrich Christoph Koch (1793), die Musik so beschreiben, als wäre sie nur einstimmig. Rein instrumentale Sätze können sich aber ganz anders organisieren, weil sie auf das Atmen eines Sängers keine Rücksicht nehmen müssen. Die Theoretiker sprechen dann mit Verweis auf die Sinfonie von »rauschenden« Sätzen, ohne für deren Bauprinzip nähere Regeln zu formulieren.

In den Streichquartetten Beethovens spielen die traditionellen Gliederungsmechanismen vokalen Baus in den kantablen langsamen Sätzen eine unverändert wichtige Rolle bis hin zu den letzten Werken op. 131 und 135. Der Ausgangspunkt ist gewöhnlich ein symmetrisch angelegtes Thema in Anlehnung an einen poetischen Vier- oder Achtzeiler. Das Grundmuster tritt in den Variationen von op. 18 Nr. 5 offen zutage und ist auch in anderen Andante- und Adagio-Sätzen nur geringfügig modifiziert, so bei op. 18 Nr. 6 durch die ungewöhnliche Doppeltakt-Notierung und das Überspielen der Binnenzäsuren zwischen den einzelnen »Versen«, sodass sichtbare Pausen nur beim Halbschluss des Vordersatzes und beim Ganzschluss des Nachsatzes entstehen (T. 4 und 8). Auch im Lento assai von op. 135 sind – ebenso wie im Andante von op. 18 Nr. 3 – Pausen vermieden, die inneren Gliederungsmarken in T. 3–10 werden aber durch zwei längere Noten bei der ersten und letzten Einheit (T. 4 und 10) sowie durch Artikulationsbögen hinreichend deutlich. In op. 131 sind die Atemstellen mit einem ungewöhnlichen Verfahren überdeckt. Die Füllstimme der geradzahligen Zäsurtakte, hier die zweite Geige, setzt jeweils am letzten Ton des Themas an und wiederholt dessen rhythmischen Gestus, sodass die beiden Geigenstimmen sich zu einer großen ununterbrochenen Melodie ergänzen. Einen echten Ruhepunkt im Sinne eines Strophenschlusses findet der Satz erst nach 32 Takten.

Die kleinen Maßnahmen zeigen, dass Beethoven zu allen Zeiten ein mechanisches Abphrasieren verhindert wissen wollte. Durch die Streichinstrumente des Quartetts sah er die Möglichkeit zur Bildung größerer Einheiten gegeben, ohne dass deren innerer vokaler Bau im Anstreben kleiner Endungsstellen preisgegeben wäre.

An der symmetrischen und in sich geschlossenen Bauweise hielt Beethoven auch bei Rondorefrains und Themen von Sonatensätzen, die anstelle eines Rondos stehen, fest. Bezeichnend dafür ist das vorder-

und nachsatzartig auf Violoncello und erste Geige verteilte Thema des Finales von op. 18 Nr. 2. Die Orientierung an Endungs- und Atemstellen schlägt auch in figurativ instrumentalen Themen durch wie im Finale von op. 18 Nr. 1 und Nr. 3. Das D-Dur-Quartett Nr. 3 demonstriert mit seinem Finale gleichzeitig, wie vokale und instrumentale Satzkonzeption sich durchdringen können. Das Thema mit seiner kecken Auftaktanbindung zielt im vierten und achten Takt auf eine einzelne Note, die eine stumpfe Endung signalisiert, während die sich anschließenden Zweitakter bis hin zu T. 22 alle auf eine klingende Zweitonfigur hinauslaufen. Die normale Endungsordnung mit dem stumpfen Schluss am Ende ist gewissermaßen auf den Kopf gestellt. Eine Themenverlängerung, die sich an der zweitönigen Wendung festbeißt, bringt dann aber doch noch den lakonischen Themenschluss auf der Takt-Eins und mit ihm die förmliche Kadenz. Am Kadenzpunkt allerdings wird die zweite Geige aktiv, sodass im Gliedern von Takteinheiten sich zwei Wege gleichzeitig abzeichnen: Ein offener Viertakter ab T. 26 ist ebenso vorstellbar wie ein geschlossener unter Einbeziehung der Endungsstellen ab T. 27. Die Situation spitzt sich ein zweites Mal in T. 56 zu. Jetzt bezieht Beethoven eindeutig Position. Das Ende wird einfach gekappt. Mit dem A-Dur-Dreiklang der V. Stufe beginnt im gemeinsamen Piano aller Stimmen etwas Neues. Wenn das Violoncello den Abschnitt wiederholt, setzt es in T. 64 demonstrativ auf der Eins an, bei dem Ton, der im älteren syntaktischen Verständnis einmal Schlussnote hätte sein können. Der Formprozess verbindet sich also mit einem syntaktischen Wechsel auf ein Prinzip, das sich nicht mehr sklavisch an Endungen bindet.

Die Themenbildung in den ersten Sätzen in Sonatenform ist von vornherein weniger stabil, sodass sich impulsartige Umgliederungen sehr viel leichter einstellen können. Der Kopfsatz von op. 18 Nr. 2 gliedert im Thema zwar säuberlich nach Zweitaktgruppen und kadenziert regulär im 16. Takt, doch hat jede kleine Einheit anderes Gepräge, als wären für die eine »Strophe« Verse aus ganz unterschiedlichen Texten zusammengewürfelt. In op. 18 Nr. 1 sind die Zweitakter zu Beginn äußerlich ähnlicher, weil immer wieder das zentrale Sechzehntelmotiv eine Rolle spielt, dennoch wandelt sich ihre innere Dynamik ständig. Wenn die zweite Geige in T. 21 den Faden wieder aufnimmt, bringen die sich verdichtenden Akzente den Satz zum Kippen. Er wechselt in T. 29 abrupt seine Faktur. In der Schlussgruppe der Reprise steigert der um einen

Takt vorgezogene Violoncello-Einsatz den Effekt dann noch. Mit stoßartigen Anfangsimpulsen bei allen ungeradzahligen Takten beginnt op. 18 Nr. 6; in den gewohnten Bau findet das Thema erst mit dem Auftakt zu T. 6, sodass sich im Abzählen die unregelmäßige Folge von 5 + 8 Takten bis zur ersten Kadenz auf der V. Stufe ergibt.

Viel radikaler noch setzen die Quartette ab op. 59 eine instrumentale Syntax durch. Das Allegro vivace aus op. 59 Nr. 3 beginnt nach einem knappen Auftakt-Anstoß mit kleinen Motiv-Bausteinen in der ersten Violine, aus denen sich fast improvisatorisch ein Thema zusammensetzt. Fast überraschend lässt es sich mit langem Vorhalt auf eine vokale Endung ein, unterstützt vom Lösungsschritt der Bratsche. Ohne den Tutti-Auftakt ergäben sich sogar die vertrauten vier Takte. Ein harmonischer Ruck befördert den zweiten Themenansatz um eine Stufe nach oben, sodass ein kleiner Anhang unter Leitung der chromatischen Töne $a^1 \rightarrow b^1 \rightarrow h^1 \rightarrow c^2$ zur eigentlichen Tonika C-Dur zurückstreben muss. Der Eintritt dieses C-Dur in T. 43 wird jedoch nicht in vokalem Sinn als Endpunkt für ein Piano-Thema verstanden, sondern in seinem explosiven Forte als Initialzündung für eine neue Phase im Hauptsatz. Sie gliedert strikt nach Zweitaktgruppen, doch nicht geschlossen vokalen, sondern offen instrumentalen, die ihren Lösungspunkt immer in einem dritten Takt, also außerhalb von sich selbst und im zwingenden Anschluss an das nächste Bauteil suchen. Offene oder latente Atemzäsuren sind aus diesem Prozess völlig ausgeschieden. Der Satz folgt dem »rauschenden« Bau der Sinfonie, für den Koch keine »vernünftige« sprachanaloge Erklärung geben konnte. Das Verankern in Anfangsimpulsen anstelle eines abphrasierenden Ansteuerns von Endungsstellen wirkt sich noch auf die Einführung eines neuen Motivs innerhalb des Hauptsatzes aus. Die Sechzehntel von T. 59 starten in Kongruenz mit den offenen Zweitaktgruppen sinfonischen Zuschnitts. Beim »Harfenquartett« op. 74 wird im ersten Satz (T. 52) vergleichbar die Seitensatz-Zone eröffnet. Ausnahmsweise durchdringt der offene Bau auch das Scherzo, das traditionell als Tanzsatz auf geschlossenen Bauteilen beruht. Doch der zweite Teil des Vivace aus op. 135 setzt ganz auf die zündenden Impulse großflächig offenen Baus.

Den sinfonischen Gestus nutzt Beethoven – und vor ihm schon Mozart – mit Vorliebe auch für die großen Sogwirkungen am Schluss von Sonatensätzen oder Sonatenrondos bis hin zum Finale von op. 132, hier besonders auffällig, weil der Satz vor dem kritischen Takt 328 seiner vokalen Prägung wegen fast ausschließlich auf endungsorientiert geschlossenen Bauteilen beruht. Die Schlussgruppe des Finales von op. 59 Nr. 1 schwenkt mit dem »a tempo« von T. 206 auf die offenen Zweitakter und ihren Steigerungsdrang ein, der in stetem Crescendo von Pianissimo zum Piano, Forte wie Fortissimo führt und das befreiende Unisono konsequent in einem ersten Gliederungstakt findet (T. 222). In der Reprise löst das Fortissimo einen wechseldominantischen Klangruck aus (T. 394), mit dem das Signal für eine erweiternde Coda gegeben wird. Der letzte große Tonikablock des Prestos ab T. 452 gliedert sich dann nach dem gleichen ostinaten Prinzip in offenen Zweier- bzw. Vierer-Einheiten und kann deshalb nicht in acht Takten zu Ende kommen, sondern braucht unverzichtbar einen neunten Takt, um in der Folge 4→4→[4⌒] die Impulsstelle für ein weiterschwingendes und verklingendes letztes Bauteil zu erreichen, von dem nur noch der erste Takt notiert ist, gefolgt von der konventionellen Fermate zum Doppelstrich als Zeichen des Satzendes.

Knapper aber ähnlich in der Konstruktion endet der erste Satz von op. 59 Nr. 2. Wenn sich in T. 240 das Thema nach dem gewaltsamen Dominant-Nonakkord im Fortissimo aus der Sechzehntelgirlande der ersten Geige löst, gewinnt es in offenen Zweitaktern, begleitet von einem langgezogenen Crescendo, eine neue ungeahnte Weite. Es schließt nach dem Unisono von T. 250 notwendig in einem fünften und nicht in einem vierten Takt.

Für das ostinate Moment hat Beethoven mehrfach unverkennbar kreisende harmonische Formeln parat, die zum Zeichen der Schlussweitung gerne die Subdominante oder deren Parallele betonen, bevor sie ihre Dominante ausspielen. Mit dem zwischendominantischen Akzent (I-Zw:II-V) beginnt in der Finalfuge von op. 59 Nr. 3 in T. 229 eine neue Phase metrischen Gleichlaufs, während im ersten Satz von op. 95 die regelmäßigen Klangschritte in halben Noten (I-I7:-IV-V) den Fortissimo-Höhepunkt der Entwicklung markieren.

Der syntaktisch offene Bau kann zudem in Sätzen von vokalem Duktus und kantabler Melodik eine Art zweiter Ebene erzeugen. Die vielbewunderte exterritoriale Des-Dur-Zone ab T. 72 im langsamen Satz aus op. 59 Nr. 1 ist ganz auf das »molto cantabile« der ersten Violine konzentriert. Sie beginnt ihren großen Gesang zusammen mit der durchgehenden Begleitfigur der Viola an einer Schnittstelle syntaktischer Fügung, im vierten Takt mit der fallenden Quart eine Endungsformel ansteuernd (T. 75), die vom Bass unter Ausbildung eines Quartsextakkords allerdings negiert wird, worauf die Geige den melodischen Faden in Rückkehr zu T. 71 einfach weiterspinnt. Einem Schluss im fünften Takt zum Eintritt der Tonika widerspricht dann aber der metrische Bau, der hier einen Anfang fordert, wie ihn die zweite Geige mit ihrem Einsatz zeigt. Das in T. 76 erreichte as^1 der Melodie sucht also in neuerlichem Aufschwung, sich von einer zweiten Welle tragen zu lassen, bei der nun taktweise Vorhaltsfiguren entstehen, deren Lösungstöne regelmäßig gelängt werden, um ein frühzeitiges Absetzen zu verhindern und auf den richtigen Platz des Innehaltens im vierten Takt zu warten. Doch dieser Takt 79 steht in seiner inneren Dynamik als zweiter Takt offenen Baus einem Abphrasieren entgegen. Die Achtel der Melodie werden über den Lösungston g^2 hinaus im Zeichen einsetzender Crescendos weitergedrängt. Zielpunkt wird der C-Klang zu *Beginn* eines Zweitakters. An diesem dominantischen C pendelt die Bewegung allmählich aus, um nach vier Takten den Weg zur Reprise freizugeben. Die syntaktische Fügung von expandierenden Taktpaaren und eine melodische Entwicklung mit Endungsstellen, die sich in einem zweiten Takt vollenden wollen, aber immer zu einem ersten weiterverwiesen werden, schaffen in latenter Inkongruenz eine zwölftaktig verzahnte Einheit, für die der größte aller Gesangsvirtuosen nicht ausreichend Luft hätte.

Es sind also nicht nur kontrapunktische Techniken, harmonische Kunstgriffe und formale Überraschungen, mit denen Beethoven dem besonderen Anspruch an »Compositionswissenschaft« beim Streichquartett gerecht wird, sondern auch syntaktische Komplikationen und Doppelungen. Herausgefordert sind sie von neuen instrumentalen Möglichkeiten und einer Satztechnik mehrschichtiger Konstruktion in Überwindung bloß eindimensionaler Formbildung vokaler Prägung. Nicht nur in den Tempi wendet sich Beethoven vom Gewöhnlichen eines »ordinario« ab. Die Neuerungen betreffen ebenso den Harmoniegang, die Form und die Syntax.

»Fremdkörper« in den Streichquartetten: Zitat, Selbstzitat, Pseudozitat

Das Trio in Menuett und Scherzo ist seit Mozart und Haydn so etwas wie ein Einfallstor für Fremdimporte. Hier erscheinen bevorzugt populäre Melodien in Form echter oder fingierter Zitate. Herausgehoben sind sie fast regelmäßig durch Oktaven. In den Orchestertänzen Mozarts sind solche Melodieoktaven geradezu ein Markenzeichen. Was zudem in Kirchenmusik Choralzitate kennzeichnet, sorgt im Menuett-Trio für den Anstrich des Populären, das sich satztechnisch in Bordun-effekten und besetzungstechnisch gerne in Sonderinstrumenten wie Posthorn, Blockflöte oder Trommel kenntlich macht. Oktaven, Doppeloktaven und Bordunflächen samt Verschiebungen in der Syntax treffen sich signifikant im Trio des Menuetts aus Mozarts letztem Kammermusikwerk, dem Streichquintett in Es-Dur KV 614.

Beethoven knüpft an diese Sondertradition in op. 18 wohldosiert nur einmal an, nämlich im Trio des Menuetts von Nr. 5. Eine wohlig behagliche Melodie in der schlichten Folge von Achttaktern mit den typischen Oktaven von zweiter Geige und Bratsche samt langen Auftakten gegenüber den abgesetzt artikulierenden des Menuetts sorgt trotz gleicher Tonart für willkommenen Sphärenwechsel, genießt den Gegendruck der Sforzati auf der Takt-Drei und atmet darin Tanzbodenluft sich wiegenden Wohlbehagens.

In den mittleren Quartetten op. 59 haben Melodieimporte eine grundlegend andere Qualität und auch andere Funktion. Beethoven hat hier in Verbeugung vor dem Widmungsträger Graf Rasumowsky russische Melodien verarbeitet und mit der Angabe »Thème russe« besonders gekennzeichnet. Sie fügen sich jedoch nicht in die Form von Tanzliedern, auch wenn eines der Themen in op. 59 Nr. 2 am klassischen Zitatplatz des Trios eingebaut ist. Beethoven behandelt die Melodien als eine Art Rohmaterial für satztechnische Verfahren fern aller Effekte von Popularmusik. Insofern gibt es bei ihnen auch nichts zum Schmunzeln, sondern eher etwas zum Staunen.

Die späten Streichquartette dagegen kommen mit Vorliebe auf die alten Topoi von Bordunmusik, Tanz- oder Liedweise zurück. Sie bilden in nicht weniger als sechs Fällen einen eigenartigen Kontrast zum Hochartifiziellen des Quartettsatzes. Bevorzugter Ort ist erneut das alte Trio in modifizierten Scherzosätzen (op. 131, 132, 135). Zum Hauptbezugspunkt für Beethoven werden jetzt instrumentale Borduneffekte bis hin zum »Bärentanz« im Finale von op. 127. In op. 132 wird die ausgedehnt naturhafte Freiluftmusik vom Eigenzitat eines Deutschen Tanzes für Klavier aus der Zeit vor 1800 als »Trio im Trio« ergänzt. Zweifach erscheinen auch betont vokalgeprägte und schlichte Weisen, in op. 131 nach Art eines Gassenhauers, in op. 135 nach Art eines Kinderliedes. Die Absichten Beethovens in allen diesen Fällen sind rätselhaft. Zeitgenossen bleiben in dieser Frage seltsam stumm. Eine Ausnahme macht nur Adolph Bernhard Marx 1829 mit Hinweis auf eine »höhere Idee«, die er unter dem Stichwort »Erinnerung« vage andeutet. Selbst Robert Schumann als »Beethovener«, der in seinem dritten Streichquartett A-Dur unter der bezeichnenden Angabe »Quasi Trio« auf ähnliche Kontraste von Kunstvollem und Elementar-Populärem zurückkommt, schweigt sich aus. Überzeugende Erklärungen sind bisher nicht vorgetragen worden. Zwei mögliche Thesen zeichnen sich immerhin ab: einerseits die einer verklärenden Erinnerungskultur, viel debattiert seit Rousseaus Darstellung von heimatlichen Tönen des Schweizer Kuhreihens, andererseits die musikalische Postulierung einer idealen Gesellschaft, an der mit gleichem Recht alle Schichten beteiligt sein sollen, eben auch jene, die der Natur und damit dem Wahrhaften näher sein können als die städtischen Eliten. Beide Thesen treffen sich darin, Ausdruck einer poetisierenden Romantik zu sein, die literarisch-ästhetisch längst begonnen hat.

DIE EINZELNEN QUARTETTE WERKBESPRECHUNGEN

Die frühen Streichquartette

Beethovens erste Streichquartette stehen unter dem Eindruck des jugendlichen Schuppanzigh-Quartetts, das seit 1792 bevorzugt in den Salons des musikliebenden Wiener Adels probte und auftrat, so bei den Fürsten Karl von Lichnowsky und Franz Joseph von Lobkowitz, und 1804 eine öffentliche Konzertreihe ins Leben rief. Das Publikum beschränkte sich auf 30 bis 50 Personen. Ein Bericht der *Allgemeinen musikalischen Zeitung* in Leipzig betont, dass nur die »vorzüglichsten, ausgezeichnetsten Kompositionen« auf dem Programm stünden, nämlich Werke von Haydn, Mozart und dann eben auch Beethoven. Das Dreigestirn der späteren »Wiener Klassiker« ist erstmals ausdrücklich in diesen Veranstaltungen vereint. Beethoven muss klar gewesen sein, in welche Konkurrenz er sich hier begab. So ließ er auffällig mehrere Jahre in Wien verstreichen, bevor er sich an der anspruchsvollen Gattung beteiligte. Den Anstoß dürfte Fürst Lobkowitz gegeben haben, der die ersten Streichquartette Beethovens bezahlte und sie in zwei Dreiergruppen zunächst handschriftlich geliefert und bei der Drucklegung auch gewidmet bekam.

Streichquartett in F-Dur op. 18 Nr. 1 (1799, Erstdruck 1801)

1. ALLEGRO CON BRIO. Das F-Dur-Quartett, nicht als Erstes entstanden, aber bewusst an den Anfang der Serie gestellt, beginnt mit einem prägnanten und in Abtaktigkeit wie stumpfer Endung fast schroffen Motto, das den ganzen Satz beherrscht. Es stellt mit seinen Ecktönen *f* und *c* elementar die Haupttöne des F-Raums heraus und gewinnt seine Individualität durch die rhythmische Gestaltung in vier verschiedenen Notenwerten. Dabei nehmen die beiden kurzen Achtel vor dem Taktstrich etwas plastisch Artikulierendes an und sorgen beim Taktübergang ♪|♩ dafür, dass die rahmenbildende Grundquart als letztes Intervall beschleunigt nochmals für sich gestellt ist, sodass sich abtaktiger und auftaktiger Gestus demonstrativ verbinden.

Es sind dann auch die Veränderungen an der Rahmenquart, die den Satz in Gang bringen: in T. 4 mit dem neuen Ton d, in T. 6 mit dem Schritt nach oben zum g^2, der eine Erweiterung auf vier Takte mit dem Ziel einer klingenden Endung ♩ ♩ auslöst. Das »eckige« Grundmotiv findet so eine »runde« Variante, bei der zudem ein Binnenauftakt für einen verbindlicheren Ton sorgt. Der entstandene Achttakter mit seinen vielfältigen Kleinelementen folgt dabei einem charakteristischen Aufbauprinzip in drei Schritten von 2+2+4 Takten.

Ein zweiter Anlauf ab T. 9 erweitert durch künstliche Spannungsklänge mit bereits durchführungstechnischen Maßnahmen den Tonraum, um am Ende lapidar in der Tonika zu schließen (T. 20). Im Wechselspiel von klingendem Halbschluss (T. 8) und stumpfem Ganzschluss (T. 20) wirken Erfahrungen aus der Sprachvertonung, die bei den kleineren Zäsuren auf klingende Endungen setzt, am Schluss zur Markierung des Strophenendes jedoch auf eine stumpfe Endung. So sieht es generell die italienische Verspraxis bei musikalischen Texten vor. In einem Additionsverfahren vermehrt sich die Zahl zweitaktiger Bausteine ab T. 9 vor dem zusammenfassenden Viertakter auf ein 2+2+2+2+4.

Der dritte Anlauf ab T. 21 verzichtet auf die ersten beiden Bausteine, verdichtet den Satz durch imitatorische Verzahnungen und verleiht dem viertaktigen Schlussbaustein besondere Kraft durch Belebung der Takt-Zwei in T. 28: Erstmals sind in energischer Wiederholung mit |♩ ♩ ♩| alle drei Viertel des Taktes besetzt. Ein zweites Mal kadenziert der Hauptsatz in der Tonika. Doch diesmal steht der Schlusstakt nicht frei für sich, sondern löst einen Fakturwechsel aus, mit dem der Satz in ein neues Bauprinzip umkippt und in die Freiheit eines Bewegungskontinuums entlassen wird. Es wechselt in T. 29 nicht nur das Satzbild mit durchlaufenden Achteln der Mittelstimmen, es wechselt auch die syntaktische Ordnung in einem Klangpendel offener Zweitaktigkeit. In diesen zäsurlosen Bewegungszusammenhang sind Zitate des Hauptmotivs einmontiert, dessen Schlusston immer in einen ersten Takt des harmonischen Untergrundes fällt. Mit dem Hauptmotiv verzahnt sich gleichzeitig in der ersten Geige ein neues Gegenmotiv, dessen markierte Achtel aus Takt 1 stammen. Der Satz kann sich nun flächig entwickeln, was Beethoven für harmonische Exkurse nutzt, die weitere Durchführungsmomente in die Exposition bringen. Besonders heraus sticht ein As-Dur, wenn die Bratsche in T. 41 die motivische Führung übernimmt.

Im Strom der Bewegung bilden sich Sechzehntelketten, auf die Beethoven zurückkommt, wenn er das Ziel der ganzen Zone, einen wechseldominantischen Halbschluss in T. 49, in einem Anhang festigt, zu dessen Höhepunkt eine Skala im Unisono und Fortissimo wird (T. 54). Der verheißene neue Abschnitt auf der V. Stufe C-Dur lässt aber auf sich warten. Zunächst löst sich aus dem kompakten Tutti nur eine Art Überleitungsfigur, die in andersartiger Artikulation thematische Züge annimmt, wenn sie sukzessiv durch alle Stimmen des Quartetts wandert. Als der eigentliche formale Wendepunkt erweist sich eine unerwartet frühe Kadenz auf der V. Stufe. Sie setzt in T. 72 kurzerhand das Hauptthema wieder in Kraft. Der schnittartige Wechsel, in den Achteln der Mittelstimmen an T. 29 erinnernd, steigert den Impuls noch, weil Beethoven das Thema ohne vorbereitenden Takt »mit der Tür ins Haus fallen« und so den vorgesehenen Schlusstakt verdrängen lässt. Die Botschaft ist unüberhörbar: Das Hauptthema okkupiert auch den Seitensatz. Dessen ursprüngliche Achtel (T. 57 ff.) finden immerhin noch in einem Anhang Platz (T. 85 und 93). Denn wenn die erneute C-Dur-Kadenz von T. 84, vorbereitet von einem Triller im Gehabe des virtuosen Sängers beim Strophenschluss, eine nachgeordnete Coda verkündet, schaltet Beethoven die gebundenen Achtel nochmals ein. In einem ganz neuen, die Takt-Zwei betonenden Einsatzimpuls (T. 84) stemmen sie sich gegen die Dominanz des Hauptsatzes. Den inneren Konflikt spitzt Beethoven in extremer Weise zu: durch eine Generalpause, in der allein das Metrum des Taktes weiterläuft. In die tickende Stille hinein meldet das Hauptthema erneut seinen Führungsanspruch an. Beethoven erfüllt ihn durch die Umstellungen eines zweiten Anlaufs. Nach der Generalpause verrückt er den Raum in Wiederkehr des As-Dur von T. 41, verzichtet auf jedes motivische Element und lässt es anders als am analogen Kadenzpunkt in T. 92 erst mit Erfüllung der Kadenz in T. 101 schlagartig zurückkehren: in einem unerwarteten Piano, das dem Hauptthema einen Steigerungsraum eröffnet. Jetzt endlich kommt zum Zug, was eine Coda gewöhnlich auszeichnet, nämlich ein ungebremster Fortgang.

An der Nahtstelle T. 100/101 erinnert Beethoven an die stoßartigen Viertel | ♩ ♩ ♩ | ♩ bei der letzten Tonika-Kadenz des Hauptsatzes T. 28/29. Diese Viertel steuern auch den Schlussabschnitt. Ausgangspunkt ist der stumpfe Schluss eines einzigen Viertels mit |♩ in T. 84 und 92, erweitert um ein zweites Viertel |♩ ♩ im akzentuierten Nachschlag der Unterstimmen in T. 109, bis sich unmittelbar vor dem Doppelstrich die zusammenfassende Formel |♩ ♩ ♩ |♩ im Zeichen des Forte von T. 28 vervollständigt.

Das Erstaunliche im Formverlauf sind nicht weniger als vier C-Dur-Kadenzen im Seitensatz. Keine einzige von ihnen erfüllt die alte Aufgabe, einen Schluss herzustellen oder zumindest Seitensatz und Schlussgruppe voneinander zu scheiden. Beethoven legt es vielmehr darauf an, den simplen Schluss auszuhebeln und den Satz auf immer neue Entwicklungsstufen des Hauptmotivs zu heben. Dabei verschmelzen Seitensatz und Schlussgruppe zu einer großen Einheit, die an Umfang dem Hauptsatz gleichkommt, ihn sogar geringfügig überbietet (55 bzw. 59 Takte). In der Reprise wird sich das Verhältnis noch weiter verschieben, weil die Zone von Seitensatz und Schlussgruppe durch eine Coda von mehr als 30 Takten zusätzlich verlängert ist (T. 282).

Die Exposition des Kopfsatzes von op. 18 Nr. 1 führt geradezu musterhaft alle Ingredienzien Beethoven'scher Techniken und Verfahren vor. Er geht von den beiden Zonen Hauptsatz und Seitensatz mit dem trennenden Halbschluss von T. 49 bzw. 55 aus. Dabei setzt er auf einen Wechsel der Sphären durch den Gegensatz von Lapidarem und Verbindlichem, spieltechnisch von Gestoßenem und Gebundenem. Es zeigt sich jedoch, dass die widersprüchlichen Elemente schon zum Charakter des Hauptthemas gehören, das sich folgerichtig im ganzen Satz behauptet. Wozu Beethoven ohnehin neigt, nämlich an das Hauptthema in der Schlussgruppe der Exposition zu erinnern, ist hier im Extremen ausgereizt. Das Hauptthema wiederum wird nicht bloß »exponiert«, sondern bereits im Hauptsatz Verarbeitungstechniken der Durchführung bis hin zu harmonischen Exkursen in der Erprobung eines neuen Klangraums unterworfen. Folgerichtig zeichnet sich die Schlussgruppe durch überraschende Ausweichungen aus, hier in T. 97. Von seinen Vorbildern Haydn und Mozart hebt sich Beethoven aber vor allem durch einen neuen »Ton« ab. Seine Motive sind kantiger, der Verlauf wird stürmischer und der Bau monumentaler. Das Forte Beethovens ist seiner Intensität nach lauter als bei Haydn und Mozart. Zu den Steigerungseffekten gehören orchestertypische Zonen wie das große Unisono von T. 54 oder der unvermittelte Registerwechsel in T. 84. An Grenzen führt Beethoven die dynamische Breite vom Piano zum Fortissimo mit dem charakteristischen Subito piano nach Crescendo-Passagen (T. 18–20, 26–29, 46–49, 69–72, 97–101), das sich mit der Technik syntaktischer Schnitte verbindet. Der Bereich des Leisen erfährt dann in den Folgesätzen noch die Abstufung ins *pp* und *ppp*.

Für die Durchführung geht Beethoven wie auch schon gerne Mozart vom letzten Höreindruck der Exposition aus. Deshalb stehen nach dem Doppelstrich zunächst tonal verschoben die treibenden Sechzehntel im Vordergrund. Ab T. 119 geht das zentrale Motto mit ihnen eine erste Verbindung ein, die endet, wenn es seine Endung in die zweitönig klingende Form bringt. In T. 129 ändert sich erneut die Weichenstellung, weil Beethoven dem ersten Takt in Erinnerung an T. 37 weiterschreitende Viertel anhängt und so eine Gestalt gewinnt, die sich kontrapunktisch für ein Fugato in den drei Anläufen von T. 129, 135 und 141 eignet und als Kulminationspunkt zu einer Umstellung der Elemente des ersten Taktes im Zeichen eines verminderten Septakkordes führt. Aus der motivischen Zuspitzung und klanglichen Intensivierung entspringt in T. 151 am fernsten Punkt der tonalen Entwicklung, b-Moll, eine Zone großflächiger Bewegung mit den weiten und raumgreifenden Akkordwechseln im Abstand von vier Takten. Beide Techniken, kontrapunktisch engräumige Durcharbeitung und flächiges Ausbreiten, bleiben verlässliche Requisiten auch von Beethovens späteren Durchführungstechniken.

Die besondere Aufgabe im F-Dur-Quartett op. 18 Nr. 1 war das Einfädeln in die Reprise. Es nimmt vom dominantischen Halbschluss in T. 167 seinen Ausgang. In dieser letzten Zone der Durchführung verbindet Beethoven ein zweites Mal Hauptthema und Sechzehntelskalen, die sich ebenso unvermittelt aus dem Motto lösen wie in T. 120 und ihre eigene Verarbeitung in auseinanderstrebenden Stimmen finden. Am Punkt größter Expansion (T. 175) werden sie in der Entscheidung für ein zielgerichtetes Aufwärts zum direkten Stichwortgeber für die Reprise.

Ein letztes Mal spielen sie in der Coda eine Rolle, wenn sie in T. 274 in die weiterschreitenden Viertel der Fugatogestalt des Mottos führen. Diese Viertel mausern sich in T. 282 zur Gegenstimme für das Hauptthema in der extrem komprimierten Form von Achteln und Sechzehnteln. In T. 288 entzerrt sich das Thema wieder im Wechselspiel mit einer ganz friedfertig neuen und dreitönigen Legato-Endung, um schließlich seine Ursprungsgestalt anzunehmen: in der ersten Geige T. 301–302, im Violoncello T. 302–305. Seinen letzten Auftritt hat es in heftiger Steigerung des deklamatorischen Gestus. Die Sechzehntel rücken in T. 310 auf die Eins und machen so Platz für ein zweifaches Achtelpaar, von dem nur das zweite als das originale sich in Oktaven vergrößern darf.

2. ADAGIO AFFETTUOSO ED APPASSIONATO. Der zweite Satz hat auf andere Weise programmatischen Sondercharakter. Denn er verfolgt in Zeiten, die Beethoven später, nämlich 1823, als »poetischer« beschreiben wird, eine dichterische Idee. Es schwebte ihm das Bild des Abschieds zweier Liebender nach dem Vorbild von Shakespeares *Romeo und Julia* während der »Scene im Grabgewölbe« vor Augen. Dazu hat sich Beethoven allerdings nur Freunden und Vertrauten gegenüber bekannt. Das allgemeine Publikum von spielenden und hörenden Musikliebhabern musste sich mit einer immerhin ungewöhnlichen Satzüberschrift begnügen: Adagio affettuoso ed appassionato. Mit der verdoppelnden Steigerung des Affektiven ist indirekt auf die menschliche Stimme als die wahre Trägerin von Ausdruck Bezug genommen und der Anschluss an einen Typus von Adagio begründet, der seit den Anfängen des Streichquartetts wie in Haydns op. 1 Nr. 1, op. 20 Nr. 2 oder op. 33 Nr. 5 eine Sonderrolle hat: das singende Adagio im Stile einer großen Opernszene.

Nach dem Muster von Scena ed aria war ein Vorspann gefordert, der bei Beethoven auf einen einzigen Takt der Vorbereitung schrumpft, bei dessen Wiederholung sich die »Singstimme« einschaltet, um danach ihren inneren Text laut werden zu lassen. Die abphrasierenden Vorhaltsendungen gemahnen unüberhörbar an Vers- und Strophenbau. Beethoven hält für längere Zeit an der Teilung in zwei Schichten, nämlich Sänger und Begleitung, fest. Das erste »vokale« Solo findet mit der stumpfen Endung eines Halbschlusses in T. 9 sein Ziel, mehrfach bestätigt von den »Instrumenten«, nach deren Crescendo von T. 13 erneut Gesang anhebt, diesmal allerdings im Violoncello. Damit weitet sich die Arie zum Duett mit seiner typischen Wiederholung des Anfangs. Auch das zweite »vokale« Solo endet in T. 20 mit einem Halbschluss, der abermals kadenzbestätigend zum Startpunkt »instrumentaler« Entwicklung wird. Die neue Kadenzstelle von T. 26 nutzt Beethoven für ein drittes »vokales« Solo in Gestalt komplementärer Duettstimmen der Violinen in zwei verschiedenen Oktavlagen mit dem »Text« einer neuen zweiten »Strophe«.

Das vokale Prinzip wird unvermerkt von einem genuin instrumentalen überlagert. Denn Beethoven bringt die Stationen des imaginären

Textvortrags mit dem Haupt- und Seitensatz einer Sonatenanlage in Kongruenz, die für den Satz als Ganzes leitend sein wird, wenn auch in Rücksicht auf die dramatische Entwicklung ohne Wiederholung der Exposition. Den gestischen Kontrast nutzt Beethoven dabei für Botschaften der Klage und des Trostes.

Die Momente der Klage äußern sich in dissonanten Vorhalten und chromatischen Schärfungen. Der erste große Vorhalt von T. 5 findet seine vergebliche Lösung in einem verminderten Septakkord, der zweite von T. 7 ist durch den »schmerzenden« Nebenton cis^1 der zweiten Geige noch intensiviert. Die Klage-Chromatik wiederum setzt an den halbtönigen Reibungen f/e und b/a an (T. 7, 11–13) und vervielfacht sich in den engräumigen Achteln der »Instrumente« in T. 20–24. Davon hebt sich die klare und reine Diatonik des Seitensatzes ab. Dieser Seitensatz bildet dann unter Führung der Bratsche epilogartig noch ein zweites Thema aus (T. 38), das Chromatik und Diatonik miteinander versöhnt.

Von diesem Thema nimmt nach dem imaginären Doppelstrich von T. 45 die Durchführung ihren Ausgang, um in T. 48 dem Klagethema Platz zu machen, das in der Verschiebung zur eigentlichen Klagetonart g-Moll große Dimensionen annimmt. Unter Duett-Gesichtspunkten entstehen in Violine 2 und Viola jene Oktaven, die im Vokalsatz nicht tolerierbar wären und erst sehr viel später in einer »tomba«-Szene als Zeichen letzten Eins-Werdens gewagt sind, jener aus Verdis *Aida*. Fast noch unerhörter ist die Düsternis beim Umschlag ins Pianissimo (T. 54), wenn die Anfangstöne des Klagethemas ein Echo tiefer Lage in der Bratsche finden, rumorend unterlegt vom neuen ungebärdigen Zweiunddreißigstel-Motiv, das erstmals während der Oktaven in T. 49 entstanden war.

Auch in der Reprise ab T. 63, in die jene beunruhigenden Zweiunddreißigstel eindringen, verdrängt die Klage allen Trost. Beethoven spart das zweite »Solo« zunächst aus und setzt an seiner Stelle (T. 76) den Seitensatz ein. Mit der Kadenz seines Zusatzthemas mündet es jedoch in T. 95 in das ausgesparte Solo des Violoncellos ab T. 96. Der »Trost« wird also von der Klage umschlossen, die sich durch die Kombination mit dem neuen Zweiunddreißigstel-Motiv ins Extreme steigert. Zum Höhepunkt wird ein Fortissimo-Ausbruch beim verminderten Septakkord von T. 105 mit dem Leidenston f in der höchsten Lage eines f^3. Danach folgen in Ermattung nur noch letzte Seufzer. »Les derniers soupirs« hatte Beethoven sich früh in den Skizzen notiert.

3. SCHERZO. ALLEGRO MOLTO – TRIO – SCHERZO DA CAPO. Der dritte Satz ersetzt das alte Menuett. Was einmal ein Tanzsatz gewesen war, wird bei Beethoven unter dem Eindruck Haydn'scher Scherzi zu einem hochartifiziellen Gebilde. Symmetrische geradtaktige Ordnung und tonale Geschlossenheit sind zur Disposition gestellt. Nach dem frühen Doppelstrich sprengen zwei Dreitakter in Versetzung nach As-Dur als einer chromatisch veränderten Stufe außerhalb der traditionellen Tonartenordnung alte Grenzen. Die Zone, die im historischen Formenkanon harmonisch einmal der Nukleus zur Ausbildung einer Durchführung gewesen war, nimmt im Scherzo nun auch motivisch und syntaktisch durchführungsartige Züge an.

Angetrieben wird der zum Allegro molto beschleunigte Satz durch ein Räderwerk verzahnter Rhythmen der Außenstimmen, die sich in der Kombination von Vierteln und Halben komplementär ergänzen. Erstmals zusammen kommen sie auf dem vereinzelten Viertel von T. 6. Das löst die gemeinschaftlichen und bestätigenden Trillertakte 7–10 aus. In der Reprise erhält der entscheidende Zweitakter von T. 5–6 ein doppeltes Echo in *pp* und *ppp* (T. 43–47), die Kongruenztakte mit den Trillern wiederum vermehren sich zu einer Zone von insgesamt zwölf Takten.

Ein Ereignis besonderer Art, dem alten Menuett vollkommen zuwider, sind syntaktische Verschiebungen. In T. 25 ist ein Halbschluss erreicht, mit dem eine Dreitaktgruppe (T. 23–25) entsteht, deren Schlussgestus durch Wiederholung des melodisch letzten Schrittes as^2-g^2 vergrößert eine Bestätigung in vier Takten erfährt. Gleichzeitig aber bleibt unterschwellig eine zweitaktige Ordnung erhalten, die mit T. 25 beginnt (erster Pfeil).

T. 23	24	25	26	27	28	29	30	31	32	33	34
1	2	3	1 — 2		3 — 4	1 — 2 ...					
		1 — 2		3 — 4		1 — 2		3 — 4		5 — 6	
		↑				↑					

Diese zweite Ordnung setzt sich in T. 29 mit dem plötzlichen Einsatz der zweiten Geige nach der Art von »Tacterstickung« mit dem Viertelmotiv aus T. 1 durch (zweiter Pfeil). Nur wenn dieser Takt als ein »erster« gezählt wird, entsteht der reguläre Achttakter vor der Reprise. Derartig doppelbödige Mechanismen zählen zu den neuartigen Scherzo-Elementen, die Beethoven regelrecht inszeniert, wenn er zu Beginn des

Trios und nochmals in dessen zweitem Teil mit den isolierten Vierteln an die kritische Stelle ab T. 26 erinnert.

Ein besonderes Ereignis rhythmischer Durchgestaltung liegt im Schluss. Die zwei Viertel ♩♩|, die in T. 52 in der ersten Geige quasi in der Luft hängen, finden wie von Zauberhand geschaffen in T. 84–85 im ♩ ♩|♩ eine lapidar bündige Fortsetzung. Damit ist realisiert, was bei Beethoven generell von Bedeutung sein wird: Schlüsse haben bei ihm nicht nur in op. 18 so gut wie immer eine spezifisch rhythmische Pointe.

4. ALLEGRO. Der vierte Satz entfacht mit seinen quirlig-eiligen Sechzehnteltriolen eine Art Sturm im Wasserglas. Die Dreh- und Skalenfiguren legen es auf Tempo und Virtuosität an. Das Finale will dem durchstrukturierten und diskursiven Kopfsatz keine Konkurrenz machen, sondern setzt auf Beweglichkeit. Mit einem weiteren Wechsel in der Reihe von Satzcharakteren entlässt es nach dem trotzigen ersten Satz, dem klagenden zweiten und dem geistvollen dritten den Hörer im Ton heitervergnügter Munterkeit. Dazu passt eine lockere Reihungsform mit Exkursen verschiedenster Art. Zur Ausdehnung trägt bei, dass Beethoven mehrfach Passagen im Wettstreit von erster Geige und Bratsche nach dem Muster von Mozarts Streichquintetten zweimal ablaufen lässt und den Hauptsatz aus zwei motivischen Zonen baut, eine mit dem eiligen Hauptmotiv und eine weitere mit einem bremsenden Nebenmotiv (T. 19).

Das Spiel mit Einschüben und Exkursen beginnt, wenn Beethoven das F-Dur der Grundtonart unvermittelt und noch vor der Etablierung des Seitensatzes zugunsten eines fremden d-Moll verlässt (T. 27), in dem das Nebenmotiv nochmals erscheint, bis es von einem dritten Motiv verdrängt wird (T. 43). Die erwartete C-Dur-Zone tritt vorbereitungslos durch pure Versetzung ein, wenn dieses dritte Motiv in T. 51 in C-Dur erscheint. In seinem naiven Ton wirkt es fast zitathaft im Sinne eines Rondo-Couplets. Beethoven verweilt dann lange auf der regulären C-Ebene, die nur vorübergehend durch eine Mollvariante umgefärbt wird (T. 79). Dabei meldet sich erneut zitathaft ein viertes Motiv, zu dem sich der Anfang des triolischen Hauptthemas als launisches Gegenmotiv einstellt, beibehalten auch bei der Dur-Wiederholung in T. 83. Der Seitensatz bleibt ohne Schluss und ohne Kadenz. Wie von ungefähr meldet sich das Hauptthema zurück, als hätten sich die Spieler verlaufen und sich auf die Wiederholung der Exposition geeinigt.

Diese Schein-Wiederholung ab T. 91 bleibt aber unvermittelt an den markierenden Achteln des Hauptthemas hängen. Aus der Abspaltung entwickelt sich im Handumdrehen eine durchführungsartige Zone großer Ausdehnung, unter Engführung auch der motivischen Triolen und ab T. 117 mit einem humorigen Anfall von Kontrapunkt. Das Triolenmotiv bekommt als Gegenstimme ein Skalenstück in Achteln zugeteilt, das dem frühen d-Moll-Exkurs von T. 28–29 entnommen ist. Die schrittweisen harmonischen Veränderungen führen bis in die entlegene Region eines Des-Dur, dessen flächige Ausdehnung sich das Motiv 4 zunutze macht und – unterbrochen von einer zweiten kontrapunktischen Passage – verschiedene, überwiegend fremdartige Tonartstufen durchprobiert: Des-Dur (T. 137), C-Dur (T. 153), D-Dur (T. 193) und Es-Dur (T. 205). Motive aus dem Hauptsatz scheinen, als hätte sich ein Rondo-Couplet verselbstständigt, ganz verloren. Sowie die Es-Dur-Passage modulierend in T. 219 zu einem Halbschluss auf C hinläuft, der die Grundtonart F-Dur in Erinnerung ruft, melden sich jedoch unvermutet die Triolen zurück und fügen sich in Ketten für einen großen Dominantblock im Fortissimo zusammen, aus dem sich wie nebenbei piano und in der Bratsche in T. 235 der Repriseneinsatz löst. Auch bei diesem wesentlichen Formeinschnitt verzichtet Beethoven auf eine halbschlüssige Vorbereitung oder wenigstens eine Zäsur im Vorfeld. Die Formteile reihen sich wie in einem Potpourri.

Die Reprise hält sich mit kleinen Varianten an das Muster der Exposition. Das bedeutet, dass sie auf die Schein-Wiederholung von T. 91 zuläuft, doch der tonal angleichenden Quintversetzung wegen auf das falsche Ziel eines B-Dur (T. 327). Beethoven lässt den Satz gnadenlos in die Irre gehen, erlaubt sogar den Schein-Beginn einer zweiten Durchführung (T. 334), die eine Kette von verminderten Septakkorden produziert. Den harmonisch passenden baut Beethoven in letzter Sekunde (T. 345) zu einem Septakkord der Grundtonart um und verschafft in T. 346 einer zweiten Reprise Platz, die befreiend den Einstieg in eine große Coda erlaubt.

Zu lesen, dass gut 160 Jahre später ein namhafter Forscher wie Joseph Kerman, der den musikalischen Ernst vermisste, von dem Satz enttäuscht sein würde, hätte Beethoven wohl zu einem homerischen Gelächter veranlasst.

Streichquartett in G-Dur op. 18 Nr. 2 (1799, Erstdruck 1801)

Das vielgeliebte Quartett, von Beethoven selbst in den Skizzen als »dans une style bien legère excepté le dernier« charakterisiert, ist weniger auf Extreme aus und strebt nach einer gewissen Einheitlichkeit. Die Sätze folgen ohne innere Brüche aufeinander. Man hat dem Quartett gerne Haydn'schen Geist zugesprochen, nicht zuletzt, weil im Kopfsatz die ersten acht Takte auch die letzten acht Takte sind. Im Ton des Spontanen und Jugendlichen ist das in der Vielfalt an Motiven verschwenderische Werk aber von Haydn und seiner Ökonomie sehr weit entfernt.

1. ALLEGRO. Die beiden großen Zonen des ersten Satzes, Hauptsatz (T. 1–35) und Seitensatz (T. 36–81), operieren mit jeweils zwei thematischen Gebilden. In der Grundtonart G-Dur stehen die Motive 1 und 2 von T. 1 und T. 21, in der Quinttonart D-Dur die Motive 3 und 4 von T. 36 und T. 61. Den stabilen tonalen Rahmen bereichert Beethoven schon früh durch harmonische Extravaganzen: im Hauptsatz durch das e-Moll einer VI. Stufe (T. 25) und im Seitensatz durch das h-Moll einer III. Stufe (T. 51). Damit sind die traditionellen Fernpunkte bereits »abgearbeitet«. Die Durchführung muss deshalb andere Wege gehen und alterierte Stufen aufsuchen. Dabei werden die Grundtöne eben dieser beiden Stufen erniedrigt: als B-Dur und Es-Dur (T. 90 und 101).

In der Ausarbeitung des ersten Allegros setzt Beethoven ganz auf kleingliedrige Segmente. Alle vier Takte wird ein neues eingesetzt. Dabei operiert Beethoven zwar mit ähnlichen, doch in subtiler Nuancierung nie gleichen Bausteinen. Das gilt ebenso für die Motive 3 und 4 des Seitensatzes, wobei das Prinzip des Variativen der zweiten Geige eine ungewohnt wichtige Rolle beschert. Im Seitensatz teilt sie sich zweimal die Führung mit der ersten Geige, um dieser Ausziehrungen und Zusätze zu erlauben. Durchführungstechnische Abwandlungen bleiben dezent im Hintergrund, werden aber doch wirksam, wenn das Violoncello ab T. 51 ein Teilstück aus der variativen Zusatzstimme der zweiten Geige von T. 43 übernimmt.

Die Durchführung verläuft den Motiven nach rückwärts, orientiert sich jeweils unter neuer klanglicher Färbung erst am Epilog von T. 78, dann an Motiv 2 von T. 21 und zuletzt am Hauptthema von T. 1 (T. 82, 86, 101). Auf die harmonische Entwicklung folgt die motivische einer längeren kontrapunktischen Zone in geheimnisvollem Pianissimo. Der punktierte Rhythmus von T. 3 verselbstständigt sich ab T. 105 und bildet eine Folie für neue Stimmen, die punktuell an frühere Motive gemahnen, vor allem in den Sechzehnteln, die ihren Ursprung in T. 5 und 23 haben. Eine latente Steigerung mündet ins Motiv 2 (T. 130), dessen Sechzehntel sich in einem gegenläufigen Auflösungsprozess zu verlieren scheinen. Wie ein Signalruf tönt in den Auflösungsprozess hinein der bloße Rhythmus ♩ ♩ ♩ von Motiv 2, vom Violoncello in die Viola und die Geigen übergehend. Noch während des vervielfachten Rufes erwacht unvermutet das Hauptthema. Motiv 1 und 2 des Hauptsatzes sind für einen bühnenreifen Reprisenbeginn zusammengezwungen. Die Bratsche mit ihren stochernden Achteln steuert auch noch ein Element aus dem Seitensatz bei (T. 38). So kündet das G-Dur-Quartett in aller Deutlichkeit von der Reprise als einem zentralen Ereignis. Im Formverständnis des 18. Jahrhunderts war sie eine keineswegs obligatorische Nebensache gewesen. August Halm hat für den neuen dramatischen Zugriff 1914 das bewundernswert schöne Wort gefunden, dass die Wiener Klassiker bei der Reprise »eines ihrer Feste« feierten. Das ist die Voraussetzung dafür, dass das Hauptthema, wie in diesem G-Dur-Quartett, auch nochmals ganz am Schluss erscheinen kann (T. 241).

2. ADAGIO CANTABILE – ALLEGRO – TEMPO I. Der zweite Satz kostet mit seinem tief durchatmenden langen Auftakt zunächst in aller Breite die Entspannung der Unterquint-Tonart C-Dur aus. Das Thema überschreitet in der würdevollen Ruhe zweier Dreitakter sogar den sonst gesteckten Rahmen. Zweitaktgruppen entstehen erst in der Fortsetzung ab T. 7. Der große Themenbogen kantabler Entwicklung rundet sich mit dem Wiedergewinn der Tonika und damit auch des Themas in T. 19. Den Übergang hebt Beethoven mit Oktaven der beiden Geigen besonders heraus. Das Thema selbst expandiert im Rahmen von bloß zwei Takten durch die Wiederholung seines ersten Taktes, eine Profilierung seines charakteristischen Rhythmus und eine Dominantisierung des C-Dur durch den grandiosen Sekundakkord mit dem *B* im Violoncello von T. 20. Der Tonraum weitet sich dadurch hin zur Subdominante F-Dur, von der aus über einen chromatischen Schritt der große Quartsextakkord von T. 22 erstrahlen kann. Dem kadenzierenden Schluss hängt Beethoven im Pianissimo eine kleine Abschiedsfigur an, die den anfänglichen Auftakt weiter ausgestaltet. Seine Quart *g-c* meldet sich nochmals mit ♪|♪ beim Übergang in den nächsten Takt, erst in der Geige, dann im Violoncello.

Es fragt sich, was nach einem solch idealen Ausdruck von Kantabilität folgen kann. Beethoven rang mit dieser Frage und entschied sich letztlich für den Widerspruch. Als reite ihn der Übermut, setzt er dem Singen ein koboldhaftes Spielen entgegen. Der im Adagio zuletzt neu entstandene Rhythmus der vier Sechzehntel ♫♫ verwandelt sich in den Auftakt eines kleinen und turbulenten Allegros. Beethoven setzt zwar eine Stufe höher an, doch die Fortsetzung der Sechzehntel im zweiten Takt (T. 27) wird auch in den Tönen deckungsgleich mit der Schlussformel des Adagios.

Analog zur kleinen Szene des Übergangs verabschiedet Beethoven den Einwurf auch wieder. Eine Coda führt aus dem Allegro heraus. Zum letzten Ton der im Violoncello hängenbleibenden und vervielfachten Viererguppen wird das mit Fermate gehaltene *G* von T. 58: Startpunkt für den alten Auftakt des Adagios. Dessen Coda ab T. 81 vergrößert sich unvermeidlich, nämlich mit quasi unzeitigen Einwürfen von Viola und Violoncello in T. 83 und 84. Die beiden Instrumente erinnern gleichwohl wie nebenbei an das Prinzip des sequenzierenden Zusammenhängens der Viererguppen aus dem Allegro, das so verborgen ins Adagio hineinspukt.

3. SCHERZO. ALLEGRO – TRIO – SCHERZO DA CAPO.

Das Scherzo als dritter Satz ist ein wahres Bravourstück an kompositorischer Verdichtung wie virtuoser Entfaltung. Zum Thema wird gewissermaßen ein obsessiv verfolgter Rhythmus. Er meldet sich auftaktig in der ersten Geige und nachschlagend in der zweiten. In T. 3 erobert sich das spitze Achtel des permanenten ♫♫ auch die Takt-Eins und mit ihr alle Zählzeiten, um seinen größten Triumph in den Takten 23–24 zu feiern, wo das Rhythmusmotiv im Unisono sämtlicher Instrumente ein regelrechtes Dreiklangs-Feuerwerk entzündet. Im gleichen Unisono hat die prägnante Figur wie selbstverständlich mit T. 42–43 auch das letzte Wort.

Im Trio, das den Auftakt des Scherzos von T. 9/10 zunächst in die gewöhnlichere Quart bringt, nach dem Doppelstrich aber doch wieder das Oktavintervall ausspannt, versteckt sich das immer noch gegenwärtige Rhythmusmotiv in den ständig auftretenden Trillerfiguren. Seine latente Dauerpräsenz begründet letztlich das offene Wiederauftreten in der Coda des Trios, die eine Rückkehr ins Scherzo vorbereitet.

Ein neues Element des Trios sind auf Achtelebene die beschleunigenden Triolen. Sie entstehen anfangs wie im Nebenbei, machen sich in zwei solistischen Takten der ersten Geige plötzlich selbstständig (T. 18–19), um in einem weiteren Schritt Hauptmerkmal einer Gegenstimme zum eigentlichen Trio-Motiv zu werden. Wenn dieses Motiv nach abgezirkelten 16 Takten seinen Schluss findet, hat die Triolenbewegung immer noch einen Überschuss, der mit dem Dreiklang über drei Oktaven mit vier Stationen des c eine letzte Rakete im großen Feuerwerk zündet. Gleichzeitig sind mit C und c^4 die Grenzen des gesamten Fünf-Oktaven-Tonraums für das Ensemble gesteckt – der gleiche Tonraum, den nach oben auch die neuesten Hammerflügel der Werkstätten in Wien, Paris und London anbieten.

4. ALLEGRO MOLTO QUASI PRESTO. Das Finale, beim Lesen schön übersichtlich und beim Hören sauber geordnet in der Abfolge seiner Teile, beginnt im Violoncello halb populär mit einer Art Motto, das durch korrespondierende Viertakter zu einem Thema ausgebaut wird, in dem durch einen Schwenk zum e-Moll der VI. Stufe (T. 13–16) bereits fremde Tonartstufen angesprochen sind. Konsequenterweise wird das Spiel mit harmonischen Versetzungen im Rahmen metrisch geordneter Gliederung zu einem Hauptcharakteristikum des Satzes.

Das Thema findet in T. 21 eine orchestrale Bestätigung. Orchestermäßig sind nicht nur die Oktaven der Geigen, sondern auch die Art des Einsatzes in Form eines Tutti. Der letzte Zweitakter zuvor, T. 19–20, strebt erstmals crescendierend aus seinen Grenzen heraus und zielt auf den Abschluss in einem dritten Takt, der impulsartig vom Tutti besetzt wird. Ein Anhang bringt in seinem Rhythmus das wesentliche Motiv aus dem Scherzo in Erinnerung, auch wenn die Sechzehntel sich zudem auf den zweiten Takt des Mottos beziehen können. Die Entwicklung steuert auf die reguläre V. Stufe D-Dur für den Seitensatz zu. Beethoven hält aber eigenwillig am Hauptthema fest. Es ändert durch den unvermittelten Wechsel nach Moll (T. 38) in wildem Fortissimo aber fast durchführungsartig seinen Charakter, führt in T. 46 sogar kurz in den fremden Tonbereich eines B-Dur, bevor ein angedeuteter Halbschluss in T. 50 den Fortgang tonal wieder einfängt. Eine gliedernde Satzzäsur bleibt allerdings vermieden. Der Seitensatz setzt sich nur durch Reduktion der Stimmenzahl und das neue Piano als selbstständig ab.

Sein Thema ab T. 56 orientiert sich weiter an geregelter Achttaktigkeit, bleibt aber melodisch unauffällig und gewinnt Konturen erst, wenn es sich an das Hauptthema anlehnt: In T. 76 werden die drei Töne der Achtelfigur von T. 66 zu Vierteln und Halben ♩ ♩ | ♩ verlangsamt und entpuppen sich so als melodische fallende Umkehrung der Anfangstöne des Mottos. In diesem Zusammenhang entsteht in Potenzierung etwas wie ein Seitensatz im Seitensatz. Im sehr entlegenen F-Dur außerhalb normaler Tonartgrenzen bildet sich T. 96, abermals achttaktig, episodisch ein ganz neues Thema mit Anlehnung bei den Achteln an die Grundfigur des Seitensatzes (T. 58) und kleinen Reminiszenzen an das Motto, nämlich durch den Rhythmus seines zweiten Taktpaares (T. 98–99). Definitiv tritt das Hauptthema mit eben diesem Rhythmus wieder in Erscheinung, sowie in T. 112 das übergeordnete D-Dur als Tonart des Seitensatzes gefestigt ist. Der Wiedergewinn von Momenten des Hauptthemas gibt gleichzeitig das Signal für eine Endphase des Seitensatzes in Form einer Schlussgruppe.

Auf eine Wiederholung der Exposition verzichtet Beethoven und eröffnet in einem trugschlüssigen und chromatisch alterierten Ruck die Durchführung. Ihr Es-Dur von T. 140 entspricht auffällig dem Fernpunkt der Durchführung im ersten Satz (dort T. 101). Mit dem As-Dur von T. 235 geht Beethoven diesmal aber noch einen Schritt weiter, sodass er nur mithilfe enharmonischer Verwechslung (T. 241, des = cis) in die Reprise zurückfindet. Die harmonischen Rückungen, zu denen auch das unvermittelte C-Dur für das Hauptthema in T. 179 gehört, werden zum Hauptmerkmal der Durchführung, weil Beethoven sich syntaktisch weitgehend an die übersichtliche Anlage in viertaktigen Einheiten und an die Geschlossenheit thematischer Bildungen hält. Abspaltungen und Verdichtungen beschränken sich auf das rhythmisch prägnante »Scherzo-Motiv« (T. 147-163). Das Hauptthema kehrt in T. 179 wieder und vermehrt seine Achtel durch die frechen Kommentare der zweiten Geige. Diese Achtel werden das Hauptelement in der letzten Zone der Durchführung ab T. 194 mit einer Fortentwicklung, die konsequent in die schon aus dem Seitensatz bekannte Isolierung des Themenkopfes führt (T. 215, in Anknüpfung an T. 76).

Die übergeordnete Reihungstechnik bleibt auch in der Reprise erhalten. Sie bildet allerdings zusätzliche Stimmen aus, sodass sich das Hauptthema ab T. 247 selbst kontrapunktiert und so mit dem Seitenthema verschmilzt, das ähnliche Achtel zur Gegenstimme hat. Im Forte-Abschnitt schlagen Bratsche und Violoncello zur Füllung der Mittelzäsur im Thema in T. 270 einen regelrechten Purzelbaum. Wirklich neu ist zuletzt nur die Coda mit einer durchführungstechnischen Erweiterung ab T. 388. Beethoven treibt hier ein letztes Spiel mit Versetzungen. Denn dem gültigen G-Dur ist ein C-Dur vorausgeschickt. Das Hauptthema findet letztlich einen überraschenden Schluss, weil es ab T. 402 an seinem siebten Takt in der Tutti-Fassung (T. 27) festhängt und seinen achten Takt bis zum Fortissimo von T. 408 hinauszögert. Der einzelne Takt weitet sich entsprechend zu einer triumphierend ausgedehnten G-Dur-Klangfläche samt einem nachhallenden Pausentakt mit Fermate.

Streichquartett in D-Dur op. 18 Nr. 3 (1798/99, Erstdruck 1801)

1. **ALLEGRO.** Das Quartett, chronologisch als Erstes entstanden, beginnt im Piano mit langen Notenwerten ungewöhnlich verhalten. Die verschiedenen Satzfaktoren wie Takt, harmonische Bestimmung und melodische Konturierung müssen sich erst allmählich finden. Der Punkt, an dem sich die Verhältnisse definitiv klären, ist gleichzeitig der erste Kadenzpunkt von T. 27, an dem das Violoncello die Eröffnungsformel übernimmt. Gleichzeitig sorgt eine impulsive Achtelbegleitung der zweiten Geige für die Grundbewegung und nimmt so dem Hauptthema eine wesentliche Aufgabe ab.

Der erste Satz verfolgt einen höchst eigenwilligen Formplan, weil sich Hauptsatz und Seitensatz nicht richtig trennen. Das Anfangsthema findet vorläufige Endpunkte in T. 35 und 39, wendet sich aber überraschend für das h-Moll einer VI. Stufe, vergleichbar dem erwähnten e-Moll im G-Dur-Quartett, von der Grundtonart ab. Die neue Region auf der V. Stufe A-Dur zeichnet sich mit einem angedeuteten Halbschluss in T. 51 zwar ab. Doch meidet Beethoven eine Zäsur, bestätigt zwar das A-Dur in T. 57 und verspricht auch dessen Wiedergewinn nach einer Wiederholung der Takte unter Tausch der Stimmen, verändert den Ablauf nach den pochenden Vierteln (T. 54 bzw. 63) jedoch dramatisch mit einer Rückung ins Pianissimo (T. 64). Die Achtelgirlanden des Eröffnungsmotivs landen nach einem vier Takte gehaltenen Dominantklang unvermutet bei C-Dur (T. 68), das außerhalb des traditionellen D-Dur-Raumes steht. Gerade hier finden sich erstmals alle Instrumente in der Artikulation eines gemeinschaftlichen Themas zusammen. Damit ist als Novum die Takt-Zwei mit akzentuierenden Sforzati zum Leben erweckt. Nur durch Zwischenschaltung eines a-Moll nähert sich der Satz der regulären V. Stufe. Wenn sich ihr A-Dur nach dem Forte von T. 76 endlich gesichert etabliert, nämlich mit der Kadenz von T. 90, ist die Exposition schon fast vorbei und hat gerade noch Zeit für eine kurze Schlussgruppe, die mit den Triolen der Achtel auf ein Element des Hauptsatzes zurückkommt.

Das späte Bekenntnis zur V. Stufe hat zwar Vorbilder bei Haydn, doch eine derart ambivalente Formbildung in der Mehrdeutigkeit thematischer Entwicklung und tonaler Disposition ist ganz und geradezu wörtlich das Ergebnis von Beethovens Eigen-Sinn. Als schlechthin genial erscheint dann nach kurzer Durchführung die Einfädelung der Reprise in T. 156. Der tastende Beginn des Anfangsmotivs führt in Umfärbung der Töne vom Dominantbereich der III. Stufe fis-Moll zurück in die Tonika D-Dur. Auch in anderen Satzdetails sorgt Beethoven für geordnete Verhältnisse. Die h-Moll-Passage verschwindet aus dem Hauptsatz, weil tonale Weitung jetzt über die Eingangsseptim mit Wendung zur IV. Stufe G-Dur (T. 170) gesucht ist, von der aus ein stetig in Sekundschritten steigender Bass unter Auslassung von 16 Takten direkt in den modifizierten Halbschluss von T. 51 führt (Reprise: T. 182). Das fremdartige C-Dur wiederum verwandelt sich in ein tonartnäheres F-Dur (T. 199).

Mit den wesentlichen Eingriffen wartet Beethoven allerdings bis zur Schlussgruppe. Der letzte Abschnitt ab T. 221 vergrößert sich beträchtlich. Nach den Akkordschlägen von T. 235–238, die noch ein Vorbild in der Exposition haben, beginnt Beethoven ein letztes Mal mit dem Eröffnungsmotiv in der Variante des Violoncellos von T. 27 und der Viola von T. 168, um der neu betonten und codafähigen IV. Stufe, die bei Beethoven immer für einen Epilog gut ist, weiteres Gewicht zu verleihen. Sie gewinnt es durch eine extravagante Tiefalterierung zur Variante g-Moll, die in T. 247, unterlaufen vom trugschlüssigen *es* des Violoncellos, das gemeinschaftliche Artikulationsmotiv zurückbringt. Auf diese Weise kommen in der Coda Motive aus zwei Zonen zusammen, die ohnehin nicht strikt getrennt waren. Zudem geht der in T. 255 nochmals beschworene Anfang, in der Satzfaktur an den kritischen Takt 27 erinnernd, entspannt aus einer subdominantischen und quasi plagalen Situation hervor. Ihm bleibt nur weiter die Aufgabe, den klärenden

Kadenzpunkt anzustreben, der, in räumlicher Dehnung über Wechseldominante und Quartsextakkord ab T. 262 groß vorbereitet, nach einem expansiven Crescendo mit dem Schluss des Satzes erreicht ist. »Bitte sehr«, sagt die Musik den Hörerinnen und Hörern, die sich anfangs gefragt haben mögen, wo das hingehen soll. Ein Anfängerstück ist dieser Satz gewisslich nicht.

2. **ANDANTE CON MOTO.** Der langsame Satz, weit entfernt vom Pathos aus op. 18 Nr. 1 und in seinem B-Dur hörbar von der Haupttonart abgerückt, berührt in einer hymnisch schlichten Innigkeit, die der jugendliche Beethoven ganz für sich entdeckt hat und in der ihm kein anderer Komponist je gleichgekommen wäre. Von Herzen zu Herzen. So hatte er es lange vor dem Eintrag ins Autograph der *Missa solemnis* in den *Grundregeln der Tonordnung* von Joseph Riepel fettgedruckt als Forderung an den wahren Musiker lesen können, vermutlich ohne Wissen um den aristotelischen und horazischen Hintergrund des Topos: »WAS VON HERZEN GEHET, GEHET WIEDER ZU HERZEN. Man muß vor allem suchen, bey den Zuhörern einen Eindruck zu machen, wie ein Prediger« (*Grundregeln der Tonordnung*, Frankfurt und Leipzig 1755, S. 104).

Eine solche Art tönender Zärtlichkeit und fast gebetshafter Innigkeit hat man bisher nicht vernommen. Schier unabweisbar drängt sich das schöne Wort »innig« auf. Moderne Denker, denen deutsche Sonderempfindungen suspekt sind, mögen es ablehnen. Quirino Principe als italienischer Autor wich bezeichnenderweise auf »bellezza« aus. Doch den besonderen Herzenston wird jeder verspüren, der dem Satz oder seinen Geschwistern im frühen Klavierwerk begegnet oder verwandelt im Spätwerk wiederbegegnet wie in der Cavatina von op. 130. Darüber lässt sich im Grunde nicht reden und schon gar nicht rechten. Objektivierbar sind eher nur technische Verfahren.

Beethoven begnügt sich mit einer denkbar einfachen, wenn auch kunstvoll modifizierten zweiteiligen Form, in der sich so gut wie alle Elemente aus dem einen Hauptthema entwickeln. Dabei spielt, als wollte Beethoven den Primadonnenton der ersten Geige dämpfen, die zweite Geige mehrfach eine wichtige Rolle. Technisch möchte man das gerne als Neuerung qualifizieren. Es mag aber ganz altmodisch mit einem für Beethoven noch geläufigen Wechselspiel des barocken Triosatzes zusammenhängen.

Das Thema gewinnt seinen inneren Ton durch empfindsame chromatische Nebentöne der Begleitstimmen, hervorgehoben jeweils durch kleine Crescendi. Nach dem ersten Kadenzziel T. 12 gruppieren sich die motivischen Partikel um. Die Punktierung mit ihren Tönen f^2-es^2-d^2 von T. 11 macht sich eine Oktav höher in T. 13 selbstständig. Die Sechzehntel wiederum geben nach dem Halbschluss von T. 17 ihre Bindung auf und wechseln zum Staccato. Die Punktierung rückt zuletzt als neue Endung an den Schluss der zweitaktig melodischen Einheiten (T. 18 und 20). Die Folgen des Staccato zeigen sich wenig später, nämlich in der verlangsamten neuen Figur voneinander abgesetzter Töne in T. 23. Im Alternieren der beiden Geigen kommt es dabei zu einer merkwürdigen klanglichen Mehrdeutigkeit. Denn in T. 24 sagt das Motiv des fallenden Dreiklangs der ersten Geige c^3-a^2-f^2 »Tonika«, die zweite Geige beharrt jedoch gleichzeitig mit ihrem vorausgehenden b^1-g^1-e^1 auf »Dominante«.

Die Ambivalenz ist Ausdruck einer auch formalen Ungewissheit. Das F-Dur einer Seitensatz-Zone tritt nämlich nicht mit selbstbewusster Bestimmtheit ein, sondern bildet sich erst allmählich heraus. Mit dem wechseldominantischen Halbschluss von T. 17 verbindet sich keine Zäsur. Vielmehr verharrt der C-Klang einfach, als hätte er Tonika-Ansprüche. Die Verhältnisse klären sich mit dem Septimton b des neu gebildeten Motivs von T. 23. So ungewiss Beethoven das neue F-Dur einführt, so heftig verlässt er es. In den Kadenzklang von T. 30 schiebt sich im Forte ein chromatisch abrückendes Des-Dur im Hin und Her ungestümer Fortissimo-Akzente und zarter Pianissimo-Laute. Einer milden Gewissheit erfreut sich das F-Dur erst mit der Wiederkehr des Ausgangsthemas in der zweiten Geige (T. 37).

Die zweiteilige Form, die aus der vokalen Praxis stammt, sieht keine eigene Zone harmonischer Entfaltung vor. Dafür erlaubt sie an beliebiger Stelle exkursartig das Anklingen anderer Tonarten. Beethoven nutzt das im ersten Teil für das unvermittelte Des-Dur. Im zweiten Teil ab T. 47 geht er sehr viel weiter und bildet einen durchführungsähnlichen Abschnitt im Erkunden fremder Klänge. Der alte Halbschluss von T. 17 ist zunächst suspendiert. Der Satz wendet sich in T. 66 nach es-Moll, um in T. 72 dem vorher nur kurz hereingebrochenen Des-Dur neuen Raum und thematische Ausdehnung zu verschaffen. Das Thema wandert weiter durch ferne Klangbereiche, so durch f-Moll und b-Moll, Mollvarianten der Hauptstufen I und V. Mit dem Bass-Schritt *Ges-F* im

Übergang von T. 89 auf 90 ist endlich der Halbschluss-Punkt wieder erreicht, reprisengerecht eine Quint tiefer mit einem F-Dur-Klang. Danach findet der Satz in die alte Form zurück und führt das Hauptthema in T. 110 nicht nur melodisch an seinen Ursprung, sondern auch klanglich ins heimelige B-Dur. Allerdings nur, um es für eine eigene Schlusszone noch weiter auszubauen.

Denn im Kadenztakt 120 widersprechen beschleunigende Triolen aller Instrumente einem vorzeitigen Abschluss. Die erste Geige löst sich wie schon unmittelbar vor der Reprise (T. 45–46) mit einer absteigenden Skala aus dem Verbund, um das Thema ab T. 124 noch einmal zu intonieren. Die sensiblen Akzenttöne bemächtigen sich dabei der Hauptstimme selbst und werfen einen Mollschatten auf seinen ersten Takt. Und die beunruhigenden Triolen brechen in T. 129 ein zweites Mal herein, um an die entscheidende Wendestelle des formalen Halbschlusses mit dem gleichen *Ges-F* im Bass zurückzuführen. Der Fortgang bricht drastisch ab. In die atemlose Stille hinein dröhnt nur das weitergehaltene *F* des Basses, das schließlich im Diminuendo nachgibt und sich in die Übergangsformel *f-e-es-d* der Geige von T. 122–123 fügt.

Bei seinem letzten Auftreten beginnt das Thema in T. 135 nur zögernd in seinem B-Dur, weil es sich Richtung Subdominante wendet, sie in eine Sphäre von Moll taucht und in T. 137 die Terz des B-Dur-Akkordes zum *des¹* der Bratsche erniedrigt. Beethoven verschiebt gleichzeitig durch das wechseldominantische *e* im Bass den ansetzenden Kadenzierungsvorgang von es-Moll nach b-Moll/B-Dur, bis zum letzten Augenblick die Frage von Moll oder Dur offenlassend. Die Entscheidung fällt erst mit der Vollendung der Kadenz. In T. 139 erblüht das Thema zuletzt wieder im ursprünglichen Dur, begleitet von einem Puls der Sechzehntel, mit denen die vorausgegangen Triolen beruhigt sind und vor allem eingebettet in ein neues, frei schwingendes zweitaktiges Klangpendel. Verklingend bleiben vom Thema schließlich nur noch Reste der Anfangsformel. Die letzten Takte gemahnen unter der Vorschrift »smorzando« verhallend an ein stockendes und dann doch wieder gleichmäßiges Herzklopfen.

3. ALLEGRO – MINORE – MAGGIORE. Nach dem sehr persönlichen und privaten Bekenntnis konnte ein Satz nur guttun, der sich ganz bescheiden gibt. Der dritte Satz am Platz des alten Menuetts, das im Tempo zum

Allegro beschleunigt ist, verlangt für seinen ersten Teil nicht mehr als die acht Takte aus der Frühgeschichte der Form und beharrt im vorletzten Takt auf den alten Viertelbässen, die allerdings entgegen ursprünglichen Mustern abrupt zur III. Stufe fis-Moll führen. Der zweite Teil thematisiert unter vielfachen harmonischen Verschiebungen den Moment des Auftaktes. Nach dem Haltepunkt einer Fermate steht dann unvermittelt der Takt überhaupt infrage, weil die gelängten Endungen 𝅗𝅥. | 𝅘𝅥 eher einem 6/4- als einem 3/4-Takt angehören. Auf diese Weise entsteht bei der Kadenz zum Wiedergewinn der Tonika D-Dur äußerlich ein Dreitakter (T. 31–33). Doch lassen sich ab eben diesem Punkt jene Doppeltakte zählen, die sich in der Schlusswendung nochmals erkennbar machen. Zur Klärung fügt Beethoven ein *sfp* hinzu, um ein störendes und metrumwidriges Betonen des letzten Taktes vor dem Doppelstrich zu unterbinden. Für das Da capo notierte er den Satz neu, um die erste Wiederholung auszuschreiben und in den Oktavlagen zu variieren.

Das separate Minore am Platz des Trios steht auf wieder altmodische Weise in d-Moll, setzt sich anfangs unregelmäßig aus drei Viertaktern zusammen und verzichtet im zweiten Teil auf die Wiederholung. Sie wäre nach dem plötzlichen Stehenbleiben in T. 91 und den separiert getupften Vierteln zur Rückleitung ins Maggiore auch nicht mehr möglich.

Altes und Neues durchdringen sich in diesem Allegro, das im Angebot eines 6/4-Takts auf die Menuette in Mozarts letzten Quartetten reagiert, in zwiespältiger Weise. Das erklärt vielleicht die höchst widersprüchliche Beurteilung, die der Satz seit dem 19. Jahrhundert erfahren hat. Er rechnet jedenfalls mit Kennern, die er nicht immer findet.

4. PRESTO. Der letzte Satz macht es zwar nicht seinen Spielern, aber doch seinem Publikum wieder leichter. Er brilliert in hurtigem 6/8-Takt und überzeugt vom ersten Anlauf weg durch sein erstaunlich konsequent aufrechterhaltenes Tempo ohne Stillstand. Der Schluss ab T. 360 liefert eine letzte Pointe im ständigen Vorwärts. Die ersten drei Anfangstöne des Hauptthemas verzichten unvermittelt auf eine Fortsetzung und verwandeln sich provokant in den Nachhall der vorausgehenden Kadenz. Der Leertakt mit Fermate am Ende signalisiert gleichwohl, dass die kleine Figur in sich vergrößernden Abständen nochmals wiederkommen könnte. Die lakonische Gewissheit eines definitiven Schluss-

punkts und das weiterweisende Prinzip der Ausblendung geraten in ein ambivalentes Spannungsverhältnis, das sich gewissermaßen erst löst, wenn die Spieler ihre Instrumente absetzen.

Für den Hörer bleibt anfangs ungewiss, wie das einstimmige und in seinen Überbindungen sowie seinem Skalengang ins Ungewisse führende höchst eigentümliche Hauptthema letztlich im Takt sitzt, zumal der letzte Ton keinerlei Endung anzeigt. Erst im vierstimmigen Satz mit der Harmonisierung der kleinen Endungs- und Vorhaltsfigur in T. 10 und 12 ist die Eins gesichert. Rückwirkend erweist sich die banale Regelmäßigkeit viertaktiger Ordnung. Ab dem Moment der Klärung greift auch ein verlässliches Gliederungsprinzip im Fortgang von klingender zu stumpfer Endung: Die vorläufige Endung von T. 16 liefert eine Mittelzäsur, die stumpfe von T. 26 eine Schlusszäsur, die durch einen metrischen Stau noch gestärkt ist. Denn die letzte kleine Gruppe vergrößert sich von vier auf sechs Takte, weil ihr zweiter Takt (T. 22) auf zweifacher Wiederholung besteht, deren widerborstige Sforzati erst überwunden sein wollen.

Der Vorwärtsdrang kommt durch ständig neue Impulse in den Satz. Den Schluss- und Kadenzstellen ist das Schaffen von Ruheplätzen konsequent verwehrt, weil sich noch auf der Takt-Eins jeweils ein neuer Antrieb meldet. In T. 26 ist es die neue Achtelfigur der zweiten Geige, in T. 34 die Ergänzung um die drei Anfangsnoten zum einzelnen Endungsviertel, beim großen und formal signifikanten Halbschluss von T. 42 die thematische Achtelbewegung im Violoncello. Potenziell ist durch diese Impulse eine komplette Taktverschiebung angeboten, die den Anfang von den ungeraden Takten paariger Ordnung auf die geraden verschiebt. Dieses seit T. 26 bestehende Angebot wird aber ausgeschlagen. Für die Gliederung bleibt weiter die Zählung der motivischen Oberfläche gültig. Das latente Spannungsverhältnis von harmonisch-metrischem Bau und motivischer Ordnung treibt jedoch mit der Expansion ab T. 50, der schon den Anspruch erhebt, Anfangstakt in der Zählung zu sein, einem Krisenpunkt entgegen. Den neuen Impuls setzt in T. 56 schließlich das Motiv der ersten Geige selbst, die erstmals abtaktig beginnt und das einzelne Viertel a^2 diskussionslos dem Thema zuschlägt – das zweite Thema im großen Feld der Exposition nach Art des Sonatensatzes.

Der Eingriff zwingt dazu, Taktpaare ab T. 56 zu zählen, mit der Konsequenz, dass Endungsfiguren des Seitensatzes (wie gleich der stumpfe Themenschluss T. 64) anders als vorher immer in den ungeraden Takten sitzen und von der Großbewegung quasi überrollt werden. Das verleiht dem Vorwärts einen zusätzlichen Schub und erlaubt Schnitt-Techniken, die den Einbau von so exterritorialen Passagen wie jener im F-Dur der Takte 80–86 ermöglichen.

Die Durchführung beginnt leise mit einer Zone motivischer Fragmentierung und fängt sich in T. 129 im Forte beim G-Dur der IV. Stufe als unterem Fernpunkt tonaler Entwicklung, an dem ein kontrapunktischer Zug mit gebundenen langen Tönen samt Vorhalten und ihrer Lösung den Satz bestimmt. In Fragen syntaktischer Gliederung tritt gleichzeitig eine neue Phase ein, weil bei übergeordnet zweitaktiger Ordnung des Satzverbundes die einzelnen motivischen Partikel immer dreitaktig sind und sich mit dem Unterbau jeweils neu verzahnen. Harmonisch großflächige Versetzungen über die künstlichen, im Quintfall absinkenden Dominanten Cis^7-Fis^7-H^7 ab T. 153 münden in eine große Kadenz auf h-Moll und erreichen so in T. 169 und 173 den Fernpunkt der VI. Stufe als traditioneller oberer Grenze tonaler Entwicklung. Die doppelte Kadenz macht erneut in aller Drastik die verzahnend-inkongruente Bauweise deutlich. Schluss-Stellen thematisch-motivischer Einheiten sind nur Orientierungsmarken, aber keine Ruheplätze zum Durchatmen.

Das h-Moll bringt in T. 173 das Motiv des Seitensatzes zurück, das sich mit Skalenfragmenten des Hauptthemas verbindet. Beethoven verschiebt den motivischen Komplex von sechs Takten fast rabiat in Ganzton-Rückungen (h-Moll | a-Moll | G-Dur), bei denen eine alte Fonte-Sequenzformel in ihrer großen Form über die Stufen VI-V-IV nur noch schemenhaft im Verbinden der diatonischen Raumgrenzen erkennbar ist. Am Ende der Durchführung steht wie zu Anfang erneut das G-Dur der IV. Stufe mit einer Zone der Fragmentierung, weil ab T. 190 eine Rhythmusfigur aus dem Thema des Seitensatzes abgespalten und in komplementärer Verschränkung fast einschläfernd weitergeführt wird, bis ein explosives Fortissimo nach Erreichen der Dominante in T. 209 den letzten Hörer aufweckt, der sich verblüfft die Augen reiben darf, weil er sich unvermutet plötzlich in der Reprise wiederfindet. Das Prinzip des Wettstreits von Schließen und Anfangen ist auf die Spitze getrieben, wenn das Hauptthema mit seinem Auftakt noch *vor* Erreichen der lösenden Tonika von T. 211 beginnt.

Die Reprise folgt mit minimalen Änderungen und kontrapunktischen Anreicherungen (T. 240–245) der Exposition. Sie bedurfte aber einer in

T. 319 einsetzenden Coda, die endlich einen innehaltenden Schluss inszeniert. Beethoven führt in Steigerung kontrapunktischer Elemente ein letztes Gegenmotiv zum Hauptthema ein. Mit dem Rhythmus des Seitensatzes verbindet sich in der ersten Geige in T. 336–339 eine Umkehrung des Skalenmotivs aus dem Hauptthema. Die monumentale Kadenz im Fortissimo der Takte 351–355 mit dem Leittonschritt *cis-d* in den Geigenakkorden erreicht erstmals einen Schlussklang, dem eine Pause in allen Stimmen folgt. Das mag man gar nicht glauben. Der Anhang im Piano sagt es Skeptikern ein zweites Mal. Der Schritt *cis-d* liegt diesmal in der zweiten Geige (T. 358–359). Beethoven entlässt den Hörer aber nicht, ohne diesem Schritt thematische Präsenz verliehen zu haben. Also ein Schluss im Pianissimo mit den besagten ersten drei Tönen *d-cis-d*.

Streichquartett in c-Moll op. 18 Nr. 4 (1799, Erstdruck 1801)

1. **ALLEGRO MA NON TANTO.** Das einzige Quartett in einer Molltonart wirkt nach dem filigranen Spiel des vorausgehenden D-Dur-Quartetts eher robust. Die vollgriffigen Akkorde, die dort am Schluss auftreten, drängen sich jetzt schon in den Anfang und kehren an den markanten Stellen der Formausbildung verlässlich wieder: nach dem ersten Auftreten bei der Kadenz des Hauptsatzes (T. 13), erneut am Ende der Exposition (T. 73–78), inmitten der Durchführung (T. 108–111) zur Scheidung ihrer beiden Zonen von Hauptsatz- und Seitensatz-Verarbeitung und in der Reprise (T. 148–157), abermals als Signal vor dem jetzt früher eintretenden Seitensatz, schließlich, gewissermaßen unvermeidlich, in der Coda des ganzen Satzes (T. 197–198 und 201), zu guter Letzt als Schluss-Stein im allerletzten Takt.

Das erste Allegro beginnt nicht mit einem separaten mottoartigen Baustein, sondern entwickelt vorbereitungslos einen zusammenhängenden achttaktigen melodischen Bogen, der noch verlängert wird, um die klingende Endung von T. 8 in die stumpfe von T. 13 zu überführen. Syntaktisch bildet sich dabei, weil der Schluss in einen fünften Takt fällt, eine Sondersituation. Das erste Hereinbrechen der Akkorde kappt den Schluss und sorgt für ein Weiterwirken viertaktiger Gliederung, allerdings jetzt in offenen Bausteinen ohne Endungsziel (T. 9–12 und 13–16). Danach wird der melodische Faden mit der Rückkehr zum Rhythmus von T. 5 wieder aufgenommen, um nach Erreichen des Spitzentons g^3

eines ständig sich erweiternden Raumes in T. 20 den vorgesehenen Halbschluss auszubilden. Wie schon in den früheren Nummern von op. 18 bleibt der Satz am Punkt des Halbschlusses nicht stehen, sondern findet einen verlängernden Anhang, den dann allerdings signalartig im Gegenschlag ein Akkord aus der Fortissimo-Zone doch noch in eher altmodischer Art beendet.

Das Es-Dur des Seitensatzes tritt in T. 26 unvermittelt mit einem neuen kleingliedrigen Motiv ein, das allein in seinen gedehnten Endungen in T. 29 und 33, die im Hauptthema bei T. 2 und 4 so auffällig betont waren, statt eines ¾-Taktes den großen ¼-Takt spürbar macht. Die zweite dieser Endungen verbindet Beethoven mit einem Anfangsimpuls aus dem Hauptthema, abermals den fünften Takt bemühend, und lässt mit neuer Achtelbegleitung die zweite Geige das eigentliche Seitensatz-Thema intonieren, dessen Achttakter von bestechender Kantabilität durch die erste Geige in die höhere Oktav versetzt wird. Dabei verkürzt sich in T. 49 am Ende des zweiten Achttakters mit Fakturwechsel und Achtelstößen der Unterstimmen allerdings die letzte Endung von ♩ ♩ auf die Viertel ♩ ♩ und akzentuiert so die Takt-Zwei. Sie wird in T. 53 zum Hauptmerkmal eines dritten Motivs im großen Es-Dur-Feld des Seitensatzes, das auf die Fügung offener Zweitakter ohne Endungen zurückkommt. In dem kadenzverdrängenden nächsten Einsatz von T. 60 erfährt der Akzent, weil er ein weiteres Achtel nach vorne rückt, sogar noch eine Steigerung. Die verschobene Kadenz hat dann im solistischen Gestus eines Sängers oder Konzertspielers ihren großen Augenblick. Die Schlussgruppe ab T. 70 ist auf wenige Takte reduziert. Ihre Unisono-Viertel haben allein in der Violoncello-Stimme zu Beginn des Seitensatzes und in der Zone der Akkordschläge ihren Anknüpfungspunkt. Folgerichtig melden sich auch die Akkorde wieder, um fast gewaltsam ins c-Moll zurück- oder ins g-Moll weiterzuführen.

Die Durchführung bleibt, für Beethoven eher untypisch, bei der übersichtlichen und beschaulichen Gliederung eines vokalen Modells. Es steht erst in T. 90 durch den Einsatz des Violoncellos nach der Art von »Tacterstickung«, um ein Wort historischer Terminologie zu benutzen, infrage. Im Alternieren von Violoncello und erster Geige und mehr noch in der engen Einsatzfolge aller Instrumente mit den drei Achteln des ersten Thementaktes geht der Satz in eine durchführungsgemäße Zone kontrapunktischer Verdichtung über. Entsprechend verkürzt sich das »vokale« Segment auf bloße vier Takte (T. 98–101) und vergrößert sich anschließend die imitatorische Passage, die in T. 108 zu einem formal innehaltenden und f-Moll verheißenden Halbschluss führt. Den Zäsur-, wenn nicht gar Schlusspunkt unterstreichen die unabweisbaren Akkordschläge. Doch dann erhebt – das große Ereignis des ganzen Satzes – das Violoncello mit dem Seitenthema im unvorhergesehenen und exterritorialen F-Dur seine Stimme. Die inselhaft lyrische Idylle findet allein durch das Eintreten der ersten Geige in T. 120 ihr Ende. Das reguläre f-Moll der eigentlichen IV. Stufe setzt sich doch noch durch. Dabei verkümmern die singenden Endungen zu einem einzelnen Viertel (T. 121 und 123), das dafür den motivischen Achteln der anderen Stimmen freieren Raum lässt. Ins Thema selbst dringen zum zweiten Viertakter auch imitatorische Elemente ein. Ziel ist ein Halbschluss, der die Grundtonart c-Moll wieder ins Blickfeld rücken soll. Wie auch sonst meidet Beethoven in T. 128 eine abphrasierende Zäsur und setzt als Zwischenstück vor der Reprise eine Steigerungszone ein, die von nervösen Sechzehnteln grundiert wird und in der die erste Geige mit dem abstoßenden Achtelmotiv von T. 5 und T. 34 ein neues und verschoben zweitaktiges Gebilde zusammensetzt. Unter Ausschaltung des Wechselklangs von T. 130 expandiert ein rein dominantischer Crescendo-Block, aus dem sich in T. 136 das Hauptthema mit bedrohlichem Fortepiano löst.

Das Formexperiment mit sehr kurzem Hauptsatz und ereignisreich langer Durchführung wirkt sich auf die Reprise aus, die länger ausfällt als die Exposition. Die Akkorde beim ersten Schluss des Hauptsatzes (T. 148) toben sich in einem »sempre più forte« regelrecht aus, verdrängen den früheren Anhang und führen erstmals modulierend direkt in den Seitensatz, der seinerseits ein Stück verliert und gleich zum eigentlichen Thema kommt.

Ein lange blühendes C-Dur überstrahlt alle Düsternis. Sogar die Akkorde der Schlussgruppe lassen noch an das Dur glauben. Doch dann, als ob die Viertelfolge im Pianissimo sich eines anderen besänne, führen sie fast brachial in den Fremdklang eines Des-Dur (T. 202), mit dem die entscheidende Erweiterungszone für das Hauptthema beginnt. Sie beißt sich am c-Moll geradezu ausweglos fest.

Hatte die Durchführung ihr Dur-Ereignis, so die Coda ihr Moll-Bekenntnis. Wohl selten ist der Antagonismus von Dur und Moll in einer Komposition derart konsequent verfolgt worden. Und er erreicht auch noch den zweiten Satz, der in erneutem Wechsel wieder zu Dur findet – mit dem gleichen Auftakt der Quart *g-c*.

2. SCHERZO. ANDANTE SCHERZOSO QUASI ALLEGRETTO. Diesen zweiten Satz könnte man, weil er ebenfalls in C steht, sich im Dreiertakt bewegt und das Wort »scherzoso« in der Tempobezeichnung führt, für ein richtiges Scherzo halten. Doch bildet er nicht nur seine eigene Form aus, sondern macht mit einem anschließenden Menuett auch noch dem echten Tanzsatz Platz. Man wird also gut daran tun, die Hauptbezeichnung »Andante« eines langsamen Satzes zu bedenken, das Stück nicht durch übermäßig schnelles Tempo zu verzerren und in der Grundbewegung die Achtel herauszustellen, weniger den Ganztakt.

Der Satz bildet, obwohl er sich an den Stationen der Sonatenform orientiert, nur ein einziges Thema in spitzigen Achteln und Sechzehnteln aus. Dieses »scherzose« Thema wird in halb kontrapunktischer Weise eingeführt, weil die Instrumente in sich schrittweise verkürzenden Abständen hintereinander eintreten, quintversetzt allerdings nur die Viola, und sich in typischen Überbindungen des Kontrapunkts ein kleines Gegenmotiv schaffen, das sich in den Sechzehnteln aber wieder dem Thema selbst nähert. Beim Zusammenfinden geben alle vier Stimmen im Hinführen auf den Halbschluss von T. 20 ihr instrumental spitzes Artikulieren auf und lassen für kurze Zeit in Ausdehnung des schon halb verabschiedeten C-Dur gereihte und gebunden kantable Zweitonfiguren zu. Der erneuerte Halbschluss von T. 32, diesmal in Erinnerung an den Zusatzakkord des ersten Satzes (T. 25) von einem Nachschlag bestätigt, reicht immer noch nicht aus, um die neue Tonart der V. Stufe herbeizuführen. Die Einsatztöne des Hauptthemas im Forte bleiben weiter auf den C-Dur-Dreiklang bezogen. Erst beim vierten Einsatz (T. 36) wird dem c^2 ein *fis* im Violoncello unterlegt, das dem erwarteten G-Dur gerecht wird. In der Andeutung eines dritten Halbschlusses (T. 41 42), doch jetzt eines wechseldominantischen, ist G-Dur endlich fest versprochen.

Definitiv erreicht wird es aber erst mitten im Thema nach einem kleinen Ausflug in weitere Bereiche der Tonart über eine latente Quintkette der Dominanten E^7-A^7-D^7:G (T. 44–47). Das Neue äußert sich motivisch in Umstellungen. Sechzehntel und Achtel tauschen die Reihenfolge. Der Befreiungspunkt eines sicheren G-Dur in T. 47 feiert sich endlich durch eine Zusammenführung von instrumentalem Staccato und vokalem Legato. Das Legato mit dem Rhythmus von T. 60 formt dann zuletzt eine eigene, fast abgetrennte Zweitaktgruppe bei der Verabschiedung des großen zweiten Teils in T. 66–67 aus.

Was nach der Kadenz von T. 67 folgt, würde in einem gewöhnlichen Sonatensatz die Schlussgruppe bilden. Unter den Vorzeichen des Andante scherzoso quasi Allegretto kommt es eher zu einem dritten Anlauf, der kein Ziel mehr erreichen muss, sondern es schon vor Augen hat. Entsprechend verharrt das wiederkehrende Kopfmotiv auf dem einen Ton *d*. Nur eine winzige Kleinigkeit kommt noch hinzu: der Pianissimo-Nachklang des Schlusses vor dem Doppelstrich mit einem Auftakt, der sich allein auf T. 42 berufen kann, wo nach einer Verschiebung des Achtelrhythmus vom anfänglichen | ♪ ♪ ♪ | auf | ♪ ♪ | ♪ (T. 41) eine dritte Version mit ♪ | ♪ [♪] anzuheben schien. Der Auftakt dort verdient jedenfalls als kleine Blüte im spitzigen Kaktus eine liebevoll-pflegliche Behandlung.

Dass Verschiebungen eine Rolle spielen, zeigt die Durchführung, in der die mittlere Version für eine Weile verselbstständigt ist (T. 121–141). Klanglich durchstreift die Durchführung mit Es-Dur und As-Dur Regionen, die eigentlich nur in c-Moll beheimatet sind. Der traditionelle Fernpunkt von C-Dur, die VI. Stufe a-Moll, die in T. 121 halbschlüssig markiert ist, erscheint erst in der Schlusszone der Durchführung. In diesem Austausch wirkt immer noch etwas vom Dur/Moll-Antagonismus des ersten Satzes weiter.

Die Reprise in T. 146 erhält zum Zeichen variativer Veränderung ein keckes neues Punktierungsmotiv, das in T. 147 zuerst in der Bratsche erscheint und durch alle Stimmen geht. Den dritten Themenanlauf erweitert Beethoven ab T. 226. Die Kadenz wird im Rückgriff über die reine Achtelzone der Durchführung erreicht. Begleitet von den Legato-Achteln der Mittelstimmen erscheint in T. 246 ein letztes Mal in geflüstertem Pianissimo das Ausgangsthema und gewinnt bei völlig gleichbleibenden Tönen durch vereinfachte Harmonisierung eine ganz neue liedhafte Gestalt. Das Dominant/Tonika-Pendel der letzten zwei Takte schwingt wie unabhängig von der Melodie verselbstständigt weiter. Melodisch kommt das Signal für den Schluss aus der Reduktion auf die stumpfe Endung von T. 254.

3. MENUETTO. ALLEGRETTO – TRIO – MENUETTO DA CAPO (PIÙ ALLEGRO).

Der dritte Satz mit der Überschrift »Menuetto« setzt das Spiel mit

Dur und Moll noch ein Stück weit fort. Er beginnt auftaktig mit den Tönen des c-Moll-Dreiklangs und wechselt nach dem Doppelstrich bei gleichem Rhythmus auf den C-Dur-Klang, der dann in dominantischer Funktion das f-Moll der IV. Stufe in T. 16 herbeiführt. Eine wesentliche Veränderung am Charakter des alten Tanzsatzes bedeuten die permanenten Bindungen, mit denen die Viertel trotz der anfänglichen Akzente auf der Zählzeit Drei beweglich und eher flüchtig werden. Die kleine Binnenreprise ab T. 33 erweitert den ursprünglichen Achttakter auf 18 Takte mit einem Anhang, der den Akzent zuletzt auf die Takt-Eins verschiebt.

Das entspannte Trio, das nach dem engräumigen Kampf um die Viertel auf weiträumige Harmoniewechsel im Viertaktabstand setzt, belebt erstmals die Takt-Zwei als melodischen Einsatzpunkt und schafft mit dem ♩ ♪ einen neu schwingenden Rhythmus für ein liebenswertes kleines Motiv, das sich unter Triolen der ersten Geige zweite Geige und Violoncello zusingen. Der zweite Teil, der der Melodie noch einen weiteren Ton zum Erreichen des Folgetaktes 23 hinzugewinnt, bleibt ohne Wiederholung. Die Endungsformel wird vier Takte vor dem Ende trugschlüssig unterlaufen (T. 44), wonach vereinzelte Viertelimpulse den Weg zurück ins Da capo weisen. Es soll nach der Vorschrift »La 2da volta si prende il tempo più Allegro« beschleunigt vorgetragen werden, ein Zeichen dafür, dass Beethoven sich ein Menuett in verschiedenen Tempi vorstellen konnte. Die späte und sehr rasche Metronomisierung ♩ = 84 gilt möglicherweise für das Da capo.

4. ALLEGRO. Das Finale ist erkennbar dem von Haydn gepflegten Typus »all'Ongarese« verpflichtet. Die V. Stufe erscheint im Thema wechselnd als G-Dur und g-Moll (T. 4, 8). Das Thema im Ganzen ist auf zwei lakonische Achttakter | 4+4 | 4+4 | reduziert, deren erster und letzter Viertakter sich entsprechen. Rhythmisches Markenzeichen sind die komprimierten Viertel bei der Schlussbildung von T. 3–4, 7–8 und in Erweiterung 14–16. Im Formverlauf hat das vollständig ausgebaute Thema die Rolle eines Rondo-Refrains. Ihm folgt überganglos und kontrastierend in geschlossenem As-Dur das erste Couplet im leicht vergrößerten Rahmen von drei Achttaktern und ohne die auffälligen Viertaktzäsuren | 8 | 8+8 |. Der wiederkehrende Refrain (T. 41) ist in seinen Wiederholungen melodischer Variantenbildung wegen eigens ausgeschrieben.

Gewöhnlich sorgt ein Rondo für besonderen Kontrast durch ein Moll-Couplet. Im Fall von Beethovens Quartett sind Dur und Moll allerdings vertauscht. Deshalb bildet ab T. 73 ein »gleichnamiges« Dur-Couplet den stärksten Gegenpunkt, also eines in C-Dur, das mit | 6 | 8 | Takten noch knapper ausfällt als der Refrain. Motivisch hat es durch einen Schleifer, der den Raum der Quart *g-c* als den ersten beiden Tönen in den Sätzen 1–3 durchläuft, ein neues Element. Gleichzeitig nähert es sich aber in den Achteln dem Refrain an, sodass ein Punkt absehbar wird, wo sich beide Elemente verbinden werden. Der in T. 87 erneut wiederkehrende Refrain verteilt die Oberstimme abwechselnd auf beide Geigen und erweitert erstmals den Schluss, motivisch komprimiert auf die Eingangsfigur des Refrains. Nach der dramatisch innehaltenden Fermate (T. 116) schließt sich als Couplet 3 erneut das Couplet 1 an. Der Parallelismus ist dem Sonatenrondo und der Anlehnung an das Seitenthema der Sonate geschuldet. Wie dort erfolgt eine Ausrichtung auf die Tonika. Doch sie erscheint nicht in Moll, sondern in Dur. Spätestens jetzt ist klar, dass sich die Ambivalenz im Tongeschlecht auch auf den letzten Satz auswirkt. Prompt erscheint in T. 137 auch der Refrain in Dur, um nach vier Takten wieder ins Moll zurückzukippen. Gegenmotiv zu den Achteln werden die eigenen Viertel des Themas, die erstmals in T. 90 in der zweiten Geige eine Verschiebung im metrischen Gefüge erfahren hatten. Sie besetzen jetzt sämtliche Positionen der Viertakter mit Ausnahme des jeweils zweiten Taktes (T. 138, 142, 146, 150), um dort mit Innehalten das Achtelecho der zweiten Geige mit ihrem Bestehen auf den Themeneinsätzen samt ihren Dur/Moll-Schwankungen freizustellen. In T. 150 gibt die zweite Geige das bloße Echo auf und spinnt den Skalenfaden bis zum es^2 weiter. Die Wechseltöne c^1-h von T. 150 werden, auf Viertel vergrößert, im Übergang von T. 152 auf 153 Teil des großen Halbschlusses mit seinem zehntaktigen Dominantausbau. Die Viertel rücken jetzt im Violoncello gerade auf die vorher ausgesparten zweiten Takte. Erstmals ist der ansonsten rondogerecht stabile Refrain einer durchführungsartigen Bearbeitung unterzogen. Den Halbschluss mit Fermate hält Beethoven mit Tönen unter Spannung, die gar nicht zur Dominante gehören: mit as^2 und *fis*^{2}. Es sind die beiden Töne, mit denen das Thema in T. 15 im Anstreben des Quartsextakkords seinen Abschluss gefunden hatte. Jetzt richten sie sich ganz umgekehrt im Einfädeln eines Refrains auf den Anfang.

Denn in einer Steigerung folgt Refrain auf Refrain und beschleunigt sich das Tempo zum Prestissimo. Das Thema verlässt nach den bekannten 16 Takten in T. 178 den festgesteckten Rahmen abgezirkelter Achttaktigkeit und baut sich für eine Schlusszone in der unnachahmlichen Kunst Beethovens, auf ein Ende zuzusteuern und dabei dem Satz eine neue Wendung zu geben, entwickelnd um, verlangsamt sich nach herausgeschleuderten Achteln in der ersten Geige auf Viertel (T. 199) und im Decrescendo zuletzt auf vereinzelte kadenzierende Akkorde im Ganztaktabstand. An der vorgesehenen Schluss-Stelle (T. 204) widersetzen sich jedoch die Unterstimmen dem vorbestimmten Verlauf. Das Thema kehrt mit seiner Eingangsformel nochmals zurück, aber im unerwarteten Dur, ergänzt mit den Vierteln im Rhythmus der Takte 3–4. Das Dur erobert sich in einem Tonikafeld von 14 Takten den gesamten Tonraum C bis c^4. Die charakteristischen Viertel, in T. 208–210 auf ein Paar verkürzt, triumphieren im Spitzenton c^4, wenn sie alten und neuen Rhythmus zusammenhängen.

Ein weiteres Mal endet ein Satz provokant mit den Anfangstönen, diesmal sogar mit zweifachen Anfangstönen: denen des Refrainthemas (T. 204–210) und denen des C-Dur-Couplets (T. 210–216). Die Rahmentöne seines Schleifers führen *g* und *c* mit ihren Klängen Dominante und Tonika, die in T. 203 überraschend voneinander getrennt worden waren, melodisch und latent auch harmonisch im Zeichen des Dur endlich zusammen. Der Satz endet mit dem gleichen verdeckten Großrhythmus | 𝅝 | 𝅝 | 𝅗𝅥 𝅗𝅥 | 𝅗𝅥 eines »Eins – Zwei | Eins-Zwei-Drei« wie das erste Allegro. Verbunden sind die Sätze nicht zuletzt im gleichen Spannungsverhältnis Moll/Dur.

Streichquartett in A-Dur op. 18 Nr. 5 (1799, Erstdruck 1801)

1. ALLEGRO. Das erste Allegro im 6/8-Takt eines Finalsatzes präsentiert anfangs gar kein Thema, sondern sucht es gewissermaßen in stückweiser Skalenfolge, deren Dreiklangsstationen jeweils mit einem Doppelschlag und einem *sfp* akzentuiert sind. Ab dem Quintton e^2 läuft die Skala, in der die vorausgehenden Geigenachtel nochmals eingebaut sind, ohne Unterbrechung bis zum herausgehobenen und gelängten fis^3 weiter, das mit dem Aufblühen des subdominantischen D-Dur den Takt zurechtrückt und eine Endungsfigur andeutet, die zum Ausgangspunkt melo-

discher Entwicklung wird. Das kleine thematische Gebilde findet in T. 11 seinen Abschluss und zudem eine Fortsetzung sowohl in beschleunigten Sechzehntelskalen als auch in einem verlangsamten Anstieg bei den Spitzentönen *fis²→gis²→a²* von T. 14–15. Im Gegenzug entsteht in einem Anflug von Moll eine fallende Bass-Quart *a-g-fis-f-e*. Mit ihrer Vollendung ist ein E-Dur-Dreiklang erreicht, der zunächst halbschlüssig dominantische Qualität hat, sich aber anders als bei »tonikalen« Halbschlüssen Mozarts bis T. 24 durch pure Verlängerung als neue Tonika festigt.

Statt des schon erreichten E-Dur steht der Seitensatz ab T. 25 jedoch überraschend in e-Moll, ehemals ein bevorzugter Klang beim Eröffnen einer Durchführung. Das erste Motiv des Seitensatzes findet nach den disparaten Einheiten des Hauptsatzes in die geschlossene Form eines Achttakters. Dessen zweitaktige Bausteine wechseln vom Unisono in die Vollstimmigkeit und vom Staccato zum Legato. Dabei entsteht im Rhythmus ♩ ♪ eine erste Verbindung zu den Takten 19–20 des Hauptsatzes und in der Endung ♩. ♪ von T. 32 eine zweite zum Startpunkt melodischer Entfaltung in T. 5. Im Widerspruch zur syntaktischen Geschlossenheit steht die harmonische Ambivalenz. Denn das Motiv kadenziert unerwartet in G-Dur als einer der Grundtonart ganz fremden und allein durch das ungewöhnliche e-Moll legitimierten Stufe. Eine Wiederholung korrigiert den Irrweg. Der neue Achttakter bricht nach der dritten Zweitakteinheit mit seiner Wendung zum regulären Dur für einen Moment des Bewusstwerdens ab. Die erste Geige setzt mit Auftakt zu T. 40 mit den gleichen Tönen nochmals an und vollendet mithilfe imitierender Unterstimmen den neu zusammengesetzten und kadenzierenden Viertakter.

Sein korrektes Ende im schließlich gewohnten E-Dur der V. Stufe (T. 43) wird allerdings vom Einsatz eines zweiten Motivs im Seitensatz verdrängt. Mit ihm kommt eine regelmäßig laufende Folge von Zweitaktern in Gang, die auch durch die kleine Binnenkadenz von T. 31 nicht gestört wird, weil der entstehende Dreitakter durch das Forte einer »Tacterstickung« wieder verkürzt ist. Ausschwingen darf allein die wiederholte Schlusskadenz von T. 61–66. In der folgenden Schlussgruppe mit ihrem Herausstellen des Grundrhythmus ♩ ♪♩ ♪ für den Seitensatz gilt wieder das Prinzip der Verkürzung. In T. 74 ist anstelle eines einzelnen Viertels als Schluss-Stein in Weitung der Bewegung eine sechstaktige »Pendel-Gruppe« mit regelmäßigem Wechsel von Tonika und Dominante eingesetzt.

Die Durchführung geht von der zuletzt gehörten Schlussgruppe aus, isoliert und versetzt ein Segment aus ihr, berührt kurz den oberen Fernpunkt der VI. Stufe fis-Moll und bildet ab T. 91 ein weiträumiges Feld mit dem unteren Fernpunkt der IV. Stufe D-Dur für ein vollständiges Zitat des Hauptmotivs samt seiner Sechzehntelfortsetzung. Erst hier greift Beethoven verändernd mit einer Erweiterung ein, deren tiefalteriertes d-Moll den Satz einen zusätzlichen Schritt von der Grundtonart entfernt. Doch bringen weiträumige Versetzungen mit dem *gis* im Violoncello als Schlusspunkt eines fallenden Basses (T. 113) ein a-Moll in den Blick und lassen in T. 127 den ehemals vor einer Reprise fast obligatorischen Halbschluss zu. Wie auch schon in den vorausgehenden Quartetten schafft Beethoven aber noch eine Zwischenzone. Sie geht denkbar anders, nämlich zäsurlos, in die Reprise über, die in T. 136 aus einem Entwicklungsprozess also quasi herausspringt. Im Blick auf die Durchführung ist der Hauptsatz an der gleichen Stelle nach den Sechzehnteln ab T. 151 vergrößert. Mit der Durchführung verknüpft sich auch das a-Moll des Seitensatzes ab T. 165.

Anders als sonst war Beethoven am Ende der Exposition nicht auf das Hauptthema zurückgekommen. Dessen erneutes Erscheinen ist als besonderer Effekt der Coda ab T. 220 vorbehalten. Die Achtel des Anfangs, die in steter Bewegung zunächst durch Wiederholung in der höheren Oktav Zusammenhang gewinnen und im zweiten Schritt eine durchlaufende Oktavskala bilden, verlegen durch eine letzte, das Metrum berichtigende Wiederholung in der ersten Geige den Grundton a^3 in T. 224 auf die Takt-Eins. Den Leittonschritt bestätigen, im Retardieren rhythmisch vergrößert, zuletzt die beiden Akkordschläge.

2. MENUETTO – TRIO – MENUETTO DA CAPO. Das Menuett an zweiter Stelle geht eher gemächlich und kostet die Wiederholung seines ersten Teils durch quintettmäßigen Führungswechsel zur Bratsche aus, mit der sich der Satz erst vierstimmig entfaltet. Der zweite Teil vergrößert den Tonraum durch Exponieren der III. Stufe cis-Moll, die im A-Dur des ersten Satzes unberücksichtigt geblieben war. Das unvermittelte bloße Herausstellen der reinen Viertel als Träger der Menuett-Bewegung und vor allem die folgende Generalpause von T. 45 zeigen wie mit dem Finger auf das Menuett aus Mozarts A-Dur-Quartett KV 464 und seinen zweiten Teil, der mit solch repetierten Vierteln anfängt und im fünften

Takt mit einer Generalpause abbricht. Als wäre nichts gewesen, beginnt Beethovens kleine Reprise wieder in A-Dur. Sie hat zur Pointe, dass in T. 57 die Bratsche einen Takt früher einsetzt als zuvor, die anderen Stimmen mit Einsätzen aufschreckt und der ersten Geige letztlich das Feld für den Vortrag der kompletten zwölf Takte überlässt.

Der Ton des Behäbigen nimmt im Trio populäre Züge an, weil sein Thema in Oktaven erscheint, die gerne Zitate kennzeichnen, für die Menuett-Trios ohnehin der rechte und bewährte Ort sind. Nach dem Doppelstrich kehrt die freundlich-behagliche Weise ihre Richtung um und verzichtet einen Moment auf die verqueren Akzente der Zählzeit Drei. Sie verleihen den Auftakten immer zu Beginn ein gewisses Gewicht und machen ihren Ton lang und weich, abgesetzt von den menuettüblichen trennenden Vierteln. Bei der kleinen Binnenreprise bindet Beethoven wie im Mitsummen den Auftakt sogar an. Das Da capo freilich sorgt gleich wieder für korrektes Artikulieren.

3. ANDANTE CANTABILE – POCO ADAGIO. Seinen immer schon bewunderten Höhepunkt hat das A-Dur-Quartett in den Variationen des anmutigen Andante cantabile. Den besonderen Charme bewahrt es selbst noch in einer Bearbeitung für zwei Gitarren. Der viertaktige Aufbau des Themas ist mit | a+a' | b+a" | und einem denkbar simplen Bass von entwaffnender Naivität. Drei der Bausteine beginnen gleich und unterscheiden sich nur in den Zielpunkten von V. und I. Stufe. Die melodische Bewegung läuft anfangs im Ab-Auf-Ab der gleichen Töne geradezu im Kreis. Gleichwohl versteht es Beethoven, einzelne Details schon im Thema subtil zu gestalten. Die Verbindungsfiguren der Bratsche mit ihren Sechzehnteln verwandeln sich nach dem Doppelstrich in Bestandteile des Themas, und das hohe fis^3 der ersten Geige strahlt bei der Reprise en miniature als sensibler Terzton über allen anderen Stimmen. Nicht zuletzt sind es die Endungen, die Beethoven herausarbeitet. Sie kommen immer zum letztmöglichen Zeitpunkt, sodass der folgende Auftakt zäsurlos dicht anschließen kann. Dabei unterscheidet Beethoven zwischen der zweitönigen Form ♩♪ und der dreitönigen ♪♪♩, die in T. 12 dem feiner ziselierten b-Segment vorbehalten bleibt.

Die Variationen folgen anfangs dem bewährten Verfahren, das Thema in zunehmend kleinere Notenwerte aufzulösen. Sie haben daneben aber auch immer eine kleine Figur oder ein Motiv, die auf sich aufmerksam machen, wie die Punktierungsformel der Variation 1, die vor allem in der Bratsche durch die lösungsbedürftige Septim hervorsticht. Und nochmals hat die Bratsche eine eigene Funktion, wenn sie in den Schlusstakten die Sechzehntel eigensinnig als Bassformel weiterführt. Bei der zweiten Variation ist es die Begleitung, mit der Beethoven Besonderes vorhat. Er isoliert impulsartig die zwei Achtel und gestaltet sie beim zweiten Viertakter zu einer größeren, quasi deklamierenden Figur ♪ ♩ ♫ | ♪ um. In der Variation 3 sind es wiederum die Endungsachtel ♫, die in den Unterstimmen gewichtig artikulierend hervortreten (T. 58 und 60).

Die vierte Variation mit ihrem rhythmischen Gleichlauf aller Stimmen nach Art eines Kantionalsatzes ist so etwas wie eine Orgelvariation mit ausgesucht improvisierten Harmonien, die fünfte dagegen in tumultartigem Lärm eine Orchestervariation. Sie greift bei der letzten Wiederholung überraschend in die überhängende Endung ein und tauscht sie gegen einen stumpfen Schluss aus. Das ermöglicht es Beethoven, den Satz wie durch eine Falltür in einen anderen Raum fallen zu lassen und eine durchführungsartige Coda zu eröffnen. Im weit entfernten B-Dur sind über zweite Geige und Bratsche zwei heterogene Satzelemente kombiniert, nämlich die originale Melodie in ihrem zugehörigen Tempo und gleichzeitig im doppelten Tempo von Sechzehnteln ihre Fortsetzung von T. 3–6. Nach acht Takten führen erste Geige und Violoncello den kleinen Schabernack weiter, doch unter Wiedergewinn des D-Dur. Im Poco Adagio des Schlusses ab T. 130 kontrapunktiert sich das Thema ein zweites Mal selbst, weil sein ausgezierter Aufstieg von T. 3–4 in der zweiten Geige mit einer Verlängerung des Abstiegs unter Beibehaltung des charakteristischen Rhythmus verbunden wird (T. 132). Der letzte Baustein, thematisch den Unterstimmen übertragen, mündet nach einer Dehnung auf fünf Takte in den durch T. 96b neu legitimierten stumpfen Schluss, jetzt (T. 138) in korrektem D-Dur und mit der doppelten Bestätigung eines Nachschlags. Verdeckt klingen dabei die typischen drei Endungsachtel ♫ in der Vergrößerung auf Viertel ♩ ♩ ♩ nach.

4. ALLEGRO. Das Finale beginnt mit den wie überstürzt versetzten Einsätzen nach Art des ersten Allegros aus Haydns op. 71 Nr. 2. Wie dort gibt es noch einen zweiten Anlauf, bei dem Beethoven ab T. 7 allerdings die Richtung umkehrt. Das Motiv verschwindet danach nicht mehr aus

dem Hauptsatz, weil es beständig die Terzen- und Sextenzüge der Ober- oder Unterstimmen geradezu vorlaut kommentiert. Das Seitenthema nach dem wechseldominantischen Halbschluss von T. 35, für Beethoven in op. 18 ungewohnt mit einer regulären Pausenzäsur verbunden, stellt dem raschen Getriebe des Hauptsatzes in Anlehnung an das Finale von Mozarts A-Dur-Quartett KV 464 (dort T. 114) die ruhigen Notenwerte eines fast choralartig anmutenden Satzes entgegen. Die Oberstimme der ersten Geige folgt einem permanenten Quintfall, der eigentlich in den Bass gehört. Harmonisiert wird die sich von Ganzen auf Halbe beschleunigende Folge mit einer Kette verminderter und sinkender Septakkorde, die in T. 43 den Halbschluss von T. 35 nachvollziehen. Bei der Wiederholung entchromatisiert sich die Begleitung, geht auf Viertelskalen über, deren Terzen an den Hauptsatz erinnern, und kadenziert im achten Takt (T. 51) auf E-Dur, der Tonart des Seitensatzes. Die zunächst nur begleitenden Viertel verselbstständigen sich danach motivisch und werden zuletzt ab T. 67 tongetreu mit dem Quintfall kombiniert, der endlich korrekt in den Bass gerückt ist und eine zweite Kadenz in E-Dur ermöglicht (T. 71).

Sie wird zum Startpunkt für ein weiteres Motiv in Dreiklangsbrechungen, das, durch die Stimmen wandernd, deutlicher als sonst in seiner verlässlichen Bestätigung des E-Dur die separate Zone der Schlussgruppe verheißt. Nach den vielen Kadenzen kann es sich diese Schlussgruppe leisten, auf einen präzisen Endpunkt zu verzichten und den E-Klang in dominantischer Umfärbung verweilen zu lassen. Die Alteration von *E* zu *Eis* im Violoncello garantiert dann eine Umleitung in die Durchführung.

In der Durchführung stellt Beethoven wie auch sonst gerne den nach traditionellen Tonraum-Vorstellungen oberen und unteren Fernpunkt von VI. und IV. Stufe mit fis-Moll und D-Dur in direkter Opposition gegeneinander. Thematische Basis ist eine Wiederkehr des Hauptsatzes in T. 95 und 102. Die räumliche Entfernung von der Tonika in Sprengung diatonischer Verhältnisse eröffnet Beethoven in T. 110 mit einer Tiefalterierung der IV. Stufe zu d-Moll, und schickt den Satz, den melodischen Quintschritt des Seitenthemas harmonisch für weitere Modulationsschritte nutzend, »in die Tiefe«: nach G-Dur, C-Dur und F-Dur (T. 116–120). Im fernen C-Dur taucht in T. 132 unvermutet das Seitenthema auf, wird jetzt aber mit dem eröffnenden Achtelmotiv des Hauptsatzes verbunden und nähert sich ab T. 139 auf denkbar einfache Weise durch die Versetzung nach a-Moll der Grundtonart wieder an. Alle Zäsurpunkte verstehen sich als Halbschlüsse dieses a-Moll (T. 152, 156, 160). In Anlehnung an das Ende der Exposition hält der Satz auf dem Dominantklang, der Dur und Moll gemeinsam ist, mit einer Fermate inne, um sich danach unter Wechsel des Tongeschlechts in die Reprise zu stürzen.

Die Reprise führt fast ohne Abweichungen ans Ende der Schlussgruppe zurück (T. 261 = T. 90), baut sie mit einer Verlängerung der Achtelbewegung und dem Übergang ins Hauptthema aber größer zu einer übergreifenden Coda aus. Am Schluss steht eine eigenartige Zone des Verhallens (T. 286–300). Das Eröffnungsmotiv, beruhigt von den langen Tönen des Seitenthemas, findet keine Fortsetzung mehr. Nach der letzten Kadenz von T. 293 ist alle klangliche Progression ausgesetzt. Das Thema in der ersten Geige bewegt sich widerstandslos im Tonikaraum. Mit der Betonung der Quint e^3/e^2 könnte noch ein Klangwechsel möglich werden. Doch beide Geigen gehen im vorletzten Takt wieder ins cis^3/cis^2 zurück, wozu im Violoncello ein letzter Rest des Anfangsmotivs erklingt, mit Tönen, die Vertreter von Dominante und Tonika sein könnten, aber alle harmonischen Ansprüche aufgegeben haben. Für ein Quartett, das in seinen lebhaften Ecksätzen entschieden der Aktion zugeneigt war, ist das ein sehr besinnliches Ende.

Streichquartett in B-Dur op. 18 Nr. 6 (1800, Erstdruck 1801)

1. ALLEGRO CON BRIO. Das B-Dur-Quartett beginnt hellwach und springlebendig, getrieben von einer Dauerbewegung der Achtel. Sein Hauptthema stößt zunächst immer an den Grundtönen an, bekommt durch das Violoncello in Erweiterung der Endung auf zwei Töne aber eine neue Richtung gewiesen, schließt in T. 18 nonkonformistisch in F-Dur und erhält durch die Skalenachtel des Violoncellos in Rückleitung zu B-Dur einen zweiten Auftritt. Partner wird jetzt die zweite Geige. Der erneuerte Anlauf bleibt für zehn Takte bei der Ausgangstonika, entfernt sich nach einem Fakturwechsel (T. 29) im Nachhören der Endungsterzen unter Einbau der Skalenachtel und mit einem grundlegend neuen synkopischen Rhythmus in beharrlichem Fixieren eines C-Dur-Klangs ab T. 33 noch einen Schritt weiter vom B-Dur, um letztlich im Stehenbleiben von T. 43–44 einen wechseldominantischen Halbschluss anzuzeigen. Mit der

Synkope von T. 33, dritter Schritt in einem Umbauprozess von ♩ und ♩ ♩ zu ♩ ♩ mit seiner Aktivierung der Takt-Zwei ordnen sich auch die syntaktischen Strukturen neu. Ab T. 33 reihen sich drei Viertakter, die stoßartig gleich immer mit dem synkopischen Rhythmus beginnen, der seiner Genese nach in einen Endungstakt gehört.

Formal ist es der Hauptsatz selbst, in dessen Rhythmus (T. 36–37) die Takte 8–9 weiterklingen, der auf das nächste Thema hinführt, und nicht eine wie immer definierte Überleitung. Umgekehrt leitet der Seitensatz am Ende ab T. 80 wieder ins Hauptthema zurück.

Das Thema des Seitensatzes ab T. 45 setzt sich vom Hauptsatz in allen Merkmalen ab: im Auftakt, einem neuen Notenwert durch Punktierung und im Gleichklang eines gemeinsamen Rhythmus aller Instrumente. Aus den neuen Elementen baut Beethoven viertaktige Einheiten, und diesmal im Gegensatz zum Vorlauf lauter geschlossene Einheiten, in denen die langen Schlusstöne durch kleine Crescendi und die Bewegung tieferer Stimmen eigenartig in Spannung versetzt werden. Beim zweiten Achttakter baut Beethoven, als würde unterschwelliger Text wechseln, den Rhythmus im Streichen des Auftakts um, betont den zweiten Takt durch einen Klangwechsel nach Des-Dur und nähert sich konkretem Sprachduktus mit artikulierenden Vierteln der Formel ♩ 𝄽 ♩ 𝄽 | 𝅝 . Was gleich bleibt, ist das sensible Zurückweichen bei der vollendenden »Schluss-Silbe«, deren gelängter Ton ins Pianissimo abrückt (T. 56). Den Spannungsrahmen für den Sonatensatz schafft somit antithetisch ein wechselnd instrumentaler und vokaler Gestus.

Die sequenzierende Wiederholung der viertaktigen Einheiten des »sprechenden« Seitensatzes offenbart in T. 60 das eigentliche Ziel der Bewegung, das f-Moll als Variante von F-Dur. Doch erweist sich der vierte Takt in Verdichtung der Bewegung als zweiter, sodass ab diesem Takt 60 eine kleinere Einheit mit den sich wiederholenden Takten 2 und 3 entsteht, die von Moll zurück nach Dur wechseln. In weiterer Vereinzelung ab T. 64 bleibt nur noch der zweite Takt erhalten, doch unter Fortsetzung der melodischen Linie *c-b-a*, die mit dem *g-c* in ihren Anfangston zurückspringt. Bei aller Verkürzung in der Taktfolge vergrößert sich das Skalenmotiv der fallenden Quart c^3-b^2-a^2-g^2 durch neue ganztaktige Abstände der Spitzentöne in der ersten Geige ab T. 64. Eine Wiederholung des Viertakters ab T. 68 mit Elementen der Spannungsfiguren aus den Schlusstakten 48 und 52 der Unterstimmen nimmt in der ersten

Geige eine Achtelbewegung in sich auf, mit der die Satzentwicklung unvermutet Raum gewinnt, weil die Quartgrenze überschritten wird und die sinkende Skala in wieder halbtaktiger Beschleunigung stetig weitergeführt ist: ab T. 71 zu f^2-es^2-d^2-c^2-h^1-b-a und bei doppelter Oktavbrechung sogar noch zu g^2 (T. 76). Die dominierenden Achtel wiederum lassen ein Wiederbeleben der steigenden Skala aus T. 18 zu und überführen den Satz in die Grundbewegung der Begleitschicht des Satzbeginns, dessen Thema sich abschließend nach dem konzertmäßigen Triller von T. 79 ritornellartig wieder einstellt.

Der Seitensatz mit Schlussgruppe ist in seiner fortwährend variativen Entwicklung und seinen subtilen Veränderungen harmonischer, rhythmischer und melodischer Parameter ein Kabinettstück verarbeitender Nuancierung im Spannungsfeld artikulierend vokaler und spielerisch instrumentaler Prägung. Hier erweist sich ein enorm progressiver Zug in einem Werk, das in Bezug auf Motivik und Formbau eher unauffällig wirkt. Die Stringenz der Entwicklung bedeutet nicht zuletzt, dass Beethoven am Ende des Satzes auf eine Coda verzichten kann.

Die Durchführung geht vom Hauptthema aus. Es ist mit Abspaltungen umgebaut und in T. 102 ruckartig von F-Dur nach D-Dur versetzt, das zur Zwischendominante für den gewöhnlichen Fernpunkt der VI. Stufe g-Moll wird. Nach einem abrupten Innehalten mit einer Generalpause erfährt die Skalenfigur, die in Haupt- und Seitensatz eine Rolle gehabt hat, einen größeren Ausbau, kombiniert mit dem durch Tonrepetitionen intensivierten Rhythmus und dem Terzfall der Takte 6–9 des Hauptthemas. Der Auftakt stammt aus der Schlusszone des Hauptsatzes (T. 33). Momente von Skala realisieren sich auch im schrittweisen Absinken des tonalen Gefüges mit den Klangstufen VI→V→IV in enger werdenden Abständen (T. 117, 123, 129) nach dem alten, aber in eine neue Weite gedehnten Fonte-Sequenzmodell in seiner großen Form (der Name aus dem Jahr 1755 stammt vom Musiktheoretiker Joseph Riepel), wie sie Beethoven schon im Finale von op. 18 Nr. 3 zugrunde gelegt hatte.

Den Schritt ins Neuland macht Beethoven wie mehrfach in op. 18 und auch noch später mit der Tiefalterierung der IV. Stufe zu es-Moll (T. 131). Nach einem Gewaltritt bis Des-Dur, dem Akzentklang von T. 54, steuert ein großes Unisono auf f als den Halbschluss-Punkt zu (T. 139), der eine Reprise verheißen könnte. Beethoven lässt prompt das Hauptthema einsetzen, doch nur, um es neu zu verarbeiten. Die Sprungbewegung seiner Viertel aus T. 2 wird isoliert und vervielfacht, aus den Sprüngen werden in T. 147 Schritte von Sekunden und aus dem Staccato ein Legato, sodass neue Figuren entstehen, die verlangsamt dem Doppelschlag der Themen-Sechzehntel nachlauschen. Bei der Teilung in ein Oberstimmen- und Unterstimmenpaar melden sich als neue Schlussfigur in T. 156–157 drei repetierte und spitzige Viertel ♩ ♩ ♩, die in einer Verlangsamung in T. 161 ♩ ♩ ♩ zu gebundenen Halben werden. Während eines ausgeschriebenen Ritardandos verkürzen sich die Endungen schrittweise und reduzieren sich auf zwei und schließlich auf einen einzigen Ton mit Fermate.

Die Reprise geht so nicht aus der stürmischen Entwicklung des Fortissimo von T. 136–139 hervor, sondern aus einer Sphäre der Improvisation und halb träumerischen Reflexion. Die Wiederaufnahme des alten Tempos danach hat so bereits mit jenem Sphärenwechsel zu tun, der für das Finale charakteristisch wird. Das Hauptthema insistiert jetzt als eine Folge der Durchführung in besonderer Weise auf den Sechzehnteln (T. 190–197) und sucht nach der beibehaltenen F-Dur-Kadenz (T. 192) über die Subdominante Es-Dur nach der Tonika. Dabei schaltet sich eine kantable Achttaktgruppe ein (T. 198–205), die aus der Sphäre und konkret rhythmisch aus der Durchführung und ihrem Takt 159 stammt. Mit dem Anschluss in T. 206 an die frühere Exposition und ihren Synkopenimpuls von T. 33 ist die weitere Fortsetzung garantiert. In Lagenverschiebung auf die B-Dur-Tonika bleibt ein Großabschnitt von Eingriffen ganz unberührt: der fein nuancierte Seitensatz.

2. ADAGIO MA NON TROPPO. Das ruhige Adagio verlegt den Ort des Geschehens vom öffentlichen Raum in die private Stube, vielleicht muss man sogar sagen: in die Mädchenkammer des Hauses. Im Addieren kleiner liedhafter Viertakt-Einheiten mit verlässlichen Abschlüssen an immer gleicher Stelle ist der Satz übersichtlich und dabei in potenzierter Dreiteiligkeit überraschend anspruchsvoll gebaut. Das große A-B-A mit wiederkehrendem Hauptthema und Kontrastzone (T. 1, 17, 45) spiegelt sich auch auf der kleineren Ebene des Hauptthemas mit seinem a+a-b-a selbst (T. 1, 5, 9, 13). Die Wiederholung von a erwächst dabei aus einem sich ergänzenden Wechselspiel von Halbschluss und Ganzschluss.

Das Thema, notiert im »zusammengesetzten Tact« mit einer ersten Kadenz, die zur Mitte von T. 4 in einem »achten« Takt positioniert ist, verbindet sich in kleingliedrigem Artikulieren und inniger Schlichtheit mit dem des B-Dur-Satzes des Quartetts op. 18 Nr. 3. Zum Hauptmerkmal werden jetzt aber Zusatzstimmen. Denn das schlichte Thema ist nach dem aus der Volksmusik bekannten Prinzip des »Übersingens« von ständig neuen Stimmen umgeben. Sie können neben das Thema treten wie mit der Oberstimme von T. 5–8, sich mit Zierfiguren in das Thema selbst einflechten wie in der ersten Geige in T. 13–16 oder sich mit ganz eigenem Charakter von der Grundmelodie abheben wie in der scharf profilierten Rhythmusfigur von Bratsche und Violoncello in den gleichen Takten 13–16. In Ornamentierung und wechselnden Charakteren meldet sich unüberhörbar ein Element von Variation, ohne dass ein wirklicher Variationensatz entstünde. Denn abgesehen davon, dass das Variative noch innerhalb des Themas seinen Platz hat, rechnet die Form wesentlich mit der Kontrastzone des B und bildet auf durchführungstechnische Weise auch weiterentwickelnde Passagen aus.

Die Zwischenzone ab T. 17 verändert in düsterem Unisono und den schmerzlichen Akzenten verminderter und übermäßiger Intervalle fast erschreckend die Tonart nach es-Moll. Alle vier Bausteine c-c-d-d enden mit Ganzschlüssen in Moll, sei es auf der V. oder der I. Stufe. Die vierte Kadenz in T. 32 wird allerdings von einem trugschlüssigen Ces-Dur-Klang unterlaufen. Er löst, zumal die Rundung einer Wiederkehr von c fehlt, eine Erweiterung unter Beschleunigung des Unisonomotivs auf Sechzehntel aus, die schon im dritten und deshalb ungeradzahligen Takt einen Halbschluss verankern (T. 35). Von ihm aus bildet sich ein zehntaktiges Zwischenstück, in dem die erste Geige den Weg zurück in die Reprise erkundet. Unmittelbar zuvor finden in verlangsamenden und auftaktigen drei Sechzehnteln alle Instrumente wieder zusammen.

Der große A-Teil hat dann selbst seine Erweiterung in Form einer Coda. Denn das kleine, eigentlich umschlossene b-Segment kehrt ab T. 61 wieder und vergrößert sich durch eine Steigerung auf sechs Takte mit völlig veränderter Schlussbildung. Der verlängernde Zweitakter mit dem ausdrucksintensiven überhöhenden Nonakkord (T. 63) bleibt in einem Schwanken zwischen zwei Klängen, das die einzelnen Achtel betont, in T. 64 an der Dominante hängen. Der stockende Fortgang separiert die einzelnen Schritte neuer Kadenzbildung, betont in einem Fortissimo-Ausbruch die Subdominante und trennt im Piano die letzte Wendung im Gewinnen der Tonika Es-Dur wieder ab. Es ist, als sollte jeder einzelne

Schritt erwogen und bedacht werden. Als neue Überraschung folgt auf das b-Segment nicht der alte a-Baustein, sondern in T. 67 neu und nach c-Moll versetzt das veränderte und ebenfalls verlängerte c-Segment aus der Mittelzone. Es bricht zunächst im zweiten Takt ab, um nochmals neu anzusetzen. Dieser Neuansatz mit Auftakt der ersten Geige führt in T. 69 in ein fast überirdisches C-Dur. In seiner Schlussbildung gleicht sich der auf sieben Takte anwachsende Abschnitt dem vorausgegangenen b-Segment an. Die beiden letzten Takte sind im Wiedergewinn des Es-Dur nahezu identisch (T. 72–73 = T. 65–66). Diese zwei Takte finden im abschließenden Anhang, von der Bratsche eröffnet, leicht abgewandelt und in Überwindung des Stockens bei der Subdominante eine mehrfache Bestätigung. Mit einer kleinen Geste des Adieu verabschiedet sich der Satz. Sein großer Schlussteil von fast ungestümer Heftigkeit und völlig gegenteiligen Zügen der Verklärung und Beruhigung wirft irritierend Fragen auf, die erst einmal unbeantwortet bleiben.

3. SCHERZO. ALLEGRO – TRIO – SCHERZO DA CAPO. Der dritte Satz konfrontiert seine Hörer auf eigene Weise mit extremen Stimmungsschwankungen. In das störrisch bockige Scherzo ist bei gleichbleibender Tonart B-Dur ein gelöst mutwilliges Trio eingebaut. Graphisch zum wichtigsten Zeichen wird das *sf* mit einer Fülle von Akzenten gegen den Takt. Dadurch leben sie allerdings auch von diesem Takt und setzen ihn keineswegs außer Kraft, sondern stärken ihn indirekt sogar bei aller Verwirrung, die sie auslösen können.

Beethoven beginnt mit regulären acht Takten, doch an ungewöhnlicher Stelle im Takt, nämlich mit drei Achteln Auftakt, der als solcher zunächst nicht erkennbar ist, weil sich alle Instrumente an ihm beteiligen. Die Takt-Eins, in den Oberstimmen synkopisch umgangen, hat lediglich den B-Dur-Dreiklang in T. 1 und das Einrasten des halbschlüssigen F in T. 4 als stützende Merkmale für sich. Die synkopischen Verstellungen des Taktes bleiben hartnäckig auch im zweiten Teil mit seinen sequenzierenden Rückungen und Forte/Piano-Wechseln nach dem Doppelstrich erhalten. In T. 12 kippt jedoch unvermittelt die Bewegung, löst sich auch in den Geigen von Auftakt und Synkopen, um in abtaktigem Akzentuieren auf den Halbschluss von T. 15 zuzulaufen. Der Kippeffekt von T. 12 klärt zwar die Verhältnisse, hat aber die irreguläre syntaktische Gliederung von 3 + 4 Takten zur Folge (T. 9–15).

Auf der gefestigten Eins von T. 15 insistiert ein abstoßender Rhythmus in Violoncello und Viola, der mit einem *sf* gleichwohl die Takt-Zwei betont. Für eine konfliktträchtige Zuspitzung sorgt dazu die Wiederkehr des Auftakts in den Geigen. Die Dehnungszone nach dem Halbschluss von T. 15 kommt auf ihre regulären acht Takte nur im Zählen ab T. 15, das sich mit der Verkürzung einer »Tacterstickung« rechtfertigen kann. Die rhythmischen Komplikationen beschränken sich somit nicht nur auf den Takt, sondern erfassen auch die metrische Ordnung.

Der Halbschluss hat eine Reprise verheißen, die in T. 23 unter Trillern der ersten Geige auch eintritt. Die Rückkehr des ersten Achttakters sorgt jedoch für keinen Abschluss des Satzes, sondern führt trotz zweimaliger Kadenz in T. 30 und 34 provokant in eine Sequenzzone weiter. In T. 39 wiederholt sich das Umkippen in eine abtaktige Ordnung, auch wenn das auftaktige Phrasieren latent erhalten bleibt. Es stellt aber nicht mehr den Takt infrage, sondern fügt sich ihm. Insofern sind die letzten zehn Takte des Scherzos in Kongruenz auch von harmonischer Progression und Takt frei von Konflikten.

Das Trio kokettiert einen Augenblick mit der syntaktischen Ordnung, weil die Unterstimmen einen ganzen Takt lang mit ihrem Einsatz, der einen ersten Takt signalisieren könnte, warten. Spätestens bei der Wiederholung hat sich die simple Folge von ständig beibehaltenen Achttaktern aber stabilisiert. Die Würze des Satzes liegt in der quirligen Figur, mit der die erste Geige sich sprunghaft im Raum bewegt und mit den spitzen Achteln jeweils an Skalenstücke anlehnt, die von den übrigen Stimmen in schlichten Vierteln ausharmonisiert werden. Nach dem Doppelstrich bedienen sie das alte Fonte-Sequenzmodell in seiner einfachsten Form mit Tieferrücken von der II. zur I. Stufe, von der aus reprisenartig der zweite Viertakter (T. 5–8) angeschlossen werden kann. Nur mit einem drastischen Sekundakkord (T. 14) unterscheidet er sich von der Ausgangsform. Bei der Wiederholung bricht im engstmöglichen Anschluss unter Mollwechsel und tobendem Fortissimo ein Vorbote des wiederkehrenden Scherzos herein, das dann im unschuldigen Piano folgt.

4. LA MALINCONIA. ADAGIO – ALLEGRETTO QUASI ALLEGRO. Das Finale zieht von jeher durch seine Überschrift »La Malinconia« und die Angabe, das Stück sei mit größter »delicatezza« zu behandeln, die Aufmerksamkeit auf sich (»questo pezzo si deve trattare colla più gran delicatezza«).

Es fragt sich, ob man den Satz ohne diese Angabe auch nur eine Spur anders hören oder spielen würde. Wenn sie etwas erklärt, dann lediglich die Sprunghaftigkeit in abrupten Stimmungswechseln, die schon für die Sätze 1–3 von Bedeutung waren. Im Finale werden sie aber durch Takt- und Tempowechsel besonders herausgestellt. Denn das »brütende« Adagio, bei dem man sich Dürers berühmten Kupferstich vorstellen mag, leitet nicht nur ein, sondern kehrt mitten im tänzerischen Allegretto wieder (T. 151).

Der Satz beginnt im Pianissimo mit einer dreimal rhythmisch gleichen Viertaktgruppe, deren Schlusstakte, immer abtaktig akzentuiert mit drei höchst nachdrücklichen Zusatznoten, sich eigenartig beleben, in T. 4 mit einem Crescendo, in T. 8 mit einem klangverändernden Zusatzton der Viola und in T. 12 mit dem Abrücken in ein fernes »schwarzes« h-Moll, wie es Beethoven einmal genannt hatte, und ein Zurückweichen ins Pianissimo nach dreitaktigem Crescendo. Die Eingriffe stellen diesen Schlusstakt mit seiner sprechenden Vorschlagfigur so plastisch heraus, dass er vereinzelt und ohne Unterteilungen allein in Registerumbrüchen und Lautstärkewechseln den weiteren Fortgang garantiert. Wie ausweglos stehen lauter verminderte Septakkord nebeneinander.

Mit einem Fall ins tiefe Register aller Stimmen kehrt in T. 17 der Eröffnungsviertakter zurück und bereitet mit seinem H-Dur den Einsatz eines neuen Motivs in e-Moll vor, dessen Bratschenbass mit seinen irregulären Intervallen an das c-Segment des langsamen Satzes erinnert. Die Stimmen irren wie verloren durch den Raum, der sich unter enharmonischen Verwechslungen schrittweise verwandelt. Rhythmisch zusammen finden die Stimmen wieder in T. 29 bei der Zentralnote mit den artikulierenden Zusatztönen, die in ihrer insistierend heraushebenden Funktion mit »Ziertönen« denkbar unpassend benannt wären. Die Folge beschleunigt sich jetzt auf Viertel, einer chromatisch steigenden Skala in der ersten Geige entlang, Gegenmodell zum fallenden Bass der Takte 7–12. Nach kurzer Einschaltung der Legatotakte mit dem charakteristischen Bass wieder in der Bratsche (T. 33–34) setzt in T. 36–37 das Violoncello zu einer großen Steigerung mit einem chromatischen Fortschreiten genau dort an, wo die erste Geige zuvor abgebrochen hatte, also mit *Dis* nach dem d^2 von T. 32, und führt den Satz schrittweise über *Dis-E-F-Fis-G-As-A* bis zu einem verminderten Septakkord über *A* samt dem Spitzenton *ges*^{3} der ersten Geige als Ausdruck äußerster Verzweiflung. Mit dem Grundton *b* als Basis eines b-Moll-Dreiklangs sinkt die Bewegung in sich zusammen, immerhin noch halbschlüssig in die Dominante findend. Damit ist formal das Scharnier zum Allegretto geschaffen.

So wenig Mühe es kostet, Züge des Grüblerischen im Adagio zu entdecken, so leicht ist es, dem Allegretto Heiterkeit und Zuversicht zuzusprechen, so sehr, dass man den Optimismus auch als manisch übertrieben ansehen mag. Doch neigt Musik nicht dazu, sich selbst aufzuheben. Beim Spielen lässt sich keine entlarvende Maske aufsetzen. Die Ausführenden dürfen sich schon mitfreuen und ihr Publikum mit einem Lächeln verabschieden.

Als Gegenentwurf zum Adagio schrieb Beethoven einen ungewohnt einheitlichen und letztlich monothematischen Satz, in dem Kontraste gemieden sind. Damit verbot sich sowohl der Sonatensatz als auch das Rondo. Beethoven entschied sich für eine schlicht zweiteilige Anlage, die sonst langsamen Sätzen vorbehalten war. Das Gleichartige eines Perpetuum mobile verrät sich schon im Thema, weil es nach acht Takten in sich selbst zurückführt. Sein Markenzeichen des Tänzerischen erhält es durch den akzentuierenden Widerstand der Begleitstimmen in den ersten zwei Takten, zwei Töne, die im Satzverlauf immer wieder rondoartig schelmisch das Signal für eine Rückkehr in die Grundform geben (T. 72, 161, 168, 177). Nach der ersten Kadenz des Themas in T. 16 erscheint es in Umkehr der Bewegungsrichtung und zerlegt in Zweitakter übergangslos in der Tonart der V. Stufe F-Dur. In ihr bildet sich ab T. 33 eine neue und gebundene Variante mit Anspruch einer Entwicklung, die kurz die Mollvariante berührt (T. 49–52), im Austausch mit dem passenderen Dur versöhnt und in die Grundform zurückmündet, sodass das Thema auch auf der V. Stufe erscheint.

Für die Korrektur sorgt in T. 72 eine Versetzung nach B-Dur, das sich als die richtige Tonart durch den Rhythmus der Begleitstimmen zu erkennen gibt und den zweiten Teil des Satzes eröffnet. Diesmal ist der Weg zur V. Stufe gemieden. Beethoven geht den Umweg über die IV. Stufe Es-Dur, um die gebundene Variante des Themas in der Grundtonart B-Dur erscheinen zu lassen (T. 106), und vergrößert im Rahmen typischer Exkurse der zweiteiligen Form die Zone tonaler Weitung über die Moll-Variante bis hin zu einem Ces-Dur-Klang (T. 131). Reprisengerecht mündet der Satz diesmal ins Thema auf der Tonika (T. 138). Damit könnte ein Schluss nahe sein. Doch Beethoven »öffnet« das Thema im Zeichen

Streichquartett in B-Dur op. 18 Nr. 6

eines sinkenden Basses *b-a-as-g*, lässt es nochmals das Es-Dur von T. 95 berühren und führt es drastisch im Fortissimo in die Sackgasse eines stillstehenden verminderten Septakkords.

Damit ist ein nicht vorhersehbarer dritter Teil gefordert, in dem Allegretto und Adagio in direkte Korrespondenz treten. Das Zurückholen von Adagio-Takten (T. 151 ff.) zwingt das Allegretto-Thema erst in ein extrem fremdartiges a-Moll, in dem es wie ratlos abbricht, dann in ein g-Moll (T. 168), das als VI. Stufe der Grundtonart und traditioneller Durchführungsfernpunkt einen Weg zurück ermöglicht. Beethoven lässt das Thema diesen Weg in mehrfacher Versetzung einer Vier-Sechzehntel-Gruppe c^2-g^1-es^2-d^2 ab T. 174 in einem fiktiven Zweiertakt gehen und baut einzelne Töne so lange um, bis sich die letzten drei in T. 176 in das f^1-d^2-c^2 des Themenauftakts verwandeln. Damit wird in T. 177 eine zweite Reprise möglich, die zunächst enger als die des zweiten Teils bei der Exposition bleibt, dann aber die gebundene Variante übergeht und ab T. 212 einen neuen Schluss findet. Im Vereinzeln der Auftaktformel steht das Thema nochmals in der Diskussion. Probeweise setzt es im verlangsamten »poco Adagio« seine ersten beiden Zweitakter wieder zusammen, um sich unvermittelt in das Prestissimo einer Coda zu stürzen, die im Unisono des letzten Viertakters ihre große mitreißende Schlussgeste findet.

*

Die sechs Quartette op. 18 wurden noch zu Beethovens Lebzeiten als »glänzende Juwelen« und »herrlichste Werke« gerühmt. Louis Spohr hat sie allen späteren Quartetten Beethovens vorgezogen, verständlich im Blick des reisenden Virtuosen, der sich seine Begleiter je nach Umständen zusammensuchen muss. Moderne Kritik hat an den Quartetten manches zu mäkeln. Da kann man nur wünschen, dass sich alle Komponisten um ähnlich makelbehaftete Stücke bemühen. Fern jeder Fachdiskussion bewirken Beethovens frühe Quartette, was man sich von Musik so gerne wünscht. Sie bereiten Freude und machen gute Laune. Ohne den Hörer in existenzielle Fragen zu verwickeln. Das wird zu einem Merkmal erst der bekenntnishaften mittleren und späten Werke werden.

Die mittleren Streichquartette

Die Streichquartette op. 59, gerne auch »Rasumowsky-Quartette« nach dem Widmungsträger und möglichen Auftraggeber genannt, Graf Andreas Rasumowsky, dem russischen Gesandten in Wien, der inzwischen das Schuppanzigh-Quartett in seine Dienste genommen hatte und selbst als guter Musiker in professionellen Quartetten gelegentlich den Part der zweiten Geige übernahm, haben noch einen zusätzlichen russischen Akzent, weil Beethoven in ihnen unter der Angabe »Thème russe« in seinen Partituren Melodien russischer Volkslieder verarbeitet hat. Kennengelernt hat er sie durch die Sammlung des Tschechen Ivan Práč, die 1806 in zweiter Auflage mit dem Titel *Sobranije russkich narodnych pešen s ich golosami* in St. Petersburg erschienen war (»Sammlung russischer Nationallieder mit ihren Melodien«). Die benutzten Weisen stehen im zweiten Teil der Sammlung. Beethoven kümmerte sich aber nicht die Spur um Text, Anlass und Tonart und nahm die Tonfolgen in aller Sprödigkeit als eine Art abstraktes Material. Alexander Oulibicheff hat darin 1857 einen Mangel an Feingefühl und Geschmack gesehen und seine Kritik in das hübsche Bild eines russischen Bauern mit wildem Bart gebracht, den man mit Mantel und Perücke ausstaffiert hätte.

Mit den Tönen des ersten Liedes, von Práč in die langsameren Tanzlieder eingeordnet, gestaltet Beethoven die Anfangstakte des Finales von op. 59 Nr. 1, das zweite Lied aus der Gruppe von Liedern zu Festlichkeiten rückt an den klassischen Zitatplatz viersätziger Werke, in das Trio zum Scherzo von op. 59 Nr. 2. Bezeichnend für Beethovens Umgang ist, wie großzügig und ohne Rücksicht auf Silbenzuordnung er mit allen Hinweisen auf Artikulation in Form von Balkung oder Bögen umging, die er nach eigenem Gusto setzte. Zur Verwendung in den Salons der Gebildeten waren die Melodien vom Herausgeber Práč jeweils mit einer Klavierbegleitung versehen worden, die Beethoven bestenfalls zur Kenntnis nahm, aber konsequent ignorierte. Für ihn galten allein die Töne der Melodie, die er ohne Veränderungen vollständig übernahm.

Denkbar ist allerdings auch, dass er das Buch von Práč nie in die Hand bekam und ihm ein Mittelsmann Wunschmelodien des Grafen Rasumowsky textlos und absichtsvoll ohne Begleitung herausgeschrieben hat. Für die Lösung aus einem Zusammenhang könnte sprechen, dass die Typisierung der Lieder, die jeweils in eine bestimmte Gruppe einsortiert waren, Beethoven offenkundig nicht erreicht hat. Er liest sie in einem ganz eigenen und selbstgeschaffenen Kontext.

Lyrische Qualitäten entfaltet allein eine a-Moll-Melodie im langsamen Satz des dritten Quartetts aus op. 59. 1852 vermerkte der Beethoven-Schüler Carl Czerny, es wäre »noch nicht ausgemittelt, ob das Thema zur Romanze im 3ten Rasumowskyschen Quartett op. 59 a-mol ein echt russisches oder von Beethovens eigner Erfindung« sei. Der Sachverhalt hat sich erst 2014 klären lassen, als Mark Ferraguto einen Bericht von Christian Schreiber unter der Überschrift »Etwas über Volkslieder« in der *Allgemeinen musikalischen Zeitung* vom 25. Juli 1804 mit Beethoven in Verbindung brachte. Schreiber rühmte in seinem kurzen Text vor allem die russischen Lieder: »Denn der Russe singt beständig, und sogar bey der Arbeit, wenn es irgend zulässig ist. (Der Gesang wird gewöhnlich mit der Wolinka (Sackpfeife) oder der Balalaika (einer Art Laute) begleitet).« Die kleine Würdigung endet mit einem Notenbeispiel auf zwei Systemen, einer deutsch textierten Singstimme und einem unbezeichneten Bass. Voran geht als Ankündigung heraushebend: »Hier eins der vorzüglichsten zur Probe«. Das ausdrückliche »vorzüglich« mag Beethoven als fleißigen Leser musikalischer Journale animiert haben, es gerade mit dieser Melodie zu versuchen.

Für Christian Schreiber war die Melodie, zu der er eine Begleitung als Beweis ihrer »Salonfähigkeit« ergänzt hat, vielleicht nur deshalb eine »vorzügliche« gewesen, weil sie sich so brav in zweitaktigen Einheiten eines ⁶⁄₈-Takts wiedergeben ließ, einen wechseldominantisch vorbereiteten Halbschluss in T. 4 erlaubte und nach einer C-Dur-Ausweichung, abermals »kunstvoll« wechseldominantisch betont, die nötige Tonika-Kadenz im achten Takt lieferte. Schreiber hing zwar in seinem Kommentar der verbreiteten romantischen Vorstellung an, wonach Volkslieder, »die durch höhere Kunst noch nicht gebildet« worden seien, »dem Idealen näher« stünden, unterwarf sie gleichwohl ähnlich Ivan Práč dieser entfremdenden höheren Kunst durch die hinzugefügte Begleitung. Was Schreiber domestizierend notierte, hätte gewiss Goethes Billigung in Übereinstimmung mit Mustern der Berliner Liederschule gefunden.

Eben diese Art von Lied war für Beethoven aber gänzlich uninteressant. Symmetrie und wechseldominantischen Firlefanz ließ er einfach beiseite, indem er die permanent stumpfen Schlüsse durch das Vorziehen schon des gis^1 eliminierte und einen Auftakt ergänzte. In solch

Beispiel für ein russisches Lied (*Ty wospoi, wospoi, mlad Shaworontschek*) bei Christian Schreiber, »Etwas über Volkslieder«, AmZ 6, Leipzig, 25. Juli 1804, Sp. 714

wesentlichen Details war er frei, weil ihn auch diesmal Vers und Artikulation nicht weiter beschäftigten, obwohl er den balladesken Text samt seiner Geschichte in 17 Strophen in der deutschen Wiedergabe anders als bei Práč wenigstens verstehen konnte. Die mitgeteilten Noten nahm Beethoven abweichend von den vorher bearbeiteten russischen Weisen nicht getreu als Rohmaterial, das seinen Platz in neuer Umgebung finden musste, sondern gestaltete aus den ersten vier Takten der naiv achttaktigen Strophe im Verknüpfen von Singstimme und Bass, also zwei ihrem Ursprung nach völlig heterogenen Elementen, eine ganz eigene Melodie, wenn er nach dem gis^1 aus T. 2 mit dem f des Basses fortfuhr. Deshalb konnte er auch kein »Thème russe« dazu vermerken. Die russische Anspielung dürfte Graf Rasumowsky gleichwohl verstanden haben, wenn der Hinweis auf das Notenbeispiel bei Schreiber nicht überhaupt von ihm gekommen war. Allerdings war die Entscheidung für diesen »russischen« Satz Beethovens zweite Wahl. Er hatte zunächst ein anderes Thema entworfen, dann aber nicht benutzt und erst Jahre später für die 7. Sinfonie verwendet.

Streichquartett in F-Dur op. 59 Nr. 1 (1806, Erstdruck 1808)

1. ALLEGRO. Die neuen und sehr viel größeren Dimensionen mit eher sinfonischen als kammermusikalischen Klangflächen in op. 59 verraten sich gleich zu Beginn. Das Thema, im Violoncello nur beginnend, sprengt jeden Rahmen geschlossen viertaktiger Gliederung. Der ausgebreitete F-Dur-Klang, von tickenden Achteln der Mittelstimmen unter Spannung gesetzt, wechselt überhaupt erst nach sieben Takten zur Dominante. Die Fortsetzung der ersten Geige (T. 9) im gleichen Rhythmus und in Wiederholung des zweiten Violoncello-Bausteins hebt die Melodie um eine Sekund an, schert sich jedoch so wenig um den Dominantklang wie zuvor das Violoncello um die Tonika, sondern schließt sich klanglich erst mit der langen Note von T. 12 den harmonischen Vorgaben an. Auch in der weiteren Expansion gehen die Strebungen auseinander. Das d^3 der ersten Geige in T. 17 steht wie ein überdimensionierter Durchgangston quer zum Klang. Erst im oktavierten Leittonschritt zum Grundton f^3 finden die Satzelemente zu einer Kongruenz. Der latent im Hintergrund wirkenden Zweierzählung nach, in einer Ordnung von 4+4+4+6 Takten, fällt der F-Dur-Klang im Fortissimo jedoch in einen ersten und impulsgebenden Takt, sodass zäsurlos eine Fortsetzung erzwungen ist, die sofort ein neues Motiv gebiert. Es nimmt sich sowohl das auftaktig neu positionierte Intervall der Sexte f-d wie den übergeordneten Rhythmus ♩ ♩ ♩ aus den Takten 3–4 des Hauptthemas zur Vorlage.

In einem Ausbau, der nach der Alteration von a^1 zu as^1 die halben Noten vermehrt, findet auch der neue und kleinere Abschnitt zum sammelnden Dominantklang, aus dem metrisch in T. 30 abermals kein Schluss, sondern ein Anfang hervorgeht, für den ein nächstes Element aus dem Hauptthema umgebaut wird, nämlich die Achtel von T. 2–3. Auf einem Bordunbass ruhend und an naturhafte Hornquinten erinnernd erblühen in entspannter Sphäre pastorale Terzen. Im Gestus ist das neue Motiv so konträr und selbstständig, dass es diskussionslos als Seitenthema durchgehen könnte, wenn es nur nicht in der Tonika stünde, die einen nach wie vor nicht abgeschlossenen Hauptsatz zusammenhält. Als dessen letztes Element erscheinen separiert die Skalenviertel des ersten Violoncello-Taktes. In ihnen kündigt sich durch den Austausch des b mit h doch noch eine Abkehr von der Grundtonart an. Beethoven steuert zwar auf den obligatorischen Halbschluss in wechseldominantischer Form zu (das Fortissimo von T. 48 entspricht dem aus T. 55 in op. 18 Nr. 1), lässt sich aber viel Zeit mit dem Seitensatz, um erst einmal die Konsequenzen aus den in T. 42 neu eingeführten Triolen zu ziehen. Sie rufen noch im Fortissimo ein neues Motiv hervor, dessen getrennte Achtel fortgeführt sind und über einem chromatisch fallenden Bass c-h-b-a-as-g (T. 53–59) zum G-Klang zurückfinden, der nun nicht mehr als Wechseldominante von F-Dur, sondern als Dominante von C-Dur für die neue Tonart des Seitensatzes fungiert.

Ein weiteres Mal, wie bisher an allen Zäsurstellen, verwandelt sich in T. 60 ein angestrebter Schluss in einen Anfang. Die besondere Raffinesse beim Übergang in den Seitensatz liegt darin, dass der Melodiebogen des neuen Themas beim dominantischen G-Klang der vorausgehenden Zwischenzone ansetzt, beim Erreichen des C-Dur das neue Thema also längst in Gang gekommen ist. Dieses Thema hat ganz eigenes Profil, nutzt gleichwohl mit den Vierteln ein Skalenelement aus dem Hauptthema und ist ihm auch im Charakter ähnlich, entwickelt sich allerdings weniger expansiv als additiv. Am ausgehaltenen Hochpunkt g^3 beim schrittweisen Dreiklangsaufbau von T. 67–69–71 tritt zuletzt in der zweiten Geige ein neues und wichtig werdendes Motiv x auf den Plan, das wie eine Synthese aus Haupt- und Seitenthema erscheint und zudem das Artikulieren von zwei gebundenen und zwei gestoßenen Achteln aus T. 33 der pastoralen Idylle aufgreift.

Dieses Motiv x bleibt zunächst noch folgenlos, weil Triolen in Verbindung mit einem Oktavsprung eine Zone virtuoser Entfaltung füllen, in der die Instrumente sich ineinandergreifend in der Art einer Riesenharfe ergänzen. Die Basis bildet ein gehaltener Klang, der in dieser Ausdehnung einen Fremdkörper nach alten Regeln der Exposition darstellt, nämlich der D-Dur-Terzquartakkord in T. 77 als Wechseldominante von C-Dur. Er wirkt steuernd auf eine großflächige klangliche Entwicklung im Quintfall D-G-C, an dessen Unisono-Ende ein radikaler Bruch im Satz stehen wird. In vereinzelten Tönen und krassen Registerwechseln unter Einbau einer noch »höher« stehenden Zwischendominante A ringen die Instrumente gewissermaßen um den Wiedergewinn der Tonart. Eine Schlüsselfunktion übernimmt dabei der verminderte Septakkord am Ende von T. 90, der dem befreienden Dominantklang von C-Dur weicht.

In der sicheren Ruhe, die eine Schlussgruppe ausstrahlen kann, tauchen ab T. 91 in geregelter Zweitaktfolge Versatzstücke aus einem wie befriedet wirkenden Hauptthema auf, dessen steigende Viertel in T. 94 variativ die Form artikulierender Achtel aus Motiv x annehmen. War schon die Einführung des Seitenthemas außergewöhnlich, so geht Beethoven in der Schlussgruppe noch einen Schritt weiter. Ihr Verankerungsklang mit der mächtigen Basis der beiden tiefsten leeren Saiten des Violoncellos tritt erst im dritten Takt ein. Die ersten beiden Takte 91–92 gehören mit ihrer Dominante in ausgespielter formaler Ambivalenz der harmonischen Progression nach einer Vorphase an. Das Ineinanderschieben großer Formteile, nicht zuletzt Folge der expandierenden Kräfte des Hauptthemas, erreicht am Ende der Exposition ein neues Stadium.

Konsequenterweise erfolgt auch der Eintritt in die Durchführung nicht wohlgeordnet mit klaren Zäsuren. Der herrschende C-Klang sendet in T. 98 mit Hinzunahme der kleinen Septim B im Violoncello ein Zeichen aus für die Rückführung ins F-Dur einer Expositionswiederholung, obwohl sich mit der Abspaltung der kleinen Achtelfiguren schon Fragmentierungstechniken der Durchführung zu zeigen beginnen. Doch scheint in T. 103 wirklich die Wiederholung anzufangen – vier Takte lang lässt Beethoven seine Hörer in diesem Glauben. In einer mittleren Arbeitsphase war für ihn selbst dem Autograph nach eine Wiederholung vorstellbar. Im fünften Takt (T. 107) drängt sich jedoch unvermutet das artikulierende Achtelmotiv herein und sprengt in raschem Übergreifen auf andere Stimmen und im wegmodulierenden ges des Violoncellos das alte Hauptthema. Bis Spieler und Hörer sich der Veränderungen bewusst werden, befinden sie sich schon mitten im Durchführungsgeschehen.

Das Hauptthema rückt in viertaktigen Einheiten vom ersten Fremdklang der IV. Stufe zur II. Stufe g-Moll und schließlich unter imitatorischer Verdichtung der Stimmen zum d-Moll der VI. Stufe (T. 130). Damit ist der traditionelle Durchführungsraum bereits vollständig durchmessen und das »synthetische« Artikulationsmotiv x ab T. 126 einer flächigen Ausarbeitung unterzogen. Neuland erschließt Beethoven in T. 140 mit dem Es-Dur einer irregulären und tiefalterierten VII. Stufe. Das Unisono bringt in Anlehnung an die Takte 83–90 die Zone des Zögerns zurück und in T. 152 sogar Anklänge an die Situation mit dem Eintritt der Schlussgruppe, wenn auch unter dem Vorbehalt eines Sextakkords. Von der Reminiszenz an die Schlussgruppe geht jetzt die großflächige Raumentwicklung einer monumentalen Durchführung aus, die in T. 158 ihre erste Station im f-Moll als einer chromatisch veränderten Variante der Grundtonart hat. Zielpunkt ist das ihr verwandte, im Kontext von F-Dur aber tiefalterierte Des-Dur einer fiktiven VI. Stufe, förmlich ankadenziert in T. 180.

Motivisch bleiben nach einer Kombination von Elementen des Hauptthemas mit einem Mal nur die Artikulationsachtel übrig (T. 184), die zur Konstante eines mehrzügigen Fugatos im tonalen Extrembereich eines es-Moll werden. Als Kontrasubjekt dient ein klobiges Motiv mit der typischen vorhaltsgeschwängerten Überbindung einer Tonsatzübung. Der Hörer ist gewissermaßen in eine Studierstube versetzt. Das Kontrasubjekt wirkt zunächst wie ein Fremdkörper, passt sich dem Hauptthema, mit dem es immerhin das Sextintervall gemeinsam hat, in T. 189 und noch deutlicher in T. 194 jedoch schmiegsam an und gemahnt mit seinen langen Tönen an die Zonen dominierender halber Noten im Hauptsatz oder an Nebenstimmen im Seitensatz wie die Andeutung einer Diskantklausel in der zweiten Geige von T. 60.

Räumlich bringt Beethoven den Satz wieder in das weitere Umfeld der Tonika mit dem Ansteuern des f-Moll in T. 203, von dem eine erste tonale Weitung in T. 158 ausgegangen war. Neue Versetzungen bleiben an einem verminderten Septakkord hängen. Zum Sammelpunkt absinkender Bewegung ins tiefe Register aller Stimmen wird das g von T. 218 als alte Wendemarke zwischen Haupt- und Seitensatz (T. 48). Prompt meldet sich das Hauptthema im C-Dur und in der Form der Schlussgruppe zurück, und zwar gleich mit seinem zweiten Takt (entspricht T. 92). Unvermittelt springt der Satz weiter zu einer anderen Stelle der Exposition mit den Achteltriolen von T. 73, die sich anschließend ab T. 224 als Gegenmotiv mit dem Hauptthema verbinden. Die harmonische Progression rastet in T. 232 bei einem C-Klang ein, der sich mit seiner kleinen Septim b als Dominante zu erkennen gibt, jene Dominante, die jederzeit eine F-Dur-Reprise herbeiführen kann. Auf das kritische b im höchsten Register (b^3) treiben die steigernden Triolenfiguren der ersten Geige förmlich zu, die, alleingelassen, noch den einen Schritt weiter zu h^3 wagt, den Reprisenpunkt fast zu versäumen scheint, letztlich aber in den Quintton c^4 des F-Dur-Klangs mündet. Damit ist, als sei das Hauptthema schon absolviert, sein Expansionshöhepunkt von T. 19 wiedergewonnen.

Eine Reprise ohne Hauptthema? Das mag man nicht recht glauben und wird Zeuge neuer Entwicklungstendenzen mit einer Expansion bisher unberührter Kreuz-Tonarten, als begänne eine zweite Durchführung. Doch ein neuer verminderter Septakkord in T. 250 macht sich zum ordnungsstiftenden Anwalt, führt zu den bloßen beiden Fortissimo-Tönen *a* und *c*, die nach Ergänzung verlangen und sie im Violoncello mit einem sich plötzlich hineindrängenden Hauptthema auch finden – allein mit dessen *f* und *F* in T. 254 und 256.

Die Technik des Übereinanderschiebens von Formteilen hat mit der eigentlichen Reprise und dem Klangumbau von T. 250–257 ihren absoluten Höhepunkt erreicht. Nicht nur, dass Beethoven motivische und tonale Reprise voneinander trennt. Er bringt die großen Teile der Satzgliederung in ein neues Verhältnis. Die Reprise folgt nicht bloß auf einem vorgezeichneten Weg der Durchführung, sie wird vielmehr in höherem Maße als je zuvor zu deren Ergebnis.

Die Reprise durchläuft ihre Stationen entsprechend weniger mechanisch als entwickelnd und neu beleuchtend. Die »pastorale Idylle« bleibt in T. 279 gegen alle Regeln nicht bei der F-Dur-Tonika, sondern rückt ins träumerisch Fiktive eines Des-Dur. Das Seitenthema im gebotenen F-Dur samt seinem melodischen Vorlauf geht in T. 307 in die Bratsche über, neu begleitet von Triolen der ersten Geige im Vorgriff auf die erst in T. 320 beginnende Folgezone. Die Schlussgruppe ab T. 338 nimmt sehr viel größere Dimensionen an, weil sie nach einer Steigerung mit dem artikulierenden Achtelmotiv dem riesenhaft werdenden Hauptthema in T. 348 einen völlig neuen und geradezu stampfenden Auftritt verschafft, bei dem seine rhythmischen Konturen blockhaft in allen Instrumenten herausgearbeitet werden und die Sekundrückung zum *d* in Form des d^3 (T. 352) erstmals mit der Wechseldominante harmonisiert wird. Die krönenden Dezimen beider Geigen finden ihre Wendestelle beim h^3/g^2.

Über die lapidaren Klangschritte eines Kadenzvorganges mit T-S-T$^{6/4}$-D (T. 362–365), der mit dem Crescendo in T. 366 ein zweites Mal und intensivierend mit der genannten Wechseldominante ansetzt, die den Quartsextakkord als einen Ort konzerthaft virtuoser Entfaltung ansteuert, öffnet sich im Stehenbleiben ein neuer Raum für die Coda. Im rhythmischen Vorwärts, getrieben vom *fp* der Takt-Zwei in T. 370 und 372, entwickelt sie im erstmals zweitaktigen Gleichlauf von Tonika und Dominante einen unerhörten Sog, unverkennbare Folge offenen Baus, in den das Hauptthema mit seiner Kombination von Triolen und Vierteln gerät, hinaufgetrieben bis in die höchsten Höhen der Raumgrenze c^4.

Der Startton *c* des Hauptthemas, in mehrfachen Oktavlagen von c^4-c^2-c ausgespannt, überwölbt ab T. 387 den auspendelnden Klangwechsel von Tonika und Dominante, bis die erste Geige wie in T. 253 am Ende der Schlussgruppe ihren Abstieg beginnt. In der tiefen Lage verbreitet sich die Ruhe schlichter Akkordrepetitionen, wenn auch mit dem Import eines vielsagenden d-Moll. Doch reißt aus dem sanften Verklingen ein jähes Crescendo. Der Satz endet abrupt und lapidar mit drei Akkorden forte und fortissimo im Rhythmus der Ruhetakte 394–395.

2. ALLEGRETTO VIVACE E SEMPRE SCHERZANDO. Die Reduktion zu Beginn des zweiten Satzes auf einen einzigen Ton und seinen puren Rhythmus als Rest eines ehemaligen Tanzsatzes wirkte auf manche Zeitgenossen verstörend. Auch sieht die Form von der alten Gliederung nach geordneten Wiederholungszonen völlig ab. Beethoven formt einen Satz, nicht mit »Scherzo«, sondern mit »Allegretto vivace e sempre scherzando« überschrieben, an den sich keine Schablone anlegen lässt. Sein wie improvisatorischer Charakter zeigt sich schon im tastenden Herumirren der Klänge von F zu Es und Ces. Es wird erst in T. 21 von einer Dominante eingefangen, nach der ein zweites Segment im Legato beginnt, das regulär, wenn auch stockend bei der Fortissimo-Tonika B-Dur kadenziert, mit ihr aber einen selbstständigen Viertakter eröffnet, der Entsprechung sucht und in der Wiederholung des letzten Taktpaares auf der Zwischendominante D^7 auch findet. Doch führt ein geisterhaftes Echo der Sechzehntel den Satz gleich wieder weiter zu d-Moll (T. 39) und einem neuen Motiv, das sich aus den auftaktigen Sechzehnteln von T. 4 sowie aus den Legato-Elementen von T. 23 bildet und als Neuigkeit eine Sechzehntelpunktierung einführt. Nach einer reinen Rhythmuszone im anfänglich komplementären Wechsel von Oberstimmen und Bass bilden ab T. 62 das *d* und sein unausgeführter d-Moll-Dreiklang eine regelrechte Ruhezone – würde sich nicht bei der Beruhigung auf Viertel das B-Dur des Anfangs zurückmelden (T. 68).

Der zweite größere Abschnitt T. 68–114 geht unter Umbildung des Sechzehntelmotivs, in dem sich die Stimmen gegenseitig ergänzen, von der gleichen bipolaren Spannung zwischen B-Dur und d-Moll/D-Dur aus, als sollte eine Exposition modifiziert wiederholt werden, läuft in T. 98 auf das gleiche *d*-Unisono zu und wendet sich mit denselben Tönen *d-c-ges-f* wie in T. 65–68 von ihm wieder ab, um abermals das B-Dur zurückzuerobern und das ganze Sechzehntelmotiv in seinen acht zusammenhängenden Takten ab T. 101 in Geigenoktaven zu wiederholen. Anders als zuvor sind jedoch rhythmischer Vorspann und motivische Bewegung im Fortissimo übereinandergelegt. Und das Zurückkippen nach *d* über den dominantischen A-Klang (T. 108) wird durch eine Versetzung verhindert, die ein erstes unzweideutiges Formsignal gibt. Denn der dominantische und in Verlängerungen repetierte Halbschluss in T. 112–114 verheißt das Ende des Hauptsatzes einer Exposition und die Hinwendung zum F-Dur eines Seitensatzes auf der V. Stufe.

Die Erwartung wird nur bedingt auch erfüllt, weil das F-Dur durch seine Mollvariante ersetzt ist. In diesem f-Moll bewegt sich in lyrisch geschlossener, quadratisch versverhafteter und kadenzierender Achttaktigkeit eine Melodie mit gesanglichen Zügen (T. 115–122). Allein im abstoßenden, die Takt-Eins betonenden Rhythmus zu Beginn von Vorder- und Nachsatz und in den Skalen der Sechzehntel spuken noch Elemente des Hauptsatzes herum. Die neue Melodie wird quasi mehrstrophig breit ausgeführt und in sequenzierender Verdichtung fortentwickelt, findet in T. 135 abermals einen Kadenzpunkt, konzentriert sich in T. 136–141 auf seinen taktweise wiederkehrenden, aber neu mit Auftakt verbundenen Anfangsrhythmus und erreicht in T. 147 ein drittes Mal nach T. 121 und 134 seine Schlussformel. An die Stelle der stumpfen Endung tritt allerdings eine dreitönige Figur, die sich in der Verteilung auf alle Instrumente zu einer fragmentarischen Skala mit steter Betonung der Takt-Eins vergrößert. Aus dieser Betonung geht in T. 151 wie nebenbei der Rhythmus ♪♪♪ des Satzbeginns wieder hervor. Prompt erscheint mitten im Seitensatz auch das Hauptthema, macht sich in Des-Dur auf der Parallele von f-Moll breit und gestaltet seinerseits eine dreitönige Endungsfigur, die ab T. 159 durch die Stimmen wandert.

Allerdings verfärbt sich in Tonverstellung der Klang in T. 163 zu einem verminderten Septakkord, klärt sich in T. 167 zu einem wechseldominantischen G-Dur, bricht aber mit einer chromatischen Verschiebung nach *fis* mit den omnipräsenten Anfangs-Sechzehnteln im Fortissimo und einer Generalpause ab. Die klanglichen Veränderungen signalisieren unverkennbar etwas von Durchführung. Im quasi exterritorialen H-Dur einer Phantasiewelt tauchen die sieben kadenzierenden Legatotakte des Hauptthemas aus T. 23–29 auf. Danach bildet sich in T. 177 aus Elementen des Satzbeginns in der Ruhe und dem regelmäßigen Wechsel von Tonika und Dominante einer verspäteten und tonal verschobenen Schlussgruppe ein zartes Motiv, das dem spitzigen Rhythmus des Anfangs lyrische Züge abgewinnt. In der Ambivalenz von Gestus und formaler Positionierung kippt die Waagschale durch enharmonische Verwechslung und die Versetzung nach Ges-Dur unter Führung der zweiten Geige entschieden zugunsten einer Durchführung, die großflächig wechselnde tonale Felder durchmisst: ein C-Dur/c-Moll, in Höherrückung um eine Sekund ein d-Moll und unter Zwischenschaltung eines ausgedehnten verminderten Septakkords ein nicht weniger exotisches a-Moll. In ihm meldet sich ab T. 211 in sphärisch hoher Lage das Hauptmotiv der Exposition (T. 72), entwickelt aber die Sechzehntelfigur abwandelnd und unter Fragmentierungen weiter. Im Gärungsprozess permanenter Sechzehntel sortieren sich allmählich die Skalentöne von B-Dur als Anzeichen für eine sich nahende Reprise, auch wenn die Tonfolge von T. 237, vergleichbar T. 169, auf einen weiteren verminderten Septakkord prallt, der abermals mit einer Generalpause Einhalt gebietet.

Der theatralische Effekt des Fortissimos verrückt die schon geordnet scheinenden Verhältnisse. Im fernen Ges-Dur erscheint ab T. 239 ein Segment, das an den Anfang des Satzes zurückführt, allerdings in Viola und Violine 2 neue Stimmen hinzufügt, die den alten neutralen Tonwiederholungen, jetzt in der ersten Geige, harmonische Zielstrebigkeit und im Wechsel T-T-D-T durch den Schritt »Dominante–Tonika« Schlusskraft im vierten Takt verleihen. Ansonsten entfalten sich die Motive in viermal vier Takten wie zu Satzbeginn, doch syntaktisch in verdichteter Form, weil die Segmente mit der Tonwiederholung um einen Takt vorgezogen sind und so die Achttakter überlappend ineinandergeschoben werden. Mit dem ausgehaltenen Forte-Klang in T. 257–258 ist wie von Zauberhand auch tonal alles wieder im Lot. Das a im Violoncello liefert den nötigen Leitton, um die Legatotakte des Hauptthemas im B-Dur einer echten Reprise anzuschließen. Die d-Moll-Zone wird in T. 275 nach g-Moll verschoben, um früh die Quintversetzung für einen Seitensatz in der Tonika vorzubereiten, der dann in T. 354 in b-Moll auch eintritt.

Wie in der Exposition tritt zum Seitenthema in T. 394 das Hauptthema hinzu, läuft sich allerdings nicht mit dem Anfangsrhythmus im Fortissimo fest wie in T. 169, sondern führt in die fugatomäßig begonnene Erweiterungszone einer Coda (T. 404), die den zu Beginn der Reprise (T. 239) versetzten Anfang des Hauptsatzes in T. 420 in der Tonika nachliefert und das Violoncello wieder als Träger des Grundrhythmus in sein Recht setzt. Die Viertakter behalten zwar ihre Zusatzstimmen, entzerren sich aber in einer wieder regelmäßigen Folge.

Den Schluss des Satzes gewinnt Beethoven aus der Legatozone, die zweimal erscheint und in ihrer Versetzung von B-Dur nach e-Moll an die tonal bipolare Konstellation des Anfangs erinnert, in der enharmonischen Verwechslung *fis=ges* einen Moment der Durchführung zurückholt (T. 183) und zuletzt die Drei-Sechzehntel-Figuren aus der Schlusszone des Seitensatzes (T. 159) aktiviert. Das letzte Wort hat der Grundrhythmus, in dem Beethoven die durchrepetierten Sechzehntel auf einen vierten Takt verschiebt und so auch für eine Vermehrung der ausklingenden Viertel sorgt. Das letzte steht nur noch im Forte, nicht mehr im Fortissimo.

Was Beethoven gewagt hat, war ein kühnes und im Grunde nicht wiederholbares Formexperiment, das Forschungskontroversen ausgelöst hat. Der prozesshafte Ausbau verurteilt jeden Versuch zum Scheitern, des Wortes »scherzando« wegen in irgendeiner Weise ein Weiterwirken der Scherzoform mit ihrem absolut konträren Sortieren geschlossener Fertigteile zu verfolgen. Andererseits fehlen für eine Sonatenform, für die Beethovens verworfene Absicht einer Wiederholung des kompletten zweiten Teils in Analogie zu einer Großwiederholung im ersten Satz spricht (T. 155–391), die üblichen Abgrenzungen. Der Seitensatz, der nach Beethovens Usus zwar das Hauptthema einbindet, aber die Tonart der V. Stufe nicht festigt und eine Schlussgruppe vermissen lässt, die sich tonal versetzt erst in der Durchführung bemerkbar macht, bleibt gewissermaßen unfertig und verwandelt sich punktuell ungreifbar und nur allmählich im Feld der Takte 154–170 mit der Wegwendung von f-Moll und mit dem »ortlos« neuen H-Dur in eine Zone der Durchführung. Vergleichbar vage bleibt der Eintritt der Reprise, allerdings nicht motivisch und syntaktisch, sondern nur tonal. Für nachträgliche Klärung sorgt hier die Coda eines Sonatensatzes. Von einer »frei behandelten Sonatenform« hat 1860 schon Wilhelm von Lenz gesprochen, was Theodor Helm 1885 zu einer »unendlich frei behandelten Sonatenform« steigerte.

3. **ADAGIO MOLTO E MESTO.** Das Adagio, bei dem es des Zusatzes »mesto« nicht bedurft hätte, um Trauer ahnen zu lassen, ist in seinem f-Moll ein Satz von extrem langsamem Puls. Beethoven nahm auf ihn in seiner

Vorliebe für kleine Notenwerte bei langsamen Sätzen mit einer eigenen Notationstechnik Rücksicht. Denn im gewählten 2/4-Takt ordnen sich Einheiten taktweise, die bei gewöhnlicher Aufzeichnung auf zwei Takte verteilt wären. In der Folge sitzen die klingenden Endungen immer in der zweiten Takthälfte und nicht nach dem Taktstrich. Das im Gestus 16-taktige und schlicht symmetrisch angelegte Thema ist so auf acht Takte komprimiert. Dieses Thema im zurückgenommen stillen Ton eines »sotto voce« wurde schon 1813 von George Thomson, dem Auftraggeber für Beethovens Liedbearbeitungen, als »immortel« gepriesen. Es ist so angelegt, dass sich kleine rhythmische und melodische Partikel ständig neu ordnen, mit einer Verdichtung der Bewegung auf Sechzehntel im vierten Takt, einer Verlangsamung mit zwei langen Vierteln in T. 6–7, mit denen sich im Crescendo eine wachsende Spannung verbindet, und einer Verschiebung der prägenden Achtel ♫ auf den Beginn von T. 8, wodurch im Zeichen des Morendo erstmals eine lange Endung ♫♩ entsteht. Mit den Wechseln korrespondiert eine tonale Entwicklung, die in T. 5–6 ein eher nur angedeutetes As-Dur in den Blick bringt. Zum Charakteristikum der dichten Begleitung bei zögerndem Beginn, der den Terzton *as* bei leerer Quint zunächst freilässt und erst im zweiten Takt nachholt, wird eine stete Weitungstendenz. Nur die syntaktischen Einheiten von T. 1 und T. 2 phrasieren frei für sich stehend ab. Alle weiteren latenten Zäsuren sind »übersungen«: in T. 3 mit dem weiterführenden Triller, in T. 4 mit Crescendo und einem Drang zur Fortsetzung im chromatischen Schritt f^1-e^1-es^1 der Bratsche, in T. 5 und 6 durch ein Echo des Themenrhythmus samt Crescendo in der Bratsche, in T. 7 durch die gemeinsame, aus T. 3 stammende Punktierung und sogar im großen Schlusstakt 8, weil im Morendo die erste Geige nach ihrer topischen »threnodischen« Lamentosext f^1-des^2-c^2 auf eine Vollendung verzichtet und hinter den übrigen Stimmen zurücktritt, die in Sechzehnteln, wie sie erstmals in der zweiten Takthälfte auftreten, den Anschluss an eine Wiederholung des Themas im Violoncello suchen. Ziel des Expandierens ist die große Einheit und der unendliche Atem eines einzigen melodischen Bogens.

Im Wiederholen vollendet sich dieser Bogen in T. 16 wirklich mit einem Abschluss, an dem sich melodisch, unter Gegenoktaven der Bratsche, auch wieder die erste Geige in Oktavierung des Schluss-Schritts im Violoncello beteiligt. Die Fortsetzung fällt in Verengung der Perspektive dem kleinen Lamentomotiv in der imitatorischen Anlage gestaffelter Einsätze zu. Das sich so aufbauende Segment von vier Takten folgt abermals den Regeln des Expandierens und führt im Crescendo zu einem G-Klang (T. 21), der in Terzen neuer Zweiunddreißigstel Licht in die Finsternis durchbrechen lässt. Mit der halbschlüssigen Verankerung von T. 23 ist, den Stationen eines Sonatensatzes folgend, das Seitenthema verheißen.

Beethoven meidet eine jetzt mögliche Durtonart und bleibt im Zeichen des »mesto« bei einem quasi potenzierten Moll. In diesem c-Moll entfaltet sich im Wechsel von Violoncello und erster Geige eine zweite, weniger filigran ziselierte als großflächig in gleichbleibendem Rhythmus verlaufende und genuin dem ⅔-Takt angehörige Melodie mit bewegten Gegenstimmen und einer weitenden Sequenzierung über die Quintkette D^7-G^7-C/c. Das Nebeneinander langgezogener Melodie- und kleinräumiger Zusatzstimmen, die sich ab T. 33 in kleinen Seufzerfiguren nahekommen, wandelt sich im kadenzierenden Anhang nach dem Quartsextakkord von T. 37 zu einer Gemeinschaft von Melodie und Kommentar. Mit der letzten c-Moll-Kadenz in T. 41 beginnt eine beruhigte Schlussgruppe, die ihren Antrieb in T. 43 verliert, sobald im Pendel von Tonika und Dominante der Spannungsklang ausbleibt.

Was in T. 46 neu ansetzt, könnte man zunächst als zweiten, ins erwartete As-Dur korrigierten Durchgang des Seitenthemas ansehen. Die klanglichen Veränderungen ab T. 50 und die in enharmonischer Verwechslung entstehenden vielen Kreuze ab T. 53 signalisieren jedoch den Beginn einer Durchführung, bei der die Seitensatzmelodie Bassfunktion übernimmt, bis in T. 57 in g-Moll das Hauptthema zurückkehrt und mit seinen ersten beiden Takten in steter Veränderung alle Stimmen durchdringt. Einhalt gebietet erst ein halbschlüssiger C-Klang in T. 67. Von ihm aus scheint die Reprise nahe. Nachkadenzierende Figuren, dem »Kommentar« aus T. 37 entnommen, bestätigen und verlängern den C-Klang, der in T. 69 allein übrig bleibt, doch in T. 70 durch die Pizzicato-Figuren der zweiten Geige unvorhergesehen in einen verminderten Septakkord umgebaut wird. Die Motivik hält zwar weiter an einer Schlussgeste fest, aber der klangliche Grund ist nach Des-Dur verschoben, um nicht zu sagen: entrückt. Denn ab T. 72 hebt, »molto cantabile«, die Melodie einer inneren Stimme überirdischer Ruhe an. In der Begleitung verschwimmen die vorher so tickenden kleinen Noten durch bloße Wechseltöne in gebundenen Sextolen zu einem diffusen und weichen Gesamtklang. Die Melodie selbst, in der fallenden Quart von T. 75 fast in rezitativischem Sprechen endend, erhält durch das Weiterführen der alten Punktierung mit Vorschlägen neuen Atem und entfaltet ab T. 76, ins eigene Des-Dur zurückmündend, einen zweiten Kantilenenbogen. Er intensiviert und verstetigt die Zwei-Achtel-Vorhaltswendungen aus dem Hauptthema und reaktiviert in T. 80 den in T. 70 aufgegebenen C-Klang. So kann die kleine Übergangszone von T. 67–70 unter Führung der Bratsche ab T. 82 einen zweiten Versuch wagen. Die verlangsamenden Zweiunddreißigstel bereiten den Boden für die lange aufgeschobene und dadurch verwandelte Reprise in T. 84.

Denn der »innere Ton« der Durchführung bleibt der ersten Geige auch in der Reprise erhalten. Zudem ändert sich die Umgebung durch Bewegungselemente der begleitenden Stimmen aus Seitensatz und Durchführung. Beethoven verzichtet auf die Wiederholung durch das Violoncello, springt gleich weiter zu den Forte-Terzen von T. 21 und zum Seitenthema, das in T. 97 vom Violoncello im f-Moll des Hauptthemas begonnen wird. An die Stelle der Schlussgruppe tritt ab T. 114 der bisher ausgesparte zweite Themen-Achttakter, jetzt unter Führung der zweiten Geige und ab T. 116 in Oktaven beider Geigen, verfehlt aber sein Ende in einem Weitersinken der ersten Geige (T. 121). Damit ist ein Schluss für den Satz überhaupt dispensiert.

Beethoven beendet den Satz nicht, sondern führt aus ihm heraus. Er schreibt eine halsbrecherische Überleitung ins Finale, deren C-Dur ab T. 129 durch Skalen gesichert ist, die in aufsteigenden und absteigenden Oktaven simultan zusammengezwungen sind. Zum Sammelpunkt wird ein Triller in T. 132.

4. THÈME RUSSE. ALLEGRO. In diesen Triller hinein intoniert das Violoncello in Erinnerung an seine Rolle zu Beginn des Quartetts das »russische« Thema des Finales, im Blick auf Metrik und Tonalität ein eher sperriges Thema, weil es mit einem Dreitakter beginnt, zweimal in einer Wiederholungsformel an seinen Spitzenton c stößt und am Ende d-Moll ansteuert. Beethoven transponierte gegenüber seiner Vorlage die Melodie in die Unterquart, negierte die tonale Zuordnung der mitgelieferten Begleitung und richtete das Thema, begleitet zunächst nur vom c^2-Triller der ersten Geige, gleich anfangs auf das F-Dur ein, das seine Vorlage

erst in den Takten 2–4 heraushebt (dort entsprechend B-Dur). Bei der anschließenden vierstimmigen Ausarbeitung, die den schulmäßigen Generalbass von T. 3 der Vorlage auffällig meidet, kappte Beethoven in T. 16 kurzerhand den Schluss. Das Violoncello weicht zum B aus, und die Viola beginnt bereits eine weitere »Strophe«. Die Wiederholungsformel nutzt Beethoven für eine imitatorische Verzahnung von Viola und Violine 1 und arbeitet im weiteren Verlauf nur noch mit den ersten fünf Takten des »Thème russe«, sodass die tonale Ambivalenz keinen Einfluss auf die Satzbildung hat. Das d-Moll wird innerhalb des Hauptsatzes allein in der Reprise wieder kurz berührt (T. 183–186). Noch zu Anfang der Exposition verändert Beethoven die Wiederholungsformel, indem er den melodischen Abstieg in T. 21–22 mit einer Sechzehntelkette umgestaltend verlängert. Diese Sechzehntel sind es dann vor allem, die den Hauptsatz kennzeichnen. Ein kleiner tonaler Schwenker mit der Zwischendominante der VI. Stufe steuert in einem Quintfall E-a-d-G auf die Wechseldominante G zu (T. 43), mit der als entscheidender Wendemarke ein Halbschluss angedeutet ist.

Daraus löst sich im Weiterlaufen der Sechzehntel des Hauptsatzes in der zweiten Geige das neue C-Dur-Thema des Seitensatzes in klar gegliederten und kantablen Achttaktern (T. 45 ff.). Den zweiten Achttakter übernimmt in der Mollvariante ab T. 53 das Violoncello, gefolgt vom imitatorischen Schatten der ersten Geige. Den Schluss biegt Beethoven in T. 62 im Vorgriff auf die Durchführung mit einem Schwenk nach As-Dur ab, in das sich die Anfangstöne des Hauptthemas in erster Geige und Bratsche hineinschmuggeln. In der Schlussgruppe, die nach abgebrochenen großen Kadenzakkorden mit vorsichtigem Zögern einsetzt (»poco rit.«), übernimmt dieses fragmentarische Hauptthema überhaupt wieder die Führung im Hinleiten zu den komplementär ineinandergreifenden Konfliktrhythmen des in Paare geteilten Ensembles beim Ausreizen der einzigen Punktierung des Themas.

Das fragmentarische Hauptthema sorgt auch für die Umleitung in die Durchführung. Bei Erreichen ihrer ersten harmonischen Station g-Moll als der II. Stufe kappt Beethoven den zweiten Thementakt und verbindet den ersten gleich mit dem dritten (T. 105–106), um erneut die Wiederholungsformel abzuspalten, die sich im Echo vervielfacht und neu mit der Sechzehntelfigur des Hauptsatzes verbindet. Den Tonraum weitet Beethoven signifikant mit einem neuerlichen As-Dur von T. 114, das über jene Stufen, die bei der älteren Generation üblich gewesen waren, drastisch hinausgeht. Die eigentliche harmonische Überraschung ist aber, dass ein dröhnender dominantischer A-Dur-Akkord in T. 129 dem vorher verdrängten d-Moll des Hauptthemas einen längeren Auftritt verschafft, weil es nach stufenweiser Anhebung zu Es-Dur (T. 136) mit seiner Dominante in T. 141 wiederkehrt und für eine lange Zone einschließlich des Fortissimo-Ausbruchs von T. 157 als traditioneller, aber ganz neu legitimierter Fernpunkt der VI. Stufe den Satz beherrscht.

Ganz ausgeblendet blieb bisher die bei Beethoven sonst in Durchführungen so bevorzugte IV. Stufe B-Dur/b-Moll. Mit ihr hat er diesmal Besonderes vor. Sie wird zum Ziel eines großflächigen schrittweisen Absinkens im Abstand von jeweils vier Takten: d-Moll – c-Moll – B-Dur (T. 165, 169, 173). Denn zum nächsten Viertakter ab T. 177 verändert sich der Klang nicht weiter. In das ruhende B-Dur tasten sich die Anfangstöne des Hauptthemas mit einem Seitenblick auf die Variante b-Moll hinein und gewinnen Zusammenhang unter Führung der ersten Geige. Zum ersten und letzten Mal präsentiert sich das »Thème russe« wieder in der vollständigen achttaktigen Form. Anders als in der Exposition, aber ähnlich im Vermeiden eines gesicherten F-Dur, beginnt die Reprise in T. 179 im »Vorzimmer« der IV. Stufe und findet eine stabile Tonika erst in T. 190 mit der ins Fortissimo geführten Wiederholungsformel. Das Ineinanderschieben von Formteilen, schon Merkmal des ersten Satzes, und die tonale Verschiebung zu Beginn der Reprise, auffällige Besonderheit des zweiten Satzes, finden im vierten Satz eine konsequente Fortsetzung.

Von der Verkürzung im nur einmaligen Erscheinen des Hauptthemas abgesehen, folgt die Reprise dem Weg der Exposition. Nur die Schlussgruppe ändert Beethoven, allerdings drastisch. An die Stelle eines Tonika-Fortissimos in Analogie zu T. 89 tritt der G-Dur-Septakkord einer langen und mit Fermate ausgehaltenen Wechseldominante, in T. 264 gefolgt von der Dominante eines C^7-Klangs samt der Einladung an den Primarius, in Dreiklangsbrechungen konzertierend die Pose eines Solisten anzunehmen.

Was folgt, ist das glatte Gegenteil eines Schlussritornells. Beethoven führt den Satz in eine Art zweiter Durchführung mit dem gleichen g-Moll wie in T. 106. Das »Thème russe« wird in Brechungen, die den Themenanfang in das zweite Taktpaar eines stumpf endenden Viertakters verschieben (in Originallage beim Bratscheneinsatz in T. 270), zum sich selbst kontrapunktierenden Subjekt eines Fugatos. Unter Umkehrungen und Engführungen rückt der Satz wieder in die Nähe der Grundtonart. Ein weitgespannter C-Orgelpunkt im Violoncello, in T. 285 den punktierten Rhythmus der Schlussgruppe annehmend, wodurch sich in flächigen Klangwechseln offene Zweitakter in einem typischen Schlussgruppensog reihen, garantiert die Zentrierung auf ein F-Dur, das nach überdimensionalen Mehrfachtrillern in T. 297 auch durchbricht. Ein nochmaliger B-Klang erinnert in T. 309 in verhaltenem Tempo an den Reprisenbeginn – und wirklich nimmt von hier aus ein letztes Themenzitat in luftiger Höhe seinen Ausgang, deutet sogar die Dominante des obskuren d-Moll an, weicht aller Modulation aber in Verkürzung auf fünf Takte aus und reicht die alte terzbetonende Wiederholungsformel als Geste des Abschieds durch vier verschiedene Oktavlagen und Stimmen, bevor ein Fortissimo-Orkan alle Erinnerungen wegfegt.

Insgesamt ist das Finale von eher robustem Zuschnitt. Im Hintergrund steht möglicherweise auch ein leicht grimmiger Humor. Er sollte jedoch nicht über das hohe Maß an Kunstfertigkeit hinwegtäuschen, mit der Beethoven im Finale arbeitet. Und diese Kunstfertigkeit hat nach der Fermate von T. 266 nicht von ungefähr das letzte Wort.

Streichquartett in e-Moll op. 59 Nr. 2 (1806, Erstdruck 1808)

1. ALLEGRO. Die beiden Eröffnungsakkorde, optisch durch den Doppelstrich für das Wiederholungszeichen und akustisch durch eine Generalpause abgetrennt, lassen im Schritt zum Sextakkord die Sphäre von Recitativo accompagnato und einer großen Scena anklingen. Rezitativisch frei wirkt auch die Halbtonverschiebung des ersten und noch tastenden Zweitakters nach F-Dur. Erst wenn die e-Moll-Dominante sich durch Vorhaltslösungen eines verminderten Septakkords in einem größeren viertaktigen Zusammenhang positioniert (T. 10 und 12), beginnt eine zunächst gesanglich anhebende Melodie. In Vermehrung ihrer Sechzehntel bilden sich jedoch rein instrumentale Girlanden, bei denen viertönige Gruppen mit dem Takt in Spannung geraten und sich ihm erst im glättenden Takt 17 wieder fügen.

Der ganze erste Teil des Hauptsatzes (T. 1–19) steht im Zeichen halbtöniger Verbindungen als Ausdruck von Schmerz und Klage. Ausgangspunkt, allerdings verdeckt, ist die »klassische« Konstellation der »threnodischen« Trauersext e^1-h^1-c^2-h^1, die ihr Muster im »Lacrimosa« der Totensequenz hat. Intervallisch spannen die eröffnenden Akkorde als Oberstimme die Quint *e-h* aus, die in den Achteln von T. 3 wiederkehrt und von der Sext *c* überhöht wird, sodass im Wechsel *h-c* der enge Halbtonschritt entsteht, der in der Rückwendung *c-h* vergrößert in Violine 2 und Violoncello harmonisch intensiviert nachhallt (T. 10 und 12). Ein zweiter leitender Halbtonschritt *e-f-e* verbirgt sich in der Verschiebung von e-Moll nach F-Dur. Die übergreifende Einheit einer gemeinsamen Tonika E in allen vier Sätzen, das Trio des Scherzos mit eingeschlossen, erlaubte es Beethoven, auf die immer gleichen Schritte sowohl in ihrer linear melodischen Qualität als auch in ihren klanglichen Implikationen im gesamten Quartett zurückzukommen.

Der Melodiebeginn des ersten Satzes von T. 13 konzentriert sich artikulierend zudem auf das *e-dis-e* einer Leittonformel. In den Sechzehntelgirlanden finden alle diese Halbtonschritte einschließlich des *e-f* überraschend zusammen, vermehrt noch um ein *gis-a*, sodass die leitereigenen Hauptformeln *h-c* und *dis-e* jeweils ihre leiterfremden Unterquintentsprechungen haben. Der zweite Abschnitt, abermals von den Akkorden ausgehend, setzt in T. 21 nach der Generalpause gleich mit der Melodie von T. 13 fort, die in der zweiten Geige allerdings ihren Anfangston *g* verliert. Dafür meldet sich umso intensiver das halbtönige *c-h*, weil die in T. 13 noch eher unauffällige Figur der Bratsche nun in die erste Geige rückt. Die Omnipräsenz der Halbtonschritte wirkt sich auch auf die harmonische Disposition aus. Über den Bass-Schritt *as-g* erreicht, führt in T. 26 eine künstliche G^7-Dominante nach c-Moll und g-Moll als extreme Fremdklänge. Eingefangen wird die Entwicklung nur durch den abermals halbtönig mit *es-d* herbeigeführten Halbschluss auf D, der vier Takte in nachlassender Spannung weiterhallt, zentriert mit den einfassenden Halbtönen *d-es* und *cis-d* des Violoncellos.

Den formalen Einschnitt von T. 31 macht Beethoven zwar in der harmonischen Progression deutlich, übergeht aber wie fast immer eine äußere Zäsur und leitet nur allmählich in den Seitensatz über. Die Wende tritt mit der Umformung des Halbtonschritts *d-cis* zum Ganztonschritt *d-c* in der Bratsche von T. 35 ein, während gleichzeitig das Violoncello unter Beibehaltung des Rhythmus von T. 13 ein neues Thema zu formen beginnt, das die erste Geige zunächst nur kommentiert, in T. 38 aber selbst weiterspinnt und ihm in neuem Rhythmus ♩ ♪♩ ♪ eigene Gestalt verleiht – ein Musterfall, wie ein Thema aus einem Umgestaltungsprozess hervorgehen kann. Dieses zunächst betont diatonische Seitenthema findet im Abweisen von Kadenzierung mit dem *es* des Violoncellos (T. 49) einen chromatischen Widerpart. Das Ringen um tonale Festigung durch eine Kadenz im mehrfachen Wechsel von Legatotakten im Piano und Staccatotakten im Forte erübrigt sich erst durch eine syntaktisch ganz andere Lösung. Sechzehntel in der Bratsche (T. 55), abgeleitet aus T. 4 und in der ersten Geige fortgeführt, verzichten auf die Kadenzvollendung und schlagen einen Umweg ein. In einer siebentaktigen Stauzone synkopischer Rhythmen und umbauender Halbtonschritte mit einer Serie durchgehender verminderter Septakkorde ab T. 58 bilden sich am Ende in vergrößerten Einheiten ganztaktiger Abstände neu die leitenden Kadenzakkorde mit dem Quartsextakkord und seinem Übergang in die Dominante (T. 63–64) und verschaffen dem gesuchten G-Dur in T. 65 eine sehr viel stärkere Position. Denn es rückt vom Ende einer Phrase demonstrativ an den Anfang einer metrischen Einheit, renkt den Takt wieder ein und bringt flächig die Tonart im gleichmäßigen Wechsel von Tonika und Dominante zur Geltung. Begradigende Dreiklänge ordnen die permanent Richtung und Intervalle wechselnden Sechzehntel neu. Die zugehörige Begleitfigur der Unterstimmen stammt vom Anfang des Seitensatzes.

Auf eine abgesetzte Schlussgruppe, die gewöhnlich auf eine letzte Kadenz beruhigend folgt, verzichtet Beethoven ebenso wie auf die üblichen thematischen Anspielungen am Ende des Seitensatzes. Denn Elemente des Hauptsatzes waren ohnehin ständig gegenwärtig gewesen, vor allem in Form des Rhythmus, der sich im kritischen Takt 49 wiederholend verdichtet hatte. Ihn überwunden zu haben, ist ein zusätzliches Verdienst des Durchbruchstaktes 65.

Nach der Wiederholung der Exposition platzen in einer atemberaubend schnellen chromatischen Veränderung die Anfangsakkorde eines lapidar hingestellten Es-Dur herein. Gewissermaßen im Piano nochmals befragt, ob es wirklich ernst mit einem solchen Weg aus der Tonart heraus ins Ungewisse sei, machen die Pianissimo-Viertel von T. 74 alternativ ein konzilianteres Angebot und verweisen auf das h-Moll einer regulären V. Stufe. Im anhebenden Schritt der weiteren Entwicklung kommen aber doch wieder sehr ferne Klangbereiche in den Blick, nämlich ein c-Moll, das trugschlüssig in T. 82 von einem sich ausbreitenden As-Dur unterlaufen wird. Seine Dreiklangstöne haben keinen einzigen Ton mehr mit der Skala der Grundtonart e-Moll gemeinsam. Mit dem abgehobenen As-Dur gewinnt das Hauptthema vorübergehend sogar eine periodisch geschlossene Gestalt.

Eine neue rhythmische Dimension erlangt der Satz in einer Vergrößerung der Bewegung ab T. 91. Der Achtelpuls verwandelt sich unter synkopischen Verspannungen in einen Viertelpuls und mit ihm der ⁶⁄₈-Takt in einen Dreiertakt höherer Ordnung, ohne dass die kleinere Struktur ganz aufgegeben wäre. Sie kommt in den Pianotakten 97–98 wieder an die Oberfläche. Inzwischen hat die großräumige Halbtonverschiebung nach oben, Markenzeichen der Takte 6–7 des Hauptsatzes, nach dem b-Moll ab T. 88 das h-Moll vom Beginn der Durchführung wiedergewonnen. Ziel eines expandierenden Crescendos wird aber einen weiteren Halbtonschritt höher das explosive C-Dur von T. 107.

Mit dem Fortissimo eines orchestralen »Tutti« tritt die Durchführung in eine neue Phase. Der ⁶⁄₈-Takt ist zurückgewonnen, vollzieht jedoch in seiner Betonung der Takthälften durch den Akkordrhythmus in Vierteln eine weitere Vergrößerung des Bewegungspulses von ♪ über ♩ zum ♩. als letzter Station. Motivisch zusammengezwungen sind gestoßene Sechzehntelskalen in Anlehnung an die Girlanden des Hauptsatzes und die rhythmisch akzentuierenden Viertel der Akkordimpulse, die alle zwei Takte wiederkehren, um die Klangschritte im Viertaktabstand herauszustreichen. In einer Zone momentanen Stillstands und im Zurückweichen ins Pianissimo bleibt das a-Moll ab T. 115 erst noch erhalten, knüpft als reguläre IV. Stufe an die Themenentwicklung von T. 21 an und bestätigt sich nochmals durch die leicht verlangsamte Wiederaufnahme im Violoncello in T. 121. Diesmal beißen sich die Sechzehntelgirlanden jedoch in erneuerter Halbtonrückung bei B-Dur fest. An diesem dramatischen Höhepunkt von T. 127 im Wiederfinden von T. 26 der Exposition kommt eine letzte Steigerung unter unerbittlich taktweise steigenden Halbtönen des Basses b→h→c→cis→d→dis→e in Gang. Der Halbton als Keimzelle aller Entwicklung in diesem ersten Satz, im Piano klagend und im Forte drohend, feiert hier mit allen harmonischen Implikationen einen wahren Triumph.

Ihr Ende hat die Steigerung erst, wenn der Grundton *e* erreicht ist, der beim Fortissimo von T. 133 wie ein Fanal in vier verschiedenen

Oktaven erklingt. Die eigentliche Reprise mit einem motivischen Signum lässt noch auf sich warten. Ein monumentales Unisono, bei dem Triller nicht verzieren, sondern jeden Ton belasten, durchmisst absteigend die Stufen der e-Moll-Skala, zunächst schrittweise über die Oktav hinaus bis zum Leitton *dis*, bei dem sich die Richtung umkehrt und in der tieferen Oktav erneut den Grundton zum Ziel hat. Aus dem *e* in allen Stimmen lösen sich nun in T. 139 die Sechzehntel der melodischen Bewegung des Hauptsatzes und die Viertelstöße der Akkord-Eröffnung in Verschränkung zweier wesentlicher Satzelemente. Bei der Wiederholung des Zweitakters im Stimmtausch verzichtet Beethoven auf Terz- und Sextparallelen, um das Unisono vorzubereiten, das den Anschluss an T. 3 der Exposition ermöglicht. Ab jetzt kann der Satz reprisengemäß seinen Verlauf nehmen, umgeht nur die »zweite Eröffnung« von T. 19 im Fortspinnen der Sechzehntel.

Ein weiteres Mal hat Beethoven eine Reprise geschrieben, die nicht frei für sich eintritt, sondern dramatisch aus einem Prozess von Umgestaltungen hervorgeht. Für Durchführung und Reprise ist gleichwohl eine Wiederholung vorgesehen, die im F-Dur-Quartett bewusst und nachträglich im ersten und zweiten Satz gestrichen worden war. Das Wiederholen bedeutet, dass der eigentliche Satzschluss des e-Moll-Quartetts einer ausgedehnten Coda im Umfang von 46 Takten vorbehalten bleibt. Sie verfügt in krisenhafter Zuspitzung über zwei wesentliche und neue Ereignismomente motivischer und syntaktisch-metrischer Art.

Das Erkunden neuer tonaler Bereiche in der Art einer dritten Durchführung ab T. 209 beginnt zwar mit einem drastischen Schritt in enharmonischer Verwechslung zu as-Moll alias gis-Moll, beschränkt sich aber auf eine kurze Zone, die allein dem Kopfmotiv von T. 3 in den Mittelstimmen gehört. Mit dem Verharren auf einem verminderten Septakkord ab T. 227, der wie in T. 12 das kritische *c* im Bass enthält, baut sich im bekannten Rhythmus von T. 91 mit dem *H* im Bass eine riesenhafte Dominante auf, die ab T. 230 im Zeichen von Moll das *c* als übersteigernde kleine Non in sich aufnimmt. An diesem Nonakkord beißt sich der Satz mit dem vergrößerten Rhythmus ♩ ♩ ♩ regelrecht fest. Den Ausweg weist der entscheidende Schritt c^3-h^2, Prototyp aller halbtönigen Figuren des Satzes. Aus dem c^3-h^2 heraus bilden sich in T. 239 nochmals die Sechzehntelgirlanden des Hauptsatzes, die in die Melodie von T. 13 hinüberleiten. In der Exposition hatte sie mit ihren gesanglichen Eigenschaften die Aufgabe, im Überschreiten von Zweitaktgrenzen einen syntaktisch größeren Zusammenhang herzustellen. Jetzt, in der Coda, unternimmt sie durchatmend geradezu einen Höhenflug. Angestoßen vom Akkordrhythmus in T. 242, wird sie beim Wiedereinsetzen aller Stimmen von einem harmonischen Grund getragen, der mit Klangwechseln in regelmäßigen Halbtaktabständen den engeren Tonikaraum einkreist. In subdominantischer Funktion erscheint das F-Dur eines jetzt integrierten neapolitanischen Sextakkords. Mehrfach setzen die Unterstimmen zum kadenzierenden Quartsextakkord an, bei dessen dominantischer Lösung der Bass mit Umleitung in den Sekundakkord die Wiederholung offener Zweitaktgruppen einleitet, bis er in T. 249 zum Spitzenton a^3 der ersten Geige auf dem zentrierenden *H* verharrt. Danach war ein Schluss nicht mehr schwer zu finden. Im Fortissimo eines Unisono kehren die Eröffnungsachtel von T. 3–4 zurück, aus denen Beethoven in obsessiver Wiederholung der Sechzehntel, immer wieder angestoßen vom unabweisbaren *c*, definitiv, aber auch ermattend, ein Schlussmotiv bildet.

2. MOLTO ADAGIO. Den zweiten Satz (»Si tratta questo pezzo con molto di sentimento«) rechnen die Enthusiasten zu den himmlischen Offenbarungen Beethovens. Vom »gestirnten Himmel« und von »Harmonie der Sphären« sprach schon Carl Czerny in seinen Erinnerungen an Beethoven 1852. Wilhelm von Lenz dachte 1860 an eine »Wohnung der Seeligen«. Zu diesen Assoziationen passt die Tonart E-Dur, der Schubart den Ausdruck reiner »Freude« zugeschrieben haben wollte und die schon in Mozarts *Idomeneo* Gebetscharakter hat. Beethoven entwickelt den Satz aus vier gleichgewichtigen halben Noten, deren Sekundversetzungen an das B-A-C-H der musikalischen Namenssignatur Bachs erinnern. Diese Folge erscheint auch tatsächlich, zwar nur nebenbei, aber doch tongetreu im Violoncello (T. 63–64) bei einer Modulation nach B-Dur. Vermutlich war für diesen tonal einmaligen Schritt der Durchführung eben das Namenssignum verantwortlich.

Für die Niederschrift wählte Beethoven entgegen sonstiger Gepflogenheit die langen Notenwerte kirchlichen Stils. Das Thema im viertaktigen Wechsel von klingender zu stumpfer Endung bewegt sich so im Gebaren von Choralzeilen und nimmt dabei Momente des »Dankgesangs« aus dem a-Moll-Quartett op. 132 voraus. Bei der Wiederholung gesellen sich zum Gesang kleine instrumentale Motive, die mit variierenden

Rhythmen den ganzen Satz überziehen. Beim zweiten Teil der Melodie ab T. 17, thematisch intensiviert durch imitatorische Einsätze der Unterstimmen, ist es in scharf gezackten Punktierungen eine Figur von fast metronomischer Präzision, die neben dem Espressivo des Gesangs herläuft. Der letzte Viertakter leitet, wenn die erste Geige nochmals die halben Noten übernimmt, aus dem Thema heraus, sodass nur die Nebenfiguren übrig bleiben, aus denen sich neue Gestalten im Zeichen eines Seitensatzes bilden. Ihn kündigt das mehrfache Hinsteuern auf den Fis-Klang der Wechseldominante an.

Das neue Thema in Violoncello und Viola ab T. 27 nimmt etwas vom metronomischen Rhythmus in sich auf, sodass eine nächste Nebenfigur gefordert ist, die in den Sechzehntelskalen der ersten Geige entsteht. Nach Übernahme des H-Dur-Themas ins ganze Ensemble gerät der Satz in ein eigenartiges Stocken. Etwas mildere Punktierungen der Bratschenoktaven tönen ab T. 33 wie atmend in die Lücken und verlieren sich erst beim Wiederfinden des H-Dur in T. 37, wenn halbe Noten nochmals an das Hauptthema erinnern, während Triolen der ersten Geige eine neue Nebenstimme im geschwungenen Auf und Ab diatonischer Skalen formen. Sie gehen übergreifend durch alle Instrumente der Partitur und kehren in T. 43 in die erste Geige im Ziel höchster Höhen zum signalhaft zweitaktigen Quartsextakkord zurück. Seine Lösung mit der Fis-Dominante zieht sich in weiterer Verlangsamung des harmonischen Rhythmus und Überdehnung des zweitaktigen Rahmens ganze drei Takte lang hin. Den Schritt zur Tonika H muss die erste Geige nach chromatisch verengten Triolenskalen schließlich alleine finden.

Die Verlegung der Tonika an den Beginn einer metrischen Einheit in T. 48 erlaubte eine impulsgebende Rückkehr der Unterstimmen, die mit ihren repetierten Triolen in komplementärer Füllung das Bewegungskontinuum aufrechterhalten. Gleichzeitig kehrt im schlicht regelmäßigen Wechsel von Tonika und Dominante zum verharrenden Bass die Ruhe einer Schlussgruppe ein. Da sie mit offenen Zweitaktbausteinen arbeitet, entsteht in T. 52 eine weitere Impulsstelle. Sie nutzt Beethoven für immer wieder favorisierte Anspielungen an das Hauptthema während der Schlussgruppe.

Das Hauptthema erscheint so tongetreu nach H-Dur versetzt als Schluss-Stein des Seitensatzes. Man darf die vier Takte 52–55 aber auch im Sinne ganz altmodischer Durchführungseröffnung mit Verlegung des

Anfangs auf die V. Stufe hören. Wann die Durchführung beginnt, bleibt in der Schwebe. Spätestens mit dem einsamen e^1 der Bratsche am Ende von T. 55 machen sich Veränderungstendenzen bemerkbar. Dem »Choral«-Thema der zweiten Geige wird im Folgetakt unversehens ein h-Moll- und ein e-Moll-Akkord unterlegt. Mit den Sechzehnteln der ersten Geige aus dem Seitensatz entsteht zusätzlich ein Sog in Richtung D-Dur, einer tiefalterierten VII. Stufe. Die vorher so stabile Schlussgruppe gerät in den Strudel weiterer Alterationen über ein f, das in T. 61 erst den D-Klang nach Moll umfärbt und im Takt darauf Basiston einer F^7-Dominante wird. Damit ist das Tor zum B-Dur des B-A-C-H-Zitats von T. 63 aufgestoßen.

Mit dem B-Dur als im ganzen Quartettschaffen singulärem Fernpunkt einer ♭V-Stufe wechselt die Satzfaktur in ein neues Muster von langen Noten der »Choral«-Sphäre und neu gefassten Triolen mit artikulierenden Bindungen, sodass sich die beiden Satzschichten in ihrem unterschiedlichen Tempo großräumigen Ausgreifens und kleingliedrigen Verweilens noch deutlicher voneinander trennen. Zusammen finden sie in der Auftürmung eines mächtigen verminderten Septakkords in T. 68, der fis-Moll zur Wirkung bringt, das als reguläre II. Stufe der Reprisentonika schon nahekommt, jedenfalls ihrer Mollvariante. Denn in den mehrfachen Kadenzanläufen tritt das G-Dur des Neapolitaners besonders deutlich heraus, zumal in T. 70 motivisch die Dreiklangsachtel der Schlussgruppe wieder erscheinen. Im Abwärtsschritt einer Sequenzierung verschiebt sich in T. 73 das Kadenzziel definitiv in Richtung e-Moll, aufgehalten nur durch die verharrende H-Dominante, die zweimal (T. 76–77 und 78–79) durch »phrygische« Halbtonschritte des Basses c-h halbschlüssig markiert wird. Das Aussetzen aller internen Bewegung während des a-Moll-Akkords der Penultima (T. 78) setzt diesen halbtönigen Leitschritt des ersten Satzes unter äußerste Spannung, noch gesteigert durch ein bis zum letzten Moment gehaltenes Forte. Das H-Dur selbst weicht ins Piano zurück und löst sich so syntaktisch zum Ausbau eines sechstaktigen dominantischen Feldes, für das Beethoven auf die Zone des Stillstands im Seitensatz von T. 33 zurückkommt. Die »atmenden« Oktaven fallen jetzt dem Violoncello zu, das seinen Rhythmus nach vier Takten für eine Fortsetzung nutzt und so in die Rolle der Nebenstimme bis hin zum Seitensatz von T. 106 findet. Das Sinken der Oberstimme bestätigt ein letztes Mal den H-Klang in T. 83 als Zielpunkt eines Halbschlusses. Danach richtet sich das H durch Hinzunahme der kleinen Septim *a*, die im Violoncello durch den Austausch mit *ais* entsteht, ganz auf den Anschluss an die Tonika aus. Ein Schwanken zwischen *c* und *cis* in der zweiten Geige (T. 82–83) signalisiert eine noch unentschiedene Doppelorientierung in Richtung e-Moll/E-Dur. Die Entscheidung für E-Dur in T. 85 fällt als unüberhörbares Formsignal erst im Augenblick der thematischen Reprise.

Ihr Eintritt nach einem Feld allmählichen Umbaus kommt einem Reprisenwunder gleich, wie es nur Beethoven hervorrufen konnte. Gleichwohl hat Richard Wagner 1859 die »Kunst des Übergangs« in der Zeit der Zürcher Jahre für sich reklamiert, in denen er sich freilich intensiv in Beethovens Streichquartette versenkt hatte.

Im Ineinanderschieben von Durchführung und Reprise verkürzt sich das Themenfeld, weil Beethoven der schon laufenden Nebenstimme wegen bei der Wiederholung der ersten acht Thementakte ansetzt. Im Übergehen von Zäsuren beginnt der zweite Teil des »Chorals« in T. 92 noch im Schlusston des ersten, auch wenn für die Taktordnung der Folge-Einsatz der ersten Geige maßgeblich bleibt. Diesen zweiten Teil verlängert Beethoven andererseits in einer melodischen Weitung. Sie nimmt in T. 98 staunenswerterweise den punktierten Rhythmus für ihre Endungsformel auf. Verlängert wird auch die Schlussgruppe. Am Ende des Seitenthemas versammeln sich in T. 128 alle Stimmen zum Erreichen der Ruhe-Tonika. Ein überraschendes d^1 der ersten Geige in T. 129 löst jedoch Bewegung aus und betont noch einmal das a-Moll der Subdominante. Triolenskalen des Seitensatzes vermehren die »Rückblicke«, die sich zuletzt auf das Hauptthema richten. Es erscheint unbegleitet und heftig in rein akkordischem Satz, fortissimo und in fremdartigen Harmonien, schon im Quartsextakkord eintretend und zu einem verminderten Septakkord fortschreitend. Eigenartig verspannt wird die klingende Endung von T. 141 ausharmonisiert. Was bleibt, ist aber der Schluss im achten Takt (T. 145). In ihm wird die zurückkehrende Schlussgruppe über dem ruhenden *E* des Basses verankert. Sowie die internen Harmoniebewegungen aussetzen und der Klang sich zum reinen E-Dur klärt, erscheinen die alten Triolenskalen, die jetzt ausklingend nur noch abwärts führen.

3. ALLEGRETTO – MAGGIORE (THÈME RUSSE) – MINORE – MAGGIORE – MINORE. Der dritte Satz kombiniert mit ♫ ♩. ♪ und ♩. ♪♩, aufgelöst in ♩𝄾♪♪𝄾, zwei Rhythmen, die dem alten Menuett sowohl in der Punktierung des ersten als auch des zweiten Viertels eher fremd sind. Zudem kompliziert Beethoven die metrischen Verhältnisse durch eine wesentliche Verzögerung. Der Endungston g^1 des ersten Viertakters erscheint erst auf dem letzten Achtel, wo er durch Anbindung schon dem Folge-Viertakter angeschlossen ist. Dieser Viertakter wiederum läuft, singulär im ganzen Satz, auf einen Schlusstakt mit den drei gewöhnlichen Vierteln hinaus, benutzt das zweite jedoch zur Vorhaltslösung und trennt das dritte in einem chromatischen Schritt ab, um die verquere tonale Verstellung einer D-Dur-Kadenz mit der Rückführung nach e-Moll zu korrigieren. Der zweite Teil rückt mit dem Thema in der Bratsche (T. 13) zur näherliegenden IV. Stufe a-Moll, durchbricht danach aber fast gewaltsam mit einem isolierten und leiterfremden F-Dur die Tonartgrenzen. Was im ersten Satz mit der Halbtonrückung von T. 6 nur kursorisch angedeutet war, ist jetzt groß ausgeführt, weil die Rückleitung nach e-Moll über den bekannten Dominant-Nonakkord durch das neuerliche F-Dur von T. 29 gleich wieder aufgehoben wird. Der zweite Rückgewinn des e-Moll rüttelt wiederum an der Taktordnung. Denn der Kadenzton e^2 von T. 36 wird im Pianissimo und in künstlich hoher Lage zum Startton der thematischen Reprise gemacht, sodass *vor* ihr in der quadratischen Ordnung von lauter Viertaktern ein unregelmäßiger Dreitakter entsteht. Die Launen eines Scherzos, von denen Carl Czerny in seinen Erinnerungen sprach, sind damit noch gar nicht alle benannt. Denn die Taktverkürzung wiederholt sich beim Schluss des Achttakters der Reprise (T. 43) durch die vorwitzige zweite Geige. Um wenigstens beim Abschluss des zweiten Teils ab T. 43 die gebotene Viererordnung herzustellen, schiebt Beethoven in Überbindung aller Stimmen einen »Wartetakt« ein, sodass der letzte Ton auf der Eins von T. 50 zwar im achten Takt erscheint, doch wie abgekoppelt wirkt.

Das zäsurlos anschließende Maggiore in der Rolle eines zweimal auftretenden Trios, wie es die ältere Divertimentopraxis kannte, nimmt sich die gewählte, vielleicht aber auch vorgeschriebene russische Melodie vor, an die sich Beethoven getreu hält, sie nur von A-Dur nach E-Dur transponiert, die Notenwerte eines ⅜-Takts für den ¾-Takt vergrößert und alle Viertel in schärfender Notierung mit Pause ♪⁊ akzentuiert. Gut konnte es der Melodie mit ihrem asymmetrisch siebentaktigen Aufbau in der Folge 5 + 2 nach dem Vorlauf des Scherzos nicht gehen. Den Anflug des Lieblichen, die sie bei Práč mit der Andeutung eines Hornquintensatzes und den Terzen von T. 2–3 hat, raubt ihr Beethoven unbarmherzig. Zudem betont er fast stampfend den vorletzten Takt mit einem *sf* in T. 57, als wolle er die Wiederholung des Rhythmus ♩ ♩ kritisieren. Andererseits verleiht er dem Thema die Würde des Subjekts in einem kontrapunktischen Verfahren mit wachsender Stimmenzahl. Denn er versetzt es fugengemäß beim nächsten Einsatz in die Oberquint (T. 58) – der Wirkung nach ein wenig unbeholfen, weil der Neueinsatz brav den vorausgehenden Schluss abwartet und anspruchsvollere Verzahnungsregeln scheut. Immerhin sorgt die Verbindung von Schluss und Anfang übergeordnet für sechstaktige Einheiten: 6+6+6+6→. Beim letzten Segment der ersten Geige kommt in verlängernder Sequenzierung aber doch wieder das Ungerade durch. Der Schluss in T. 80 sitzt in einem elften Takt.

Eine zweite Fugenexposition führt nach den gebundenen Triolen in spitzen Achteln einen neuen Kontrapunkt ein, behält die Einsatzfolge und Taktgruppierung aber unverändert bei. Statt einer sequenzierenden Verlängerung gibt es jetzt ab T. 104 nur überzählige Einsätze, mit denen sich das »Thème russe« doch noch selbst kontrapunktiert, an Grobschlächtigkeit freilich nur gewinnt. Das Insistieren von Viola und Violoncello auf den beiden Tönen *e* und *h* mit mehrfachen Sekundreibungen zur Melodie gemahnt an Freiluftmusik und Dudelsackpraxis – in Erinnerung an Borduntrios in Menuetten von Haydn und Mozart wie im Fall des Es-Dur-Streichquintetts KV 614. Freundlich und respektvoll geht Beethoven mit dem Thema erst im Legato eines Piano-Anhangs um, wenn er es viertelweise und anspruchsvoll harmonisiert und die Schlusswendung mit Verkürzungen gegen den Takt für die Rückleitung ins Allegretto benutzt.

Man kann sich des Eindrucks schwer erwehren, dass Beethoven hier auch etwas kommentieren wollte. Die Worte gehörten wohl eher in ein Satyrspiel als in eine Tragödie.

4. FINALE. PRESTO. Ganz beruhigt sind die Verhältnisse zu Beginn des Finales noch nicht. Denn es beginnt, auch wenn sich die Zuhörer wieder in den vornehmeren Gemächern eines Adelspalais wiederfinden, ähnlich widerborstig in einem zäh verteidigten C-Dur. Alle Bestrebungen, nach e-Moll zu kommen, werden im Thema des Rondosatzes zugunsten eines zurückgeholten C-Dur unterdrückt, schon in T. 10, wieder in T. 23 und 36. Erst im vierten Anlauf kann sich die Grundtonart e-Moll in

T. 52 doch noch stabilisieren. In diesem Augenblick kommt aber schon der Tonartwechsel für das Couplet in den Blick. Vermutlich geht eine Interpretation zu weit, die im C-Dur eine Spätfolge der Leitformel c-h des ersten Satzes sieht. Immerhin ließen sich durch diesen Schritt die Grunddreiklänge der Tonarten C-Dur und e-Moll bei gleichbleibenden Tönen *e* und *g* leicht ineinander überführen.

Die Rondoform ist nach dem Vorbild von Mozarts späten Werken der Sonatenform angenähert (»Sonatenrondo«). Hauptmerkmal ist die Identität von erstem und letztem Couplet bei tonaler Versetzung nach dem Vorbild eines Seitenthemas. Zudem fehlt dem mittleren Couplet die tonale Einheitlichkeit des Rondos. Es hat in seiner harmonischen Expansion wie auch in der motivischen Verarbeitung unverkennbar Züge von Durchführung. Beethoven führt hier zwar mit den halben Noten ein neues Motiv im Ton eines Kontrapunkts ein, entwickelt aber vor allem das Hauptthema weiter, von dem ab T. 170 sogar ein größerer Zusammenhang übernommen wird. Andererseits beweist sich das Charakteristische des Rondos in der Stabilität eines mehrfach wiederkehrenden Refrains. In Beethovens Finale erscheint er insgesamt vier Mal. Der Refrain 2 ab T. 107 könnte ein Stück weit als Wiederholung einer Sonatenexposition gelten, schließt eine Fortsetzung mit dem Seitensatz aber konsequent aus. Vor allem Refrain 3 (T. 275 ff.) stärkt die Rondo-Elemente, weil nach dem letzten Couplet unabweisbar das Hauptthema erscheinen muss, das dann überhöhend in der Coda als Refrain 4 (T. 372 f.) ein letztes Mal zitiert ist. Nach der Durchführung bleibt das Hauptthema zunächst aus und überlässt einem weiteren Couplet das Feld. Dieses Couplet 3 lässt sich zusammen mit dem folgenden Refrain 3, wie ein Nachklang von Mozarts Rondo-Experimenten der Klaviersonaten KV 281 und 309 sowie der Violinsonate KV 296, im Sinne einer extravagant umgestellten Reprise verstehen, hier allerdings veranlasst durch die tonale Sondersituation, in der das Seitenthema die Satz-Tonika e-Moll besser zur Geltung bringt als das Hauptthema.

T. 1	70	107	146	216	275	372
Exposition			Durchführung	»Reprise«		Coda
Hauptthema	*Seitenthema*			*Seitenthema*	*Hauptthema*	
Refrain 1	Couplet 1	Refrain 2	»Couplet 2«	Couplet 3	Refrain 3	Refrain 4
C/e	h	C/e	→	e	C/e	

Eine wesentliche Eigenschaft des Rondos ist es, zumindest einmal den Dur/Moll-Kontrast hervorzuheben. Das müsste beim Couplet 1 im Sinne der Haupttonart e-Moll einen Dur-Wechsel mit einem G-Dur oder C-Dur auslösen. Weil der Refrain aber so entschieden am C-Dur hängt, wählt Beethoven doch eine Mollstufe, und zwar das am nächsten liegende h-Moll der V. Stufe. Sonatentypisch ist wiederum, dass die Formabschnitte nicht nebeneinandergestellt, sondern durch Zonen der Vermittlung ineinander überführt sind. Solche Zonen bilden die Takte 52–69, 89–106 und 251–274. Sie arbeiten allesamt in Techniken der Durchführung mit der Abspaltung von Motiven aus dem Hauptthema. Ihr Ziel nach einem Couplet ist das im Rondo beliebte demonstrative »Einfädeln« des Refrains, nach dem Refrain wiederum das Hineinfinden in das Seitenthema. Beethoven widmet sich der Aufgabe des Einfädelns ausgiebig und offenbar mit Vergnügen durch ein Spiel mit den drei Anfangstönen, die bei immer gleichem Rhythmus, aber wechselnden Tonhöhen durch die Stimmen geschickt werden, sich zu einem Unisono steigern und letztlich dem Bassfundament des C entgegensteuern, während die erste Geige in T. 106 und 274 gerade nicht mit zwei Achteln, sondern in Anlehnung an die letzte Umstellung mit drei Achteln das Thema beginnt.

Sein Profil gewinnt das Refrainthema durch den akzentuierten Rhythmus fortgesetzter Auftaktformeln, sodass es sich weniger hypotaktisch in Korrespondenzen von Vorder- und Nachsatz vergrößert, als paratakisch im Addieren von Bausteinen, die in T. 10 wieder in den ersten zurückführen. In der Zahl der Anläufe unterscheiden sich die Refrains. Der erste und zweite setzt mit dem Thema viermal an, der dritte zweimal und der letzte in der Coda nur noch einmal. Das Couplet-Thema in weich gebundenen Vierteln bildet abweichend vom Refrain zweitönige Endungsfiguren aus, die sich vermehren und zwei Viertakter bei rhythmischem Parallelismus, aber melodischem Richtungswechsel in Beziehung setzen. Eine Wiederholung des Achttakters mündet nach sieben Takten in einen Weitungsviertakter und liefert dann erst mit T. 89 den schließenden achten Takt. In seiner harmonischen Bewegung hat das zweite Thema, vergleichbar dem Hauptsatz im ersten Allegro, in halbtöniger Verschiebung eine Neigung zum Neapolitaner und berührt in Couplet 1 für jeweils zwei Takte zweimal kurz den C-Dur-Akkord (T. 73 f., 81 f.), in Couplet 2 mit Wiedererkennungswert den F-Dur-Akkord (T. 219 f., 227 f.).

In Anbetracht der einigermaßen in sich ruhenden Formteile muss der entscheidende Schritt für einen zielgerichtet prozesshaften Verlauf in der Coda liegen. Sie nimmt mit mehr als einhundert Takten auch einen überdurchschnittlich großen Raum ein. Den Übergang in die Coda gestaltet Beethoven nach den Fortissimo-Achteln von T. 300 anders als in T. 52 durch klangliche Erweiterungen und eine Fortführung des Grundrhythmus, der sich beim Erreichen des a-Moll in T. 310 verändert, weil er sich den gebundenen Takten 7 und 8 des Themas annähert. Ab T. 315 ist sogar tongetreu, wenn auch in der Subdominante a-Moll, die Intervallfolge von T. 8 übernommen und mit dem daraus gewonnenen Motiv eine harmonische Durchführung bestritten.

Durch das Eingreifen der ersten Geige in T. 328 baut sich der Rhythmus erneut um und konzentriert sich in einer Art Endlosschleife mit stetem zweitaktigem Wechsel von Dominante und Tonika ganz und gar auf den zweiten Thementakt, in der Kombination eines Auftakts von erst zwei und dann einem Achtel – bis eine Versetzung ins Forte das Motiv aus dem sicheren Rahmen herausbricht (T. 340). Der Klang des Innehaltens ist ein letztes Mal zusammen mit dem Spitzenton c^4 das halbtönig verschobene »neapolitanische« F-Dur aus T. 6–7 des ersten Allegros. Der zweifache Anprall durch Nachsprechen des Motivs im Violoncello ist so heftig, dass Beethoven dem Ereignis nach einer Generalpause des Erschreckens eine Wiederholung verschafft. Im Zusammenbau der neu gewonnenen Rhythmen komprimiert er die vorausgegangene Steigerungszone auf acht Takte, an denen erst wirklich klar wird, dass der Pausentakt bei aller geforderten Stille für das Weiterwirken einer viertaktigen Ordnung mitverantwortlich ist.

In T. 352 nimmt der Satz einen zweiten Anlauf, in dem zugunsten auseinanderstrebender chromatischer Linien mit dem Ziel des Nonakkords aus der Coda des ersten Satzes (T. 236) und dem vertrauten Schritt c-h in der Bratsche der Rhythmus des Rondothemas ausgeblendet wird, um die Auftakte dem letzten aller Refraineinsätze in T. 372 zu überlassen. Im Vorfeld sind in offenen Viertaktern mit den lapidaren Kadenzschritten e-c-a-h→ des Basses Viertel gegeneinandergestellt, die sich zu repetierten Achteln beschleunigen, mit denen das zweimal angezielte e-Moll in T. 368 auch erreicht wird, doch nur, um in Kombination der Bassformeln von T. 9 und 21–22 vom explosiven C-Dur überboten zu werden.

Der letzte Refrain hält an der Gestalt der Takte 36–48 fest und kippt bei dem Kadenztakt, der das erste Mal e-Moll bestätigt, in ein Prestissimo um. Ab jetzt setzt sich e-Moll unabweisbar mit seinem Tonika-Anspruch durch. Nebenklänge sind nur noch Teil einer auf E bezogenen chromatischen Leiter in den Takten 395–399. Ab T. 400 sind auch solche Exkurse vergessen. Die letzten zehn Takte feiern in rein diatonischer Reduktion ein unangefochtenes e-Moll.

Streichquartett in C-Dur op. 59 Nr. 3 (1806, Erstdruck 1808)

Das dritte der Rasumowsky-Quartette ist weniger »farbig« als seine beiden Vorgänger und in seinen scharf gezeichneten Linien eher einem Kupferstich als einem Aquarell zu vergleichen. So sind schon die Tonarten näher beisammen als im F-Dur-Quartett Nr. 1 und die harmonischen Wege der Durchführung in den Ecksätzen leichter überschaubar als dort. Eine gewisse virtuose Attitüde, von der neben vielen Skalen und Dreiklängen auch der selbstsichere und eher in ein Solokonzert gehörende Sprung vom höchsten zum tiefsten Ton in der ersten Geige in T. 56–57 des Kopfsatzes zeugt, verbindet sich mit einem kämpferischen Gestus, sodass in Wien, wie Theodor Helm 1885 berichtet, das Werk den Namen »Helden-Quartett« trug.

1. INTRODUZIONE. ANDANTE CON MOTO – ALLEGRO VIVACE. Beethoven beginnt das Werk mit einer langsamen Einleitung, die er zwar schon in Werken wie dem Septett op. 20 oder dem Klavierquintett mit Bläsern op. 16 erprobt hatte, aber nun erstmals ins Streichquartett übernimmt. Fremdartig an der mit »Introduzione« überschriebenen Einleitung ist das nahezu völlige Fehlen rhythmischer Bewegung in einem quasi abstrakten, taktlosen und improvisatorischen Umbau von Klängen am Geländer eines überwiegend chromatisch fallenden Basses von *fis* bis *H* entlang, jeweils Basistöne von mehrdeutigen verminderten Septakkorden. Einzelne Töne werden durch eine kleine Trillerfigur wie Kringel auf einer ebenen Wasserfläche, unter der es brodelt, besonders herausgehoben: $c\text{-}h$, $as^2\text{-}b^2$ und $g^1\text{-}as^1$, ohne dass sie in einem inneren Zusammenhang stünden, auch wenn sie alle dem gleichen halbchromatischen Quartraum *g-c* angehören. Dreiklänge in Grundstellung bleiben konsequent ausgespart. Primär reihen sich dissonante Vierklänge, darunter

alle drei möglichen verminderten Septakkorde und Umkehrungen subdominantischer Sixte-ajoutée-Akkorde. Dominantseptakkorde, die tonal eine Richtung anzeigen könnten, bleiben Einsprengsel ohne Wiederkehr. Nach vier pausenunterbrochenen Anläufen wachsenden Umfangs erstarrt die Bewegung in T. 22 am verminderten Septakkord über *h*, gefolgt von der Stille einer Generalpause. Erst tiefergelegt klärt der ziellose Akkord in T. 28–29 im Schritt *as-g* der Bratsche, der gewissermaßen das g^1-as^1 von T. 19–20 rückgängig macht, seine Position im Tonsystem: als Dominantklang von c-Moll.

Danach ist der Einsatz im Auftakt zum Allegro von befreiender Wirkung. Sogar dreifach befreiend, nämlich in der Gewissheit tonalen Zusammenhangs, in der Entscheidung für Dur statt Moll und vor allem in der Prägnanz des rhythmischen Zugriffs. Die gebundenen Achtel mit ihren geschärften Auftakten akzentuieren jeweils die Dreiklangstöne, und der Schritt von der Tonika zur verheißungsvollen Dominante findet linear seine Fortsetzung im Forte von T. 34. Die tonale Rückung analog zur Höherstufung am Anfang des Kopfsatzes der 1. Sinfonie setzt rhetorisch gesteigert das d-Moll der II. Stufe in Szene, nach der kundige Hörer über das alte Fonte-Modell Joseph Riepels von 1755 eine Rückwendung zur Tonika erwarten dürfen. Beethoven gibt der Erwartung auch nach, allerdings nicht in Form einer Sequenz. Denn was dem Satz noch fehlt, ist eine metrische Ordnung. Bisher sortierten sich die Takte beliebig in wechselnd großen Einheiten. Mit dem orchestralen Fortissimo des definitiven C-Dur von T. 43 jedoch fügen sich die Takte in eine strikt zweitaktige Folge genuin instrumentalen Zuschnitts, weil von abphrasierenden Endungen ganz abgesehen ist und schnittartige offene Zweiereinheiten aneinandergekettet werden, die im Abstand von vier oder zwei Takten in der Folge 4+2+4+4+2 ihre Faktur wechseln. Wie nebenbei ist in T. 47–49 das vorher isolierte d-Moll in den C-Dur-Zusammenhang integriert.

Die Technik instrumentaler Verklammerung wirkt selbst noch auf die zwei Kadenztakte 57–58 am Ende des ersten Hauptsatz-Abschlusses im Piano. Der Tonikaplatz (T. 59) ist der Auslöser für eine nächste und wieder primär instrumentale Figur in den gestuften Schritten eiliger Sechzehntel. Die Tonfolge ähnelt den Sechzehnteln im Seitensatz des ersten Allegros von Mozarts »Dissonanzenquartett« KV 465, hat dort aber eine andere Funktion als diminuierte Endungsformel, aus deren

Tönen nach vier Takten eine Gegenstimme wird (T. 56–67). Bei Beethoven sind die Sechzehntel der Impulsgeber für einen ersten Takt und Garant für den Anschluss an einen nächsten Eröffnungstakt. Mit ihrer Verlängerung im Violoncello (T. 63–64) und den erneuerten weiterführenden Auftakten vom Allegro-Beginn vergrößern sich die Einheiten von zwei auf vier Takte. Zudem erweitert Beethoven schrittweise den harmonischen Raum, um in »phrygischer« *es-d*-Wendung des Basses einen D-Dur-Akkord als Halbschluss zu markieren (T. 72). Der eingearbeiteten Septim *c* wegen steuert dieser D^7-Akkord aber geradewegs auf das G-Dur des Seitensatzes zu, dessen Dreiklang in T. 77 wie ein Startschuss für weitere Bewegung wirkt.

Das neue Motiv im Seitensatz ähnelt in seinen acht Sechzehnteln dem Stufenmotiv des Hauptsatzes und steigert den Bewegungsdrang noch durch einen dominantischen Beginn, der sich in T. 78 wie im Hauptsatz um eine Stufe angehoben in der Bratsche über das c^2 der ersten Geige einfach hinwegsetzt. Wieder sind es viertaktige offene Bausteine, die sich jeweils allein im Anschluss an den nächsten vollenden. Bei einer solchen Vollendung (T. 91) überträgt Beethoven auch noch das Auftaktmotiv aus dem Hauptsatz in den Seitensatz, baut die Skalen größer aus, rückt die Sechzehntel ab T. 99 in imitatorisch geschichteter Einsatzfolge demonstrativ akzentuierend auf die Takt-Eins und stellt die isolierten Skalenachtel unter Betonungen der leichten Zeiten zwei Takte lang für sich. Mit der Expansion gegenläufiger Außenstimmen vergrößert sich auch der metrische Baustein ab T. 99, nämlich auf fünf Takte, um nach einer solchen Steigerung die neuen Sechzehntel vermehrt für ein Tonika-Schlussfeld herauszuschleudern. Denn punktuell in bloß einem Viertel kann der vorwärtsstürmende Bau in dieser metrischen Konstellation nicht zu Ende kommen.

Wer in der Exposition nach singbaren Themen sucht, wird wenig Freude haben. Die Ereignisse der Exposition verbinden sich alle mit dem Inszenieren elementarer Satzfaktoren: Tonart, Takt, metrische Gliederung. Die Tonfolgen für sich sind etüdenhaft simpel. Was sie interessant macht, ist ihre Positionierung im Taktgefüge. Dabei schlägt vor allem die Sogwirkung eines zäsurlos offenen Baus Spieler und Hörer in den Bann, wenn Abgrenzungen der Formteile im Sinne einer geregelten Folge »Hauptsatz – Seitensatz – Schlussgruppe« einfach »überrannt« werden. Das heißt nicht zuletzt, dass Techniken sinfonischen Baus, die sich schon früh in den Geigenoktaven von T. 43–49 zu erkennen geben, auch syntaktisch im Streichquartett wirksam werden.

Die Durchführung lenkt die Aufmerksamkeit eher auf klanglich-harmonische Prozesse. Motivisch konzentriert sie sich ganz auf den eröffnenden Auftakt sowie auf die charakteristischen und ebenfalls auftaktigen Folgepunktierungen. Der latente Viertelauftakt in den anfangs konkurrierenden Varianten ♪ ៸ | und ♪ ៸ ♪ steigt so zum Zentralmotiv des Satzes auf. Erste Stationen der klanglichen Expansion werden das Es-Dur von T. 117 und ein nur indirekt angesprochenes f-Moll als alterierte und in Durchführungen von Beethoven so oft bevorzugte IV. Stufe, die dann ab T. 133 doch in der Durform, begleitet vom Seitensatzmotiv, die Szene beherrscht und erst in T. 144 von d-Moll abgelöst wird. Beethoven setzt also für eine größere Zone auf die bewährten leitereigenen Stufen. Erst das c-Moll von T. 148 gibt der Entwicklung in Verschachtelung der jetzt als Viertel notierten Auftakte eine Wende in Richtung entlegner Gefilde in Gestalt von As-Dur und Des-Dur. Als Ankerpunkt zeichnet sich in T. 165 ein G-Dur-Klang ab, der sich in einem chromatischen Aufwärtszug des Basses *g-as-a-ais-h-c-cis-d*, einer Verkürzung der Auftakte auf Achtel sowie einer Beschleunigung in der Verzahnung von Ober- und Unterstimme zunehmend stabilisiert und sich in Hinzufügung der kleinen Septim *f* als Dominante der Reprisentonika entpuppt.

Mit dem Eintritt der Reprise lässt sich Beethoven aber viel Zeit, erlaubt der ersten Geige, den Dominantklang G^7 in virtuosen Figuren auszukosten, und schafft Opposition mit der ab T. 183 gleichartig ausgebreiteten Zwischendominante A^7, um in einer Art improvisatorisch freier Zone den Schritt von der I. zur II. Stufe vom Beginn des Allegros in Haupt- und Seitensatz nachzuvollziehen. Spätestens wenn sich dann in T. 189–190 auch noch der Schritt *b-h* in ganzen Noten von T. 41–42 wiederholt, wird klar, dass die Reprise schon begonnen hat. Doch macht Beethoven zum eigentlichen und definitiven Reprisenpunkt den Forte-Takt 191, also jene entscheidende Stelle im Satzverlauf, mit der sich die metrischen Verhältnisse in einer offenen reihenden Syntax ständiger Impulse geklärt hatten. Auf diese Weise ist ein letztes Mal und bekrönend der Übergang in einen Großabschnitt der Form zäsurlos – um nicht zu sagen: wortlos – vollzogen. Wortlos deshalb, weil das Gliederungsprinzip einem sprachlichen, das auf Interpunktion und Atemstellen ausgerichtet ist, fundamental entgegensteht.

An der Reprise hatte Beethoven gegenüber der Exposition, von der Versetzung des Seitensatzes nach C-Dur abgesehen, wenig zu ändern. Er springt nur gleich von T. 57 zu T. 65, baut abwandelnd im Übergang zum Seitensatz die rhythmische Steigerungszone der Durchführung ein, um im Schlussfeld des Hauptsatzes ab T. 221 fast den kompletten Tonraum des Ensembles auszuspannen, der sich dann mit der Schlussgruppe in T. 250 vervollständigt. Für den Abschluss des Satzes begnügt sich Beethoven mit einer knappen Coda, die den steigenden Bass der Durchführung mit weiteren Halbtönen einer chromatischen Skala der ersten Geige ergänzt.

2. ANDANTE CON MOTO QUASI ALLEGRETTO. Der zweite Satz als lyrische Insel im Quartettganzen steht seiner Melodievorlage aus einem Notenbeispiel der *Allgemeinen musikalischen Zeitung* von 1804 gemäß (siehe S. 93) in a-Moll, einer Tonart, die bei Mozart gerne ein exotisches Kolorit annimmt. Auch für Beethoven dürfte das a-Moll diesen Reiz des Fremden gehabt haben. Carl Czerny sah 1852 in dem Satz eine »Romanze«. Das Stichwort weist eher in südliche Zonen. Das mag mit ein Grund für Arnold Schering gewesen sein, 1936 bei seiner Suche nach literarischen Anregungen an den *Don Quixote* von Cervantes zu denken. Für Beethoven war das Stück jedoch entschieden russisch, wenn auch erfunden russisch. Das Pizzicato des Violoncellos bezieht sich nicht auf eine Gitarre, sondern auf die von Christian Schreiber als Gewährsmann genannte Balalaika, ohne dass Beethoven von dem Instrument eine Vorstellung gehabt haben dürfte. Für seine Zwecke genügte aber Schreibers Erklärung, es handle sich um »eine Art Laute«.

Die Form des Satzes ist einfach, widersetzt sich gleichwohl der Zuordnung an feste Typen der Instrumentalmusik. Beethoven beginnt und endet mit dem liedhaften und tonartlich geschlossenen Teil des Andante con moto quasi Allegretto. Dazwischen liegt mit T. 20–136 eine große Zone nach Art eines halb improvisatorischen Exkurses im Erkunden variativer und durchführungstechnischer Möglichkeiten einzelner Elemente, aber auch in der Einführung neuer Gedanken. Der Grundcharakter des Satzes entspricht den Angaben von Philipp Bossler, der 1782 im *Elementarbuch der Tonkunst* für die instrumentale Romanze »einen sanften, fliessenden Gesang in der Bewegung eines Andantino« empfohlen hatte. Ein solches Stück hatte Beethoven schon als etwa Sechzehnjähriger um 1786 mit einer *Romance cantabile* (WoO 207) geschrieben. »Andantino« war schließlich die Überschrift in Beethovens Melodievorlage für seinen »russischen« Satz in op. 59 Nr. 3.

Die gleichgebauten Rahmenteile im Quartett unterscheiden sich zunächst nur darin, dass am Ende die Wiederholungen ausgeschrieben sind (T. 137–176). Dann folgt jedoch, veranlasst von nachkadenzierenden Verlängerungen des Schlusses, eine Fortsetzung in die wiederkehrende Mittelzone hinein, die zu einer Coda umgestaltet wird.

Eine Eigentümlichkeit der eröffnenden Melodie ist, dass sie nicht einer Stimme allein gehört, sondern in direkter Verkettung von zwei Taktpaaren auf Geigen und Bratsche verteilt ist. Das mag ein Rest des Umstandes sein, dass Beethoven die von ihm neu geschaffene Weise aus zusammengezogenen Tönen der Oberstimme und des Basses seiner Vorlage gewonnen hat. Eigentümlich an der Melodie ist auch, dass sie anfänglich im Abstieg die Skala eines fremdartigen harmonischen Moll mit *a-gis-f-e* benutzt, wobei der Schritt *gis-f* den Sprung von der Singstimme zum Bass der Vorlage markiert, melodische Qualität also erst bei Beethoven annimmt, während im Aufstieg die Skala eines normalen melodischen Moll mit *e-fis-gis-a* Geltung hat. In der Phrasierung korrespondieren eine dreitönig-klingende und eine eintönig-stumpfe Endung. Sie sind in T. 3 und 5 auch parallel im Abstand von zwei Takten jeweils in der Eins verankert. Dennoch wird eine leise Spannung in Metrik und Takt spürbar, notationstechnisch sichtbar in der Pause zu Beginn. Die Melodieachtel für sich allein ergäben den perfekten Viertakter eines ⅜-Takts mit einzelnem Auftaktachtel. Der Beginn mit einem Pizzicato-Ton des Violoncellos und die Vorzeichnung eines ⁶⁄₈-Takts aus Beethovens Vorlage sorgen jedoch unterschwellig für eine Beunruhigung. Folgt man konsequent dem ⁶⁄₈-Takt, entstehen Einheiten von 3 + 2 Takten, deren Unregelmäßigkeit nur durch die überhängenden Achtel im Violoncello in eine symmetrische Folge von 3 + 3 Takten korrigiert wird, jedoch ohne parallele Endungspositionen. Zum Schwebezustand passt auch das gleichbleibende *E* des Basses, das nur einen labilen a-Moll-Klang als Tonika zulässt. Die mehrdeutige Bewegung auf zwei Ebenen setzt sich im zweiten Teil fort. Beethoven betont mit *fp* und *sfp* ab T. 9 regelmäßig die ⅜-Ordnung, überführt mit dem Hauptereignis im Ausspinnen der Melodie, nämlich mit der Dehnung des Rhythmus in T. 17 bei der Wiederkehr des a-Moll auf ♩ ♪♩ ♪ im Subito piano, den Satz aber einrenkend in den größeren Takt, sodass am Ende ein regulärer ⅝-Viertakter mit stumpfem Schluss entsteht. Auch in der Metrik hat das Andante so einen Anflug des fiktiv Fremdartigen.

Der Mittelteil entwickelt sich aus einem nachklingenden Anhang zum zweiteiligen Thema. Gegen die resignative Versenkung in ein fahles und unabweisbar schicksalhaftes a-Moll wendet sich in T. 25 über dem neuen Bass C ein in allen Faktoren außer dem Rhythmus neues Umkehrungsmotiv der Bratsche. Die zugehörige Tonika f-Moll tritt in T. 31 erst spät ein und wird in weiterer Verschiebung durch ein c-Moll ersetzt, das gar nicht erscheint und nur in Form eines Halbschlusses greifbar wird (T. 36), den die Bratsche mit ihrer Trillerformel im größeren der beiden prägenden Rhythmen verlängert – solange, bis sich in T. 40 ihr *es* zu einem *e* verwandelt.

War es möglich, die bisherigen Abwandlungen des Themas in rein satztechnischem Sinne als Maßnahmen der »Verarbeitung« thematischen »Materials« zu verstehen, hat die neue Veränderung eher szenische Qualitäten nach Art eines Beleuchtungswechsels. Denn das Bratschen-*e* wird zum Auslöser einer Wendung nach Dur und zu einem Motiv, in dem die Achtel erhalten bleiben, aber mit einem Sechzehntelvorlauf, Vorschlagsnoten, Bindebogen und markierenden Kürzungspunkten völlig anders artikuliert werden. Eine Gegenwelt tut sich auf, in der allein im mehrfach eingeflochtenen *as* der Mollsubdominante ab T. 50 ein Zeichen klagenden Vorbehalts spürbar bleibt. Nebenbei mag die Wendung nach C-Dur trotz ganz anderer Funktion im Satz ein produktiver Rest im Abhören Beethovens seiner Melodievorlage sein. Diese exponiert zu Beginn des zweiten Viertakters eben jenes C als Gegenklang, und zwar mit den steigenden Tönen c^2-d^2-e^2, die bei Beethoven in T. 42 in Vorschlag und Hauptnote zusammengedrängt sind.

Ein zweiter und parallel verlaufender Entwicklungszug ab T. 59, der den Leser der Partitur auf die Idee bringen könnte, im Mittelteil einen selbstständigen und nur eingelagerten zweiteiligen Satz mit Haupt- und Seitenthema zu sehen, hat das gleiche Ergebnis, nur gesteigert, weil das Dur im Austausch nun die Grundtonart selbst umfärbt. Dieses A-Dur, ebenfalls mit einer Mollsubdominante versehen, breitet sich ab T. 102 lange aus, wird in T. 115 aber, wenn der Tonwechsel in der ersten Geige das *f* voranstellend favorisiert, zugunsten einer neuen Expansion verlassen. Sie führt über eine B^7-Dominante zu Es-Dur als neuer Tonart der heiteren Motivvariante, die in der ersten Geige in T. 122–126 mit überhöhenden, fast jubilierenden Arabesken versehen wird. Zwar sind Elemente des alten Klagethemas der Romanze in den Begleitstimmen weiter bewahrt, doch ist der Satz nach dem Es-Dur, mit dem jede Formzuordnung an ein gewohntes Muster verabschiedet wird, fern von jedem »Rückfall«.

Die Art, in der Beethoven dafür sorgt, dass seine Musik die eigene Vergangenheit einholt, ist schlechthin unnachahmlich. In dem Augenblick, in dem sich die erste Geige in T. 127 auf einem es^2 niederlässt und der beseligende Dreiklang in größeren Notenwerten ausgebreitet wird, melden sich die Pizzicato-Achtel des Violoncellos zurück, die in T. 5–6 den Anstoß für die Wiederholung des Anfangs gegeben hatten. Vier Takte später (T. 130) verändert sich in kleinen Schritten wie unmerklich der Klang. Nach einem verminderten Septakkord, der sich zu einem A-Dur-Sextakkord umbaut, taucht für zwei Takte ein subdominantischer d-Moll-Akkord auf und ermöglicht ein halbschlüssiges Zulaufen auf die Dominante E. Ihr Basston schafft umstandslos den Anschluss für eine Wiederkehr des Anfangs in T. 135, dessen *e* jeweils in Akzenttönen der Geigen in T. 137 und 143 neu betont wird.

Die Coda hat im Streben nach Synthese die Eigenschaft, sich sowohl auf die Rahmenteile als auch auf den großen Mittelteil zu beziehen. Denn nach dem Ausklingen des a-Moll-Themas setzt in T. 181 ein Abschnitt ein, der zu T. 60 und seinem f-Moll zurückspringt. Ein enharmonischer Austausch lenkt wieder zu a-Moll und zur Nachhall-Zone des Themas um. Dessen letzter Takt weitet sich flächig zu einer achttaktigen und in der Lautstärke erst anwachsenden, dann verklingenden Ausbreitung der Tonika a-Moll. Die Pizzicato-Achtel des Violoncellos von T. 5 leiten diesmal nicht zurück und auch nicht weiter, sondern verhallen im dominantlos gewordenen a-Moll. Der Satz, fremdartig in Form, Metrik und Tonalität, entschwindet ohne markanten Schluss wie geträumt allmählich aus dem Bewusstsein. Möglich war das vielleicht nur dadurch, dass Beethoven die Melodie unter Benutzung kleiner Versatzstücke aus einer »russischen« Vorlage selbst geschaffen hat. Jedenfalls lösen die korrekt und unverändert zitierten beiden anderen Lieder keine vergleichbaren Wirkungen aus.

3. MENUETTO. GRAZIOSO – TRIO – MENUETTO DA CAPO – CODA. An dritter Stelle steht ein Satz, den Beethoven auf traditionelle Weise mit »Menuetto« überschreibt, der Gattungsbezeichnung aber ein »Grazioso« hinzufügt, das nicht unbedingt zum robusten Menuett Haydn'schen Typs gehört, dem das Menuett von Beethovens 8. Sinfonie ungleich besser entspricht. Auch das anfängliche Piano zeigt zusammen mit den Bögen, die einem Freistellen der Viertel als Hauptnote des Menuetts entgegenstehen, eine innere Verwandlung an. Entsprechend ist auch den Endungen ihre Deutlichkeit genommen, denn der vierte Takt phrasiert gegen die Regel nicht ab, und der achte Takt verschiebt das abschließende c^2 auf die letztmögliche Stelle, das dritte Viertel, sodass keine Zeit für ein Durchatmen bleibt und die ausgeschriebene Wiederholung des ersten Teils mit einem Wechsel in die tiefere Lage zäsurlos anschließt.

Nach dem Doppelstrich machen sich die Sechzehntel – ein für das Menuett eher untypischer Notenwert, im Menuett von op. 18 Nr. 4 gibt es keine einzige Sechzehntelfolge – selbstständig, doch ohne den Umkreis von C-Dur zu verlassen, in dem das Thema, durch die Stimmen wandernd, wieder erscheint. Der förmliche Reprisenpunkt liegt in T. 27. Kleine Momente tonaler Anreicherung beschränken sich auf durchgängig chromatische Noten des Basses in T. 2–3 und den gleichlautenden Parallelstellen. Das Reprisenthema vergrößert sich allerdings ab dem vierten Takt (T. 30) im Umgehen aller Schluss-Stellen. Stattdessen bildet es ab T. 33 einen sechstaktigen Anhang aus, der die Sechzehntelketten in das Thema integriert.

Das Trio hebt sich, ebenfalls zäsurlos anschließend, in einem tonalen Ruck nach F-Dur vom Hauptteil ab, das als Subdominante im Menuett so gut wie nicht präsent gewesen war, so wenig wie die neue Punktierung und die gestoßenen Achtel eines heldischen Gestus. Gleichwohl sind Menuett und Trio in den Sechzehntelketten verbunden. Ähnlich sind sie sich auch im Überspielen gliedernder Einschnitte, wenn auch auf der Basis verschiedener Techniken. Der im sechsten Takt angestrebte C-Dur-Schluss (T. 44) wird vom Einsatz der zweiten Geige unterlaufen. In ähnlicher Schnitt-Technik abgekoppelt ist der nächste Schluss in T. 48. Erst unmittelbar vor dem Doppelstrich lässt Beethoven einen Schlusspunkt zu. Fast eine Ironie, dass es ein 16. Takt ist. Auf Endungsstellen bezogen lassen sich Einheiten von 6+4+6 Takten zählen, den Fakturwechseln nach 5+4+7. Ergebnis ist in beiden Fällen die choreographisch korrekte 16.

Anders als das Ausgangsmenuett macht sich das Trio mit einem zweiten tonalen Ruck, diesmal nach A-Dur als Dominante von d-Moll analog der Rückung im Hauptsatz des ersten Allegros, jenseits des Doppelstrichs auf den Weg harmonischer Erweiterungen, ist aber schon in T. 61 wieder bei F-Dur angekommen und kann in T. 64 reprisengerecht in die Sechzehntel von T. 6 zurückleiten. Mit seiner schlichten Oberfläche und der komplizierenden syntaktischen Konstruktion ist das Menuett ein altmodischer und moderner Satz zugleich. Die Benennung zielt mehr auf das Tempo als auf den Charakter, der vom Konkreten einer »Aufforderung zum Tanz« bestenfalls noch etwas ahnen lässt.

Dem Da capo des Menuetts folgt fast notwendig eine Coda, weil der Schluss von T. 38 nicht stabil genug wäre, den Satz zu beenden. Diese Coda ändert überraschend den Charakter, weil sie durchführungsartig Motivverdichtungen und harmonische Entwicklungen bis Es-Dur und c-Moll zulässt. Allerdings zeigt sich früh, nämlich an der Andeutung eines Halbschlusses in T. 87, dass die Coda gar nicht auf einen Satzschluss aus ist. Ihre primäre Funktion ist es, dem Einsatz des Finales im »attacca subito« einen bühnenwirksamen Auftritt zu verschaffen. Hier kündigen sich Satzübergänge an, wie sie für das cis-Moll-Quartett op. 131 charakteristisch sein werden.

4. ALLEGRO MOLTO. Das Finale stiftet erst einmal Verwirrung, weil man von einer Fuge als einem eher gravitätischen Formmodell nicht gewohnt ist, dass sie so schnell und mit so eiligen Notenwerten abläuft, gleichwohl die Einsatzabstände weit auseinanderlegt. Das Thema ist strikt diatonisch und benutzt Akzidentien nur zu den Umleitungen für den nächsten Einsatz. Die Einsatztöne sind nicht c und g, sondern g und d bei ungleicher Verteilung, weil die erste Geige in T. 31 mit g^2 statt mit d^2 beginnt. Dabei steht das allererste g^1 der Bratsche, das eigentlich das C-Dur der Tonika vertritt, aber aus dem Fermatenklang der vorausgehenden Menuett-Coda kommt, noch im Banne der Dominante, sodass das Thema erst im dritten Takt, und beharrlich wiederholend nochmals im fünften, auf sein C-Dur zuläuft. Der erwähnte vierte Einsatz in T. 31 bedeutet eine Wendung nicht nur im tonalen Sinne, weil die zweite Ausdehnung eines G-Dur-Bereichs vermieden ist, sondern in Reduktion

auf nur zwei Stimmen eine Wendung auch in der Faktur. Orchestral in Oktaven verstärkt verlassen die Geigen zudem ab T. 38 die Vorgaben des Themas, um auf den Tuttieffekt eines C-Dur im Fortissimo in T. 47 hinzusteuern. Damit kündigt sich an, dass der Satz nicht allein den Regeln einer Fuge verpflichtet sein wird.

Mit dem Motiv gebundener Achtel auf den schweren Zeiten setzt Beethoven in T. 47 eine Bewegung in Gang, die nach anfänglicher Rückführung ins C-Dur (T. 51) durch den Austausch von *h* in T. 49 mit dem *b* von T. 53 den engeren Bereich der Tonart verlässt und in T. 60 beim D-Dur-Septakkord als der Wechseldominante innehält. Wie oft nach der formalen Wendemarke am Ende des Hauptsatzes bildet Beethoven noch eine Zwischenzone, bevor thematisch und harmonisch nach Vorgaben des Sonatensatzes an ein Seitenthema zu denken ist. In dieser Zwischenzone irren versprengte Achtelfiguren aus den Skalen des Hauptthemas herum, erst in verqueren Dreiergruppen, dann ab T. 64 sich neu sortierend in vier Achteln mit zwei repetierten Vierteln. Wenn diese Viertel das *g* berühren wie im Violoncello in T. 66 und 70, tritt nebenbei auch einmal der Dreiklang der neuen Tonika auf. Übergeordnet bleibt aber die langgezogene Wechseldominante wirksam, im durchtönenden *d* der zweiten Geige nach Art von Haltetönen der Hörner dauerhaft präsent.

Erst ab T. 72 kommt das G-Dur in den Vordergrund, ohne sich allerdings richtig zu etablieren, da es nur am Ende von zweitaktigen Einheiten erscheint, die subdominantisch beginnen. Selbst in T. 78 fehlt es dem G-Dur an Kraft, weil ihm ein Kadenzschritt verwehrt bleibt und im Bass nur der Leitton ins *g* führt. Nach den großen *g*-Oktaven von T. 81 verliert das G-Dur sogar wieder seine kurze Selbstständigkeit und nimmt dominantische Funktion im Rückgewinnen des C-Dur an. Vom Fugenthema sind in dieser Phase nur noch die bloßen Achtel in reinen Tonrepetitionen erhalten. Ein Seitensatz nach Art der Sonatenform wird beim besten Willen nicht greifbar. Es fehlt sowohl die harmonische Stabilität wie das thematische Profil. Im Formganzen haben die Takte 60–85 nur episodischen Charakter in der Art eines Fugen-Zwischenspiels mit Bruchstücken des Hauptthemas.

Doch wäre eine regelrechte Fuge die maßgebliche Form, müsste eine weitere Themenexposition in neuer Tonart folgen. Es gibt aber nur eine einzige weitere Exposition, und zwar auf der gleichen Stufe C im Sinne einer Reprise (T. 210). Beethoven stürzt den Satz nach den neuerlichen *g*-Oktaven von T. 85 vielmehr in das Abenteuer von Fragmentierungen und tonalen Verwandlungen, beginnend mit den *b*-Oktaven von T. 91: Signal für den Eintritt in eine Durchführung. Erst in Es-Dur, dann in f-Moll als tiefalterierter IV. Stufe machen sich, ohne den längeren ersten Ton, die Anfangsachtel des Themas bemerkbar, verbunden jeweils mit ihrer Umkehrung. Immerhin sind im Violoncello in T. 94–98 auch größere Bestandteile des Themas konserviert. In T. 100 erhält dieses Thema sogar wieder seinen Anfangston zurück und wird ab T. 108 in halbtaktigem Abstand enggeführt. Wenn das inzwischen erreichte Des-Dur unter Erniedrigung der Terz sich enharmonisch nach cis-Moll wandelt, ist der Status von T. 47 mit den gebundenen Achteln wieder erreicht. Insofern sind andeutungsweise die alten Stationen des Hauptsatzes nochmals durchlaufen. Sein Tutti von T. 47 wird ab T. 112 sogar in eine lange cis-Moll-Zone hinein verlängert, bei der mithilfe der zwei Viertel aus dem nur angedeuteten Seitensatz von T. 64 das Thema in regelmäßigen Kadenzschüben eine zweimal viertaktige periodische Gestalt annimmt. Wie zuvor ist Merkmal dieser Phase ein weitertreibender Modulationsschritt im Austausch von *gis* zu *g* (T. 130), der dem Thema ab T. 136 einen Auftritt im d-Moll der II. Stufe beschert, kontrapunktiert von einer neuen Gegenstimme in halben Noten.

Zerlegt wird aber nicht nur ein Thema, sondern in gewisser Weise auch die Form. Denn mit dem d-Moll bilden sich ab T. 144 im Verzicht auf den ersten Bogen im Thema abtaktige und tonrepetierende Achtelgruppen, die frei von allen kontrapunktischen Bindungen in abgesteckt achttaktigen Einheiten und flächigen Klangwechseln einen konzertmäßigen Abschnitt formen, der in verschiedenen Gattungen seinen Platz haben könnte, aber gewiss nicht in einer Fuge, von der allein die Gleichrangigkeit der Stimmen übrig bleibt, die wiederum für den Sonatensatz in einem Streichquartett nur bedingt bindend ist.

Den Wiederanschluss an die vorausgegangenen Durchführungsteile schafft der Ruck eines übermäßigen Sextakkords am Ende von T. 175. Er führt einen dominantischen D⁷-Klang als Hochpunkt einer in viertaktigen Abständen weiterrückenden Quintenfolge herbei. Von den Instrumenten wird sie wechselweise für eine Wiederkehr des Hauptthemas genutzt, das seinen Charakter völlig ändert, im Insistieren auf der immer gleichen Wendung dramatische Züge annimmt, sich in der Bratsche ab T. 184 langsam zu vervollständigen beginnt, letztlich aber im Zeichen von c-Moll in ein tumultuöses Unisono überführt wird und als Zielpunkt das vervielfachte *g* von T. 203 ansteuert. Mit ihm fächert sich der vollstimmige Klang wieder aus: zu einem fermatenüberhöhten Dominantseptakkord, der eine Reprise verheißen kann.

Eigenartigerweise schickt Beethoven diesem Akkord nach Art eines Signalrufes noch ein verhallendes Unisono-*g* hinterher. Vielleicht ist der Grund, dass die Reprise nicht im Banne der Dominante beginnt, sondern dem ersten g^1 der Bratsche ein *c* in allen anderen Stimmen unterlegt, das Teil einer neuen Gegenstimme ist, mit der dem Thema fast generalbassmäßig die harmonische Spannung einer latenten Quintfortschreitung A-d-G-C aufgezwungen wird. Der zweite Takt gehört nicht mehr der Dominante an, sondern der II. Stufe d-Moll, und die Tonika tritt erst im dritten Takt wieder ein. Die Zusatzstimme in latenter Bassfunktion bleibt der gesamten Fugenexposition erhalten und verflüchtigt sich erst mit dem Tuttieffekt von T. 256.

Der Satz durchläuft reprisengerecht die alten Stationen, festigt in der Endphase aber keineswegs die neu gewonnene einheitliche Tonart C-Dur, sondern geht im Parallelismus einen Schritt zu weit. Das heißt, dass auch noch die Umleitung in die Durchführung mitvollzogen ist, jetzt mit den *es*-Oktaven von T. 304, der dem früheren T. 91 entspricht. Im Zeichen eines neuen und übergeordneten rhythmischen Pulses baut sich das fragmentierte Thema in T. 309 neu zu zweitaktigen Einheiten um und zieht mit seiner Wendung über As-Dur und f-Moll nach c-Moll Anfang und Ende der alten Durchführung zusammen, um in T. 319 in das dominantische Feld unmittelbar vor der Reprise (T. 203) zu münden.

Diese Wendung verheißt eine erneuerte und zweite Reprise, die beim Umkippen von c-Moll nach C-Dur in T. 329 mit dem c^1 der neuen Gegenstimme in halben Noten auch eintritt. Das Thema selbst, das unterwegs schon einmal seine erste Note verloren hatte (T. 92), verzichtet auch noch auf die Folgenote und setzt erst mit dem a^2 ein. Beschränkt auf fünf Töne und einen Auftakt von nur noch zwei Achteln tönt es in ostinat zweitaktiger Ordnung durch alle Stimmen, verzahnt mit der gegenläufig zweitaktigen Ordnung der halben Noten, die im Großverlauf den Vorrang hat und ab T. 345 eine kolossale Weitung im räumlichen Eindruck auslöst, wenn sich offene Achttaktgruppen, gegründet auf die elementaren kadenzierenden Bass-Schritte *e-f-g*, ablösen und mit dem Anstoßen der Tonika jeweils wie sieghaft erneuern (T. 345, 353, 361).

Die triumphale Entwicklung stößt mit C-c^4 an die Grenzen des Tonraums, bricht in T. 385 jedoch schlagartig ab. Im folgenden Unisono der Töne b-a verbirgt sich latent eine Halbschlussformel mit der Zwischendominante der II. Stufe. Sie rückt den Ausbruch der fünf Töne des neuen Themas analog der harmonischen Konstellation von T. 329–330 in ein ungewisses d-Moll. Der so provozierte Neuansatz vergrößert in T. 389 den chromatischen Schritt der Gegenstimme rhythmisch auf ganze Noten und lässt die Achtel des Themas in der Gestalt starten, die sie am Kulminationspunkt T. 345 erreicht hatten. Für eine weitere Steigerung sorgt in denkbar einfacher Weise die Vergrößerung des Dominantfeldes, das sich ab T. 411 auf zweimal vier Takte ausdehnt und der Tonika nur die Quartsextlage erlaubt, um sie im linearen Aufstieg der Oberstimme erst bei Erreichen der zweiten Oktav c^3 in ihr Recht zu setzen und ihr bei Vollendung der dritten Oktav c^4 die alleinige Herrschaft zu überlassen. Ab jetzt erklingen nur noch die Dreiklangstöne von C-Dur, ein letztes Mal bestätigt von der Elementarkadenz der Akkorde in den abschließenden drei Takten. Beethoven setzt diesen gewaltigen Schlusspunkt nicht nur hinter einen monumentalen Satz von 429 Takten, sondern hinter die Gruppe der drei Quartette insgesamt.

Was wie eine Fuge im intimen Rahmen solistischer Streicher beginnt, endet wie das Finale einer Sinfonie. Die Form des Satzes lässt sich mit den gewohnten Schlagwort-Etiketten nicht erfassen. Sie steht offenkundig im Zeichen von Fuge einerseits und Sonatenform andererseits. Von der Fuge sind allerdings eher Techniken als Formverläufe wirksam. Der Sonatensatz wiederum zeichnet sich zwar in seinen Zonen ab, aber gerade nicht in seinen Abgrenzungen. Haupt- und Seitensatz, der ohnehin nur angedeutet ist und unausgeführt bleibt, verschwimmen ebenso ineinander wie Exposition und Durchführung. Die Durchführung ist nach ersten Zeichen einer Wiederholung (T. 304) nach dem Muster des Kopfsatzes aus dem e-Moll-Quartett op. 59 Nr. 2 in ihrem zweiten Durchgang wesentlich komprimiert und führt auch in eine völlig anders geartete zweite Reprise. Was nach T. 322 folgt, hat zwar die »begradigende« und rhythmisch klärende Funktion einer Coda, ist aber derart lang, dass man den Abschnitt nicht als bloßes Anhängsel ansehen kann. Der Satz gliedert sich deshalb primär in drei Großteile, die allesamt mit einer fugierten Exposition des Hauptthemas in der immer gleichen Tonika beginnen: T. 1, T. 210 und T. 329. Dabei beschleunigt sich der Ablauf in Verkürzungen von 209 auf 120 und 100 Takte. Am Ende stehen jeweils große Dominantfelder, die allein im letzten Teil Anschluss an den bekrönenden Schluss-Stein der C-Dur-Tonika haben. Großteil I und II folgen in ihren harmonischen Binnenverläufen zwar den Regeln des Sonatensatzes. Hörbar wird ein solcher Sonatensatz aber nur mit Mühe. Prägend im Hören sind zielgerichtete Verläufe, die einem Kulminationspunkt nach Art einer Beweisführung zustreben: Quod erat demonstrandum.

*

Die Quartette op. 59 sind in Ausdehnung, formalen Experimenten, klanglich und tonal extrem vergrößerten Räumen und nicht zuletzt in geradezu akrobatisch technischen Ansprüchen an die Ausführenden wahre Giganten und Himmelsstürmer der Gattung. Darüber hinaus verbreiten sie einen nachgerade ansteckenden Optimismus, Musik in neue Dimensionen zu führen. Aber Geschichte lässt sich nicht zwingen. In ihr ruhen die drei Quartette in F-Dur, e-Moll und C-Dur bei einem Blick zurück eher wie Findlinge in einer weiten Landschaft.

Streichquartett in Es-Dur op. 74 (1809, Erstdruck 1810)

Widmungsträger ist wie bei op. 18 Fürst Franz Joseph von Lobkowitz. Er wird sich seine Gedanken über das Fortschreiten der Kunst gemacht haben. Reaktionen sind aber nicht bekannt geworden. Das Quartett trägt wegen seiner Pizzicato-Ketten am Ende der Durchführung des ersten Satzes (T. 125–134) und nochmals gegen Ende dieses Satzes (T. 221–239) häufig den Namen »Harfenquartett«. Dass es verbindlicher wirkt als die Quartette aus op. 59, liegt vor allem am liebenswürdigen Thema für die Variationen des Finales.

1. POCO ADAGIO – ALLEGRO. Beethoven beginnt nochmals mit einer langsamen Einleitung, aber viel weniger schroff als beim unmittelbaren Vorgänger op. 59 Nr. 3. Die ersten beiden Takte formen eine kleine Geste, die mit Hinzunahme der erniedrigten Septim des^2 und dem Violoncello-b eines milden Terzquartakkords vorsichtig fragenden Ausdruck annimmt. Wenig später, wenn die Bratsche das Ausgangsmotiv in T. 7 übernimmt, gefolgt vom Violoncello, scheint die Antwort mit der Dominante, die das Es-Dur der Tonika verheißt, schon nahe. Dann hängt der

Satz aber unerwartet bei der mehrfach wiederholten und von jenem anfänglichen des^2 auch veranlassten Subdominante eines Kadenzvorgangs fest, die dreimal in Form eines f-Moll- oder Sixte-ajoutée-Klangs mit zweimal gleichem Baßton *As* die Takt-Eins besetzt (T. 9 und 11) und auch Ausgangspunkt einer neuen sprechenden Figur im Espressivo wird. An ihrem Ende verwandelt sich das *As* in ein wechseldominantisches *A*, das die erneuerte Dominante herbeiführen sollte, aber im Zeichen von *des* wieder zum *as* nachgibt. Ein wenig unwirsch konzentriert sich, um bei der sprachlichen Metapher zu bleiben, die Frage in T. 13 auf einen kurzen Akkord im Forte, der sich vergrößert auch einem zweiten Anlauf in T. 17 entgegenstellt. Danach weichen die Stimmen wie ratlos in die Mollsphäre eines Dreiklangs aus, der seine Quint es^1 in schmerzlichem Akzent aus dem d^1 einer verminderten Septim gewinnt. Vom as-Moll tastet sich der Klang in vorsichtigen Halbtonschritten der ersten Geige weiter. Mit Wiederkehr des *D* durch den Einsatz des Violoncellos mit der Eröffnungsgeste ist in T. 21 aber nur der jetzt vollständige verminderte Septakkord erreicht. Versetzungen der Eröffnungsformel unter denkbar kleinen und suchenden Sekundschritten aller anderen Stimmen mit nur immer neuen verminderten Septakkorden zur Tiefnote des punktierten Viertels oder seinem Folgeachtel im Violoncello lassen alles Fortschreiten im Ungewissen, bis endlich das *d* in der höheren Lage eines d^2 und in direktem Schritt aus dem des^2 hervorgehend als Terzton der Dominante die Wende schafft. Danach geht es ganz rasch. Noch zum Achtel der rhythmischen Grundformel ♩ ♩.♪ ist der gesuchte Es-Dur-Dreiklang gefunden, bestätigt vom Forte des gleichzeitig erreichten Allegro.

Was Beethoven vorgeschwebt haben dürfte, war offenbar, das Etablieren einer Tonart zum Thema zu machen. Die Vollendung einer schlichten Kadenz wird dabei zu einem musikalischen Ereignis besonderer Art. Sie wirkt sich auch noch auf die Themenbildung des Allegros aus. Denn es genügt Beethoven, in der mottogemäßen Zuspitzung der Quartette op. 18 mit dem puren Dreiklangsaufstieg und dem Wechsel zur Dominante beim Quintton b^1 den Satz zu eröffnen. Beim schrittweisen Zusammenführen der Satzelemente mit Achtelbewegung, Melodie, Bass und Klangfüllung kehrt in der ersten Geige das kritische des^2 wieder. Die mit ihm akzentuierte Subdominante ist jetzt aber über dem ruhenden Tonikabass nur noch ein Durchgangsklang. Die melodische Bewegung unter Einbau der Punktierungsformel ♩. ♪ der langsamen

Einleitung entfaltet sich, verteilt auf Violine 1 und Viola, in zwei Viertaktern, die im bewährten Fortschreiten von klingender zu stumpfer Endung miteinander korrespondieren.

Mit der Erneuerung der Tonika in T. 35 kommt der Satz im Ticken der Achtel richtig in Gang. In den Unterstimmen erscheinen die ersten beiden Viertel des Dreiklangsmotivs vom Beginn des Allegros in jenem Pizzicato, das sich im weiteren Verlauf immer mehr ausbreiten wird. Die Wiederholung des offenen Viertakters führt nicht mehr in die Tonika zurück, sondern wendet sich, abermals getrieben vom *des²*, mit phrygischer Kadenz in T. 43, in der ein Anflug von Moll steckt, zur halbschlüssigen Wechseldominante. Sie löst rhythmisch einen Gegenschlag in der Art der Akkorde der langsamen Einleitung aus.

Wie immer verzögert Beethoven nach dem Halbschluss-Signal den Eintritt des Seitensatzes, der höchst ungewöhnlich aus einer wiederholten förmlichen Kadenz (T. 50 und 52) bei der V. Stufe hervorgeht, und zwar nochmals schnittartig wie die Pizzicato-Zone des Hauptsatzes. Die programmatische Kadenzvollendung der langsamen Einleitung wirkt also bis in den Seitensatz hinein weiter. Orientierungspunkte der Bratsche im neuen Skalenthema sind mit $b \rightarrow d^1 \rightarrow f^1$ auf den Takt-Einsen die lapidaren Dreiklangstöne des Hauptthemas, jetzt auf die V. Stufe versetzt. Die erste Geige ergänzt dann in Sekundschritten die Töne bis zur Oktav b^3 in T. 57. Das Thema gewinnt Raum und melodische Qualität über eine Zwischendominante G zur VI. Stufe c-Moll, von der aus der Satz in einer Sequenzierung nach Art des Fonte-Modells, wie es Riepel 1755 beschrieben hat, zur V. Stufe zurücksinkt (T. 62). In ihrem B-Dur kadenziert das Thema zweimal förmlich und löst dabei in Erneuerung der Schnitt-Technik in T. 66 erst eine Beschleunigung des Dreiklangsanstiegs seiner Sechzehntel und dann in T. 70 das neue Motiv einer Schlussgruppe aus, das rhythmisch auf die Takte 48–49 der Zwischenzone zwischen Haupt- und Seitensatz zurückkommt. Etwas Beruhigendes im Sinne der Schlussgruppe äußert sich in der Abkopplung einer Endungsfigur, die sich wiederholt und letztlich auf den Einzelton eines stumpfen Schlusses verkürzt. Im Nachklingen bilden sich freilich entwicklungsträchtig die Viertelwerte des Allegro-Beginns, die Beethoven sofort für den Einstieg in die Durchführung benutzt.

Im Hauptthema der ersten Geige erscheint in T. 84–85 in tongetreuer Übernahme aus T. 27–28 das *des²* wieder. Beethoven verwehrt ihm aber das Weiterschreiten zum subdominantischen c^2, löst die drei Töne *g-as-b* vervielfachend aus dem melodischen Zusammenhang, legt den Schritt *des-c* in den Bass der Bratsche und löst so einen C-Dur-Klang aus, in dem das Thema, zwischen Violoncello und erster Geige wechselnd, seine vollständigen acht Takte ausbreiten darf. Im Forte wechseln seine Punktierungen allerdings grundlegend ihren Charakter ins Kämpferische. Dabei wollen sie vom C-Dur überhaupt nicht mehr ablassen. Wie Beethoven am Fernpunkt der tonalen Entwicklung mit der traditionellen, aber eben hochalterierten VI. Stufe festhält, bleibt singulär in den Quartetten. Ebenso ungewöhnlich ist, wie Beethoven aus dem C-Dur wieder herausführt. Er löst den rhythmisch-melodischen Zusammenhang in Analogie zum Schluss der Exposition allmählich auf. Bei T. 109 vereinzeln sich die Punktierungsformeln ♩. ♪ ebenso wie die verbissenen Begleit-Sechzehntel. Ein Diminuendo begleitet den klanglichen Umbau, der mit Hinzunahme der Septim *b* beginnt, die zuletzt ihren eigenen Klang im Schritt es-Moll/B-Dur (T. 118–119) durchsetzt. Ab diesem Augenblick verlieren die Mittelstimmen ihren rhythmischen Puls und gehen auf gebundene Wechseltöne über, die alle das Ziel haben, den B-Klang in halbschlüssiger Funktion als Endstation des Umbauprozesses einzukreisen.

In T. 125 hat sich der B-Dur-Klang von allen Nebentönen befreit. Eine sich beschleunigende Akkordentfaltung mit den puren Dreiklangstönen, denen sich ab T. 129 die kleine Septim in der ersten Geige hinzugesellt, um die Dominantfunktion des Klangs zu präzisieren, aber erst in T. 136 auf die Akkordbrechungen übergeht, vergrößert expansiv sowohl den Tonraum als auch den Zeitrahmen, weil in den insgesamt 14 Takten ab T. 125 im Wechsel der Brechungsfiguren die zweitaktigen Einheiten 2 + 2 des Anfangs zu dreitaktigen 3 + 3 anwachsen und zuletzt auf einen Viertakter übergehen. Jener Schritt, der am Ende der langsamen Einleitung so rasch vollzogen worden war, derjenige von der Dominante zur Tonika, wird nun im Gegenzug ins Überdimensionale und fast Unabsehbare gedehnt. Wie ein Naturereignis schlägt der Blitz des Es-Dur in T. 139 dann doch noch ein.

In der Reprise übernimmt den zweiten melodischen Viertakter das Violoncello und verlängert ihn über den ursprünglichen Schlusston *es* in T. 149 hinaus, um dem in der Exposition so denkbar knappen Hauptsatz nach dem großen Es-Dur-Effekt mehr Raum und mehr Entwicklung zu geben. Deshalb wird gerade die Tonikazone von T. 35 ganz gegen die tonalen Begradigungstendenzen einer Reprise verändert und geht im Zeichen des wiederkehrenden *des²* von einem verminderten Septakkord wechseldominantischer Funktion aus. Er erzwingt einen Neubeginn in T. 157 bei der V. Stufe B-Dur, führt fast durchführungsmäßig weiter zur III. Stufe g-Moll und zur diesmal leitereigenen VI. Stufe c-Moll, bevor mit dem B-Dur von T. 169 das Ende der Pizzicato-Zone erreicht ist, was bedeutet, dass der Seitensatz in T. 178 eine Quint tiefer als zuvor ansetzen kann, also in der Haupttonart Es-Dur.

Der Seitensatz behält seine motivische und syntaktische Ordnung, führt sogar noch in die Beruhigungszone des Diminuendo, wo die Schlussgruppe im *ppp* allerdings unvermittelt einen neuen Anstoß erhält. Die Achtel des Violoncellos aus T. 197 melden sich in T. 204 erneut und treiben im Wechselspiel mit den komplementär ergänzenden Oberstimmen den Satz noch einmal zu den künstlichen Zwischendominanten der Hauptsatzerweiterung, den Dominanten von c-Moll und g-Moll zurück. Damit ist eine den ganzen Satz grandios überhöhende Coda in Gang gebracht. In T. 215 beginnt der »Nerventakt« des Hauptthemas mit dem Rhythmus ♩ ♫ ♩ ♩ sich neu zu entfalten, erst zögernd, wenn auch vervielfacht durch das Echo der zweiten Geige, die in Vorahnung ihrer großen Stunde allmählich die Führung übernimmt. Der verminderte Septakkord des Anfangs weicht im Abwärtsschritt des Basses von *H* zu *B* den Hauptklängen von Es-Dur, Tonika und Dominante, die sich taktweise ablösen. Doch ein Donnerschlag im Forte von T. 221 in Wiederbelebung der Akkorde von T. 169 und 171 sorgt für Sturm. Alle vier Takte tritt im Zeichen entfesselter Figuren der ersten Geige und der thematischen Pizzicato-Viertel, denen der Dreiklang gründlich verdorben ist, ein neuer verminderter Septakkord auf den Plan (T. 221, 225, 229). Unmittelbar vor dem vierten Akzenttakt in T. 233 setzt jedoch eine Wende ein, weil das *des*, abermals in der nachgerade den ganzen Satz über unabweisbaren Gestalt eines *des²*, zu *c²* nachgibt und der zweiten Geige den Ansatzpunkt für einen Themeneinsatz bietet. Wie nun die zweite Geige im Feuerwerk der Sechzehntel aus der ersten Geige in einem Schwenk nach Es-Dur das Thema zu Höhenflügen und, gleichermaßen unterstützt wie angetrieben vom Echo der Bratsche, zu Steigerungen führt, die aus dem alten Rahmen von vier und acht Takten herausdrängen, hat Züge einer Apotheose, die den Triumphen der Quartette aus op. 59 keinen Deut nachsteht, ja sie vielleicht noch übertrifft.

Mit dem letzten Es-Dur-Akkord von T. 246 ist der Satz wieder beim Tonika-Auslöser der Schlussgruppe von T. 196 angelangt, von der alle Coda-Erweiterungen ihren Ausgang genommen hatten. Die Bratsche führt die mehrfach wiederholten Achtelgruppen in T. 251 endlich »stumpf« in die Tonika. Im Violoncello klingen die alten aufsteigenden Dreiklangstöne des Themenkopfes weiter, in der zweiten Geige wechseln sie jedoch zum Zeichen des Abschieds ihre Richtung. Im gemeinsamen Abwärts treffen sich dann zuletzt die beiden Instrumente. Den Schluss machen allerdings steigende Sekundschritte, und zwar vom Grundton zur Terz. In dem *es-f-g* mag man einen Nachklang der großen Coda-Melodie hören, die in ihren stetigen Sekundanhebungen mit dem g^2 den entscheidenden und dreimal wiederholten Ton ihres überhöhenden Abgesanges gefunden hatte (T. 240, 242, 244).

Das erste Allegro ist nicht nur in der Bündigkeit seines Hauptsatzes und der Fixierung auf einen einzigen tonalen Gegenpunkt in der Durchführung bemerkenswert, sondern vor allem in seiner Reprise, die den Hauptsatz grundlegend verändert und in eine Coda neuer Ausdehnung überführt, wie sie nur das Finale von op. 59 Nr. 3 aufzuweisen hatte. Ein Novum, das dem Quartett aber ganz allein gehört, ist die Art, in der Vorgaben der langsamen Einleitung im Allegro nachwirken und Einfluss auf Motivik und Form nehmen. Darin zeichnen sich beim »mittleren« Beethoven Tendenzen ab, die für das Spätwerk charakteristisch werden.

Die Sechzehntel der Coda sind, nebenbei gesagt, für manche Anekdote gut. Ich erinnere mich, dass Norbert Brainin vom Amadeus-Quartett mit heftigen Bewegungen fast vom Stuhl kippte und Rudolf Koeckert im Gegenextrem kaum mit der Wimper zuckte. Eine Übertreibung im Vergleich, gewiss, aber mit einem Körnchen Wahrheit. Jedenfalls zeigt sich die wahre Souveränität daran, dass das hohe es^3 am Ende bei aller Pünktlichkeit eine winzige Spur verhalten eintritt, die Tür also nicht zuschlägt.

2. ADAGIO MA NON TROPPO. Der zweite Satz entwickelt seine Melodien ungewöhnlich lang gesponnen und geschlossen. Auf die Tempobezeichnung »Adagio ma non troppo« hat Beethoven seinen Verleger Breitkopf eigens in einem Brief vom 21. August 1819 hingewiesen. Im Zusammenfügen der großen Melodiebögen folgt er einem übersichtlichen und doch ungewöhnlichen Plan, weil die rahmenbildende Dreiteiligkeit gewissermaßen zu einem A-B-A-C-A potenziert ist. Den Buchstaben nach sieht die Folge nach einem Rondo aus. Doch mit ihm verbinden sich ganz anders geartete Satzcharaktere und Thementypen. Zudem schließt sich das anfängliche A-B-A durch die unveränderte Tonika As/as/As zu einem einheitlichen A eines großen A...-C-A zusammen. Nicht zufällig deutet sich das B auch im allerletzten A noch einmal an (T. 139).

Die As-Dur-Melodie des ersten A-Teils verläuft nach dem Vorspann von zwei akzentlosen Achteln in geregelten Bahnen und gliedert sich in regelmäßigen Viertaktgruppen, um die abgesteckten Wegmarken am Ende doch zu verlassen. Zudem vertauscht Beethoven die gewohnte Endungsfolge und beginnt abtaktig und stumpf ausklingend (T. 5), setzt aber auftaktig und mit zweitöniger Endung fort (T. 9). Die zwei folgenden Taktpaare kombinieren Eröffnung und Endung neu, versprechen im Folgeviertakter nochmals die klingende Endung, die sich jedoch mit dem c^2-b^1 der ersten Geige um ein Achtel verspätet, den Schluss gewissermaßen versäumt und den zusammenfassenden Schluss-Baustein mit der Folge einer spürbaren Weitung zäsurlos heranzieht. Er regelt mit neuem Rhythmus einer Punktierung und nochmals tieferem Atem den Verlauf ganz anders. Zunächst sind die Endungsachtel in T. 19 und 21 wieder richtig positioniert, doch unter Umgehung von Einschnitten. Der Viertakter von T. 18–21 dehnt sich unmerklich, kehrt in T. 22 melodisch die Richtung um und hält bei der Kadenz-Dominante inne, um nach dem Warten auf die kleinen Noten der zweiten Geige den Schlusston in einem ungeraden siebten Takt eher unbetont eintreten zu lassen. Beethoven hat so der sich schlicht gebenden Melodie in einer Vielfalt interner Beziehungen eine subtile Balance verliehen und sie bei allem In-Sich-Ruhen prozesshaft zielgerichtet mit zwei Schritten metrischer Überhöhung zu einem Ende hin entwickelt.

Noch im Schlusstakt 24 bahnt sich mit kleinen Impulsen bei jedem Achtel in Erinnerung an T. 1 eine Wendung an, die zu den berührendsten in Beethovens ganzem Schaffen zählt. Das selbst schon dunkle As-Dur verdüstert sich zu einem nachtschwarzen as-Moll. Die kleingliedrige Melodie der ersten Geige in mattem Heruntersinken über die Dreiklangstöne nimmt nach vier Takten etwas vom Stocken der Begleitung an und gibt dem so entscheidenden Ton *ces* im Heruntergehen über zwei Oktaven seinen eigenen Dreiklang. Fortentwickelt könnte die kleine Melodie mit zarter Abwandlung ihrer beiden ersten Takte aus der Düsternis herausführen, rückt in einem Quintfall aber nur noch tiefer und setzt im des-Moll von T. 42 neu an, um zuletzt mit einem Halbschluss bei T. 49 wieder im as-Moll gefangen zu sein.

Dieses as-Moll wird aber nicht mehr ausgesprochen. Beethoven ersetzt es nach einer Zone des Übergangs, der sich im f^1 und c^1 des Violoncellos (T. 51–52) ankündigt, in erneutem Stocken und einer befreienden Figur der ersten Geige in T. 64 durch das As-Dur des wiederkehrenden A-Teils. Das Thema wird eine Oktav tiefer gelegt und dabei in kleine Notenwerte aufgelöst, die auch alle Begleitstimmen erfassen, sodass die Wiederholung den Charakter einer Variation annimmt. Nach dem früheren Vorbild bahnt sich auch diesmal noch im Schlusstakt (T. 86) ein Richtungswechsel an. Zusammen mit dem Umschlag in eine andere Faktur mit ruhigem Bass und neuen Klangfigurationen der Bratsche tritt ein Des-Dur großer Ruhe ein.

Während der B-Teil mit seinem as-Moll noch zum Erfahrungsbereich des A-Teils gehört, entsteht mit dem C-Teil ab T. 87 eine Art Gegenwelt und formal die eigentliche Mittelzone der gestaffelt dreiteiligen Bogenform. Zur Ruhe des neuen Themas gehören ein Gleichlauf im Rhythmus und das Dominieren zweitönig klingender Endungen, die immer aufwärts geführt werden. Eine Abwärtswendung entsteht erst im Hinsteuern auf den gewöhnlichen stumpfen Schluss im achten Takt mit der Rückkehr zum Anfangston des as^1 (T. 94). Die Abwendung vom angezielten As-Dur als einem Ruheklang setzt allerdings noch im Takt zuvor mit dem ges^1 des Violoncellos und weitergehenden Achtelfiguren zum Wiedergewinn des Des-Dur für einen zweiten Durchgang des Achttakters an, in dem eben das Violoncello die Führung übernimmt und die Bratsche für den Bass sorgt.

Diesmal darf die Melodie im Schlusstakt das As-Dur ungestört erreichen (T. 102). Nach Art früherer Schlusstakte (T. 24 und 86) gilt es allerdings nicht für den ganzen Takt. Mit dem zweiten Achtel kehrt die alte Verdüsterung zurück, sodass die nachhängende Figur der ersten Geige nach zwei Tönen abreißt. Das Espressivo des C-Teils ist ab T. 103 von einer Pianissimo-Zone verdrängt, in der das Hauptthema des A-Teils den Mollklang des B-Teils annimmt. Nur bleibt der zweite Viertakter am repetierten Auftakt hängen und entwickelt einen Drang bis hin zum Fortissimo, das Moll abzuschütteln und aus dem ces^2-b^1 von T. 104 ein c^2-h^1 von T. 111 zu machen. Aus vielfachen chromatischen Umstellungen geht wunderbarerweise nicht nur das As-Dur, sondern in T. 115 auch sein Thema für eine nächste Variation hervor, bei der die Melodie im alten Cantabile eine weitere Oktav tiefer gelegt wird und die zierlichen Spitzen der zweiten Geige über sich hat. Erst mit den Hochtönen neuer Verzierungen begibt sich die erste Geige am Ende von T. 124 in die ursprüngliche Lage, wechselt aber erneut den Oktavraum, um für die sieben großen letzten Takte ab T. 131 höher zu beginnen als im ersten A-Teil und danach die Führung an die Mittelstimmen abzugeben, die sich in zwei Oktaven gleichzeitig bewegen. Auf diese Weise schafft der letzte A-Teil ab T. 115 besetzungstechnisch etwas wie eine Synthese für alle drei A-Teile zusammen.

Zum ersten Mal könnte in T. 137 ein allgemeiner Schluss erreicht sein, bliebe nicht alle Bewegung in Wiederholung des Es^7-Klangs bei der Dominante stehen. Die letzte Figur der ersten Geige, bekannt schon aus der Stimme der zweiten Geige von T. 23, tönt fast fragend ein erstes Mal nach, und noch ein zweites Mal im Violoncello. Einen Schluss für den Satz will Beethoven nicht bilden, ohne in den A-Teil Momente des B-Teils aufgenommen zu haben. So setzen in T. 139 nochmals seine ersten vier as-Moll-Takte ein, um danach in die Melodie des A-Teils überzugehen. Mit einem zusätzlichen Auftakt versehen, der gewissermaßen den ausstehenden Quartschritt eines kadenzierenden Basses nachliefert, setzt das Violoncello beim »Abgesang« der letzten sieben Takte des Hauptthemas fort und wird im gestaffelten Einsatz imitatorischer Anspielungen von der ersten Geige abgelöst. Sie führt den »Abgesang« in T. 145 mit seinem dritten Takt fort, den angefangenen Viertakter vervollständigend, weicht dem fünften Takt in einer Auflösung allen Zusammenhangs und einem Zerfall in Einzelmomente jedoch aus.

Den periodisch abgesteckten Bau fortzuführen und nach 150 Takten zu beschließen, war mit einem zielgerichtet prozesshaften Denken nach der Art Beethovens offenkundig nicht vereinbar. Die Grundelemente mussten erst wieder neu sortiert und zusammengefügt werden. In T. 150 zeichnet sich immerhin der kadenzierende Quartsextakkord samt seinem Fortschreiten in die Dominante ab, in die als schmerzlicher Nachklang des as-Moll in T. 152–154 noch ein *fes²* der Bratsche hineintönt. Erst wenn es zum *es²* nachgibt, wird der Weg für den melodischen Schluss-Schritt *b-as* von T. 23–24 frei, begangen zunächst vom Violoncello (T. 155–156), in längeren Notenwerten von Bratsche und zweiter Geige wiederholt (T. 156–159) und dann im Zeichen des Sich-Verlierens doch seiner Dominanz beraubt. Wenn der As-Dur-Dreiklang in nochmaliger Überwindung des as-Moll ein letztes Mal aus der Es⁷-Dominante hervorgeht, fehlt, historisch gesprochen, in T. 163–166 gerade die »clausula tenorizans« als Hauptträger aller Kadenz. Rhythmisch arbeitet Beethoven nur noch mit den kleinen Impulsen von zwei Tönen. In T. 160 und 161 gruppieren sie sich in Achteln am Taktbeginn, vergrößern sich im nächsten Taktpaar auf zwei punktierte Viertel und sortieren sich im Piano von T. 164 grundlegend neu. Denn das zweite Achtel verwandelt sich abwartend in einen Auftakt zur nächsten Eins. So sind die zwei Grundgesten des Themas aus T. 2–9 still erinnert. Mit dem Morendo verspätet sich das Folgeachtel jeweils um eine Zählzeit mehr, bis sich ganz zuletzt die Grundelemente neu zu einer dreitönigen Folge stumpfen Schlusses ordnen. Der Weg führt von ♫ zu ♪ | ♪ und schließlich kombiniert zu ♫ | ♪. Die letzte Figur verbindet den Schluss von T. 21 und sein einzelnes *as¹* mit den zwei Achteln des Vorspanns, der so zum Nachspann wird.

3. PRESTO – PIÙ PRESTO QUASI PRESTISSIMO – TEMPO I – PIÙ PRESTO QUASI PRESTISSIMO – TEMPO I.

Der dritte Satz, als Scherzo von der gewohnten Grundtonart in die Mollparallele c-Moll versetzt, eilt unter der Vorschrift »leggieramente« rasch dahin, legt aber die Leichtigkeit immer wieder ab und entpuppt sich als ein Satz von einigen Derbheiten, so wenn das Violoncello die Achtelfigur ♫♫ | ♩ in T. 3–4 zu Vierteln ♩ ♩ ♩ | ♩ vergröbert oder das Eingangsmotiv nach dem Doppelstrich sich immer nur selbst wiederholt, vor allem aber im Trio mit seinem rabiaten Skalenthema und einem grobschlächtigen Kontrapunkt. Das Trio erscheint wie im e-Moll-Quartett op. 59 Nr. 2 doppelt, der Hauptteil somit einrahmend dreifach.

Ein mutwilliges Spiel betreibt Beethoven primär in der Metrik. Nach einem Viertakter im Forte folgt eine Gruppe im Piano, die in den Oberstimmen schon nach drei Takten zum Ende kommt, im Violoncello jedoch erst nach vier Takten. Die Viertaktigkeit steht erneut infrage, wenn beim plötzlichen Schwenk nach Des-Dur in T. 17 das neue und weiter ausgreifende Motiv im siebten Takt schließt und ein Takt in den Unterstimmen allein folgen muss, der mit dem separierten Grundbaustein die quadratische Ordnung doch noch herstellt. Bei der Wiederholung kappt Beethoven mit einem Weiterlaufen der Achtel potenziell den siebten Takt. Spätestens am Forte-Einsatz in T. 37 wird deutlich, dass die Zweierzählung in Einheiten von sechs Takten nach Art von »Tacterstickung« de facto in T. 31 begonnen hat. Sechsergruppen in der Folge von 6 + 6 bestimmen in T. 37–48 auch die Folgeabschnitte mit einem neuen und vorsichtig kantablen Motiv ab T. 43, das jedoch permanent vom Grundrhythmus der auftaktigen Achtel in der zweiten Geige verfolgt wird, bei der vergrößerten Wiederholung ab T. 49 von den Achteln im Violoncello. Syntaktische Pointe bleibt, dass die Zweierzählungen impulsartig wie in T. 56 und 61 immer an den Endungsstellen beginnen, sodass in T. 77 der entscheidende Schlusston im Forte außerhalb der letzten Viertaktgruppe im *sempre pp* liegt.

Das Trio knüpft motivisch an die Mittelstimmen vom Anfang des Scherzos an und ist unter der Angabe »si ha s'immaginar la battuta di 6/8« auch im Tempo auf den ersten Teil bezogen. Im 6/8-Takt würde die Binnenstruktur eines fast mechanischen Terzfalls c^1-*a*-*f*-*d* bei den Vierteln noch deutlicher, weil die Rückungen ausschließlich am Beginn der Großtakte stünden. Im vorzeichenlosen C-Dur hat das Trio Züge einer Schülerarbeit im Kontrapunkt und parodiert sich selbst im hohen Tempo und einem aufdringlich widerborstigen Fortissimo. Zudem hat es als Kuriosum, dass die Themen, getrennt auch noch durch eine Pause, vergleichbar dem Trio von op. 59 Nr. 2 immer zu Ende kommen, bevor der nächste Einsatz erfolgt. So kann Beethoven die Großteile tonal beliebig hin- und herschieben. Der letzte Einsatz ab T. 138 moduliert ausnahmsweise einmal nicht und schließt im gleichen C, in dem er begonnen hat, sogar in Überbrückung der Pause und gefolgt von einem weiteren C-Dur-Einsatz in T. 154, der sich allerdings an einem verminderten Septakkord festläuft. Mit ihm ist der Hauptteil des Scherzos zur Wiederkehr aufgefordert.

Auch wenn Beethoven auf die Überschrift »Scherzo« verzichtet hat, kann doch kaum ein Zweifel daran bestehen, dass er eine Art Buffo-Stück als ein Zwischenspiel wie in Shakespeares *Sommernachtstraum*, »performed by the clowns«, von Schlegel mit »Rüpel« übersetzt, ins Quartett einbauen wollte. Insofern darf man an den Derbheiten sein Vergnügen haben.

Der Charakter des Satzes ändert sich erst beim letzten Auftreten des Hauptteils, weil die Dynamik geändert ist und Beethoven den ersten Teil komplett im Forte herausschreien, den größeren zweiten aber durchgängig im Piano flüstern lässt, am Ende sogar im *ppp* aller Stimmen. In der Folge verwandelt sich der Satz vollkommen. Seine ab T. 403 ständig absinkenden Achtel laufen ab T. 415 nur noch im Violoncello weiter. Nach erneuter Berührung des Des-Dur deutet sich erst ganz schwach, aber dann wiederholt in T. 442–443 und 446–447 durch den Schritt *ces²-b¹* der Bratsche ein B-Klang in Halbschlussfunktion an, der zwar von einem es-Moll herkommt, aber immer auch den Dur-Austausch als Option in sich birgt. Dieses Es-Dur wird in T. 447 erstmals vom *c* des Violoncellos verheißen. Gleichzeitig kehrt sich die Richtung in der Achtelbewegung um. In dieser neuen Form geht sie in vielfachem Wechsel auch auf die anderen Stimmen über, gewinnt an Lieblichkeit durch Terzen und bleibt zuletzt beim Quintsextakkord der B-Dominante stehen, ganz ausgerichtet auf das Es-Dur des Finales, das eigentliche Ziel der Coda.

4. ALLEGRETTO CON VARIAZIONI. Das Thema für die Variationen des Finales hat im Tonfall der Bescheidenheit einen sprechenden Charakter, auch wenn es lange nur ein einziges »Wort« liefert. Zum Phrasierungsmerkmal wird die Anbindung des Auftakts an die Takt-Eins, wodurch das Sechzehntel der Punktierung zu einem sensiblen und mild nachdrücklichen Ton wird, zumal er allein auf weiter Flur ist, weil keines der Begleitinstrumente über den Taktstrich hinweg seinen Ton wechselt. Der zweite Viertakter setzt sich dadurch ab, dass er nach Art gleichnamiger Pole nochmals das as^1-g^1-f^1 derselben, gerade erklungen Gestalt entgegenstellt und danach die Töne des ersten Taktes wieder aufnimmt. Die ansteigende Skala in den Einsatztönen verdichtet sich am Ende zu Achteln. Gleichzeitig vollendet sich das Thema dadurch, dass nach lauter Einzeltakten endlich ein zusammengehöriges Taktpaar erscheint und auch noch erstmals das schließende Achtel auf der Eins betont. Diese Betonung wird durch einen harmonischen Ruck noch intensiviert. Denn das so harmlos wirkende Es-Dur-Thema wendet sich unvermittelt zur Dominante der c-Moll-Parallele, die allerdings gar nicht erscheint, weil nach dem Doppelstrich eine Quintkette von Septakkorden G^7-C^7-F^7-B^7 zu Es-Dur zurückführt, auch wenn die Tonika durch den D-Dur-Akkord von T. 11 als Dominante der III. Stufe g-Moll nochmals kurz infrage steht. Doch mit dem punktierten Auftakt in allen Stimmen ist der Satz wieder auf die Haupttonart Es-Dur ausgerichtet und kann die acht Takte des Themas erneut entfalten.

Die Sequenzkette, die den Viertakter nach dem Doppelstrich füllt, war die Basis für eine fallende Skala des Themas in durchgängigem

Legato. Mit der kleinen Reprise en miniature im Auftakt zu T. 13 wechselt die Richtung im Alternieren von Ab und Auf. Der letzte Viertakter hat dann jedoch als formale Pointe, dass er melodisch auf den allerersten Viertakter des Themas zurückkommt. Zum kräftigeren Ton des Forte gehört diesmal, dass im letzten Themen-Achttakter der Rhythmus der Oberstimme auf alle Instrumente übergeht.

Variation 1 sieht vom Legato des Themas ganz ab und geht nur nebenbei auf dessen Sekundschritte ein, so auf das $as^1\text{-}g^1\text{-}f^1$ im vierten Takt der ersten Geige und das *es-d-c* samt Folgenoten des Violoncellos vom sechsten bis achten Takt. Für das Tertium comparationis zwischen Thema und Variation ist das beibehaltene harmonische Gerüst zuständig. Der gänzlich veränderte Charakter hat seine eigene Geste ganz am Ende im folgenreich nachschlagenden Achtel *Es* des Violoncellos.

Die Bratschen-Variation 2 zeichnet in ihren sanften Triolen die Töne des Themas liebevoll nach und verlässt sie zugunsten einer eigenen Formel nur für den Zweitakter vor dem Doppelstrich. Danach geht der melodische Faden verloren, zumal die Harmonieschritte mit dem *Ges* des Violoncellos modifiziert sind, wird aber neu beim Achttakter der kleinen Reprise geknüpft.

An die Paarbildung bei den Variationen im Wechsel von Forte und Piano hält sich Beethoven auch im weiteren Verlauf. Variation 3 bindet die Sekundbewegungen des Themas in Sechzehntelketten, die jeweils ihren Widerpart in den versetzten Achteln der Oktaven von erster Geige und Bratsche haben. Das nachschlagende Achtel von Variation 1 hat sich zu einem regelrechten Gegenmotiv gemausert. Den Repriseneffekt verlegt Beethoven nach Sechzehntelgruppen, die durch alle Instrumente laufen, auf den abschließenden Viertakter und lässt das letzte Wort dem Nachschlag, der sich zum vollen Dreiklang ausweitet.

Variation 4 gewinnt seine Melodielinie in der ersten Geige durch Überspringen der Sechzehntel aus dem Thema selbst und lässt die Weise einen leicht sakralen Ton im kirchentonal wirkenden G-Dur-Schluss finden, der seine eigene Dominante hat und sich so von der früheren c-Moll-Bindung löst. Was im Thema erst nach dem Doppelstrich mit dem Auslaufen zum dominantischen D-Dur-Klang gefordert war, ist so noch im ersten Teil eingelöst. Ganz neu und bezeichnend für den sanften Charakter ist am Ende der melodische Terzfall in die Tonika Es-Dur fern aller Primärklauseln einer Kadenz.

Variation 5 strebt nach einem heroischen Ton, der dem Thema selbst eher fremd ist. Entsprechend wird seine kantable Auftaktfigur zu einem stoßartigen und durchgängig beibehaltenen Rhythmus ♪| ♫ verändert. Neben dem metrischen und harmonischen Gerüst bleibt aber immerhin auch ein melodischer Zug erhalten. Denn die kampfbetont herausfordernden langen Töne halten sich unter Oktavverlegungen mit *b-es-c-as-(f)-b* getreu an die Einsatztöne der ersten sechs Takte der Grundmelodie, ersetzen das dort wiederholte *as* nur durch den Endton *f* der kleinen Phrase. Auch nach dem Doppelstrich zeichnet die erste Geige im *g-f-es* die Konturen des Themas nach und lässt sie noch im letzten Viertakter ahnen. Als Konstante aller Forte-Variationen bleibt der entschlossene Achtelnachschlag.

Am weitesten vom Thema entfernt sich Variation 6. Sie erweitert den ersten Teil durch einen Vorspann im Violoncello auf zehn Takte, bettet in T. 128 zwar durchgängig ein leiterfremdes *h* ein, vorher Terzton im G-Klang, verzichtet aber auf den Modulationsschritt vor dem Doppelstrich und bleibt, dem Gebot des verharrenden Bastones folgend, bei Es-Dur. Für den Klangwechsel nach dem Doppelstrich sorgt die Rückung des Basses nach *Des*, dem auch die Klangbildung mit dem Des-Dur nach vier Takten folgt. Den Reprisenpunkt mit Rückkehr zum *Es*, das wie sonst auch schon zum latenten Auftakt in der Mitte von T. 138 eintritt, verlegt Beethoven in Analogie zu Variation 3 auf den letzten Viertakter.

In den Achteln der Oberstimmen erinnert Beethoven melodisch an Begleitfiguren der Variation 4, variiert also nicht nur das Thema, sondern auch eine Variation. Aus den Achteln formt er weiter abwandelnd eine Melodie für die große Coda, die bei der Wiederholung in Variation 6 anstelle des Schlusstaktes eintritt. Die Coda blieb als die gewissermaßen schwierigste Aufgabe in einem Variationensatz, wenn er der Funktion eines Finales für das ganze Quartett gerecht werden sollte.

Die Schlussmelodie einer unbenannten Variation 7, die sich zur Coda weitet, wandert in viertaktigen Einheiten ab T. 143 von der Bratsche zu den Geigen in Oktaven sowie zuletzt zum Violoncello und entwickelt sich, angestoßen von einem Septakkord, der die C^7-Dominante der Sequenzgruppe reaktiviert, in der ersten Geige ab T. 154 fort mit dem Ziel eines zusammenfassenden Schlusses. Dieser Schluss rückt mit dem Quartsextakkord von T. 157 nahe, wird aber durch den erneuten Septakkord aufgehalten und darf sich dafür über eine kleine melodische

Variante, den Triolen der Begleitung angepasst, umso gewisser in T. 162 einstellen, nämlich mit Triller und Gegenoktaven von Melodie und Bass, ein Schluss, der am Ende von großen Arien seinen eigentlichen Ort hat.

Was folgt, ist zwar kein Ritornell, hat mit ihm aber die Aufgabe einer Bestätigung des Schlusses gemeinsam. Zweimal, erneut vom verminderten Septakkord ausgehend, den Crescendo-Angaben besonders hervorheben, soll sich die Es-Dur-Tonika wieder einfinden, entspricht in T. 166 auch den Erwartungen, entzieht sich ihnen aber in T. 169. Die Triolenfigur der ersten Geige bricht beim f^2 ab. Ersatzweise deutet Beethoven in einem Akt selbstgewissen Eingreifens eine weitere Variation an, die in beschleunigten Sechzehntelfiguren das Thema in seinen Konturtönen und Echofiguren nochmals nachzeichnet, jedenfalls seinen ersten Achttakter, und zwar in der Version mit dem Tonika-Schluss, wie ihn Variation 6 vorgebildet hatte. Die Wiederholung des Achttakters wechselt zu sich beschleunigenden Triolen aus dieser Variation 6 und mündet mit der Es-Dur-Tonika von T. 185 in ein wildes Allegro von Sechzehnteln der Variation 3, das den melodischen Konturen und der achttaktigen Ausdehnung nach ein drittes Mal den ersten Teil des Themas präsentiert. Danach genügen in der lakonischen Geste eines »Das war's« zwei Piano-Takte. Sie verwenden den besonderen Terzschluss der Variation 4.

Die Variationsform ist zwar kein Schwergewicht im Sinne finaler Steigerung in einem viersätzigen Zyklus. Aber sie hat den entscheidenden Vorzug, dass sie unterschiedliche Charaktere zur Darstellung bringen kann. Diese Vielfalt ist wiederum ein Wesensmerkmal des Es-Dur-Quartetts op. 74 generell. Was schon im F-Dur-Quartett op. 18 Nr. 1 mit seinen extrem auseinanderstrebenden Sätzen angelegt ist, erscheint in op. 74 fast noch gesteigert. Wenn sich im ersten Satz, im Adagio, im Scherzo und im Thema des Finales auf einer imaginären Bühne ganz verschiedene Personen sprechend und agierend vernehmen lassen, bedeuten die Variationen von op. 74 die ideale letzte gemeinsame Szene für das Werk im Ganzen. Zudem ist die exquisite Coda in ihren konstruktiven Zügen stark genug, um auch Sätze zur Einheit zusammenzubinden, die nicht der schlichten Reihungsform von Variationen folgen.

Streichquartett in f-Moll op. 95 (1810/11, Erstdruck 1816)

Das f-Moll-Quartett fällt gewissermaßen mit der Tür ins Haus und hat es auch sonst in stupender Kürze eilig. So gibt es keinen wirklich »langsamen« Satz. An seiner Stelle steht ein »Allegretto ma non troppo«. Sprechend sind auch die Zusatzbezeichnungen bei den Ecksätzen: »con brio« und »agitato«. Das Scherzo verlangt ohnehin ein »Allegro assai vivace« und am Ende noch ein »Più Allegro«. Die Sätze sind in einem gemeinsamen stürmischen Charakter näher beisammen als die sehr verschiedenen im Es-Dur-Quartett op. 74. Eine Sonderstellung, die auch in der Tonart D-Dur deutlich wird, kommt allein dem Allegretto des zweiten Satzes zu.

1. ALLEGRO CON BRIO. Der erste Themenkomplex des Kopfsatzes hat besondere Eigenheiten in der tonalen und syntaktischen Ordnung. Das explosionsartige Eröffnungsmotto, dessen schnelle Bewegung mit kurzen Notenwerten sich abtaktig an den Anfang drängt, wird in T. 6 einen Halbton nach oben nach Ges-Dur gerückt. Beethoven setzt wie schon im früheren Moll-Quartett op. 59 Nr. 2 auf die tonartsprengende kleine Obersekund, sorgt diesmal aber unmittelbar für einen melodisch-harmonischen Anschluss, um den Ausbruch wieder einzufangen. Das Hauptmotiv, das dem Violoncello allein überlassen ist, wird akkordisch begleitet und erhält bei den Achteln einen neuen Sforzato-Akzent. Der ursprünglich zweitaktige Baustein wird um zehn Takte erweitert, die harmonisch über die C^7-Dominante die Tonart zurückholen und am Ende auf den f-Moll-Dreiklang hinkadenzieren. Am Kadenzpunkt T. 18 zwingt Beethoven den Satz mit dem Eröffnungsmotto an den Anfang zurück, gibt ihm zum zweiten Takt in Verdichtung der Sechzehntel jedoch einen neuen Antrieb, um das »fremde« *ges* in eine sich vergrößernde Skala von *c-d-e-f...ges...g* einzubauen, die sich mit dem *g* in T. 20 auf Sechzehntel beschleunigt, im dreifachen Anstoß auf *c* zielt und von diesem eine ganze Oktav abwärts bis zum *C* läuft. Im Erreichen des *C* über den Halbton von oben zeichnet sich vage ein Halbschluss ab, mit dem der Hauptsatz auch schon an sein Ende gelangt ist.

Ansätze zu einer Durchführung hat schon der mittlere kleine Abschnitt. Das Haupterkennungsmerkmal der wilden Sechzehntel ist ab T. 10–11 in die Akkordbrechungen des Violoncellos eingearbeitet und gibt sich in gleicher Positionierung bei der Takt-Zwei in der Bratsche ab T. 13

auch intervallisch zu erkennen, einen aufsteigenden Bass markierend. Folge der konzentrierten Bauweise ist, dass Bausteine sich bestenfalls ähneln, aber nie gleich oder lediglich sequenziert sind. Dazu gehört schon die Gegenüberstellung von zwei und drei Takten am Anfang, die gar nichts Gemeinsames haben. Die Oktaven und die Punktierungen von T. 3–5 werden ihr Potenzial erst in der Durchführung entfalten. Quasi nebenher arbeitet Beethoven noch ein völlig gegensätzliches Element heraus: eine Kantilene der ersten Geige, die mit den langgezogenen Vorhalten in T. 9 und 11 Gesangscharakter hat und ihn erst in T. 17 unmittelbar vor dem Unisono in der scharfen Punktierung wieder verliert.

Zum Tempo des Satzes gehört in formal größeren Dimensionen, dass Haupt- und Seitensatz sich nicht voneinander trennen. Es gibt im Vorfeld zwar den Halbschluss von T. 21, nur ist er tonal nicht auf den Seitensatz, sondern den Hauptsatz gerichtet. Doch allein mit dem einen Zusatzton der Sexte *as* anstelle der Quinte *g* der ersten Geige ändert Beethoven im Handumdrehen die Ausrichtung und schafft in T. 21 mit dem As^7-Klang eine nächste Dominante. Der kritische Ton *ges* hat so als charakteristische Septim eine neue Bestimmung gefunden. Und nur deshalb steht der Seitensatz, der in T. 24 mit dem Bratschenthema beginnt, nicht im normalen As-Dur einer III. Stufe von f-Moll, sondern im Des-Dur der VI. Stufe. Über die tonale Verschränkung von Haupt- und Seitensatz hinaus gibt es als besonderen Effekt der Zusammengehörigkeit auch noch eine melodische Klammer. Denn die in T. 17 abgebrochene Kantilene der ersten Geige findet als Gegenstimme zum eigentlichen Thema des Seitensatzes ab T. 26 eine unerwartete Fortsetzung.

Das neue Thema unterscheidet sich in sanft bremsenden Triolen, vor allem aber in einem erstmals kontinuierlichen Entwicklungszusammenhang von den Bausteinen des Hauptsatzes. Von der Bratsche begonnen wiederholt sich das Thema mit seinen offenen Zweitaktgruppen ohne Ansteuern innehaltender Endungsfiguren in Violoncello und zweiter Geige, kehrt in intervallischen Umstellungen zur Gewinnung stufenweisen Anstiegs nochmals ins Violoncello zurück und nagelt in T. 34 den As^7-Klang in Erinnerung an den Akzent von T. 6 auf der Takt-Zwei geradezu fest. Das bringt sofort in der zweiten Geige, danach auch in der Bratsche, die Sechzehntel zurück, sodass Haupt- und Seitensatz zu verschmelzen beginnen. Die alte Halbtonverschiebung geht harmonisch in T. 37–38 auf die Rückung As-A über, wobei die Sechzehntelskalen von

T. 20 ihre Richtung umkehren. An den leiterfremden Tönen *a* und *d* brechen sie mit nochmaliger Betonung der Takt-Zwei ab. Ein Piano-Anhang in Verwandlung der alten Kantilene rückt die Verstellung durch enharmonischen Austausch von *fis* und *ges* wieder zurecht und kadenziert im vierten Takt beim gültigen Des-Dur.

Zum ersten Mal nimmt Beethoven sich nun etwas Zeit und lässt in T. 43 für einen Moment die Ruhe einer Schlussgruppe eintreten. Melodisch gibt T. 14 der »Rückholzone« mit einem Ausschnitt aus der Geigenkantilene den Anstoß für sich wiederholende Takte, wie dort grundiert von den Sechzehnteln, die diesmal in den Unterstimmen grummeln und alle Heftigkeit verloren haben. Der Ruheeffekt stellt sich zwölf Takte später ein zweites Mal ein. Diesmal wird die neue Halbtonverschiebung Des-D von T. 48–49 rückgängig gemacht und in T. 54 Des-Dur mit den gleichen fünf Takten vom Anfang der Schlussgruppe wiedergewonnen. Danach scheint die Bewegung echoartig in Verkürzung auszupendeln.

Mit einem Fortissimo-Schlag macht Beethoven in T. 60 der kurzen Idylle ein Ende und eröffnet vorbereitungslos die Durchführung. Noch selten dürfte ein Dur-Dreiklang so dröhnend fremdartig geklungen haben wie bei diesem Durchführungsbeginn. Eine Expositionswiederholung ist gestrichen. Das Motto, das man zwar erwarten durfte, aber irgendwann später, beherrscht wieder die Szene, zunächst machtvoll allein im Violoncello. In der Bratsche erobern sich die Sechzehntel erstmals seit T. 34 wieder die Takt-Vier, sodass sie komplementär zu allen Zählzeiten präsent sind. Die harmonische Progression produziert dazu eine Orgie an ausgedehnten verminderten Septakkorden. Sie setzen sich auch im weiteren Verlauf der Durchführung fort. Vorher finden sich aber in T. 65 erst alle Unterstimmen zusammen, um in jenen Wendetakt zu leiten, mit dem die Punktierungen und Oktaven aus den Takten 3–5 zum Leben erwachen.

Die größte Merkwürdigkeit schafft Beethoven in der Verweigerung tonaler Entwicklung. Gegen alle Praxis wird nirgendwo eine neue Tonstufe als Fernpunkt angesteuert. Mit dem Oktavmotiv in T. 66 erscheint vielmehr die alte Dominante von f-Moll – und jeder Ton im steigenden Bass, der zum f-Moll-Dreiklang gehört, ruft ihn auch hervor. In einem harmonischen Quintschrittgefälle ab T. 73 mit »Wechseldominante – Dominante – Tonika« wird f-Moll in T. 76 dann nicht nur nebenbei, sondern ganz förmlich erreicht. Danach erscheint in der zweiten Geige ein völlig neues gesangvolles Motiv, der früheren Geigenkantilene nur in den Notenwerten verwandt und mit der Oktav jenes Element aus T. 3 aufgreifend, das in der Durchführung Prominenz erhalten hatte. In der harmonischen Orientierung läuft die neue Melodie dreifach auf den Dominantklang C hin. Aus ihm geht letztlich in T. 82 die Reprise hervor.

Die mehr als ungewöhnliche Dominanz der Haupttonart f-Moll während der ganzen Durchführung, deren Aufgabe es historisch gewesen war, die Grundtonart zu verlassen und den Tonraum zu weiten, hat Auswirkungen auf Reprise und Coda. Mit der Reprise ist die Satzentwicklung schon bei der Endphase des Hauptsatzes angelangt. Weil das f-Moll als Tonart nicht mehr lange zu explizieren war, springt Beethoven, das Tempo im Formverlauf anziehend, von T. 2 gleich zu T. 19 aus dem Schluss-Baustein des Unisono. Der Hauptsatz wiederum, von dem überhaupt nur vier Takte erhalten bleiben, beweist erneut seine Bindung an den Seitensatz, weil bis hin zum Bratscheneinsatz in T. 89–90 die Reprise tongetreu der Exposition folgt, das Des-Dur also nicht wie üblich im Sinne tonaler Vereinheitlichung ersetzt wird. Erst mit dem Einsatz der zweiten Geige in T. 93 richtet Beethoven den Satz auf F-Dur aus – ein F-Dur, das in T. 60 wie ein Fremdkörper gewirkt hatte und jetzt ganz unbeschwert und heiter daherkommt. In diesem Schwenk liegt der wahre Wechseleffekt auf dem Weg von der Durchführung zur Reprise. Folgerichtig erscheint das gewandelte F-Dur zweifach auch in der Schlussgruppe in T. 112 und 123.

Die tonale Sonderkonstellation hat einen weiteren ungewöhnlichen Effekt bei der Coda. Denn in T. 129 bricht nochmals das Des-Dur herein, der Bezugsklang des Seitensatzes, verbunden jetzt mit dem Thema des Hauptsatzes. Standen in T. 59–60 Des-Dur und F-Dur gegeneinander, so jetzt in Vertauschung F-Dur und Des-Dur. Die tonale Polarität unter dem Vorzeichen chromatischer Verschiebungen verbunden mit der Halbtonrückung *f/ges*, die in der Schlussgruppe klangliche Dimensionen annimmt, ist, wie nochmals deutlich wird, Angelegenheit der Exposition *und* der Reprise. Nur deshalb kann Beethoven auf Modulationen in der Durchführung verzichten. Durchführung und Exposition tauschen unter Gesichtspunkten harmonischer Prozesse geradezu ihre Aufgaben. In diesem Merkmal steht das f-Moll-Quartett völlig für sich allein.

Gegen die Konventionen von Form und Tonart opponiert Beethoven auch in der Coda. Denn nach einer Wendung zur Durvariante in einem

Mollsatz ist der Rückweg ins Moll gewöhnlich versperrt. Die Coda öffnet jedoch gerade diesen Weg fast gewaltsam. Sie gewinnt Raum durch Vervielfachung der Achtel aus dem Eröffnungsmotto, in dem sich bisher immer nur die Sechzehntel verselbstständigt hatten. Unter Erneuerung der Akzente auf der Takt-Zwei folgen ab T. 131 große Dreiklangsbrechungen und reaktivieren nach vier Takten Des-Dur das kadenzvorbereitende Modell harmonischer Progression aus der Durchführung mit »Wechseldominante – Dominante« (T. 133–135). Am Platz der Tonika in T. 138, die nach dem Des-Dur des Coda-Beginns wieder unausweichlich die Mollform annimmt, kehren in drastischen Oktaven die Sechzehntel zurück und verbinden sich simultan mit den neuen Achteln, um in der Bratsche ab T. 140 bei der immer gleichen Formel mit dem Anfangston f im außerordentlichen klanglichen Fortissimo-Effekt eines nur dreistimmigen Satzes ohne Bass hängen zu bleiben. Wenn sich die Sechzehntel in T. 144 zur Kette vom Beginn der Schlussgruppe verbinden, tritt auch deren beruhigende Wirkung in einem Diminuendo wieder ein. Das Thema gibt in einem nur noch zweistimmigen Satz seine Heftigkeit auf und mündet in T. 148 kraftlos und kadenzlos in den Grundton f. Den gültigen Kadenzschritt stellt Beethoven im Nachhinein eigens für sich, eingeleitet jeweils von einer Figur des Violoncellos, die den Ton des in seiner Sonderrolle für den Satz nochmals anklingen lässt. Zum letzten Zweitakter, wenn Violoncellofigur und Kadenzakkorde kombiniert werden, treffen sich alle Stimmen im gemeinsamen Schritt eines c-f, Zentraltöne von f-Moll und gleichzeitig Repräsentanten von Dominante und Tonika.

Wer den »verarbeitenden« Beethoven besonders schätzt, kann im ersten Allegro des f-Moll-Quartetts op. 95 ein spektakuläres Musterstück auf extrem engem Raum finden. Der Satz wird verlässlich Lieblingsobjekt analytischer Bemühungen bleiben. Wer Klangsinnlichkeit und Vielfalt an Tönen und Tönungen liebt, wird den ersten Satz des Es-Dur-Quartetts op. 74 bevorzugen. Bei den zweiten Sätzen wäre eine Entscheidung ungleich schwieriger. Sie sind in beiden Quartetten das innere Zentrum und stehen sich, ungeachtet ihrer Verschiedenheit, an Ausdruck und kompositorischer Feinheit in nichts nach.

2. ALLEGRETTO MA NON TROPPO. Das Allegretto an zweiter Stelle im Quartett operiert mit drei verschiedenen Elementen, die sich in den vier

Abschnitten des Satzes unterschiedlich verbinden. Diese Abschnitte folgen nach den Regeln harmonischer Entwicklung aufeinander. Abschnitt 1 (T. 1–34) beginnt und endet in der Grundtonart D-Dur. Abschnitt 2 (T. 35–64) beginnt im gleichen D-Dur, moduliert aber gegen Ende mit As-Dur in einen neuen Bereich. Abschnitt 3 (T. 65–111) geht durchführungsartig von dem As-Dur aus und führt über verschiedene neue Stufen ins D-Dur zurück. Abschnitt 4 (T. 112–192) hat dann mit dem erneuerten D-Dur Züge einer Reprise.

Drei der vier Abschnitte gehen von Element I aus, nämlich einem für sich gestellten sinkenden Bass, dessen einzelne Töne Beethoven in aufwendiger Notierung sehr prononciert vorgetragen wissen wollte. Als Element II erscheint in T. 5 eine äußerlich schlichte, allerdings sehr kunstvoll begleitete gesangliche Melodie, auf Element I sehr subtil bezogen, weil die Achtel der ersten Geige von T. 6 auf die Schlussformel des Bassmodells eingehen. Element III nach Art eines Fugatos mit einem Subjekt weich gebundener und ebenfalls singender Noten ist Abschnitt 2 vorbehalten. Abschnitt 3 kombiniert erstmals Elemente, wenn er den schreitenden Bass mit Liegetönen eines Kontrapunkts in großräumig fallenden Sekunden verbindet. Profil gewinnen die neuen verhaltenen Stimmen im Quintschritt der Bratsche in T. 67–68 und 71–72. Nach der kleinen Vorbereitung wiederholt sich Element III mit einem erweiterten Fugato, das die vokale Hauptlinie ab T. 78 mit instrumentalen Figuren anreichert. Abschnitt 4 verbindet dann erstmals die Elemente I und III, wenn sich an der schlichten Gesangsmelodie und ihrer Entfaltung ab T. 144 auch das kantable Fugatosubjekt beteiligt.

Die Form orientiert sich in tonalen Stationen und einem prozesshaften Steigerungsverlauf am Vorbild des Sonatensatzes, ohne mit ihm aber deckungsgleich zu werden, weil Abschnitt 2 einem Seitensatz so gar nicht entsprechen will.

Die schlichte Hauptmelodie beginnt und beendet ihren Bogen von acht Takten mit verhalten langgedehnten Noten und belebt sich rhythmisch allein in der kleinen Mittelzone. Die Begleitung hingegen beruht auf dem Eigenwert eines jeden einzelnen Achtels. Deren Eigensinn macht sich früh im c^1 zur Hervorhebung der Moll-Subdominante bemerkbar, bei der die Melodie zu Ende des Vordersatzes in T. 8 ihren Hauptakzent hat. Wie kleinräumig dicht die Bewegung ist, zeigt sich daran, dass der eine alterierte Melodieton b^1 gleich zweifach harmonisch unterlegt ist, mit dem g-Moll der Subdominante und dem A-Dur der Dominante. Alternativ sorgen für den Fluss der Achtel rein linear wirksame chromatische Nebentöne wie das *dis¹* der Bratsche in T. 10. Zur Betonung des Schluss-Schritts *h¹-a¹* in Veränderung des vorausgehenden *b¹-a¹* der ersten Geige intensiviert sich die harmonische Bewegung erneut, weil dem verstellten Quartsextakkord in Molltönung von T. 12 ein verminderter Septakkord vorausgeht. Die Melodie gewinnt so in der Verdoppelung von Dur und Moll eine Intensität des Ausdrucks, die man ihr allein gar nicht ansähe.

Der Rang der Begleitstimmen zeigt sich bei der Fortentwicklung, die in T. 13 in der Bratsche beginnt. Ihre Töne gehen dann auch in die erste Geige über, wo die Begleitmuster unter Vergrößerung der Intervalle überhaupt Bestandteil der Melodie selbst werden. Die Schlussbildung vergrößert Beethoven, indem er zweimal den D-Dur-Akkord trotz des eintretenden *D* im Bass mit einem verminderten Septakkord und dem fahlen Echo eines richtigen *d¹* bei leerer Saite und gegriffenem Ton in der Bratsche aufhält. Erst im dritten Anlauf lässt Beethoven, nachdem Achtelfiguren in T. 29–32 imitatorisch ineinandergegriffen hatten, den Schluss samt einem Nachhall eintreten.

Das neue Thema für das Fugato von Abschnitt 2 benutzt dieselben leiterfremden Töne *c* und *b*, auf diese Weise gleichfalls die Moll-Subdominante betonend, die Zahl alterierter Töne aber noch vermehrend, sodass immer nach den Sechzehntelgruppen ein kleines chromatisches Skalenstückchen entsteht. Die Antwort in den Folgeeinsätzen ist erst tonal mit *d¹-a¹* der Violine 2, mit dem Einsatz der Violine 1 und ihrem *e²-a²* aber »schein«-real. Denn zum *a²* gehört die erste drastische tonale Brechung eines F-Dur-Quartsextakkords. Bis dahin bewegte sich der Abschnitt im Umkreis der Tonika und ihrer Oberquint. Mit einer Verlängerung des chromatischen Skalenstücks im Violoncello ab T. 53 weitet sich schrittweise der Raum. Das Thema erscheint mit den neuen Einsatztönen *d¹-g¹* und *g¹-c²*. Für das Extrem ist wieder die erste Geige zuständig und spannt eine verminderte Quint aus, deren *des³* in T. 59 in Richtung eines in T. 64 auch eintretenden As-Dur weist.

Abschnitt 3 vermehrt durch das Hinzutreten der Sechzehntelfiguren die Motive kontrapunktischer Verarbeitung, verzichtet allerdings auf das chromatische Skalenstückchen. Dafür erfährt das Grundthema des Fugatos in der Bratsche ab T. 88 eine Umkehrung, von der in T. 96–106 langgezogen unter Beteiligung auch des Violoncellos nur der sequenzierte

Quintschritt erhalten bleibt. Der Auftakt ist schließlich ab T. 106 das einzig noch übrige Element des Satzes neben den Sechzehnteln der zweiten Geige, deren Figuren sich ähnlich verkürzen und noch überhängen, wenn in T. 112 der fallende Bass nach einer Kadenz der gleichen Art wie am Ende von Abschnitt 1 den vierten Abschnitt eröffnet.

Abschnitt 4 hat Züge einer Reprise, weil Abschnitt 1 sich, wenn auch mit veränderten Oktavlagen und getauschten Stimmen, zunächst getreu einschließlich der abgebrochenen Kadenzen wiederholt. Beim dritten Anlauf, der früher ans Ende führte, verzichtet Beethoven jedoch auf die fällige Kadenz und verlängert den Satz ab T. 144 durch Anbindung einer Neuexposition des nun enggeführten Fugatosubjekts. Zum neuen Kontrapunkt werden für den kurzen Moment von T. 152 Figuren der Begleitachtel des Hauptthemas, das jedoch im Folgetakt gleich wieder selbst mit dem ersten Viertakter seines Nachsatzes im Violoncello erscheint, wiederholt von der ersten Geige. Danach weitet sich der Satz mit Verdopplung einer Punktierungsformel, die sowohl zum Hauptthema von Abschnitt 1 (T. 7) als auch zum Fugatosubjekt von Abschnitt 2 gehört (T. 35). Aus der Vergrößerung von Intervallen ab T. 162 erwächst eine eigene Coda. Das absolut Neue an ihr ist, dass zum Kadenzpunkt von T. 184 die Oberstimmen in einer chromatischen Variante Fragmente aus dem eröffnenden Bassmodell übernehmen, wenn auch mit einer Störung durch das Violoncello, das die Bildung der Kadenzdominante zunächst verhindert, dann in T. 188 aber doch vom *B* zum *A* nachgibt.

Weil Abschnitt 4 auf zwei Abschnitte zurückkommt, nämlich 1 und 2, die zudem nicht durch das Bassmodell getrennt sind, darf er die Qualität einer potenzierten Reprise mit dem Anspruch von Synthese für sich reklamieren. Der so feingliedrige und ruhige Satz entwickelt im Streben nach Zusammenfassung eine erstaunliche Innendynamik. Dennoch bleibt er von den übrigen so weit entfernt, dass Beethoven ein selbstgenügsames In-Sich-Schließen verhindert wissen wollte. Ein einziger verminderter Septakkord am Ende reißt aus nachdenklicher Versenkung und richtet die Wahrnehmung auf das folgende Allegro assai, das mit eben den Tönen dieses Akkords beginnt.

3. ALLEGRO ASSAI VIVACE MA SERIOSO. Der dritte Satz wirft wie das Eingangsallegro erst einmal einen Brocken hin, der verdaut sein möchte. Der Verlauf richtet sich wie in op. 59 Nr. 2 und op. 74 nach einem fünfteiligen

Scherzo mit doppeltem Trio. Allerdings verzichten die Großteile in Abweichung von der Normalform auf einen internen Doppelstrich mit Wiederholungszeichen und damit auch auf eine Mittelkadenz, sind zudem untereinander im Weiterlaufen von Takt und Tempo trotz extrem unterschiedlicher Faktur eng verbunden. Die Sonderbedingungen stehen im Zusammenhang mit dem ungewöhnlichen Zusatz »ma serioso« im Anschluss an die Tempobezeichnung.

Der erste Teil ist wesentlich von jenem gezackten Rhythmus geprägt, der im ersten Satz nur ein kurzes Gastspiel in Exposition und Durchführung gehabt hatte (T. 3–5 und 66–76). Jetzt, in den ¾-Takt gebracht und durch den Verzicht auf Bögen noch schärfer profiliert, überzieht er den ganzen Formabschnitt. Nach den ersten vier Motto-Takten fügen sich die Einheiten zu acht Takten, von denen unter Führung der Bratsche ab T. 13 die ersten vier Takte quintversetzt wiederholt werden, sodass die Schwerkraft einer latenten Quintkette G-c-f mit C-f-b weiter bis zur IV. Stufe in T. 15 läuft. Anfangs haben die Viertakter in der Oberstimme noch ein Schlussziel im letzten Takt (T. 8, 16), dem die anderen Stimmen sich aber nicht fügen. Ab T. 17 reihen sich dann, erstmals von der Tonika ausgehend, offene Viertakter. Den Höhepunkt eines Fortissimos von T. 25 unterstreicht gewichtig eine Verrückung des Klangzentrums von f-Moll nach Des-Dur. Wie im ersten Satz korrespondieren also I. und VI. Stufe miteinander, nicht I. und III.

Für einen dramatischen Wendepunkt sorgt der Viertakter mit Rückkehr nach f-Moll. In T. 29 und 30 wird jeweils die Eins freigestellt, mit Akzent und Vollstimmigkeit jedoch die Zwei belastet. In interner Komprimierung auf 2+2 Takte, bei der ein neues Segment isoliert wird, stehen die Akzente dann kontrapostisch gegeneinander. Dem »steigenden« Schritt einer latenten Zweierfolge ♩ ⟨ ♩ stellt sich im Betonungswechsel ein »fallender« ♩ ⟩ ♩ entgegen, sodass in T. 30–31 zwei Gesten aufeinanderprallen. Die immer unterbrochene Skala kann sich ab T. 33 in Überwindung der Viertelpause fortsetzen und betont in Komplettierung der Akzente erstmals die Zählzeit Drei des Taktes. Durch die Wiederholung in der zweiten Geige setzt sich in T. 33–36 dann ein zusammenfassender Viertakter erstmals aus zwei gleichen Teilen zusammen. Die Reduktion auf die abtaktige Grundformel zum letzten Viertakter in harmonischer Rückführung auf den reinen f-Moll-Dreiklang nimmt rhythmisch die Eingangsformel der *Fidelio*-Ouvertüre voraus, zieht aber keine Pause nach sich, sondern den sofortigen Widerspruch in Erneuerung der »steigenden« Formel ♩ ♩ .

Der Trio-Teil setzt sich in flächigem Rhythmus und großen melodischen Phrasen vom Hauptteil mit dessen streng quadratischer Ordnung von zehnmal vier Takten in der Tradition eines Tanzsatzes ab, auch wenn nach dieser Musik niemand tanzen wollte. Metrisch bewegt sich das Trio ungleich freier. Denn die große Melodie der zweiten Geige, ab T. 53 wiederholt vom Violoncello, kadenziert in rhythmischer Zuspitzung | ♩ ♩ ♩ | ♩ nach längst vergangener Menuett-Art mit kurzem Viertel beim letzten Auftakt immer in einem neunten Takt. Die geradzahlige Ordnung von insgesamt zwölf Takten stellt während einer großen Atempause erst der Überhang aus der Achtelbewegung der ersten Geige her, in sich selbst kompliziert durch eine gegenläufig geradtaktige Vierergruppierung seiner Achtelfiguren.

In der harmonischen Progression bilden sich große Klangflächen, erst mit dem bekannten Ges-Dur aus der Halbtonrückung des ersten Satzes, dann nach einem Doppelstrich und Vorzeichenwechsel in Erinnerung an den zweiten Satz mit dem extremen D-Dur einer zweifach in Grundton und Terz hochalterierten ♭VI♯. Stufe. Der zweite Melodiebogen in dieser D-Dur-Zone erweitert den Tonraum in chromatischen Schritten und künstlichen Zwischendominanten mit der Berührung der eigenen VI. Stufe h-Moll und umgeht ein abphrasierendes Ende im Interesse fortspinnender Verlängerung, die erneut auf h-Moll hinausläuft.

Von diesem distanzierten Fernpunkt im Tritonusverhältnis zur Grundtonart sucht im Schnellverfahren ein unverkennbar Beethoven'scher Übergang die Annäherung an Grundtonart und Hauptteil-Da-capo. Im Rhythmus seines Schlusstakts ♩ ♩ steht der Ton *h* in T. 99 erst ganz allein, ergänzt in T. 101 mit dem Terzton. Nur die Quint bleibt aus. Statt des *fis* erscheint das *f* eines verminderten Dreiklangs, ergänzt um das *as* eines verminderten Septakkords. Damit ist der Übergangsakkord am Ende des Allegrettos wieder erreicht. Und wie dort setzt in Klangwiederholung, aber rhythmischer Umgestaltung erneut das Scherzo ein, auch wenn Beethoven den Doppelstrich mit Vorzeichenwechsel erst acht Takte später zieht.

Vom notengetreuen Da capo weicht Beethoven erst am Ende ab, um den Übergangsrhythmus ♩ ♩ zu verdreifachen. Bei seiner Wiederkehr sehr viel stärker verändert ist das Trio. Es setzt gleich bei der D-Dur-

Zone ein, baut den zweiten Melodiebogen im Zeichen der Bratsche ab T. 157 jedoch mit einer Wendung nach c-Moll und dann nach C-Dur völlig um. Dieses C-Dur eignet sich schließlich, wie sich schon im Schlusstakt 175 abzeichnet, die Funktion der Dominante für eine Rückkehr ins f-Moll des Hauptteiles an.

Der tonalen Disposition nach übernehmen die klanglichen Entwicklungen der Trio-Abschnitte die Rolle einer Durchführung. Die fünf Teile des Satzes sind damit enger als im Scherzo üblich aufeinander bezogen. So hat die Überleitung ab T. 176 wirklich Züge der Rückleitung am Ende einer Durchführung mit Fragmenten aus dem »Hauptsatz«. Zum Reprisenpunkt eines Più Allegro macht Beethoven im Sprung zu T. 17 folgerichtig jene Stelle, die erstmals vom Tonikaklang f-Moll ausgegangen war. Am Schluss war nichts zu verändern. Er musste nur im Gewinnen seiner Takt-Eins unbehelligt bleiben.

4. LARGHETTO ESPRESSIVO – ALLEGRETTO AGITATO.

Das Finale beginnt in einem merkwürdigen Rückbezug zum Scherzo. Dessen Motto wiederholt sich dem rhythmischen Duktus nach unverändert. Nur ist es dem Takt neu zugeordnet, weil die kurzen Noten in die Position eines Auftaktes rücken, um der ersten langen Note den Vortritt bei der Takt-Eins zu lassen. Zusammen mit den intervallischen Veränderungen und der Tempoverlangsamung eines »Larghetto espressivo« gewinnt das Motto unüberhörbar sprechend-deklamierende Qualität. Es ließen sich schnell passende Worte finden, auf deren spezifischen Ausdruck der kleine Klagelaut einer halbtönigen Wechselfigur c^1-des^1-c^1 der Bratsche verweist. Die Bratsche ist es auch, die in T. 5 mit der Oktav c-c^1 einen zweiten melodischen Anlauf nimmt. Die Endungsfigur beschleunigt sich in den Geigen auf Sechzehntel, wiederholt sich, geht bei etwa gleichem Tempo in den neuen ⁶⁄₈-Takt über und beschleunigt sich in T. 9 ein zweites Mal. Mit der Umstellung der Töne zu fallenden Terzen befindet sich die Endungsformel als Anstoßfigur unversehens inmitten des Themas für das Allegretto agitato, das mit seinen Achteln in Hinführung auf den Zielton eines Viertels vokale Züge behält, sie aber mit instrumentalen Figuren verbindet.

Der latent vokale Charakter mit dem Streben nach Geschlossenheit verheißt auch schon etwas zum Formverlauf. Ein solches Thema eignet sich ungleich besser zu einem Rondo als zu einem Sonatensatz. Die eigentümliche Pointe liegt nur darin, dass Beethoven den Schluss zur Vollendung des Formbogens nie eintreten lässt. Schon in T. 18 wird er durch Sechzehntelbewegung und eine chromatische Skala auf dem klanglichen Grund der Dominante verzögert und mit dem »Trug«-Schritt ins vervielfachte *des* von T. 21 überhaupt ausgesetzt. Fragmente der Dominante melden sich nochmals zögernd in Form eines verminderten Septakkords außerhalb des Taktpulses, können aber nicht mehr erreichen als einen Neubeginn in T. 23 in f-Moll. Sieben Takte des Themas kehren tongetreu in veränderter Oktavlage wieder, das sich am Ende von T. 29 in Weiterführung durch die zweite Geige dann aber auf die Endungsfigur kapriziert, an die sich zurückkehrend auch die erste Geige kettet, bis beim Ton a^2 und seiner Oktav in T. 32 ein verminderter Septakkord mit neuer Wucht hereinbricht und jeden Gedanken an Schluss zunichtemacht.

Denn er löst die gleichen auf Abwarten zielenden Sechzehntel von T. 18 wieder aus, die nach vier Takten einen Halbton tiefer rücken und einen neuen Septakkord in T. 36 hervorrufen, der immerhin für eine Wechseldominante einstehen und so die Tonart oder zumindest ihren nächsten Nachbarn, die V. Stufe in Mollform, wieder näherbringen kann. Das c-Moll schiebt sich eigenartig im Unterlaufen eines Kadenzvorgangs in den Satz. Denn statt der Dominante als Lösung eines Quartsextakkords tritt zur chromatischen Skala in T. 44 vorzeitig und basslos die c-Moll-Tonika ein und mit ihr in zweiter Geige und Bratsche ein neu gefasstes Bruchstück aus dem Hauptthema. Die c-Moll-Episode ist nicht von langer Dauer, weil sich auf der Basis des *C* ab T. 49 durch das e^2 der ersten Geige ein Umbau in Richtung der bei T. 36 schon einmal ins Blickfeld geratenen C^7-Dominante abzeichnet. Ihr geht es ähnlich wie dem Septakkord von T. 22: Einen Schluss kann sie nicht erzwingen. Sie führt auch nur wieder an den Anfang des Themas zurück, das in T. 51 einen dritten Anlauf, und nochmals auf der Tonika f-Moll, unternimmt.

Wollte ein Hörer sich jetzt eines Formkonzepts vergewissern, könnte ihm nicht viel mehr einfallen als ein Rondo, in dem sich das Thema selbst exkursartig eingelagerte Couplets eigener Art beschert.

Der dritte Anlauf ab T. 51 verändert das Thema früher als zuvor, weil nach dem ersten Viertakter ein Spiel mit dem ersten kleinen Gesangsmotiv ♪ ♫ ♩ einsetzt, das durch die Stimmen wandert und seine Richtung ändert, wobei die unterschiedlichen Gestalten in den Außenstimmen übereinandergelegt werden. Das Ziel der harmonischen Veränderungen ist wie im ersten und dritten Satz des Quartetts in T. 67 abermals das Des-Dur der VI. Stufe, auf die sich die Anstoßtakte mit den fallenden Sechzehnteln ausrichten, in T. 71 gefolgt vom b-Moll der IV. Stufe, das für die Fortsetzung des Themas mit den artikulierenden Achteln zuständig wird. In T. 78 ist die erweiternde Ausgestaltung beim siebten Thementakt (T. 14) in Originallage angelangt, hat also das f-Moll wiedergefunden. Doch vergleichbar der Entwicklung des zweiten Abschnitts nach T. 28 führt Beethoven das Thema nochmals zu den Fortissimo-Sechzehnteln und den verminderten Akkorden, rückt sein Thema aber eine Quint tiefer, sodass in T. 90 gegenüber T. 40 wieder f-Moll gilt, das auch das kleine »Zwischenthema« ab T. 94 bestimmt. Zwei identische Entwicklungszüge sind also tonal nach Art von Exposition und Reprise mit dem Ziel einer einheitlichen Tonika angelegt. Ergebnis ist, wie es nicht anders sein kann, erneut das Zurückmünden in das Hauptthema, das in T. 98 vier Takte früher eintritt, weil Beethoven auf die Takte 48–50 verzichten kann, nachdem keine eigene Rückleitung ins f-Moll nötig war.

Im vierten und letzten Anlauf mit einer neuen harfenartigen Begleitung ab T. 98 übernimmt das Violoncello den zweiten Viertakter, der aber statt einer Wiederholung des Taktpaars 102–103 die ersten drei Achtel des Themenzugs isoliert und in T. 104–107 in einem eigenen Viertakter für sich »betrachtet«. In einer Umstellung folgen auf den verlängerten siebten Takt in T. 108 die Sechzehntel des ersten Takts. Derartige Fragmentierungen und Neuordnungen sind Techniken, die an die »zweite Durchführung« einer Coda denken lassen. Die Anstoß-Sechzehntel, deren Merkmal bisher immer ein Piano war, werden fast gewaltsam zum Forte gesteigert und klanglich einer Progression unterworfen, die ihnen harmonisch und metrisch zielgerichtet einen kadenzierenden Verlauf aufzwingt.

Es geht zuletzt um nichts anderes mehr, als doch einen Schluss zu ermöglichen. Nur bleibt weiter ein Widerstand. Denn nach jedem Viertakter mit den lapidaren Basstönen *B-c* von Subdominante und Dominante am Ende weichen die Stimmen in einem »Zurück!« aus: in T. 114 mit einem Sprung zum Des-Dur des Anfangs von T. 110 und in T. 118 mit der Wiederholung des letzten kadenzierenden Schrittes, ansetzend bei der Subdominante des Vortakts. Im Vergeblichen verliert alle Bewegung an Kraft. Jeder Schritt wird schwer. Der unfertige Kadenztakt wiederholt sich in Tieferlegung um eine Oktav. Im Diminuendo verlängert sich der Klang der Subdominante in T. 119 ebenso wie jener der Dominante in T. 121. Zwischen den Akkorden setzt auch noch der rhythmische Puls des ♩ ♪ aus. Das Forte hat also wenig bewirkt. Wenn der f-Moll-Akkord in T. 123 erscheint, dann im Zeichen vollständiger Ermattung. Es bleiben Achtel im halbtönigen Einkreisen des Tones *f* in der Bratsche und Reste der Anstoß-Sechzehntel in der zweiten Geige, bis sich zuletzt im *pp* und *ppp* alle Bewegung verliert.

Die gesamte Entwicklung des Finales steht im Zeichen des stets Unvollendeten und Unvollendbaren. Hat das Wort »agitato« bei Mozart verlässlich Konsequenzen für die Syntax, so richtet sich das Moment des Getriebenen bei Beethoven primär auf den Gesamtverlauf. Das führt zu einer Form, die sich allen bewährten Mustern entzieht. Nach Rondo-Art kehrt immer wieder das Hauptthema zurück, entfaltet sich aber stets neu in Entwicklungsschritten, die durchführungstechnische Züge haben. In der tonalen Konstellation lassen sich Momente der Sonatenreprise finden. Und selbst Eigenheiten der Variation spielen herein, wenn das Thema sich wandelt und im Vergleich von T. 23, 51 und 98 sein Begleitmuster wechselt. Sinnvoll ist die letztlich monothematische Form nur in der Abfolge von vier Abschnitten zu beschreiben, die alle vom Hauptthema ausgehen, aber ihren tonalen Rahmen und ihre weiterentwickelnden Exkurse in Korrespondenz zueinander vergrößern:

Abschnitt 1: T. 10–22	Thema f-Moll
Abschnitt 2: T. 23–50	Thema f-Moll mit Exkurs → c-Moll
Abschnitt 3: T. 51–97	Thema f-Moll/Des-Dur/b-Moll mit Exkurs → f-Moll
Abschnitt 4: T. 98–132	Thema f-Moll mit Coda

Beethoven hat fürs Finale des 5. Klavierkonzerts schon einmal ein Rondothema geschrieben, das den Ausgang nicht findet und sich am Ende regelmäßig verläuft. Hier war die Lösung eine Änderung in der Syntax gewesen, mit der das Thema in der Coda über ein Klangpendel neuen Raum gewinnt. Im Quartett op. 95 ist die Lösung eine andere, und zwar nach dem Motto: Wenn sich der anvisierte Schluss nicht finden lässt, braucht es einen vollständigen Wandel und Neuansatz. Beethoven wählte folglich im Umschwenken auf Dur, einen neuen ¢-Takt und das Allegro-Tempo einen »Rausschmeißer« nach Art einer Humoreske, wie um der eigenen Überschrift *Quartett serioso* im Autograph zu widersprechen.

Der vorher melodisch und rhythmisch so filigrane Satz begnügt sich mit gleichartigen Achteln in allen Stimmen und dem Geradeaus einfacher Skalen. Der Übermut macht sich nach der ersten erfolgreichen Kadenz von T. 151 und einer Umleitung nach C-Dur in T. 155 zudem in synkopischer Bewegung und einem Pseudo-Fugato Luft, das sich mit den Oktaven ab T. 164 in der Stimmenzahl vereinfacht und der Bratsche die simpelste aller Begleitfiguren zuteilt. In Mehrfachschüben einer quadratischen Bauweise der Ordnung 4+4+2+2+4+4 ab T. 156 triumphieren zuletzt auseinanderlaufend pure Skalen im Erreichen der oberen und unteren Grenztöne c^4 und C. Vor allem aber versichert sich der Kadenzschritt mit einer F-Dur-Tonika im Rahmen geregelter Viertakter in T. 171 und 175 zwei weitere Male seiner beschließenden Kraft. Wenn es im seriösen f-Moll nicht sein sollte, dann jetzt eben im ganz unseriösen F-Dur. Solch befreiende Scherze wird Beethoven in den späten Quartetten nicht mehr machen. Dafür genügt ein Blick auf die *Große Fuge* op. 133. Auf Witz verzichtet er allerdings keineswegs. Die Scherze werden nur subtiler. Das zeigen das Presto und Alla danza tedesca aus op. 130. Dafür dürften die Zeitgenossen einen Sinn gehabt haben, denn gerade diese Sätze mussten bei der Uraufführung wiederholt werden.

Die späten Quartette

Die Erkundung der späten Streichquartette gleicht der Reise mit einer Taucherkugel ins Verborgene und rätselhaft Unbekannte, das schon die Zeitgenossen beschäftigt hat. In einem Bericht zur ersten Aufführung des Es-Dur-Quartetts op. 127 für die Dresdner *Abend-Zeitung* heißt es: »In die tiefsten Tiefen der Tonkunst steigt er hinab.« Ein Rezensent der *Allgemeinen musikalischen Zeitung* gestand 1826 seine Ratlosigkeit angesichts des Fremdartigen der *Großen Fuge* op. 133 mit dem trefflichen und vielzitierten Wort, für ihn »war es unverständlich, wie Chinesisch«. Irritierend war möglicherweise auch das zeitweilige Umschlagen in elementarste Bordunstrukturen. Adolph Bernhard Marx als Beethoven-Enthusiast entschuldigte sein Idol in einer Rezension für die *Berliner allgemeine musikalische Zeitung* 1829 fast für »diese Figur in dreidoppelten Oktaven« aus dem Scherzo von op. 135, die »über funfzigmal wiederholt wird.«

Nach zwölf Jahren Unterbrechung hatte 1823 nochmals ein russischer Auftrag den Anstoß gegeben, diesmal von Fürst Nikolaus von Galitzin, der Beethovens Gedanken wieder auf das Schreiben von Streichquartetten lenkte. Doch löste sich Beethoven, für den durch die Rückkehr des lange abwesenden Schuppanzigh-Quartetts nach Wien die Gattung neues Interesse gewann, noch bevor er über eine konkrete Gruppierung entschied, vom Anlass und schuf eine Reihe von Werken, die für ihn selbst wichtig wurden, auch wenn er die Öffentlichkeit keineswegs ausschließen wollte und eine doppelte Publikation in Stimmen und Partitur betrieb, zuvor selbstverständlich auch seinen Auftraggeber bedachte, der als fähiger Violoncellist hoffen durfte, etwas zu tun zu bekommen. Die ihm gewidmeten Quartette op. 127, 130 und 132 bevorzugen das Violoncello zwar nicht so auffällig wie die »Preußischen Quartette« von Mozart, weil inzwischen jedes Instrument ständig für solistische Aufgaben und Melodieführung gerüstet sein musste, aber sie führen das Violoncello bevorzugt in hohe Lagen. Die Melodiekonkurrenz mit der ersten Geige wie bei Mozart zeigt sich erstmals am Anfang des Adagios und des Finales aus op. 127. In op. 132, »welches concertant für das Violoncello seyn soll«, wie es in den Konversationsheften unter dem 19. Januar 1825 heißt, dem technisch in der Tat die größten Schwierigkeiten überhaupt abverlangt werden, fällt ihm das Seitenthema bei der Reprise des ersten Satzes zu und im Finale das Hauptthema sowie Melodieoktaven mit der ersten Geige in der Endphase des Prestos.

Die Reihenfolge der Entstehung entspricht bei den späten Streichquartetten nicht den Opuszahlen. Die Arbeitsdaten lassen sich anhand der Skizzen, der Einträge in den Konversationsheften und der Erwähnung in Briefen einigermaßen sicher festlegen:

op. 127	Juli 1824 bis Januar 1825
op. 132	Februar bis Juli 1825
op. 130 und 133	März bis August 1825, die Fuge bis November 1825
op. 131	Dezember 1825 bis August 1826
op. 135	September 1826 bis November 1826
op. 130, neues Finale	November 1826

Während für Beethoven selbst, wie man annehmen darf, die Entwicklung an Techniken und Gedanken seit op. 95 folgerichtig vorangeschritten war, bedeutete für seine bevorzugten Spieler und für sein Quartettpublikum nach über zehn Jahren Stillstand der Sprung in die Welt eines zunehmend konstruktiv arbeitenden Komponisten einen Schock. Davon zeugen lautgewordene Stimmen aus der Phase von Proben und Aufführungen des ersten der Quartette, des Es-Dur-Quartetts op. 127. Schuppanzigh und seine Mitspieler, allesamt Bewunderer Beethovens, entschuldigten sich etwas ratlos angesichts ganz neuer Schwierigkeiten im Verständnis. Skeptisch äußerte sich sogar ein alter Schüler und Freund, Ferdinand Ries. Dass der Verlag Schott in Mainz nicht weiter handeln wollte und Beethovens Bedingungen rundum akzeptierte, dürfte weniger einem beschönigenden Brief Beethovens oder einem Blick in das Werk als dem Vertrauen in die »Marke Beethoven« zu verdanken gewesen sein. Doch Gewinn war mit den späten Quartetten nach einem ersten Strohfeuer in den ersten hundert Jahren gewiss nicht zu erzielen.

Die alten vier Satztypen behalten trotz aller Erweiterungen ihre Wirksamkeit, von den ersten beiden Sätzen aus op. 131 abgesehen, mit denen Beethoven ganz neue Wege der Eröffnung eines Streichquartetts geht. Was sich im Rahmen der alten Viersätzigkeit am stärksten verändert, sind die Scherzi. Das Wort selbst meidet Beethoven in den späten Quartetten auffällig, zumal die Presto-Sätze aus op. 130 und 131 sich nicht mehr an den Dreiertakt binden. Die bewährte Form führt aber weiter ihr Eigenleben mit einer Neigung zum doppelten Trio in einer Großanlage, die Beethoven unterschiedlich in den Wiederholungen und ihrer Ausdehnung sowie in Übergängen und Schlussbildungen nach Art einer Coda modifiziert.

Das kompromisslose Spätwerk Beethovens hat generell die Tendenz, Bezüge nicht nur zwischen einzelnen Sätzen, sondern ganzen Werken herzustellen. William Kinderman hat dafür in einem Münchner Vortrag das passende Bild benutzt, sie würden im gleichen Garten kultiviert. Das eigene Beet zeigt sich im Fall der Quartette auffällig beim Alla danza tedesca, das den Skizzen nach für op. 132 geplant, in der Ausarbeitung aber nach op. 130 »umgetopft« wurde. Das Thema für das Finale von op. 132 wandert von den Skizzen zur 9. Sinfonie ins Quartett. Der extremste Fall an Verschiebungen betrifft das Finale von op. 131. Es sollte, so die aktuelle Forschung, mit einem langsamen Anhang in Des-Dur enden, den Beethoven dann aber ins Lento assai von op. 135 übernommen habe. Wie sich Beethoven ein Ende im Rahmen von op. 131 vorgestellt hat, bleibt rätselhaft. Denn metrisch-syntaktisch führt von der geschlossenen

Melodie zweitaktiger Einheiten des Lento keinerlei Weg zum Schluss eines Finales, und schon gar keines quasi sinfonischen Finales. Handelt es sich um eine kapitale Fehlinterpretation der Skizzen? Doch ein Bezug zu op. 131 bleibt in jedem Fall: in der Tonart cis-Moll des Mittelteils aus dem Lento assai sowie in den Ergänzungsvierteln zum Motto des letzten Satzes (T. 17–18, 45–46) mit seinen Anklängen an die Viertelbewegung der Eröffnungsfuge von op. 131.

Bei wechselseitigen Bezügen spielen verminderte Intervalle eine wesentliche Rolle, sowohl in zunehmend chromatischer Stimmführung als auch im Blick auf Akkordbildungen. Fast eine Art »Werkstattzeichen« ist jene verminderte Septim, die in zweifach halbtöniger Einfassung einer Mollquint entsteht. Mit den Tönen *gis→a-e←f* in der Reihenfolge *gis-a-f-e* wird die Zentralformel gleich in den ersten beiden Takten des a-Moll-Quartetts op. 132 vom Violoncello vorgestellt. Im cis-Moll-Quartett op. 131 verstellen sich die gleichen Anfangstöne zu *e-gis-a-f* in der transponierten Form von *gis-his-cis-a*. Zusätzlich werden die möglichen Tonkombinationen noch durch die Quintversetzungen einer imitatorischen Anlage vermehrt.

Im Es-Dur-Quartett op. 127 ist die Verspannung von Intervallen vielleicht weniger offenkundig. Doch hat schon in T. 10 die doppelte Chromatisierung der Sekundfortschreitungen von Geigen und Bratsche beim Zusammenklang die verminderte Septim *h-des* in Umkehrung zur Folge. Im Scherzo sind die ersten acht Takte nach der Pizzicato-Eröffnung ein Musterfall chromatischer Ambivalenz im Austausch von *as/a* und *es/e*, wobei im Zusammenspiel der Stimmen gerade die jeweils gegensätzlichen Töne mit *as + e* und *a + es* kombiniert werden. Das große Unisono von T. 36–40 umschreibt zu Beginn im c-Moll-Zusammenhang mit *h→c-g←as* die Zentralformel des späteren a-Moll-Quartetts, sei es ihm vorgreifend oder ihm folgend. Das Unisono des Finales wiederum wechselt beim Auftakt zum dritten Takt auf eine Tonfolge *es-h-c-a-b-g-as*, die mit einer verminderten Quart beginnt und eine zweifach chromatische Doppelung in *as/a* und *b/h* in sich birgt. Bei der späteren Wiederkehr vermehren sich die Querstände um eine zweite verminderte Quart *des-a* (T. 103–104). Intervallisch und harmonisch in ein krasses Extrem getrieben sind die Takte 67–79 mit der höherrückenden Formel *h-c-es | cis-d-f* im Rahmen verminderter Quarten (T. 71–72), samt einem scharf dissonanten und enharmonisch mehrdeutigen Folgeakkord *h-dis-b*. Noch im Verklingen eines Pianissimos am Schluss des Quartetts beunruhigt eine verminderte Septim *a-ges*, deren a^2 hinter das *As* des gleichen Motivs im Violoncello zuvor mit dem eigentlich schon bereinigten Es-Dur (T. 296–297 gegenüber T. 294) zurückfällt.

Das B-Dur-Quartett ist auf Chromatik gleich zu Beginn im Unisono-Schritt *a-as* ausgerichtet. Im vollständigen Satz gehört zum *as* dann unvermeidlich das *h* einer verminderten Septim (T. 3). Chromatik und Querstände prägen in der Folge auch den kleinen Imitationsabschnitt der langsamen Einleitung. Bei der Wiederkehr der Satzeröffnung nehmen die sukzessiv-intervallischen und simultan-harmonischen Spannungen noch zu, wenn gegen das unausgesprochene Fis-Dur von T. 97 ein *d* steht und sich in der zweiten Geige gegen ein *cis* und *c* des Violoncellos behauptet. Die Stimmen harmonieren schließlich beim gemeinsamen D-Dur-Dreiklang, doch eben im chromatischen Querstand zum Ausgangspunkt des Fis-Dur. Das Andante des gleichen Quartetts findet nur unter Überwindung halbtöniger Verstellungen seinen Tonikaklang Des-Dur, mit dem der dritte Satz beginnen kann. Das nachkomponierte Finale macht die latent chromatische Rückung eines *h→b* der altgedienten Sequenzformel II→I zum Startpunkt in den Satz hinein. Das ursprüngliche Finale, die *Große Fuge*, war ungleich radikaler, wenn es das *gis-f* der verminderten Septim aus der Zentralformel des a-Moll-Quartetts in das eröffnende Unisono einbaut. Auffällig ist, dass Beethoven, vielleicht im Blick auf Mozarts Es-Dur-Quartett KV 428 und seinen Anfang, gerade an Unisono-Stellen immer wieder zu Chromatik neigt, die an Wucht in der räumlichen Vervielfachung ihresgleichen suchen.

Ein anderes Charakteristikum im Spätwerk sind rhythmische Komplizierungen. Was in der Intervallik die Chromatik, ist in der Rhythmik die Synkope. Die beiden Elemente können auch zusammenwirken, weil nach der Lehre von Leopold Mozarts *Gründlicher Violinschule* alterierte Töne in der Ausführung hervorgehoben werden sollen. Die Akzentverschiebung ist »Thema« gleich der Anfangstakte des ersten der späten Quartette, des Es-Dur-Quartetts op. 127. Der Gegenakzent in einem kompakten Satz ist nur schwer zu realisieren, weil er lebendig erst wird, wenn ein Bewusstsein für die notierte Takt-Eins erhalten bleibt, die jedoch durch keinen neuen Klang markiert ist. Der Leser hat es da leichter als der Hörer – und den Ausführenden bleibt die schwierige Aufgabe, ans Ohr zu bringen, was das Auge sieht.

Lebhafte Akzente waren ein Markenzeichen schon des frühen Beethoven. Was neu hinzukommt, sind Monumentalisierungen des Effekts und Momente des Zögerns. Der zweite Satz von op. 127 beginnt extrem verhalten. Die Stimmen bewegen sich tastend wie im Ungewissen. Mit Überbindungen nimmt Beethoven den einzelnen Tönen die punktuelle Genauigkeit im Interesse verschwimmender Konturen. Man könnte auch von »Präzision versus Unschärfe« sprechen. Dazu gehört gleichermaßen die Versetzung der Stimmen gegeneinander, was äußerlich nach Imitation aussieht, mit ihr aber wenig zu tun hat. Bezeichnend ist, dass selbst der Tonikaklang als Ziel des vorsichtigen Vorankommens nur zögernd eintritt, weil sein Basston *As* im Violoncello in T. 3 nachhängt. Das Verhaltene hat später in der Überbindung ♪ | ♩ der Violine 2 noch eine Fortsetzung zu Beginn der ersten Variation, die dann in Umstellung eines gewöhnlichen Rhythmus ♫♫ noch eine ausgefallene zweite Punktierungsform ♫♪ fordert. Variation 2 macht aus der Überbindung einen eher synkopisch akzentuierenden 𝄾 ♫ ♪-Einsatz. Verschobene Rhythmen können demnach sowohl prononciert als auch weich im Ansatz sein. Für ein sanft-flaches Spiel in Verschleifungen ohne Akzente steht idealtypisch die »Bordun«-Variation als fünfte des Andante Nr. 4 von op. 131 (T. 162).

Ein Sonderfall sind Bindungen bei gleicher Tonhöhe ohne synkopische Verschiebung wie das ♩ ♫ am Ende des »Dankgesangs« in op. 132 oder am Ende der Cavatina aus op. 130. Sie könnten für eine genauere Anzeige in Schritten des Più piano stehen, also gar keine Unterbrechung meinen, aber ebenso auch eine zarte Wiederberührung bedeuten. Denn in der *Großen Fuge* op. 133 muss in T. 26 beim ♫ mit dem Bindebogen etwas Artikulierendes gemeint sein.

Die konstruktiven Verdichtungen und satztechnischen Komplizierungen haben auch ihr Gegenbild. Beethoven entwickelt in den späten Quartetten eine auffällige Vorliebe für Elementares und Einfaches. Er rückt es aber als einer anderen Sphäre zugehörig jeweils zitathaft in einen eigenen Bereich. Das gilt für das Fortissimo von T. 73–79 im Finale von op. 127, für die »Bordun-Variation« in op. 131 (Andante, T. 162–186) und am auffälligsten für das Trio zum Scherzo aus op. 132 (T. 120–141), gefolgt vom Trio zum Scherzo aus op. 135 (T. 143–189). Allen genannten Passagen ist ein Rekurrieren auf Borduneffekte gemeinsam, mit denen eine naturhafte Szenerie und Musik bäuerlicher Schichten beschworen wird. Gründe für diese Einbrüche einer anderen musikalischen Welt sind kaum je benannt worden.

Für Adolph Bernhard Marx war in einer Rezension für die *Berliner allgemeine musikalische Zeitung* 1829 die einzig denkbare Erklärung eine »höhere Idee« und der Gedanke eines Rückblicks: »So erscheint uns das vorliegende Quartett als wehmüthige Erinnerung an eine entflohne schönre Zeit.« Was sie mit naturhaft elementarer Musik zu tun hat, erschließt sich erst unausgesprochen in Verknüpfung mit der von Rousseau eröffneten »Heimweh-Debatte«, wonach das Hören des Schweizer Kuhreihens (»ranz des vaches«) Wirkungen hervorrufe, die solche der Kunstmusik weit hinter sich ließen. Allerdings spricht Marx nicht von Melancholie, sondern von einer »bis zur Wildheit, bis zur Gränze des Wüsten« dringenden »Lustigkeit«. Étienne Pivert de Senancour hatte 1804 den Gedanken des Erinnerns in seinem Briefroman *Oberman* so weit überhöht, dass er Töne des Kuhreihens zu einer Art Naturmusik nach Art einer »tönenden Landschaft« erklärte (Rennicke 2019, S. 93). Der naturliebende Beethoven mag diese primär französisch geführte Diskussion einer Poetisierung von Natur wahrgenommen haben. Sie könnte ihm auch aus zweiter Hand zugetragen worden sein, ohne dass er die Schlüsseltexte selbst kennen musste. Daneben hatte für ihn, der nicht zuletzt in der *Pastorale* Natur mit Menschen verbunden sah, die Vorstellung von tönender Natur möglicherweise auch eine gesellschaftsutopische Dimension nach dem Motto, dass die einfachen Landleute dem Ursprünglichen und Wahrhaftigen näher wären als städtisches Bürgertum und adelige Eliten. Ein Rezensent der *Allgemeinen musikalischen Zeitung* sprach 1825 (Sp. 841) im Blick auf op. 132 von einer »naiven Natürlichkeit«, die bei der Aufführung »alle Anwesenden bezaubert« habe. Hier schwingt etwas von Christian Schreibers Würdigung lebendiger Volksmelodien mit, »die durch höhere Kunst noch nicht gebildet« worden seien und deshalb »dem Idealen näher« stünden (vgl. oben zu op. 59).

Für Beethoven mag deshalb weniger der romantisch-individualistische Zug von Erinnerungskultur eine Rolle gespielt haben als in alter Sympathie für das Gedankengut der französischen Revolution die Idee sozialen Ausgleichs, wonach Musik aller Schichten ihr Recht haben sollte und gerade die einfachste erfrischend sein konnte wie reines Quellwasser. Das »Ursprüngliche« gehörte möglicherweise jetzt zu den unverzichtbaren Merkmalen einer besseren Welt, in der höfisches und bäuerliches Leben verbunden sind und jedenfalls zusammen existieren.

War der Einbau des Fremdartigen in op. 59 eine satztechnische Herausforderung gewesen, so wird er in den späten Streichquartetten zum Programm. Im Gefolge Rousseaus und der einsetzenden Volksliedforschung samt der Überzeugung, dass dem zivilisatorisch Unberührten eine höhere Wahrhaftigkeit zukomme, von der auch die gebildete Kunst lernen könne, leistete Beethoven seinen eigenen, aber auch eigenwilligen Beitrag zu einem modisch gewordenen Thema. Denn es sind nicht die vielbeachteten und mit Sprache verbundenen Lieder, denen in den späten Quartetten sein Interesse gilt, sondern instrumentale Formen schriftlosen Musizierens. Mit ihnen kann er trotz mancher gedruckter Orgelpastorelle nur durchs Hören vertraut geworden sein, ohne dass sich dafür Belege benennen ließen. Seine Kenntnisse können ebenso von Landpartien und Spaziergängen stammen wie von einem höfischen Folklorismus verursacht sein, der Bauernmusikanten neuerdings zu Vorführungen in die Städte zog, wie Dittersdorf bezeugte. Barocke Musetten dürften dagegen nachrangig gewesen sein, selbst wenn sie von Bach stammten.

Wortgezeugt und Träger von vorenthaltener Sprache sind allerdings die zwei populären Melodien im Presto von op. 131 (ab T. 69) und im Finale von op. 135, das zweite mit Zügen eines artigen Kinderlieds. Die Nähe zu volkstümlicher Musik sucht Beethoven zweimal auch in Sätzen ohne erkennbaren Zitatcharakter. Das gilt für das Alla danza tedesca und den Beginn des nachkomponierten Finales aus op. 130 mit dem Versatzstück eines »Murky«-Basses. Hier sind es keine Übernahmen, sondern nur Anspielungen im Zusammenhang eines musikalischen Satzes, der von Anfang an ganz Beethovens eigener ist.

Notationstechnisch verfolgt Beethoven neue Wege durch Wechsel der Vorzeichnung in Erwartung einer Vereinfachung, genutzt schon im Scherzo von op. 95. Manchmal verbinden sich mit den zugehörigen Doppelstrichen auch formale Wendepunkte, aber keineswegs immer. So geht die Es-Dur-Vorzeichnung von T. 159 des ersten Satzes aus op. 127 dem Wiedereintritt von Es-Dur um acht Takte voraus, die c-Moll-Vorzeichnung von T. 117 hinkt den Ereignissen um 16 Takte hinterher. Die neue Schreibtechnik mag primär vom Gedanken einer Vereinfachung in der Notierung von Akzidentien veranlasst sein, sie könnte aber nicht zuletzt dafür stehen, dass Beethoven den neuen Großraum seines Komponierens als Überschneidungsraum verschiedener Tonarten und ihrer Einflussfelder gesehen hat.

Andererseits hält Beethoven an alten Schreibgewohnheiten fest. In der Einteilung des Taktes kennt er wie in den langsamen Sätzen von op. 18 Nr. 6, op. 59 Nr. 1 und 3 auch in op. 127 und op. 135 noch die Praxis des »zusammengesetzten Tacts«, bei dem nur jeder zweite Taktstrich gezogen wird und ein ¼-Takt aus zwei 2/4-Takten oder ein 6/8-Takt aus zwei 3/8-Takten besteht. Manch scheinbare und rein optische Unregelmäßigkeit periodischer Gliederung verschwindet in der Rückführung auf den eigentlichen Takt von selbst.

Zu den rhythmischen Besonderheiten des Spätwerks zählen komplementäre Verzahnungen. Sie waren schon im Finale von op. 59 Nr. 2 bei ständiger Ablösung aller vier Instrumente gefordert, nehmen aber im E-Dur-Presto von op. 131 noch an Geschwindigkeit zu. Häufig betreffen die komplementären Rhythmen nur zwei Stimmen, weil Beethoven vermehrt dazu tendiert, eine Melodie oder eine Stimme auf zwei Instrumente zu verteilen wie in Variation 2 von op. 127 sowohl bei den Hauptstimmen als auch bei den Begleitfiguren, ähnlich auch beim Thema des A-Dur-Andante aus op. 131. Im Seitensatz des ersten Allegros von op. 132 entsteht das rhythmische Begleitmuster allein durch die Verzahnung zweier Instrumente ebenso wie im Presto von op. 131. Eine Komplikation eigener Art ergibt sich, wenn Beethoven gleiche Rhythmen durch unterschiedliche Einfügung in den Takt gegeneinander verschiebt. Das ist ein Schlusseffekt im Scherzo von op. 127 (T. 284–285). Nicht fürs Hören, aber fürs Spielen können bestimmte Konstellationen extrem fordernd sein. Das gilt für den synkopischen Beginn des Scherzos von op. 135 ohne vorausgehende Takt-Eins. Schumann hat Vergleichbares für den ersten Satz seines A-Dur-Quartetts beim Eintritt des Seitenthemas gefordert.

Gelegentlich sind triolische und gerade Rhythmen übereinandergelegt wie im Andante von op. 130 (T. 16, 70) oder sehr verschiedene Rhythmen und Artikulationsgesten kombiniert (T. 26–30). Polyrhythmik wird in der Cavatina von op. 130 beim »beklemmt« zum Mittel völligen Auseinandertretens von gemeinschaftlicher Begleitung und vereinzelter, sprechend stammelnder Oberstimme.

Ein Novum sind schließlich Angaben zur Takt-Metrik. Beethoven beginnt im Scherzo von op. 127 mit der Anzeige von Dreitaktgruppen

(»ritmo di tre battute«). Beim E-Dur-Presto von op. 131 kennzeichnet er sowohl Vierer- als auch Dreiergruppen. In den syntaktischen Fügungen vertraut er weiter auf die in op. 59 neu gefestigten Grundlagen. Man kann zwar häufig bis vier oder bis acht zählen, aber in sehr verschiedener Qualität unter den Vorgaben offener und geschlossener Bausteine, kombiniert mit unterschiedlichsten Verschränkungen nach Prinzipien der alten »Tacterstickung«. Eine abzählbare Durchgliederung ist für Beethoven nicht mehr das Normale, sondern ein Effekt für sich. Der Grundwahrnehmung nach schreibt er »musikalische Prosa« und nicht nach Vers-Analogie Sätze in einer »Quadratur der Tonsatzkonstruktion«, wie eine spöttische Beschreibung von Richard Wagner im Blick auf Komponisten lautet, die er nicht mochte.

Das Dauerthema im Spätwerk ist der Kontrapunkt. Gerade hier, in einer »Prosatechnik« schlechthin, operiert Beethoven mit ungewöhnlichen Rhythmen und metrischen Taktgruppierungen. Das mag nebenbei mit Anton Reichas *Nouveau Système* seiner 36 Fugen von 1803 zusammenhängen. Freilich geht Beethoven viel weiter, als es sich sein alter Freund aus Bonner Zeiten vorstellen konnte. An fertige Regeln im Verhältnis von Dux und Comes bindet sich auch Beethoven nicht. Darauf mag anspielen, was er bei der *Großen Fuge* mit »tantôt libre« umschrieb. Die Formulierung findet sich noch vor dem postum erschienenen Erstdruck in einem Eintrag der Konversationshefte vom Dezember 1826.

Die Forschung hat in Analysen des Spätwerks, angestoßen vom intelligenten und wirkungsreichen Buch *The Thematic Process in Music* von Rudolf Réti (New York 1951), vor allem intervallische Zusammenhänge herausgearbeitet. Sie spielen offenkundig sowohl innerhalb eines Satzes als auch innerhalb eines Werkes eine wesentliche Rolle. Nur lässt sich ein richtiger Ansatz auch überdrehen. Die beschränkte Zahl von Tönen erlaubt es im Extremfall, alles mit allem in Beziehung zu setzen. Dann drohte der Beethoven-Forschung jener interpretatorisch überhöhte Reduktionismus, den die Bach-Forschung mit Zahlenspielen erlebt hat.

Streichquartett in Es-Dur op. 127 (1824/25, Erstdruck 1826)

1. MAESTOSO – ALLEGRO. Beethoven beginnt das Quartett auf neue Art. Denn das Maestoso dient keiner förmlichen Einleitung, sondern einem rhythmisch geprägten Motto, das sich nach fünf Takten selbst »entgrenzt«, wenn es im melodischen Schritt zum c^2 anstelle einer Vollendung der Oktav es^1-g^1-b^1 ohne weiteren Antrieb harmonisch auf der Subdominante As-Dur stehen bleibt, aus der nach einer Belebungsfigur der ersten Geige unvermittelt das kantable Thema eines Allegro hervorgeht. Die besondere Konstellation begünstigt eine Wiederkehr des Maestoso-Allegro-Übergangs – bezeichnenderweise gerade nicht bei der Reprise oder der Coda wie im Fall langsamer Einleitungen in den ersten Sätzen von Mozarts D-Dur-Quintett KV 593 oder Viottis Violinkonzert e-Moll Nr. 16. Bei Beethoven kehrt der Tempo- und Motivwechsel zweimal in der Durchführung wieder und erschließt jeweils neue Bereiche.

Die beiden Viertakter des Allegro-Themas, das in seinem Legato den ganzen Satz beherrscht, laufen ungewöhnlicherweise doppelt auf einen stumpfen Schluss hin, das erste Mal mit dem Quintton, das zweite Mal mit dem Terzton, jeweils zum Zeichen des Vorläufigen in T. 10 und 14. Das Erreichen des Grundtons in T. 22 erlaubt dann nach Art des »Harfenquartetts« op. 74 über die Vollendung hinaus den Schnitt eines Fakturwechsels, mit dem der Satz vollends »ins Laufen« kommt und zehn Takte später den eigentlichen Schlusspunkt verankert. Mit den Zielnoten geht Beethoven geradezu strategisch um. Wenn am Schluss des Satzes ab T. 272 das Thema komplett wiedererscheint, beginnend in der zweiten Geige und in T. 274 auf die erste Geige übergehend, entfällt der ursprüngliche Quintton b. Beide Viertakter enden auf der Terz g, die in Wiederholung der letzten Zweitaktgruppe vom Violoncello auch noch ein drittes Mal bestätigt wird. Das Insistieren auf dem unvollkommenen Terzton ist die Voraussetzung für die Schlusspointe doppelter Grundton-Erfüllung: Im allerletzten Zweitakter geht das zentrale es in der Oberstimme aus dem Leitton hervor, in der Unterstimme aus dem Quintfall. Das erste Mal im Thema sind die elementaren Klauselformeln von »cantizans« und »bassizans« vereinigt.

Da stumpfe Endungen der vergrößerten Pausen wegen konstant Bewegungsimpulse auslösen, sind sie immer Knotenpunkte einer Konstruktion, von Beethoven dezent artikulierend betont durch das jeweils einzige kurze Viertel unmittelbar vor der Endung. Bei ihr selbst verfährt Beethoven dreimal anders. In T. 10 sorgt eine Verspätung in der Bratsche für den Fluss der Viertel, in T. 13–14 eine kompliziert engräumige, quasi mit der Lupe zu verfolgende und für den späten Beethoven sehr charakteristische Stimmführung: Das as^1 der ersten Geige begnügt sich beim vorletzten Viertel nicht mit der Dominante, führt vielmehr verdichtend zu einer Komprimierung von Subdominante und Dominante, die den Achtelfluss am Ende auch harmonisch stützen. Das *c-d* des Basses löst dann nicht nur Dezimparallelen in der zweiten Geige aus, die zum *b* abspringt, um den sonst fehlenden Quintton zu liefern, sondern stößt im Violoncello eine Fortbewegung der Skala an, die zunächst den Grundton ansteuert und noch weiter bis zum Terzton *g* führt, der eintritt, wenn er in der ersten Geige verklungen ist. Eine Chromatisierung der Bratsche setzt dieses *g* nun selbst unter einen Fortschreitungszwang, der in T. 15 noch eine Verlängerung bis zum *as* fordert, mit dem in einem Wiederansetzen von der Subdominante aus die Wiederholung des Themas in Bratsche und zweiter Geige beginnt. In einer ebenso kleinen wie wirkungsvollen Veränderung greift deren Viertakter durch eine klingende Endung an der kritischen Stelle der Bratsche von T. 18 bei der Melodieschicht selbst in den Bewegungsfluss ein. Aus solchen Nuancen geht letztlich ein nicht nur harmonisch, sondern auch kontrapunktisch gedachtes Stimmengeflecht höchster Kunstfertigkeit hervor, der Ziselierarbeit eines Goldschmieds vergleichbar.

Für die Dichte der Konstruktion im Hauptsatz sind noch zwei weitere Details bezeichnend, nämlich zunächst, wie im Wendetakt 22 jedes Viertel belebt ist, das erste durch die neuen Achtel der Mittelstimmen, das zweite durch den kraftvollen Nachschlag der ersten Geige und das dritte durch den synkopisch vorgezogenen Neueinsatz, sodann im weiteren Verlauf, wie der chromatisierende und eigens durch singuläre Oktaven unterstützte Wechsel von *b* auf *h* aus T. 10 ein Gegenspiel in den Achtelskalen von T. 28–31 hervorruft.

Der Hauptsatz ist ähnlich knapp wie im »Harfenquartett« gleicher Tonart. Der Übergang zum Seitensatz erfolgt aber viel weniger dynamisch als reflektierend in einer Zone, die dem Hauptsatz noch einmal »nachspürt«. Die Achtelgruppe am Ende wird daraufhin abgehört, ob sie in der Fortsetzung mit Quarten und Quinten nicht das Subjekt für ein Fugato abgeben könnte. Die höheren Stimmen reagieren entsprechend mit Imitation, die mit der gezielt auftaktlosen Engführung im Einsatz der zweiten Geige in T. 38 ihre motivische Zuspitzung hat, aber auch die harmonische Wendung bewirkt. Denn das neue *fis* im verschobenen Quart-Quint-Zickzack bewirkt die Ausrichtung auf ein unerwartetes g-Moll, in dem entgegen überkommener Regeln der Seitensatz steht.

Er wirkt deshalb in der Weiterführung ähnlicher Viertelbewegung wie ein Epilog oder ein leicht wehmütiger Abgesang auf das Thema. Beethoven inszeniert gewissermaßen einen Beleuchtungswechsel innerhalb einer einheitlichen Exposition, in der sich die Perspektiven verschieben und ganz unspektakulär das Hauptthema in T. 57 wiederkehren kann. Unnachahmlich ist das »Zurückhören« nach einer wie trotzigen g-Moll-Kadenz in T. 66. Die Töne werden im Nachhinein weich (tenuto), die Tonika stellt in Wiederholung des Kadenzschritts noch einmal forte ihr g-Moll hin, das im zweiten Echo eine Oktav tiefer in einem Pausentakt des Vergessens einfach ausfällt und beim dritten, nochmals tieferen Echo durch das G-Dur des Maestoso ersetzt wird.

Ursprünglich war das g-Moll des Seitensatzes innerhalb von Es-Dur eine der traditionellen Durchführungs-Stufen. Den Schritt in die wirkliche Durchführung im Zeichen chromatischer Vergrößerungen des Tonraums vollzieht Beethoven deshalb durch abrupte Alteration. Aus dem leitereigenen g-Moll wird schlagartig ein leiterfremdes G-Dur. In der neuen Klangsphäre ab T. 75 bleibt das Thema mit neuer Fortspinnung im zweiten Viertakter erstaunlich lange intakt, als sollte eine Exposition wiederholt werden. Wie unter tonalen Gesichtspunkten T. 41 den Eintritt in eine Durchführung bedeuten könnte, optisch unterstützt durch Doppelstrich und Vorzeichenwechsel, so T. 75 unter Aspekten von Motivik und Syntax den Eintritt in eine nochmalige Exposition, was zeigt, wie tendenziell verschiebbar Formteile in einem extrem einheitlichen Satz werden können, wo alles miteinander in Beziehung steht. Folgerichtig führt die auch tonal lange stabile G-Dur-Zone auf einen zweiten Wechselpunkt zu einer »richtigen« Durchführung hin. Das Maestoso muss dann wie in T. 135–141 nicht mehr vollständig sein und das Allegro-Thema wiederum nicht mehr von der Subdominante ausgehen.

Die durchführungstechnischen Weiterbildungen des Themas und seiner gebundenen Viertel bewegen sich primär an Linienzügen anderer Stimmen entlang. Der erste große Zug führt im Violoncello ab T. 81 nach einer kleinen Abwärtskurve in lauter Tönen der G-Dur-Skala aufwärts, danach in kontrapunktisch-synkopischer Verspannung von Dezimen mit Hinzufügung eines *f* für das c-Moll radikal und teilchromatisch abwärts. Ab T. 99 folgen sich Skalen imitierend bis über den Vorzeichenwechsel von T. 117 hinaus.

Wie die »zweite« Durchführung erreicht wird, ist ein Ereignis für sich. Aus dem G-Dur geht in T. 94 ein c-Moll der VI. Stufe hervor, aus ihm nach kontrapunktischer Vereinzelung der Stimmen in T. 117 das As-Dur der IV. Stufe. Beethoven führt nach dem exterritorialen G-Dur wie musterhaft lauter leitereigene Steuerungspunkte vor. Die Brechung erfolgt in T. 121 zusammen mit einem Fortissimo-Schlag und dem Sprung zu den Achteln von T. 22. Der verminderte Septakkord könnte zwar noch auf c-Moll gerichtet sein, führt aber in T. 125 in das b-Moll einer tiefalterierten V. Stufe und damit in neue Gefilde chromatischer Erweiterung. Immerhin kommt die V. Stufe, sonst auffällig abwesend im ganzen Satz, wenigstens modifiziert ins Blickfeld. Motivisch entspricht dem vergrößerten Raum für ein Fragment des Hauptthemas im Violoncello neben den repetierten und gebrochenen Achteln eine neue Elementarformel von drei immer akzentuierten Vierteln. Sie gehen einerseits auf die »Erinnerungszone« der Takte 65–74 zurück, stammen aber andererseits und sehr viel subtiler aus dem Thema selbst, das in den Achteln immer vor den Zäsuren des Periodenbaus, also in T. 9 und 13, einen Ton jeweils dreifach bringt, nämlich das as^1. Sein mehrmaliges Anstoßen im verborgenen, aber spürbaren Rhythmus ♪ ♩ ♩ | ♩ verdichtet sich nun zu einer eigenen Formel ♩ ♩ | ♩ von gewaltiger Wucht, nur an dieser turbulenten Stelle (T. 121–132) und kein zweites Mal mehr.

Das *des* aus dem b-Moll-Dreiklang gerät in T. 129 ins Kraftfeld eines zweiten alterierten Akkords, der im Zeichen der übermäßigen Sext *des-h* halbschlüssig als Wegmarkierung in T. 133 einen C-Dur-Akkord hervorruft. Dieses dominantische C-Dur wird durch reine Wiederholung und das Gewicht thematischer Belastung beim Eintritt der »zweiten« Durchführung in einem Wandlungsprozess anstelle eines f-Moll selbst zum tonalen Bezugspunkt: dem einer alterierten VI. Stufe. Auf diese Weise tritt eine Anker-Tonika auch nicht alle Tage ein.

Die »zweite« Durchführung verschafft dem Hauptthema mit einer weiteren Achtelformation, gewonnen aus Skalenelementen des kleinen Fugatos von T. 33–40, eine neue Begleitung. Das Thema ändert sich aber auch selbst, gibt seinen endungsorientierten Bau auf und fügt dreimal den gleichen, aus zweitem und drittem Takt gewonnenen Baustein im Wechsel von erster Geige, Bratsche und zweiter Geige additiv aneinander, bevor in T. 147 wieder eine potenzielle Schluss-Stelle erreicht wird. Übrig bleiben danach für 20 Takte allein zwei Minimotive: die letzten drei Töne von Takt 9 in wechselnden, einer Skala von e^2 bis c^3 folgenden Tönen, garniert mit der Vorschlagsnote der Viertel von T. 121, und die Viertel aus der Violoncello-Stimme von T. 122–134, die ihrerseits einen Rückbezug ins Hauptthema und in den Terzfall seiner Viertel haben. Harmonisch führt die Bewegung in T. 150 doch noch zum vorher vermiedenen f-Moll. Von ihm aus ist der As-Dur-Klang der Subdominante nicht mehr weit, mit dem das Hauptthema in T. 167 in seinen Anfang von T. 7 zurückfindet.

Allerdings bleibt der Moment der Reprise, den Beethoven gewöhnlich zu einem Großereignis macht, eigenartig verdeckt, selbst wenn sich das Thema beim Hören, vielleicht mit gewisser Verzögerung, des Verstummens der Dauerakzente wegen eine eigene Sphäre schafft. Zwei Gründe sind es, die für das Ausbleiben eines überhöhenden Repriseneffekts ausschlaggebend sind. Zum einen beginnt das Thema nicht mit der Tonika, zum anderen gehört das Unmerkliche wesentlich zum ständig im Fluss befindlichen Satz. Das nahezu permanente Dauerlegato legt auf das regelmäßige Markieren von Zäsuren wenig Wert.

Die Reprise insgesamt tauscht im Zeichen von Variation Stimmen und Oktavlagen, hält sich aber bis zur nötigen tonalen Umleitung für den Seitensatz an die Exposition. Am Schnitt-Takt 182 (= T. 22) nimmt das Violoncello der ersten Geige die Führung ab, in T. 186 beginnen dann auch schon die Veränderungen, an denen sich imitierend und dadurch erweiternd alle Instrumente beteiligen. Ziel ist in Verschiebung zur Unterquint das As-Dur von T. 198. Das folgende kleine Fugato ist auf einem Weg über f-Moll unter das Diktat der alten II→I-Sequenz gestellt, die in Sekundrückung das Es-Dur der Tonika erreicht.

Der Seitensatz steht diesmal auffällig in Dur, behält durch das *ces* der alterierten Subdominante aber doch einen Anflug von Moll. Die »Erinnerungszone« von T. 65–74 führt bei der Reprise nicht ins Maestoso, sondern in T. 241 in durchführungsmäßiger Wegwendung von Es-Dur mit einer codatypischen IV. Stufe As in die Schlusszone des Satzes. Motivisch ist das Hauptthema wie schon ab T. 141 auf seinen zweiten und dritten bzw. sechsten und siebten Takt reduziert, sodass immer genau die Endungsstelle wegbleibt und der Satz sich addierend unter den Linienzügen der »ersten« Durchführung fortentwickeln kann, durch das Übergehen der Endung aber seine Wiederkehr zum Ereignis für den Schlusseffekt macht. Die Verzögerung am Ende bildet sich nebenbei deutlich in der Bratsche ab, deren letzter ♩.-Skalengang ab T. 276 die Gestalt eines Quartenzuges *as¹-g¹-f¹...es¹* annimmt, bei dem der Grundton *es* erst nach einem kleinen Umweg eintritt.

Der Satz ist in der Dichte thematischer Präsenz ein Muster für Beethovens späte Schreibart. Es gibt so gut wie keinen Augenblick ohne einen Thementakt. Zu den Besonderheiten gehört auch, dass sich das Hauptthema schon zu Beginn in T. 15–17 kontrapunktisch auffächert und im weiteren Verlauf mit seinen Figuren von Achteln und Vierteln simultan »anreichert«, in T. 83 noch im Nebenbei, ab T. 147 jedoch konsequent und ab T. 223, 260 und 268 in neuer, melodisch intensivierter Weise.

2. ADAGIO MA NON TROPPO E MOLTO CANTABILE. Das As-Dur-Adagio gibt zunächst keinen Hinweis auf seine Form, denn das Thema entstammt nicht dem Bereich des Populären oder Liedhaften, sondern ist von Anfang an, schon durch den hinführenden Vorspann, von der Aura des Besonderen und Schwärmerischen umgeben. Deshalb ließe es auch ganz andere Formen als die Variation zu. Im raren 12/8-Takt, von Mozart einmal im *Idomeneo* benutzt, entfaltet sich die Melodie eines Molto cantabile in 8+8+2 Takten, wobei sich erste Geige und Violoncello in viertaktigem Abstand abwechseln, um sich in T. 14–16 im Echo aufeinander zu beziehen und am Schluss in T. 18–20 eng miteinander zu verflechten. Erst der Eintritt des Violoncellos als Träger der Melodie macht in T. 6 den Auftakt, von dem man in T. 2 noch gar nicht sicher sein kann, dass er zum Thema gehört, zu einem unverwechselbaren und in allen Variationen bedachten Hauptmerkmal. Äußere Zäsuren sind im Streben nach Unbegrenztheit ganz vermieden, weil die Endungen immer in der zweiten Takthälfte liegen und zu direkter Anknüpfung mit dem Auftakt einladen. Besonders lebendig wird dieser Auftakt, wenn er seinen Bindebogen ablegt, in T. 10 in getrennt artikulierenden Notenwerten von allen Instrumenten vorgetragen wird und die Mittelstimmen fortsetzend etwas vom neuen, frei schwingenden rhythmischen Puls bewahren, von dem sich die Melodiestimmen getragen fühlen dürfen.

Für das Streichquartett bedeutet die Variationenfolge von op. 127 ein Novum, weil es sich trotz aller nur koloristisch scheinenden Kräuselungen um »Durchführungs-Variationen« handelt, soweit man den Begriff akzeptieren möchte, um »Komplex-Variationen« zudem, weil neben dem Thema auch noch Vorgängervariationen ähnlich dem Finale von op. 74 zu einem zweiten und mehrfach inspirierenden Ausgangspunkt werden und die Satzentwicklung auf einen Reprisenpunkt hinausläuft. Konsequent verzichtete Beethoven deshalb auf eine Nummerierung der Variationen, die zur Orientierung gleichwohl hilfreich sein kann.

Die Variation 1 geht in Imitation von Violoncello und zweiter Geige vom Auftakt mit seinem *es-f-g-as* aus und führt den Melodieanstieg mit überhöhendem *ges¹* im Violoncello noch über den Spitzenton *f¹* hinaus. Metrische Struktur und Phrasierungsgrenzen bleiben getreu erhalten, auch wenn die Begrenzungen im Rankenwerk der Stimmen zunehmend überwachsen sind und etwa am Ende von T. 24 nur noch der erneute Auftakt im Violoncello die innere Zäsur ahnen lässt. Intern bilden sich wechselnde Stimmpaare in Terzenkoppelung, ab T. 25 zu Beginn des zweiten Viertakters mehren sich die imitierenden Einsätze mit der eröffnenden Quart. Die Hauptzäsur nach dem ersten Achttakter wird durch eine rhythmische Verdichtung vorbereitet, aus der sich die erste Geige in singenden Achteln löst, als Endungssignal in T. 28 einen kleinen Vorhalt *f³-es³* ausbildet, sich aber selbst nicht an ihn hält, sondern die Linie weiterführt, während das Violoncello längst wieder den Anstieg vom *Es* aus unternommen hat, diesmal mit Betonung eines chromatischen *A*. Vom Thema bleibt in T. 31 hauptsächlich das Gegeneinanderlaufen der jetzt vertauschten Außenstimmen erhalten. Der letzte Viertakter berührt zwar in der Mitte von T. 36 das As-Dur, von dem die Bratsche im Überschreiten der Geigenstimmen zu einem inneren Jubilus angespornt wird. Ein reguläres Kadenzieren unterbleibt jedoch im Interesse tastenden Weiterschreitens.

Das Hauptaugenmerk richtet sich ab jetzt auf das überschüssige Taktpaar, das im Thema zur Festigung des Schlusses gedacht war, von den Variationen aber gerade zur Aufhebung des Schlusses benutzt wird. In T. 38 entfällt ein Bass, das Violoncello strebt weiter aufwärts. Die Tonika ist auf das letzte Achtel vor dem Doppelstrich verschoben und muss auf jeden Nachhall verzichten, weil in Verkürzung des Taktes auf sieben Achtel sich schon die neue Variation im c-Takt anschließt, in die das *es-d-des-c* der Bratsche direkt hineinführt. Am Ende dieser Variation (T. 58) findet der As-Dur-Dreiklang gar keinen rhythmisch stabilen Platz mehr. Enharmonisch verwechselt wird aus dem *des* ein *cis*, um Variation 3 in E-Dur beginnen zu lassen. Die neue Variation führt zwar zu As-Dur zurück, erreicht auch in T. 94 den Anhangstakt, der jedoch kurzerhand nach Des-Dur weiterverschoben wird und eine nächste enharmonische Verwechslung für das cis-Moll von T. 100 vorbereitet.

Die eher kecke Variation 2 im Andante con moto belebt den Rhythmus durch das Uhrwerk kurzer Noten in den Unterstimmen als Gegenpart zum konzertierenden Dialog der Geigen in Umkehrung von Anstieg und Abstieg. Das Thema bildet sich neben intervallisch-motivischen Anspielungen vor allem in seiner Harmoniefolge einschließlich der Wendung zur V. Stufe am Ende des ersten Achttakters (T. 46) ab. Danach stellt sich analog zu T. 11 auch die Satzfaktur um, weil die kleine Figur der Geigen partiell in die Unterstimmen übergeht, die dennoch immer wieder zu ihrem treibenden Rhythmus finden. Gerade die »Rhythmus-Variation« verlässt aber das sichere Gehäuse. Ab T. 50 ändert Beethoven das harmonische und metrische Modell, weil nach der Wiederholung des sammelnden Quartsextakkordes die konkurrierenden Melodien der beiden Geigen weiter ausgesponnen werden und den Abschnitt auf 20 Takte vergrößern.

Variation 3 (Adagio molto espressivo) scheint sich mit Änderungen in Takt und Tonart denkbar weit vom Ausgangspunkt zu entfernen. Der Fakturwechsel nach dem ersten Achttakter wird gleichwohl sorgfältig nachvollzogen. Das Taktpaar 67–68 eines erneuerten Cantabile, im Stimmtausch wiederholt in T. 71–72, hält sich zudem trotz eines neuen Klangakzents beim C des Violoncellos sehr genau an die alten Takte 11–12. Ein Wechsel vollzieht sich mit der Rückkehr zum 12/8-Takt und dem Absinken des rhythmisierten Achsentons e zum es und einem neu gewonnenen As-Dur. In ihm kehrt für eine Variation 4 das Thema mit kleinen Ziselierungen, aber doch reprisenartig fast komplett zurück. Das Violoncello hebt am Ende von T. 80 ganz neu mit der Melodie an, die schon beim zweiten Viertakter angelangt ist und von der ersten Geige mit dem zweiten Achttakter fortgesetzt wird, in dem durch Wiederholung nach dem Vorbild des Themas das Violoncello erneut die Führung und dabei im Weiterspinnen auch den Anteil der ersten Geige für die letzten vier Takte übernimmt, folglich in T. 94 mit T. 20 endet. Gerade das Variationspaar, das so fremd beginnt, endet also den melodischen Konturen und dem harmonischen Verlauf nach mit einem geschlossenen und reprisenartigen Themenkomplex.

Was in T. 96 in einsamer Zweistimmigkeit beginnt, macht eher den Eindruck einer Coda als einer Variation, und zwar in Neufassung der auftaktigen Eingangswendung, deren Bewegung in großen Wellen der Unterstimmen umgekehrt wird, in die sich ab T. 104 erneut Linien eines weitergeführten Auftakts einflechten. Erst der Verlauf macht klar, dass Beethoven doch eine vollwertige Variation im Sinn hatte, die ähnlich Variation 3 durchführungsartig auf fremdem Terrain beginnt und mit Wiederkehr des As-Dur abermals reprisenartig in die alten Geleise des Themas findet. Mit dem Vorzeichenwechsel ist die erste Geige in T. 107 bei ihrer chromatisch angereicherten Kadenzfigur von T. 18 angelangt, die von allen Instrumenten im Zeichen der Dominante wiederholt wird und in T. 109 ein neues großes As-Dur-Feld eröffnet.

In ihm breitet sich in der großen Ruhe delikater Umspielungen ein letztes Mal der erste Themenviertakter aus. An der Fortsetzung von T. 113 zeigt sich den Harmonien nach, dass es sich ähnlich wie in Variation 4 bereits um die Wiederholung des Viertakters gehandelt hat. Aus dem Thema tritt Beethoven heraus, wenn sich in T. 116 in neuer Gestalt und der Faktur vom Ende der Variation 1 mit den gleichen Harmonieschritten die zweimalig auspendelnde Folge »Tonika – Dominante« wiederholt. Damit stockt der Verlauf. Den Faden nehmen in T. 118 die Achtel von Variation 4 wieder auf, um jetzt definitiv in eine Coda zu führen, die mit der Wendung zur Subdominante ähnlich der Coda des ersten Satzes ihr klangliches Signum aufgedrückt bekommt und in der das f^3 der ersten Geige zu einem befreienden Ton wird. Die Basis der Coda bilden die Viertelfolgen des Schlusstakts 20, einschließlich einer Reminiszenz an ihre Versetzung und ein nochmals angedeutetes E-Dur. Motivisch blitzen kurz Elemente aus allen Variationen auf. Der allerletzte Takt 126 endet fast notwendig mit dem Anfang. Der alte Auftakt ins Thema hinein kommt früher als sonst und führt gerade bis zur immer durchscheinenden Schluss-Stelle beim siebten Achtel, dem in Vorhaltsverzögerung noch ein achtes folgt, bis zum Grundton *as* führend, der in der Oberoktav *as*^{2} den Ton der ersten hörbaren Zählzeit Eins aus T. 3 wieder erreicht.

Der Satz galt dem in der emphatischen Tradition eines Wilhelm von Lenz wortgewaltigen Romain Rolland 1943 als einer der heiligen Orte der Kunst (»un des lieux sacrés de l'art«). Ohne widersprechen zu müssen, darf man ergänzen, dass das »Adagio ma non troppo e molto cantabile« auch musikalisch-gestalterisch wie prophetisch auf einer eigenen Stufe steht. Der Satz ist nicht nur in subtilen Techniken des Variierens wegweisend, sondern ebenso in der Form. Denn mit einem abgehobenen

E-Dur-Abschnitt und der Rückkehr zum As-Dur legt sich über die neutrale Folge von Einzelvariationen eine dreiteilige A-B-A-Form mit Repriswirkung. Dem gleichen Prinzip einer Überlagerung von Reihungs- und Bogenform wird Beethoven in seinem letzten Quartett op. 135 noch einen Schritt konsequenter folgen.

3. **SCHERZANDO VIVACE – PRESTO – TEMPO I.** Das Scherzo, den Namen immerhin im Partizip eines »Scherzando vivace« führend, hat sein Vergnügen an einem munteren Spiel zweier Motive, die nach »Harfenakkorden« wie zum Öffnen eines Vorhangs zwar sukzessiv in einem Viertakter eingeführt werden, aber im Nu übereinandergelegt sich selbst kontrapunktieren, dabei beliebig die Richtung wechselnd. Das keckere Motiv mit seinem profilierten Rhythmus tritt zunächst zugunsten der gebundenen Skalentriller trotz des frechen Akzents von T. 17 in einem schließenden *dritten* Takt noch zurück, spielt sich nach einer zweiten rhythmischen Provokation erneuter Dreitakter unter der Angabe »Ritmo di tre battute« im zweiten Teil aber schnell ganz in den Vordergrund, und das auch noch im robusten Forte samt chromatischen Verstellungen, die aus dem Es-Dur in T. 31 unversehens ein c-Moll machen.

In diesem nach dem Doppelstrich erneuerten c-Moll-Segment ab T. 40 tritt ein weiteres Motiv auf den Plan. Durchlaufende Achtel des Violoncellos mit Akkordbrechungen begleiten das Rhythmusmotiv mit dem Effekt, dass dessen »Leerstellen« nach dem Viertel immer mit einer dreitönigen Figur gefüllt sind und so für die stumpfe Endung eine klingende mit einspringt. Harmonisch-metrisch wird der Raum größer, weil Tonika und Dominante im Wechsel von zwei Takten pendelnd alternieren. Doch einer vollständig achttaktigen Einheit geht Beethoven aus dem Weg. Am Dominant-Platz des letzten Zweitakters in T. 47 lenkt er kurzerhand mit einer neuen Tonika den Verlauf unter Führung der zweiten Geige nach f-Moll. Nach dieser Kappung von acht auf sechs Takte verkürzt sich das Segment weiter auf vier Takte, denn in T. 51 weicht der Satz nach Des-Dur aus. Charakteristisch sind die Verkürzungs- und Bruchstellen immer mit einem Subito piano nach kurzem Crescendo markiert. Der nächste Viertakter ab T. 55 geht nochmals von Des-Dur aus, beschleunigt aber in taktweisen Harmoniewechseln den Fortgang, der zum Ges-Dur im Fortissimo von T. 60 strebt.

Spätestens bei der Beschleunigung wird ein Eindruck von Durchführung unabweisbar. Der scharfe Rhythmus erobert sich analog zu T. 50 alle Zählzeiten und setzt sich intervallisch an einer wiederholten Wendung fest. Der traditionelle Raum ist mit dem Ges-Dur definitiv verlassen. Danach kennt Beethoven gar keine Grenzen mehr. Er verschiebt die bereits alterierte Stufe ♭III nach Moll, zu einem ges-Moll ♭III♭, das in T. 64 enharmonisch verwechselt als fis-Moll erscheint. Dessen *cis* wird in T. 65 in einem nächsten Schritt der Entgrenzung durch ein *d* ersetzt. Auf das Signal des *d* hin kehrt das Unisono von T. 37–40 quintversetzt zurück, allerdings in einem gleichsam ratlosen verminderten Septakkord endend. Der orientierungslose Hörer darf sich in völliger Fremde wähnen. Dass mit einem g-Moll im Hintergrund in Überdrehung des Modulationsrads wieder der gewöhnliche Fernpunkt der III. Stufe erreicht ist, kann er nicht ahnen. Also macht Beethoven den Rückweg nach Es-Dur, vergleichbar einer Zone zwischen Durchführung und Reprise, zum besonderen Ereignis.

In einer Unterbrechung des Satzes im Wechsel zu ²⁄₄-Takt und Allegro nach Art eines Recitativo accompagnato lässt er das Hauptmotiv im gleichen verminderten Septakkord herumirren, rückt das Pseudo-Rezitativ verkürzt eine Quint tiefer, das c-Moll der normalen VI. Stufe als Allerwelts-Fernpunkt suggerierend, ersetzt es jedoch in T. 81 durch einen dominantischen C⁷-Akkord. So kann nicht nur die gebundene Trillerfigur als Motiv 2 im Violoncello wiederkehren, sondern im Kurzdurchlauf fallender Quinten f-B⁷-Es auch der diatonische Normalraum durchstreift und die Reprise vorbereitet werden. Wenn sie in T. 90 eintritt, ist sie schon im neuen Forte von T. 17 angelangt.

Unverändert läuft die Reprise mit vertauschten Stimmen und der permanenten verzahnten Nachschlagsfigur aus dem Rhythmusmotiv 2 nur acht Takte lang. In T. 97 erweitert Beethoven sie durch einen zusätzlichen Viertakter, führt das Hauptthema in T. 110 schließlich an seinen T. 28 zurück und musste nur in T. 116 auf eine Verschiebung zur Unterquint achten, um in der Tonika statt wie zuvor in der Dominante schließen zu können.

Auf die Wiederholung des zweiten Teils folgt keineswegs unmittelbar das Trio. Im Bestreben, die Hauptteile wie schon in op. 95 näher aufeinander zu beziehen, stellt Beethoven einen eigenen Anschluss her. In T. 122 liefert er in einer leicht veränderten und vollstimmigen Forte-

Version den in der Reprise entfallenen ersten Achttakter nach und ergänzt ihn um ein Segment, das aus einer beruhigenden Schlussgruppe stammen könnte. Über dem ruhenden Es des Violoncellos verbinden sich ab T. 129 die Motive 1 und 2: im Dauerrhythmus von T. 37 und den fortgesetzten, jetzt konstant fallenden Legato-Trillern. Der Tonika von T. 137 folgt ein kleiner Nachhall im Grundrhythmus aller Instrumente mit einem Echo von Vierteln des »Ritmo di tre battute«-Segments, aus denen sich in Repetitionen neue und zum Presto beschleunigte Viertel lösen, die den Untergrund für das Trio bilden.

Das Trio wahrt im Streben nach Zusammengehörigkeit in seinem es-Moll den gleichen Tonikabezug. Kontrastierende Klangerweiterungen waren nach der »Durchführung« des Scherzoteils nicht mehr dringlich. Das hielt Beethoven aber nicht davon ab, innerhalb des Trios neue Klangbereiche zu erschließen. In fließendem Charakter und flüchtiger Bewegung vom Scherzo elementar unterschieden, hat es weniger Züge des Duettierend-Dialogischen als des Manisch-Monologischen.

Der erste Teil in 8 + 8 + 4 Takten, deren Einschnitte kaum spürbar werden, weil sich die Viertelbewegung ohne Unterbrechung im großen Bogen fortsetzt, unterläuft den Periodenbau auf subtile Weise. Denn die erste melodische Einheit findet Ziel und neuen Startpunkt gleichermaßen im neunten Takt 156, dem ersten Takt einer Zweierzählung. Die zweite melodische Einheit endet dagegen asymmetrisch im zwölften Takt 167, dem zweiten Takt gleicher Zählung, obwohl das neue Des-Dur als Ziel schon zuvor erreicht ist. Denn der ¾-Takt ist doppeltaktig von einer 6/4-Bewegung überlagert, die den Harmonieverlauf steuert und der Melodie Endungsplätze sowohl bei der Eins als auch in der Taktmitte anbietet.

Kongruent werden Taktbewegung und Melodieverlauf erst nach Zwischentakten mit einem Terzmotiv, das aus dem es^2-f^2-ges^2 von T. 150–151 abgeleitet ist, beim rustikalen »Bordunkomplex« eines offenen 6/4-Takts ab T. 174. Seine bäuerliche Färbung gewinnt er primär aus dem widerborstigen e der Mittelstimmen (T. 176). In diesem Komplex stoßen die jeweils längeren Zielnoten der ersten Geige immer einen »zweitaktigen« Baustein neu an und initiieren in T. 190 schließlich die Wiederkehr des Themas, bei dem in T. 200–201 die metrische Konstellation von T. 166–167 wiederkehrt, mit ihr auch das Zwischenstück des Unisono. Der klangliche Prozess hat in T. 190 inzwischen die neue Stufe eines b-Moll als V^b-Variante erreicht. Entsprechend rückt auch der »Bordunkomplex« ab T. 208 eine Quint tiefer nach Ges-Dur. Das ist der Klang, in dem sich Es-Dur-Scherzo und es-Moll-Trio in ihren Fernpunkten berühren. Nicht zufällig war vor dem wuchtigen Ges-Dur in T. 60 bereits ein es-Moll-Dreiklang erschienen (T. 57). Vom Ges-Dur geht die harmonische Progression in T. 224 widerstandslos zum es-Moll einer angedeuteten Reprise zurück, bleibt aber nicht bei der Tonika, sondern bringt in T. 244 den »Bordunkomplex« ein drittes Mal, diesmal auf der regulären V. Stufe B-Dur. Im großen Satzverlauf sind so die Dreiklangstöne *ges-b-des* des zentralen Ges-Dur-Fernklangs komplett in ihren jeweils eigenen Klängen ausgebreitet.

Die melodische Endungsfigur genießt es regelrecht, jetzt am vielfach erneuerten B-Dur ab T. 260 unverrückbar festzusitzen. Wenn sie sich im Diminuendo unvorsichtigerweise in T. 268 nochmals in Richtung es^3 wendet, bricht der Verlauf schlagartig ab. Aus heiterem B-Dur-Himmel meldet sich das Scherzo zurück. Die vier Takte der ersten Geige, in hoher Lage begleitet, ersetzen gewissermaßen die Harfenakkorde mit ihrer Wendung zur Dominante. So kann das Violoncello bruchlos anschließen und mit neuen Begleitstimmen versehen das tongetreue Da capo ab T. 3 in Gang setzen, auch wenn notationstechnisch erst T. 10 den Anschluss anbietet.

Das Da capo läuft über seinen Schluss von T. 122 hinaus in die Überleitungstakte weiter, als sollte nach dem Muster von op. 59 Nr. 2 und op. 95 dem Trio ein zweiter Auftritt verschafft werden. Nach T. 155 (ausnotiert T. 426) greift Beethoven aber rigoros ein, um dem Satz mit dem kleinen Vorwitz eines »Fehleinsatzes« von T. 431 ein rasches Ende zu verschaffen. Dass der Schlusstakt besonderen Biss hat, weil er den kurzen Auftaktrhythmus von Motiv 1 und das in T. 138 neu eingeführte nachschlagende Viertel zusammenrückt, ist nur eine letzte kleine Pointe.

Der Satz hat in seinen raschen Szenenwechseln bis hin zu seinen Rezitativ-Anwandlungen etwas hörbar Theatralisches, wohl nicht im Sinne Mozarts, in dessen Werk sich Oper und Instrumentalmusik wie selbstverständlich berühren können, aber doch im Sinne Beethovens, der einmal Freude daran gehabt haben könnte, eine Maske aufzusetzen.

4. FINALE. Hatte der erste Satz begonnen, als wollte er etwas vorausschicken, was sich dann als integraler Bestandteil des Allegros entpuppt, beginnen die zwei Mittelsätze wirklich mit Einleitungen, als müsste die

Musik auf einen Sockel gehoben werden, um anfangen zu können. Das Finale scheint sich diesem Verfahren anzuschließen, denn eine Wiederholung des eröffnenden Unisono, das ein c-Moll vorzubereiten scheint, sich dann aber doch im doppelten Quintfall der Töne *f-b-es* für Es-Dur entscheidet, ist nicht unbedingt zu erwarten.

Das Hauptthema erinnert in seinem kantablen Duktus, der Tonfolge, den kontinuierlichen Vierteln und den gehaltenen Tönen der Begleitung an den ersten Satz. In einem nächsten Bezug, jetzt zum Vorspann, wiederholt sich durch das hochalterierte a^i, nervöser Punkt der melodischen Bewegung, die Klangfortschreitung über Quinten von der Wechseldominante bis zu Tonika. Die Achtel des Themas in T. 5 beschleunigen zudem eine Figur, die intervallisch passend die Viertel des Vortaktes fortsetzt. Syntaktisch bewegt sich das Thema im geraden Geleise zweier Achttakter ohne ausgeprägte Binnenzäsur, die sich gleichwohl mit Halb- und Ganzschluss aufeinander beziehen. Die Endungen laufen im Absinken um eine Stufe g^1-f^1-f^1 | f^1-es^1-es^1 parallel und ergänzen sich linear. Das Thema setzt sich danach mit einer Mittelzone fort, die mit Auftakt und in Umkehrung der melodischen Viertel von T. 8 den Faden weiterspinnt, die artikulierende Endungsformel mit drei Vierteln ♩ ♩ ♩ in T. 24 beibehält und im engeren Abstand von vier Takten die Korrespondenz von Vorder- und Nachsatz übernimmt. Die parallelen Endungen beleben sich rhythmisch am Ende leicht in T. 28 und verlängern dabei den Skalenzusammenhang auf das c^2-b^1...b^1-as^1-g^1-f^1-es^1 eines konfliktfreien Sextraums. Die Mittelzone wird unter Führung der Bratsche samt Fortsetzung des Violoncellos wiederholt, findet den gleichen Schlusspunkt auf Zählzeit Drei von T. 36 und macht sofort dem A-Teil wieder Platz, in dem Violoncello und Viola das Thema der ersten Geige nachspielen. So entfaltet sich übersichtlich und friedvoll ein potenziell 48-taktiger thematischer Komplex A-B-A in der Größe von jeweils 16-taktigen Einheiten.

In dem Augenblick, in dem ein Ende absehbar wird, nämlich beim vierten Takt des vorletzten Achttakters (T. 44), bleibt die Bratsche beim *a* des Vortaktes und leitet fast unauffällig über liegendem *f*-Bass eine Verschiebung nach B-Dur ein. Für das wiederkehrende Hauptthema in der neuen Tonart der V. Stufe stehen die Geigen bereit. Die Themenachtel mehren sich in einem dichter werdenden Satz, weil sie immer ein Echo in der zweiten Takthälfte haben. Nach dem Vorbild der Bratsche ändert auch die erste Geige den vierten Takt, indem sie in T. 52 die Chromatisierung fortsetzt und so die Höhe des Quintfalls für die Sequenzierung in T. 53–55 zu einem D-G-c-F-B steigert.

Das stärkt die Verankerung von B-Dur für die Erweiterung des Satzes ab T. 55 um einen Anhang in der neuen Faktur einer marschierenden Viertelbewegung. Aus dem Anhang wird dann allerdings in Funktion eines Seitensatzes eine veritable Gegenzone von eigenem Gestus, eigener Motivik und auch eigenen Klangeffekten mit einem Höhepunkt in T. 73 beim verstellten C⁷-Akkord eines Bärentanzes. Es macht fast den Eindruck, als seien in die pastorale Ruhe des Hauptthemas agierende Lebewesen eingedrungen. Wie beim Hauptthema verbindet sich die Chromatisierung mit einem harmonischen Quintschritt-Gefälle, in T. 77–82 in Form von C-F-B, das wieder eine beruhigende Tonika herstellt. Im Alternieren von Stimmpaaren mit einem Motiv, das in seinen vier gebundenen Achteln wieder Nähe zum Hauptthema sucht, rücken die sechs Takte von T. 81–86 noch eine weitere Quint tiefer und schwenken so auf die Grundtonart Es-Dur des Hauptthemas ein.

In T. 93 bleibt die Bewegung beim sechsten Takt, der sich die Wiederholungsviertel ♩ ♩ des fünften Taktes zu eigen macht, wie in einem Akt des Überlegens hängen. In die Unterstimmen drängt sich der Strebeton *h*, der sich schon im C⁷-Akkord in T. 73 bemerkbar gemacht hatte und jetzt in einer Crescendo-Steigerung ab T. 95 auf jenes c-Moll verweist, das den Einleitungstakten zugrunde lag. Diese Einleitung überrennt in T. 97 mit einem Überraschungseffekt im Forte und noch steigerndem Sforzato, den ersten Satz erinnernd, alle Entwicklung.

Die unvermutete Wiederkehr setzt eröffnend ein neues Formsignal. Sie kommt keineswegs aus dem Nichts. Denn sie rückt sich die repetierenden zwei Viertel, die ab T. 68 akzentuierend entstanden und ab T. 81 zudem in den eher kantablen Sechstakter eingedrungen waren, in einem Gegenstoß mit Versetzung an den Taktbeginn neu zurecht. Außerdem erweisen sich, wenn auch eher im Nachhinein, die Oktaven-Viertel der Außenstimmen in T. 67–72 mit ihren chromatischen Verstellungen intervallisch als Abkömmlinge der Takte 3–4 des Satzbeginns.

Den Gedanken an eine Expositionswiederholung weist eine Verlängerung mit dem Ziel des Ansteuerns weiterer Tonart-Stufen definitiv von sich. Die Entwicklung geht über das Es-Dur von T. 101 hinaus und hält nach dem As-Dur von T. 103 erst beim f-Moll der II. Stufe inne, wobei das Motiv sich schlängelnder Viertel in der Bratsche von T. 106 noch bis in die Zone eines neuen Entwicklungsstadiums eindringt, mit der ein Segment aus der »Gegenzone« von T. 55 auftaucht, dem man, wären Mendelssohns spätere Werke schon geschrieben, in der hohen Lage spitziger Töne Elfencharakter zusprechen würde.

Das Wiedererscheinen der Eröffnung kündigt also wie im ersten Satz den Eintritt in eine Durchführung an. Das spricht dafür, in der »Gegenzone« nach dem Hauptthema einen Seitensatz zu sehen, auch wenn er unmittelbar und zäsurlos aus einer Kadenz des Anfangsthemas in T. 55 hervorgeht. Die Durchführung nimmt von diesem Seitensatz ihren Ausgang, schließt ein Zitat des Hauptsatzes an und verbindet ab T. 121 beide Zonen in einem Schritt gegenseitiger Durchdringung nach der neuen Art kontrapunktischen Denkens. Für das harmonische Geländer sorgt ein großflächiger Quintfall C^7-F, der sich ab T. 135 beschleunigt und über das Es-Dur hinaus bis As-Dur und sogar noch Des-Dur reicht, aber letztlich den »Tiefpunkt« der traditionellen IV. Stufe As-Dur zum Ziel hat, erreicht im Fall einer motivisch profilierten chromatischen Skala der ersten Geige über ruhendem *es*-Bass.

Auf der Ebene dieser IV. Stufe, der bevorzugten Durchführungsstufe der frühen Quartette, erscheint ab T. 145 das Hauptthema, angeführt von der Bratsche, die wider Erwarten sogar den alten B-Teil mit seinen vollständigen 16 Takten einbezieht. Reprisen auf der IV. Stufe sind zwar die große Ausnahme, aber nicht ausgeschlossen wie ein Blick auf Mozarts *Sonata facile* oder Schuberts Sonaten lehrt. Erst im letzten Augenblick verhindert Beethoven eine vereinfachte Form der Reprise, die dem Seitensatz keine Modulation mehr abverlangt. Er verweigert dem letzten Takt des B-Teils in T. 176 seinen As-Dur-Schluss im Festhalten an der Es^7-Dominante. Damit ist auch die Rundung eines A-B-A verhindert. Stattdessen vervielfacht sich das Motiv der Endung ♩ ♫ ♩ mit Zusatzauftakt in stufenweiser Anhebung, um sich ab T. 184 auf einer B^7-Dominante festzusetzen.

Die richtige Reprise geht in T. 187 zäsurlos aus der Durchführung hervor, fast unmerklich sogar, weil der Bass nur den Schritt vom Sekundakkord der Dominante in den Sextakkord der Tonika vollzieht. Das Thema wandert von der ersten zur zweiten Geige und hält an dieser Verteilung auch im Mittel-Teil B fest. Zur formalen Pointe wird, dass am Ende dieses Mittelteils erneut eine Umleitung erfolgt. Anstelle des zweiten A tritt der Seitensatz in der Grundtonart Es-Dur ein. Syntaktisch werden also Haupt- und Seitensatz, was sie kontrapunktisch in der Durchführung ohnehin schon waren, Teile eines gemeinsamen Ganzen. Die früheren zwei Sechstakter (T. 81–92) reduzieren sich auf nur einen und benutzen die letzte Gruppe für den verlangsamenden Übergang in die Coda eines anfänglichen C-Dur, das die Botschaft des c-Moll aus der Unisono-Einleitung aufhebt.

Diese ganz eigenständige Coda (Allegro comodo) ab T. 256 hat unter hoch schwirrenden Geigentrillern im Wechsel von Tempo wie Takt einen unberührbar überirdischen Charakter. In harmonischer Verschiebung glänzt in hoher Lage zum Bass der Bratsche sogar das »himmlische« E-Dur (T. 265), als schlösse der pastorale Friede des Hauptsatzes ein »Gloria in excelsis« mit ein. Auch in den anderen beiden Fremdklängen der Coda, C-Dur und As-Dur, könnten sich Verweise auf frühere Ereignisse im Werk verbergen. Ein ganz neues Element sind die ununterbrochenen Girlanden der Sechzehnteltriolen, die das alte Hauptthema mit veränderter, dabei nachdrücklicher und doch weicher gewordener Endung begleiten. Lehrreich zu beobachten sind die Wandlungen dieser Endung. In T. 273 entfallen sie ganz, weil die erste Geige unbeirrbar aus nur immer den Anfangstönen eine Kette bildet, dann in einem Klangfest überwältigender Lautstärke in T. 277 die erste Gestalt wiederherstellt und in der neuen Gestik des 6/8-Taktes sogar den kompletten Themen-Achttakter beschwört, der jetzt in vier Takten Platz hat (T. 277–280). Danach setzt Beethoven doch wieder die neue Endung mit den abfedernden Sechzehnteln in Kraft, die ab T. 285 jedes Instrument in eigener Oktavlage erproben darf.

Am Ende gilt der Anfang. Das Violoncello intoniert in T. 294 mit dem *As* den ersten Takt, die Geige in T. 296 mit dem a^2 den dritten Takt, ein *a*, das ein letztes Mal einen kleinen Schauer in der Kombination mit dem *ges* einer verminderten Septim auslöst.

Das erste der späten Streichquartette Beethovens eröffnet nicht zuletzt durch die Schwebezustände, die sich aus dem Verwischen von Zäsuren ergeben, mehr als je zuvor Räume des Fiktionalen. Das ist die Rückseite des verdichtet Konstruktiven, das per se Rätsel aufgibt. Der Beziehungsreichtum in Verbindung mit Besonderheiten, die Konventionen umgehen, wirft deshalb schnell die weitergehende Frage auf, ob es auch Bezüge zu Vorstellungen gibt, die außerhalb der Musik in Beethovens Lebens- und Lesewelt liegen. So berechtigt Überlegungen dazu sind, so dunkel bleiben alle Antworten. Selbst das Richtige löste die Frage nicht ohne Rest. Denn die Gedanken, die einer Musik vorausgehen oder sie begleiten, sind nicht notwendig die gleichen, die einem fertigen Werk folgen. Der Wunsch nach so etwas wie Entschlüsselung verliert sich zudem im Bewusstwerden, dass jedes klingende Erleben seine eigenen Bezüge in eine andere und neue Zeit schafft.

Streichquartett in B-Dur op. 130 (1825, Finale 1826, Erstdruck 1827)

Mit dem B-Dur-Quartett unternimmt Beethoven neue Erkundungen in der zyklischen Anlage und erweitert sie durch Einfügungen. Dabei reihen sich nicht bloß die einzelnen »Stücke«, wie Beethoven sie nennt, sondern ordnen sich nach Basis-Sätzen, die in motivisch unterschiedlicher Weise auf die eröffnende Einleitung bezogen sind (Kästen), und Sätzen mit Intermezzo-Charakter (kursiv).

| Adagio/Allegro | *Presto* | Andante | *Alla danza tedesca* *Cavatina* | Allegro |

Das Finale gibt es in zwei Versionen. Ursprünglich war die *Große Fuge* dazu bestimmt, aber sie erfüllt nicht allein das Konzept einer Rückbindung an das eröffnende Adagio. Auch das neue Finale kennt Anspielungen auf die ersten vier Töne im Zeichen chromatischen Austauschs. Beethoven ließ sich nach Proben und ersten Aufführungen von Freunden überzeugen, die Fuge als op. 133 separat zu veröffentlichen und für op. 130 ein alternatives Finale in verbindlicherem Ton und geringerer Ausdehnung zu schreiben.

1. **ADAGIO MA NON TROPPO – ALLEGRO.** Das einleitende Adagio beginnt in einer Kurzformel von Vorder-/Nachsatz-Korrespondenz mit Endungen, die beim Halbschluss mit d^1-c^1 fallen und beim Ganzschluss mit a^1-b^1 als der Umkehrung des Eingangsschrittes b–a steigen. Die ersten vier chromatisch absinkenden Töne b-a-as-g bleiben im ersten Anlauf unbegleitet, im zweiten Anlauf werden sie klanglich dicht unterlegt, einschließlich der Zwischendominante für die II. Stufe c-Moll und harmonischer Beschwerung der Endungsfiguren. Sonderwege geht vor allem der Bass, der sich in T. 2 nicht mit dem *F* begnügt, sondern es über eine Skala ansteuert und im Folgeauftakt ähnlich spät das *B* erst aus einem Quintfall entstehen lässt. Insofern haben die ersten vier Takte etwas von

extrem Komprimiertem an sich. Beethoven selbst sprach, vermutlich im Blick auf die Chromatik, von einer »schwergängigen Einleitung«.

Zum Enigmatischen gehört, dass sich erster und zweiter Takt dynamisch konsequent aus dem Weg gehen, die Endungen also quasi immer abgekoppelt sind. Erst beim anmodulierten F-Dur, das sich durch Dehnung einer rhythmischen Umgestaltung von klingender zu stumpfer Endung bis zu einem siebten Takt verschiebt, glättet sich das erste Mal die Dynamik. Zum Komprimierten gehört, dass der Oktavraum der Grundskala sich im Zusammenführen zweier Linienzüge mit sinkendem *b-a-as-g* und durch Isolierung und Wiederholung der Schlussformel mit steigendem a^1-b^1-c^2-d^2-e^2-f^2 beim Zielton vervollständigt; mit dem kleinen überhöhenden g^2 ist sogar noch ein gemeinsamer Verbindungston berührt. Der eine chromatische Schritt in der Oktavreihe entspricht historisch der alten Doppelbestimmung *b/h* bei der VII. Stufe. In solchen Kategorien zu lesen, hat bei den späten Quartetten eigenes Recht, wie der »Dankgesang« aus op. 132 lehrt, kurz nach op. 127 entstanden. Das Abstraktum einer musikalischen Periode skizziert mit Hinführung auf das F-Dur der V. Stufe in T. 7 schließlich auch noch den formalen Schritt vom Hauptsatz zum Seitensatz vor.

Auch im zweiten Segment der Einleitung bleibt »Skala« das wesentliche Thema, zumal das Violoncello den Anstieg über f^1-fis^1-g^1 chromatisch weiterführt. In gestaffelten Einsätzen scheint jede Stimme ihren eigenen Weg zu gehen, richtet sich aber jeweils im zweiten Takt imitatorisch auf die Vorgängerstimme aus, sodass in T. 9 die zweite Geige dem Violoncello von T. 7 folgt, das Violoncello in T. 10 wiederum der zweiten Geige von T. 8. Die erste Geige wiederholt im Übergang von T. 11/12 das *h-c^1* der zweiten Geige und rückt gleichzeitig die Violoncello-Figur von T. 7 in die Oberquart. Gemeinsam ist allen Stimmen die kontinuierliche Achtelbewegung mit rhythmischen Anreicherungen aus der Figur ♪♫ von T. 6 und die Skalenbewegung, die vermehrt chromatische Aufwärtsschritte nutzt, wobei das zweite Sechzehntel jeweils verdeckt, dass sich die Halbtonschritte weiter fortsetzen, wie »getreppt« im Violoncello mit fis^1-g^1 zu d^1-es^1 und *h-c^1*. Dabei wird die Modulation nach F-Dur wieder zurückgenommen. Der Klang rückt in die dominantische Funktion für B-Dur, bekräftig vom Ruhepunkt der Fermate in T. 14. Der letzte Schritt der ersten Geige verschiebt dabei fortsetzend das g^2-f^2 von T. 6/7 zu f^2-es^2.

Das Allegro verändert schlagartig Faktur und Charakter, doch bei gleichen Elementen: der Skala mit Terztreppungen, der Korrespondenz von Dominante und Tonika und dem Hinlaufen auf einen halbschlüssigen F-Klang, der in T. 20 in Wiederkehr des Adagios den Rang einer Tonika anstrebt. Das Changieren spiegelt sich in T. 23 bezeichnend im zweifachen Austausch von *e* und *es* der Bratsche. Also setzt das Allegro beim zweiten Mal in F-Dur an. Sein eigentliches Thema ist der prägnante Quart-Ruf als neues Element in Rhythmus und Intervallik. Er gibt den dominierenden Sechzehnteln die Richtung vor.

An der Doppelthematik ist bezeichnend, dass der Satz genau wie die Einleitung tonal stetig zwischen den zwei Polen schwankt. Einmal hat das F-Dur tonikale Funktion, das andere Mal dominantische. Denn in T. 31 wird das F-Dur analog zu T. 7–8 wieder durch ein B-Dur ersetzt, das sich in T. 37 mit einer förmlichen Kadenz festsetzt. Im gleichen Augenblick erscheint als weiteres Element der Einleitung die charakteristische Rhythmusfigur ♪♫ einschließlich der alten Terztreppungen wieder, die auch die Sechzehntelskalen mit den gleichen Akzenttönen *d-b-g-es-c-a-*[*f*] bestimmen, die jetzt in T. 38 der ersten Geige mit dem noch fehlenden *f* zur Komplettierung aller sieben Leitertöne ergänzt werden, um, verteilt auf die beiden Geigen, einen zweiten Terzfall zu initiieren. Wieder ist analog zu T. 7 der Einleitung das *f* das entscheidende letzte Bauelement.

Nach der zweiten Vervollständigung mit Ende von T. 40 beginnt in B-Dur ein zweiter Abschnitt, der die Sechzehntel in gebundener Variante leicht umgestaltet. Dabei finden sich die drei Unterstimmen in T. 43–44 zu einem Unisono zusammen, von dem sich gegenläufig in Aufwärtsfiguren nur die erste Geige abhebt, um sich mit den Achteln von T. 45 doch noch dem Unisono anzuschließen. Im Auf und Ab werden die Terzen jetzt Teile der Dreiklänge von B-Dur und F-Dur. Es bleibt aber bei der tonalen Ambivalenz. Immer wenn F-Dur in eine Tonikaposition rückt wie zu Beginn von T. 47, wird es von einem *es* wieder eingeholt und in seine dominantische Funktion zurückgezwungen.

Nach einem Hauptsatz, der im Spannungsfeld zweier Tonarten verläuft, hat Beethoven beim Seitensatz für die überkommene V. Stufe keine Verwendung. Das F-Dur ist bereits ausgereizt. Also entscheidet er sich nach einem letzten tonikalen F-Dur in T. 51 für eine ganz andere Lösung und führt über einen verlangsamt chromatischen Skalengang bis zu einem tiefalterierten *des*. Von ihm aus fällt die Bewegung terzweise in einem *des-b-ges*, bei dem das Violoncello nochmals die eröffnende Sechzehntelfigur des Hauptsatzes einflechten darf, abwärts ins Ges-Dur der alterierten VI. Stufe. Schon in einer Durchführung ein Extremklang, darf Ges-Dur in einem Seitensatz die Rolle des absoluten Außenseiters beanspruchen und spielt sie in fast choralartig verlangsamter Bewegung und bedächtigen Skalenschritten auch aus, wird aber bald von den Sechzehnteln des Hauptsatzes wieder eingeholt. In T. 71 verbinden sich Ges-Dur-Notierung und Hauptmotiv. Vom Thema des Seitensatzes bleiben immerhin die Viertel erhalten, die jetzt eine Position einnehmen, die vorher der Quart-Ruf hatte. In den langen Noten des Fortissimos von T. 87 setzt sich aber wieder ein Hauptelement des Seitensatz-Themas durch, von dem bruchstückartig auch Teile im Violoncello erklingen. Also tonale Doppelung im Hauptsatz, motivische Doppelung im Seitensatz.

Eine Dominantisierung des Ges-Klangs in T. 90 mit *fes*, als handle es sich um eine normale V. Stufe, die zur Tonika rückleiten möchte, steuert in Richtung Ces-Dur. Eine sequenzierende Weiterführung der Achtel bringt jedoch die Wendung *b-[as]* nahe, die von Beethoven mit einem Eingriff in einen sich verselbstständigenden Ablauf zu *b-a* verändert wird. Ein Stehenbleiben macht deutlich, dass der Satz wieder am Eröffnungsschritt seiner Einleitung von T. 1 angelangt ist und eine komplette Wiederholung der Exposition fordert. In ihrer komplexen Vielschichtigkeit ist diese Exposition ohne jede spektakuläre Thematik konstruktiv ein Novum in den Quartetten.

Nach der Wiederholung der Exposition leitet Beethoven die Achtel zu einem *ges-f* um. Mit diesen Tönen beginnt das Violoncello im erneuerten Adagio in T. 94 die Durchführung. Sie wechselt in kurzen Verweisen auf Segmente der Exposition rasch die Bilder und Vorzeichen. Nachdem große Bereiche an B-Tonarten bereits genutzt waren, wendet sich die Durchführung bevorzugt den Kreuztonarten zu. Zentral wird abermals die VI. Stufe. Hatte die Exposition den Grundton mit Ges-Dur tiefalteriert, wird nun der Terzton zu G-Dur hochalteriert. So ergänzen sich in Vermeidung der alteingeführten leitereigenen Form des g-Moll die beiden Extremformen ♭III und III♮.

Motivisch zitiert die Durchführung alle Grundelemente von Einleitung und Hauptsatz. Aus dem Eröffnungsschritt erwächst in T. 102–103 eine neue Figur ♪|♩ ♪, die Auftakt und Endungsformel des ersten

Taktpaars kombiniert und aus der Beethoven in Unter- und Mittelstimmen ab T. 104 eine Begleitschicht für das Ineinandergreifen dreier extrem gegensätzlicher Motive bildet: Quarten-Ruf, Fragmente der Sechzehntelketten und eine ganz neu erblühende Melodie des Violoncellos als Abkömmling des Seitenthemas. Nur ist aus dem »Choral« eine »Arie« geworden und die ursprüngliche Eingangssext zur Oktav vergrößert. Die Melodie geht in T. 123 auch auf die erste Geige über, verbunden mit dem Zwei-Achtel-Auftakt des Quarten-Rufs. Damit setzen, ausgehend von c-Moll, auch tonartliche Veränderungen ein, die in T. 122–132 über eine Quintschrittfolge G^7-c/C-F^7→B die Grundtonart wiedergewinnen und zäsurlos in die Reprise führen. Die Sechzehntel von T. 105, 109 und 115 können in T. 132 nun endlich wieder weiterlaufen. Die Bratsche bildet zum führenden Violoncello verstärkende Terzen, die zweite Geige eine gegenläufig nach oben strebende Figur.

Unter Ausschaltung neuer Unterbrechungen entwickelt sich der Hauptsatz in der Reprise samt konzertanten Einlagen der ersten Geige ab T. 140 mit der Hauptvorgabe weiter, bei allen Veränderungen an den Intervallen des Quarten-Rufs ab T. 139 im Violoncello die alte B-Dur/F-Dur-Ambivalenz zu vermeiden. Vielmehr beginnt eine schrittweise Ausdehnung in den Unterquintbereich mit einem Es-Dur in T. 145 und einem As-Dur in T. 154, um den Seitensatz diesmal ohne harmonische Brechung eintreten zu lassen. Dieser Seitensatz erscheint nicht wie sonst in der Unterquint, sondern unter den tonalen Sonderkonditionen der Exposition in T. 162 in der Oberquint Des-Dur, um sich in T. 174 imitatorisch ausgefächert auf die Grundtonart B-Dur auszurichten, sodass sich in T. 190 ein Vorzeichenwechsel wie in T. 71 erübrigt. Entsprechend feiert mit dem Expositionshöhepunkt von T. 87 die Reprise in T. 206 ihren Triumph in B-Dur.

Doch wäre der Satz unvollständig, schlösse sich nicht wieder die Einleitung als zentraler Bestandteil des Satzes an. Sie kehrt nach einer Verlangsamung der Bewegung in T. 214 in der Originalgestalt wieder. Was dort nach fünf Takten mit der schrittweisen Höherlegung der Endungsfigur ♪ | ♩ ♪ diatonisch erfolgte, vollzieht sich nun ab T. 217 in Verzahnung von Adagio und Allegro chromatisch: a^2-b^2 | h^2-c^3 | cis^3-d^3. Die Reihe beschleunigt sich ab T. 223 bis hin zum Spitzenton g^3, wie in T. 6 Überhöhungston des Zieltones f. Einer Vollendung weicht der elementare Kadenzschritt von T. 228/229 noch aus, weil Beethoven schnittartig die Textur ändert, um ein letztes Mal zwei Hauptelemente zusammenzuführen, die Quart-Rufe des Hauptsatzes und die Sechzehntel in der gebundenen Variante des Seitensatzes. Mit dem Rhythmus von T. 137 als einer vergrößerten Variante von T. 37, die sich wiederum mit einer Verdichtung des Quarten-Rhythmus trifft, endet der Satz in T. 233–234 in dreimaliger Kadenz.

Man darf ein wenig sprachlos werden ob der konstruktiven Komplexität. Was sich jedenfalls sagen lässt: dass die Dichte und Vielfalt an intervallischen, rhythmischen, harmonischen und letztlich auch formalen Beziehungen gegenüber op. 127 noch zugenommen hat, ersichtlich allein an der Art, wie eine langsame Einleitung Teil des Satzganzen wird. Nach einem solchen ersten Satz ist es mehr als verständlich, dass Beethoven eine konstruktive Steigerung nur noch in einer freien Fuge sah, der *Großen Fuge*, die das Finale bilden sollte.

2. PRESTO – L'ISTESSO TEMPO – (PRESTO). Für die Dramaturgie der Satzfolge konnte es nur klug sein, keinen großen und gewichtigen langsamen Satz folgen zu lassen, sondern einen kurzen Satz leichteren Charakters. Er nimmt den Platz des Scherzos ein, von dem auch die Form mit einem eingelagerten Trio stammt, und huscht im Presto regelrecht vorüber. Der erste Teil in zweimal acht Takten reduziert den Verlauf auf den Kernbereich eines einfachen Tanzsatzes, zu dem nur die Tonart b-Moll quersteht. Der Rhythmus bleibt fast gleich und verdichtet sich allein jeweils im dritten und siebten Takt durch die Erweiterung um zwei deutlich artikulierende Viertel, betont auch in den Begleitstimmen. Fast unvermeidlich modifiziert Beethoven die Endungsstellen. Der erste Achttakter schließt auf der Eins, der zweite in Verlängerung der Achtelfigur um vier Viertel auf Drei, was eine atemlos rasche Wiederholung zur Folge hat. Harmonisch korrespondieren mit T. 4 und 8 die V. und I. Stufe, in T. 12 und 16 die III. und I. Stufe, wobei das Des-Dur der III. Stufe keinen Absatz bildet, weil zwei Taktpaare sich lediglich wiederholen. Auch in dieser Disposition zeigt das Scherzo eine Kleinstform, eine Form en miniature. Das melodisch Besondere liegt im Wechselspiel von ces^2/c^2 beim abschließenden »Reprisen«-Viertakter, der in T. 13 nicht beim Quintton f^1 beginnt, sondern beim Grundton b^1.

Der Mittelteil wechselt in den Dreiertakt, gebärdet sich gleichwohl als das Maggiore eines Alternativo. Auch in B-Dur gilt wieder ein Achttakter mit rhythmischer Verdichtung zum Ende hin, mit der sich die taktweise steigende Skala ab dem c^3 zu Vierteln beschleunigt. Ein spitzbübisches Kuriosum bleibt, dass die Begleitstimmen sich immer nur auf die zweite Takthälfte kaprizieren, lediglich für den Schlusstakt auch die Eins besetzen und in Klammer 2 der ersten Geige mit dem F-Dur-Klang vorgreifen. Der zweite Teil des Trios holt weiter aus, tonal, formal und syntaktisch. Das Crescendo steuert auf die III. Stufe d-Moll zu, die in T. 31–32 in neuer Akzentuierung der Unterstimmen-Viertel auch mit einer Kadenz belohnt wird. In Dur und in Moll wird also gleichermaßen die III. Stufe zum Fern- und Wendepunkt, Wendepunkt insofern, als Beethoven in T. 32 den Schlusstakt kurzerhand kappt und nach dem Muster von »Tacterstickung« zum ersten Takt eines Achttakters macht. Beim Tanzen würde man in der Ordnung von 7+8 Takten hübsch stolpern. Der neue Achttakter hat wiederum als Besonderheit, dass er im achten Takt (T. 39) nicht schließt, sondern nach harmonischen Kapriolen zäsurlos in die Reprise leitet, die ihre Bedeutung in der Oktavierung der Violinstimme herausstreicht.

In T. 47 geben die Unterstimmen sich wieder vorwitzig und lösen nach der Wiederholung einen Skalenwirrwarr aus, sodass Beethoven die Sekundschritte einzeln in halben Noten vorbuchstabiert, die erste Geige dreimal wieder herunterfallen und dann in T. 64 doch noch gnädigerweise mit den gleichen Tönen des Forte-Zwischenrufs *f-f-ges* aller Instrumente in den Hauptteil zurückfinden lässt.

Beim Da capo sind die Wiederholungen variierend mit kecken Trillern und kapriziösen Oktavsprüngen umgestaltet. Der Satz schließt ab T. 96 nach viermal acht Takten mit einer kleinen Coda, ausgehend von der Bratsche, die nochmals den ersten Viertakter vorsingt, danach aber nicht mehr weiterweiß, sondern die Formel von T. 3–4 einfach wiederholt, bis die erste Geige sie ihr abnimmt und mit Umstellung der letzten Töne schlussfähig umbaut: im zupackenden Quintfall von Genoktaven zum Bass.

3. ANDANTE CON MOTO MA NON TROPPO.

Nach dem Presto in Funktion eines Zwischenspiels tritt der langsame Satz auf den Plan. Wie in op. 127 möchte Beethoven dem Thema einen Auftritt verschaffen und baut schrittweise einen Klang bis hin zum Des-Dur des Satzes auf, allerdings noch anspruchsvoller als zuvor, weil er den Vorspann dazu benutzt, eine

Verbindung mit den anderen Sätzen herzustellen. Die erste Geige beginnt mit dem b^1 des Schlusstons aus dem Presto, das durch die eintretenden Mittelstimmen dissonant wird und zu einem Sekundfall genötigt ist. Das zweitönige b^1-bb^1 klingt unüberhörbar nach dem Eingangsschritt des ersten Satzes und wechselt bei der Wiederholung in der Oberoktav auch in die zugehörige Notierung mit b^2-a^2. Dem Eingangsschritt schließen sich weitere Töne an und führen fallend nach dem Vorbild des Quartettbeginns in chromatischer Fortsetzung bis zum ges^2 von T. 3 anstelle des früheren g. Danach erst ist die erste Geige bereit, sich der thematischen Entfaltung anzuschließen, die in T. 2 in der Bratsche schon begonnen hat.

Das Thema glüht nicht in dem innigen Piano-Ton, zu dem Beethoven in besonderer Weise fähig war, sondern hat etwas spielerisch Heiteres, auf das ein »poco scherzoso« verweist. Der Ton innerer Einkehr bleibt der Cavatina und ihrem Espressivo vorbehalten. Das leichtere Andante con moto macht seinen Charakter auch in der Form kenntlich. Denn Beethoven entwickelt den Satz, erstmals in einem der späten Streichquartette, nach dem Muster des Andante aus op. 18 Nr. 3 in einer schlicht zweiteiligen Anlage ohne Durchführung und lässt ein Streben nach Expansion erst in der großen Coda zu.

Das nahezu omnipräsente Thema mit seiner Punktierungsfigur und seinen aufsteigenden Achteln passt in nur einen Takt und wird dem ersten Eindruck nach klaviermäßig in Sechzehnteln gebrochener Akkorde begleitet, die sich allerdings, gewichtig schon durch das Violoncello, im weiteren Verlauf zu einem zweiten Motiv emporarbeiten. Aus ihnen gehen in einem nächsten Abschnitt die vielfach versetzten Vierergruppen ab T. 11 als Bestandteil eines zweiten Themas hervor.

Das erste Thema verlängert im zweiten Takt (T. 4) in der Bratsche seinen Achtelanstieg im Interesse des Anschlusses an beständiges Wiederholen. Dabei schaltet sich die erste Geige ein und kehrt in T. 7 versuchsweise auch einmal die Richtung um, gefolgt vom Echo der zweiten Geige. Die Folgeachtel wiederum vergrößern ihre Intervalle und nähern sich den Sprüngen des Sechzehntelmotivs an, bis ein kadenzfähiger Quintfall am Ende von T. 9 das Thema beschließt, gefolgt von einem Echo im Pizzicato, mit dem eine Umleitung in den Seitensatz eines As-Dur erfolgt. Der Themenbogen erstreckt sich über insgesamt sieben Takte, woraus man schließen möchte, dass das Thema asymmetrisch angelegt ist. Bloßes Hören wird das nicht bestätigen. Beethoven bedient sich nach alter Notierungspraxis des »zusammengesetzten Tactes« und zieht nur jeden zweiten Taktstrich. Bei einer Zählung im ⅔-Takt offenbart sich die Anlage sehr viel deutlicher, nämlich mit einem 4 | 4 + 4 + 2. Ein Grundbaustein von vier Takten verdoppelt sich bei seiner Wiederholung und bekommt zur Schlussbestätigung noch ein weiteres Taktpaar zugeschlagen.

Den formalen Einschnitt nach T. 10 macht Beethoven optisch durch Doppelstrich und Vorzeichenwechsel kenntlich. Das neue Thema ab T. 11 bewegt sich in den gleichen Taktmaßen und behält auch die Konturen des ersten Themas. Nur werden aus der Punktierungsgruppe die Sechzehntel der früheren Begleitschicht. Viertelbeginn und Achtelende bleiben. Was sich umbaut, ist primär die intervallische Struktur in einer imitatorischen Verdichtung des Satzes, bei der alle Stimmen motivisch werden. Zum Prozess der Umgestaltung gehört in der Folge, dass sich das Thema nicht nur wiederholt, sondern in Schritten der Konzentration entwickelt. Die Achtel werden in T. 13 separiert und auf die Takt-Eins vorgezogen, verkürzen sich zudem auf zwei Achtel, was eine überraschende Lücke schafft. In sie stößt am Ende von T. 13 ein neues kleines Motiv, das in der Folge Auftaktfunktion für das abgewandelte und in Stücke zerlegte Thema übernimmt. Die Punktierungen von T. 14 gehen auf die bassmäßigen Intervallschritte des Endes von Thema 1 zurück, die Achtel werden abgelöst und der Bratsche übertragen, vom Violoncello gleichwohl versetzt nachgeliefert. In T. 15 verteilt sich das Thema schließlich auf erste Geige und Violoncello.

In kontrapunktischem Detailreichtum mit einer Tendenz zu kleineren Notenwerten bauen sich ständig Elemente um. Der Themenanlauf der zweiten Geige am Ende von T. 15 verliert die Punktierungsfiguren, gewissermaßen verdrängt von der versetzten Auftaktfigur der Bratsche, findet in der ersten Geige gleichwohl seine Achtel-Fortsetzung. In T. 17 läuft nach dem harmonischen Ruck eines C-Dur-Sextakkords die Quart *c-g* durch alle Stimmen, vom Violoncello zur Oktav erweitert. In einer Verdichtung auf omnipräsente Sechzehntel strebt das Thema nach Modulation in neue Bereiche. Dem stellt sich das einsame *des*^{2} der ersten Geige in T. 19 vergeblich entgegen. Es beendet lediglich die weitere Ausbreitung von Thema 2. Im klanglichen Prozess setzt sich das C unerwartet durch und bietet Raum für das wiederkehrende

Thema 1. Die ursprünglich dominantische Funktion des C-Dur-Klangs hat Folgen erst in T. 22, wenn das Thema unter Führung des Violoncellos nach F-Dur rückt. Damit sind die Dreiklangsstufen von Des-Dur vollständig »auskomponiert«. Da die zweiteilige Anlage keinen vorbestimmten Formabschnitt zur Vergrößerung des Tonraums vorsieht, hielt Beethoven sich an die bei Mozart vorgebildete Technik eines harmonischen Exkurses *innerhalb* des Seitensatzes. Danach kann sich der Satz wieder auf das mittlere As-Dur als Haupttonart des Seitensatzes ausrichten.

Die weitere Entwicklung in ständig neuer Einkleidung mit zusätzlichen Begleitfiguren wie den gezackten Rhythmen ab T. 22 erreicht ein neues Stadium in T. 24, wenn Sechzehntel und Viertel von T. 11 vertauscht sind und in T. 26 mit dem größeren Atem eines Cantabile ein drittes Thema auftaucht. Es führt, von einem neuen Synkopenrhythmus ausgehend, mit der Punktierung und den Sechzehnteln Elemente aus Thema 1 und 2 zusammen und hat darin schlussgruppengemäßen Synthesecharakter. Das Streben nach einer Kadenz mit dem Triller am Ende von T. 30 bleibt mit dem *ces* ohne den nötigen Dominantklang As^7 im Interesse einer Ausweitung der Schlussgruppen-Zone unerfüllt und erweist sich auch nachher als unerfüllbar, weil die nahende Reprise ihre Ansprüche stellt. Es geht nicht mehr um eine Bestätigung des As-Dur, sondern um die Rückkehr zum Des-Dur. Folglich unterbleibt in T. 36 eine As-Dur-Tonika. Das *Fes* im Bass unterläuft alle Bestrebungen, an ein Ende zu kommen. Die Melodie wiederholt nochmals ihre Punktierungsfigur, die sowohl aus T. 1 als auch aus Thema 1 stammt und es prompt wieder aufruft. Der Es^7-Klang als Dominante von As-Dur verwandelt sich in T. 37 im Zeichen des leittönigen c^3 zu einem As^7-Klang, der zur Folge hat, dass das vorher halb ortlose des^3 in T. 38 eine neue Bestimmung findet. Die Reprise hat begonnen.

Motivisch steht sie im Zeichen ständiger kleiner Abwandlungen auf dem Hintergrund von Variationstechnik, und seien es nur die Zweiunddreißigstel, die in die Sechzehntelketten ab T. 41 eingebaut werden. Die tonale Angleichung ist einfach und denkbar kurz vollzogen. Das Thema 2 rückt in T. 46 nach Des-Dur. Den kleinen harmonischen Exkurs ab T. 55 belässt Beethoven dem Seitensatz. Durch die Quintversetzung ist er ein Stückchen näher bei der Grundtonart als in der Exposition. Änderungen ergeben sich erst bei der Schlussgruppe, weil Beethoven die Melodie des Cantabile unter der neuen Vorschrift »dolce« (T. 61) der ersten Geige nur einmal zugesteht. Die Synthese-Melodie erscheint zwar ein zweites Mal, nämlich in T. 64 in der Bratsche, doch im Ges-Dur der IV. Stufe, die so gerne bei Beethoven das Signal zu einer Coda gibt.

Wo früher in T. 30 ein klangliches Ausweichen die Entwicklung weitergetrieben hatte, gibt es in T. 65 zum Triller wohl eine Dominante, aber kein Weitergehen nach Ges-Dur. Der Satz hält mit einer Fermate inne. Der Trillernachschlag weicht zum g^2 aus. Erst der lange Anlauf der ersten Geige in Imitation einer großen pianistischen Geste bringt den Satz wieder in Gang. Beethoven führt ihn aber nicht in die Schlussgruppe zurück, sondern ans Ende von Thema 1 der Exposition. Die Takte 66–67 entsprechen den zusammengezogenen Takten 7–8a und der zweiten Hälfte von T. 9 (= 9b; nach der ¾-Zählung entfallen vierter und fünfter Takt). Im neuen Kontext stößt der Umleitungstakt 10, der früher die Modulation nach As-Dur bewirkt hatte, in T. 68 eine Entwicklung an, bei der man gerne von einer »zweiten Durchführung« sprechen würde, hätte es eine erste gegeben.

Einen neuen klanglichen Horizont und motivische Veränderungen erlaubt aber auch die Coda einer vereinfacht zweiteiligen Anlage, allerdings kaum je in dieser exzessiven Art, mit der gleich zu Anfang verhakte und chromatisch verstellte Quart-Quint-Ketten hauptsächlich verminderte Klänge produzieren und die Punktierungsfigur aus Thema 1 in T. 71 zu einem verminderten Septakkord im Zeichen des *b-a* der Werkeinleitung treiben, der aber nur auf ein beunruhigend ortloses d-Moll verweist und beim Austausch von *b-a* zu *b-as* mit einer As-Dur-Dominante korrigiert werden muss. Ein Des-Dur ist so zwar in der Nähe, wird aber in T. 73 der Rückkehr des *b-a* wegen mit einem neuen und halbtönig gesunkenen verminderten Septakkord doch gemieden. Das Enigmatische der Einleitung zum Quartett beweist zu Ende des Andante con moto seine ganze beunruhigend hermetische Kraft und bringt einen dramatischen Ton in das anfänglich so lockere Spiel. Mit der Gewichtung der Coda und den konstruktiven Verschränkungen verliert der Satz seine ungetrübt-episodische Eigenständigkeit und wird zum Mittelpfeiler für die große Brücke vom Kopfsatz zum Finale.

In T. 74 beginnt im Rückgriff auf die Eingangstakte und ihr klanglich vergrößertes Echo der chromatisch fallenden Linie des Unisono zu Quartettbeginn eine konsequente Verschiebung von Thema 1 am

Geländer halbtöniger Skalen entlang, die sich gegenseitig ergänzen. Zum *ces³ ... f²* der ersten Geige läuft gleichzeitig quintversetzt in der zweiten Geige die Fortsetzung mit *es² ... b¹*.

Am Ende des Abwärtszuges schiebt sich in T. 76 das Coda-Ges-Dur als Subdominante wieder in den Blick. Damit rückt Des-Dur, das in T. 77 zu den Zählzeiten Zwei und Vier aus einem Schritt »Dominante – Tonika« hervorgeht, endlich wieder in den Fokus des großformalen Prozesses und könnte sich in T. 79 auch festigen, wenn nicht im letzten Augenblick das *b-as* im Violoncello rückläufig in ein *a-b* verkehrt würde. Der Effekt kommt dem Abbruch von T. 19 und seiner chromatischen Verrückung nahe, dort von *d* zu *des* und jetzt von *des* zu *d*. Ein Neuansatz in kleinsten Schritten sucht nach Anschluss ans Geschehen. Es scheint, als käme der Beziehungsreichtum an überhaupt kein Ende.

Wüsste man es nicht, könnte man die Lösung vermutlich auch erraten. Die Befreiung aus dem Irrgarten wird zur Aufgabe der Synthese-Melodie der Schlussgruppe. Sie erhält in T. 85 in der ersten Geige den zweiten und vorher übergangenen Auftritt und darf sich, begleitet von ihren eigenen Zweiunddreißigstel-Skalen aus T. 32 und 64, sogar noch weiter ausdehnen. Das Schlusszeichen gibt im vibrierenden Rhythmus von Tonrepetitionen in T. 87 das *Ces* des Violoncellos, weil die Dominantisierung des Des-Klangs die Subdominante zum Ausgangspunkt einer zweimal ausholenden Kadenzfortschreitung macht, deren Schlussakkord trotz des Forte zuletzt merkwürdig instabil auf der schwachen letzten Zählzeit im Takt sitzt.

Der Satz steht wie musterhaft für die Filigranarbeit von Beethovens Spätwerk, im Blick auf andere Künste vielleicht nur vergleichbar der minutiösen Pinselführung und Grabsticheltechnik von Albrecht Dürer.

4. ALLA DANZA TEDESCA. ALLEGRO ASSAI. Das Alla danza tedesca mit seinem Intermezzo-Charakter steht auf den ersten Blick wie ein verlorenes Trio 2 zum scherzoartigen Presto für sich und erfüllt Triofunktion in der Tat mit einem zitathaft einfachen Thema und einer abgehobenen Tonart. In der Ausbildung einer eigenen ABA-Form mit Verformungen im Zeichen von Variation lebt der Satz aber doch ganz aus sich. Vorgesehen war er in A-Dur ursprünglich für das chronologisch vorher skizzierte a-Moll-Quartett op. 132. Beethoven verpflanzte den Satz aber letztlich mit einer Transposition nach G-Dur ins Quartett op. 130.

Das Thema fügt sich in wiegendem Rhythmus dem denkbar schlichten Ablauf von | 8 | 8+8 | Takten in einfachster Reprisenform, weil der dritte Achttakter mit dem ersten übereinstimmt und nur den Lagenwechsel zwischen »hoch« und »tief« deutlicher macht. In der Begleitung sorgt Beethoven für kleine Feinheiten fern eines derben Bauerntanzes. Der zweite Takt verharrt nicht auf der Tonika, sondern wechselt zum parallelen e-Moll, sodass eine latente Quintschrittfolge e-a-D^7-G in die Wiederholung des fünften Taktes führt und die beiden Viertakter zusammenbindet, noch verstärkt durch den Septimton c der Bratsche vor der Nahtstelle. Die Viertakter unterscheiden sich neben den Melodieoktaven der zweiten Geige nur in Vorbereitung und Ausführung der Endung, wobei das g^1-fis^1 des Vordersatzes sich ins fis^2-g^2 des Nachsatzes verkehrt. Der Tonika-Schluss wird dabei durch harmonische Belastung aller Achtelschritte betont, weil das Violoncello seinen Fundamentschritt D-G verzögert. Wiederholung und Fortsetzung müssen sich im zäsurlosen Weitergehen mit einem bewussten kleinen Impuls ablösen. Im mittleren Achttakter verschleifen sich zum Ende hin alle Zäsuren durch fortwährende Achtelbewegung und anfangs durch eine Pseudo-Imitation der zweiten Geige, eine Anbindung des Schlusstons fis^2 der ersten Geige ans d^3 des nächsten Viertakters sowie einen chromatisch weitergehenden Bass, der auf gleiche Weise den nächsten Viertakter von T. 13 und die »Reprise« von T. 17 heranzieht.

Auf den Themenkomplex folgt ab T. 25 formal eigenwillig eine Variation des ersten Achttakters mit jetzt stumpfer Endung und ausgeschriebener Wiederholung, eigenwillig, weil so der Mittelteil gleicher Faktur als Trio im »Trio« in der volksmusikalisch typischen Unterquint C-Dur verspätet nachgereicht wird. Für das C-Dur nach dem Vorzeichenwechsel von T. 41 gelten die gleichen 8+8 Takte, in denen Melodie und Rhythmus, von der Oberstimme in den Bass wechselnd, deutlich gewichtiger werden.

Einen wie vorgesteckt wirkenden Rahmen verlässt Beethoven unversehens in T. 57, weil er einen Achttakter anhängt, der durchführungsartig die Tonart wechselt und Elemente umstellt. Den Beginn macht jetzt mit dem harmonischen Ruck eines E-Dur-Klangs als Zwischendominante von a-Moll die Endungsformel von siebtem und achtem Takt, sodass stumpfe und klingende Endung umsortiert werden, wobei das Taktpaar mit der klingenden Endung die Modulationsrückungen eines Quintfalls Fis⁷-H-e mit einer Wendung zur VI. Stufe e-Moll noch fortsetzt. Der ganze Achttakter wird komplett wiederholt. Beethovens Doppelstrich mit Vorzeichenwechsel, der schon T. 57 hätte erfolgen können, soll möglicherweise anzeigen, dass der Achttakter sowohl in der C-Dur- als auch in der G-Dur-Sphäre beheimatet ist. Im Stufenplan harmonischer Progression jedenfalls nutzt Beethoven den G-Dur-Raum älteren Verständnisses mit dem unteren Fernpunkt der IV. und den C-Raum mit den oberen Fernpunkten von VI. und III. Stufe.

Es fehlt nur noch ein Achttakter, der den Übergang zum Da capo herstellt. Motivisch insistiert er ab T. 73 ganz auf der Endungsformel aus T. 27–28, die viermal in immer gleicher Harmonisierung H⁷-e erklingt, klanglich also wieder rückwärts läuft. Beethoven hätte auch in einer sequenzierenden Fortschreitung H⁷-e | A⁷-D | G die Grundtonart erreichen können, zog es aber vor, das G-Dur mit einem kleinen Ruck in Betonung eines Da capo eintreten zu lassen. Dieses Da capo ab T. 81 entwickelt sich variationsartig, weil Beethoven die Wiederholungen im Zeichen von Figurationen für die erste Geige, in denen die Thementöne stecken, jeweils modifizierend ausschreibt. Nach Variationsart ändert sich auch die Begleitfaktur, die ab T. 89 in komplementärer Vereinzelung der Achtel der Unterstimmen latent einen hemiolischen Großtakt andeutet. Erst bei der Wiederholung des dritten Achttakters ab T. 121 erscheint die Melodie wieder in der Originalgestalt. Die Sechzehntel rücken frei figurativ in die zweite Geige.

In einer Coda ab T. 129 zerlegt sich das Thema auf kuriose Weise. Es geht, verteilt auf alle Instrumente, in den Takten mit 8-7-6-5 rückwärts, als wären die Bausteine nach Art von Würfel-Menuetten dem Zufall anheimgestellt, und läuft erst im zweiten Viertakter wieder richtig mit 1-2-3-4. An der Folge 3-4 bleibt das Thema anschließend ab T. 137 hängen und wird in einer Weise versetzt, die an eine Rückkehr von C-Dur denken lässt, als ob das Trio nach dem Verdoppelungsvorbild von op. 59 Nr. 2 und op. 95 zweimal erklingen sollte. Zwei Takte lang wähnt sich der Hörer auch in diesem C-Dur, bevor in T. 143 ein letzter Achttakter folgt, der in einer anderen Art von Umstellung mit dem zweiten Themenviertakter von T. 5–8 beginnt und dann beständig den Schritt 7-8 wiederholt und nur die Endungstöne verändert, bis sie mit fis^3-g^3 wieder an den Grundton stoßen.

Der Satz hat über den geistvollen Witz der Coda hinaus, der an Haydn denken lässt, auch formale Besonderheiten. Denn in all seiner schlichten Reihung und einer überschaubar dreiteiligen Anlage A-B-A nach Menuett-Vorbild operiert er mit Elementen verschiedener Formen. Die große Mittelzone B hat in ihrer Entwicklung über Merkmale eines Trios hinaus Züge von Durchführung. Der Anfang der Mittelzone ab T. 25 wiederum beginnt als Variation des A-Teils. Techniken der Variation formen schließlich das gesamte Da capo.

Alla danza tedesca und die nachfolgende Cavatina könnten nicht verschiedener sein. Sie verbinden sich jedoch zu einem zweigliedrigen Intermezzo durch die extrem gegensätzliche Art, Melodie, Begleitung und Taktordnung aufeinander abzustimmen.

5. CAVATINA. ADAGIO MOLTO ESPRESSIVO. Die Cavatina hat nicht zuletzt dadurch Berühmtheit erlangt, dass einem Bericht von Karl Holz zufolge Beethoven selbst von ihr zu Tränen gerührt gewesen sein soll. Die Überschrift weist auf vokale Vorbilder und in ihrem Gefolge auf eine gewisse Kürze, weil der Opernkavatine gewöhnlich nur eine einzelne Textstrophe zugrunde liegt. Obwohl lediglich Intermezzo, hat Beethovens Komposition in ihrem Es-Dur die Vorzugstonart der Unterquinte für einen langsamen Satz.

Der melodischen Entfaltung stellt Beethoven noch einen Takt voraus, doch nicht nach Art des Vorspanns zum Andante, sondern mit dem Ziel eines doppelten Beginns. Denn der Es-Dur-Dreiklang erscheint zweimal, zuerst gewissermaßen naiv in den Unterstimmen, das zweite Mal bewusst aus einem Klärungs- und Gärungsprozess hervorgehend. Die kleine Figur der zweiten Geige, die bereits den Terzton hervorhebt, gerät durch das chromatische E des Violoncellos als Zwischenstation in den Bann der Nebenstufe f-Moll, der sie zur Zählzeit Drei auch in dem Augenblick nachgibt, in dem die erste Geige mit ihrem Auftakt für ein Es-Dur-Thema anhebt. Auf dem letzten Viertel von T. 1 kommt es deshalb beim fünften Achtel zu einem merkwürdigen Klangkonflikt. Er hat zur Folge, dass sich die Eins von T. 2 in einem Schritt der Klärung vom Vortakt absetzt. Den sanften Nachdruck macht Beethoven mit einem eigenen Piano aller Stimmen deutlich und vor allem auch durch ein ⟨ ⟩ des Themenauftakts, der anschwellend beginnt und dann mit der Fortsetzung zögert. Die Ambivalenz im Umkippen erinnert an die unscharfe Trennlinie zwischen Vorspann und Thema beim Adagio von op. 127 und auch an den ungewohnten Themeneintritt im langsamen Satz der 9. Sinfonie. In der Cavatina sorgt das zarte Abstoßen des zweiten Taktes für Distanz und die große Ruhe meditativer und monologischer Innenschau.

Kompliziert wie zu Beginn bleiben die Verhältnisse im Themenbau den ganzen Satz über. Denn Beethoven bildet, anders als Mozart bei singenden Instrumentalthemen, keine vokalen Vorbilder in Vers und Strophe nach. Das frühe Ende mit kurzen Noten in T. 3 beendet nicht einen verskonformen Melodiebogen, sondern bedeutet ein Stocken noch innerhalb eines imaginären Verses. Was die zweite Geige fortsetzt, kann mit dem h^1 nicht zur gleichen und nur verteilten Stimme gehören und ist in Korrespondenz zum ersten Takt auch Teil der Begleitschicht. Wie es weitergeht, zeigt die Wiederholung in T. 11–12. Die Melodie der ersten Geige ist nicht als etwas Fertiges zu verstehen, das nur vorgetragen werden muss. Beethoven gelingt es, durch ungleiche Länge der einzelnen Phrasen und das Vermeiden von absehbaren Sequenzierungen den Eindruck zu erwecken, sie sei in tastendem Suchen gerade erst im Entstehen.

Nach T. 2 hätte die Melodie mit Benutzung des kleinen Vorschlags geradewegs den Anschluss an T. 4 suchen können. Doch lässt Beethoven sie, den Fortgang wie neu bedenkend, den Umweg einer Unterbrechung nehmen. Wenn sie in T. 4 neu beginnt, jetzt ohne den Auftakt, erscheint der kleine Melodiebogen von T. 2 eine Sekund tiefer und findet in einer Aufwärtswendung eine wesentlich veränderte Fortsetzung. Nach den Regeln von Deklamation und zweitaktiger Ordnung müsste die Melodie beim es^2 am Ende von T. 5 phrasierend absetzen, fände auch den dafür nötigen Tonika-Dreiklang. Doch Beethoven drängt sie mit Crescendo in einem Schritt berührender Überhöhung zum f^2 als Spitzenton weiter. Einen nächsten Haltepunkt bietet der melodischen Entwicklung nach das Zusteuern auf den Terzton g^1 von T. 8 im Rahmen eines Quartsext-Vorhalts. Doch lässt Beethoven auch diesen Moment ungenutzt und nötigt die Melodie mit einem kleinen Crescendo zu einer Wendung nach oben. Der potenzielle Lösungston f^1 kommt dadurch zu spät für eine klingende Endung. Die Melodie fällt weiter ab und sucht nach dem übergangenen es^2 die tiefere Oktav des es^1 auf. Trotz der stumpfen Endung mit dem Grundton fehlt ihr die Sicherheit eines Abschlusses. Das eigenartig verhaltene Ende bleibt im Ungewissen, zum einen, weil der Quintschritt der Bassfortschreitung fehlt, zum anderen, weil die innere Gruppierung undeutlich bleibt. Nach dem Zweitakter von T. 2–3 ist wohl eine größere sechstaktige Einheit gewonnen, doch von ambivalenter Binnengliederung. Das schlichte 2+2+2 ist, folgt das Ohr dem intensiven f^2, von einem komplizierenden 3+3 überlagert.

Noch merkwürdiger ist, wie »Gesangs«- und Begleitschicht aufeinander reagieren. Die Melodie nimmt an der Wendestelle der Dreitakter die Eröffnungsfigur der zweiten Geige in sich auf. Die letzten vier Achtel von T. 1 und T. 7 sind regelrecht tongleich und haben auch noch einen fast identischen Bass unter sich. Und umgekehrt: Die zweite Geige eignet sich im Echo von T. 9–10 die Schlusswendung der Melodie an, um gleich wieder auf die gemeinsame Formel zurückzukommen und in Wiederholung von Takt 1 einen nächsten Melodiebogen zu ermöglichen.

Das mit Auftakt zu T. 11 erneuerte Thema kommt auf den kritischen Punkt des g^1-f^1-Vorhalts zurück, der rhythmisch mit ♪♩ mehr Platz erhält, dafür ins Gravitationsfeld von c-Moll gerät. Beim Weiterspinnen der Endungsformel setzt sich die neue Tonart auch durch, und zwar nach dem *as-fis* einer übermäßigen Sext (T. 14) im Schritt zum kadenzierenden Quartsextakkord. Beethoven löst ihn allerdings nicht auf, sondern verzögert mit dem Rhythmus ♩♩ alle Fortschreitung in einem weiter tastenden Vorwärts durch die prononcierte Rückwendung zur Subdominante As-Dur eines Sixte-ajoutée-Klangs, fremdartig sortiert mit dem *F* im Bass. Durch bloße Wiederholung wird das *G* im weiteren Retardieren und einer Umstellung von der Penultima zur Ultima Träger eines Halbschlusses in T. 17, den Beethoven für einen nächsten Anstoß nutzt, indem er die Lösungsformel c^1-h für einen Quartsextakkord in der zweiten Geige nach dem Vorbild von T. 3 zum Ausgangspunkt neuer Entwicklung macht. Sie führt ins Begleitmotiv von T. 1 zurück, das jetzt im neuen c-Moll, auf alle Unterstimmen übergehend, eine Leitrolle beansprucht. Die erste Geige kommentiert quasi von außen mit Bruchstücken, die den neuen Rhythmen nachsinnen, dem ♩♩ und der Punktierungsfigur, die auf die Takt-Eins rückt. Die Neupositionierung bleibt auch erhalten, wenn die erste Geige in T. 20 einen nächsten melodischen Anstoß gibt, der im harmonischen Gefälle ab T. 17 der Klangfolge c-C-f-F-B mit dem dominantisierenden as^1 in T. 21 die Richtung vorgibt. Die beiden Satzschichten greifen jetzt ganz eng ineinander. Die zweite Geige wiederholt den kleinen Baustein und führt ihn ins wiedergewonnene Es-Dur.

Erstmals entsteht eine große zusammenhängende Melodie, bei der sich zweite und erste Geige ergänzen. Mit der kirchentonalen Harmonisierung aller einzelnen Viertel in T. 23 begibt sich der Satz in eine fast sakrale Sphäre, in der alle Komplikationen verschwinden. Der so sensible Vorhaltsschritt des g^1-f^1 dehnt sich in einer Verzierungsvariante in T. 26 auf ausatmende Viertel ♩ ♩, der alte Spitzenton f^2 wird in T. 27 mit dem g^2 überhöht und die Melodie senkt sich zurück zum Es-Dur. Was dem c-Moll verwehrt blieb, ist der Grundtonart erlaubt, nämlich der Kadenzschritt über einen Quartsextakkord. Im Anwachsen der Einheiten von 2 + 2 + 4 Takten hat der Schluss auch die angemessene Position in einem Achttakter. Doch lässt die Melodie gleichzeitig einen Anhaltspunkt für die Fortsetzung, weil sie klingend bei der Terz g^1 endet. Die zum Partner gewordene zweite Geige folgt wieder im Echo und beginnt ein zweites Intonieren des »himmlischen« Gesangs. Diesmal führt ihn die erste Geige in T. 39 bis in den Grundton es^1.

Die dreiphasige Entwicklung von T. 1–16, 17–22 und 23–39 wäre ausreichend, einen ausgewogenen Formplan zu vollenden. Doch Beethoven macht sie in einem Verfahren der Potenzierung selbst zum Teil eines größeren A-B-A-Bogens. Ein Crescendo im Schlusstakt 39 führt den Umschlag in eine ganz andere Sphäre herbei, angekündigt im Triolenrhythmus der Unterstimmen und spätestens wirksam nach einem Klangumbau, für den das ges^1 der ersten Geige in Vereinzelung der halben Note von T. 15–20 das Zeichen gibt. Das Ces-Dur wird zur chromatischen Alternative des leitereigenen c-Moll. Daran zeigt sich die Vergrößerung des Formbogens auf eigene Weise.

Was in diesem Ces-Dur geschieht, ist nicht besser zu benennen als mit Beethovens eigenem Wort: »beklemmt«. In den vokalen Traditionen einer Kavatine gedacht besteht literarisch eine Entsprechung zu abgerissen irregulären Versen wie am Ende von Metastasios *Didone abbandonata*. Nur, was in der Sprache artifiziell oder naiv theatralisch ist, nimmt in der Musik enorme Dimensionen an und wird erschreckend konkret. In Einem sind sich die Künste immerhin gleich, nämlich in der Auflösung von Zusammenhang. Man könnte versucht sein, so wie sich die Worte Metastasios zu vernünftigen Sätzen umformen lassen, die kantable Melodie zu rekonstruieren, die sich nur noch rezitativisch stammelnd zu erkennen gibt, sich ins tiefschwarze as-Moll wendet und allein im Stehenbleiben nach dem Vorbild von T. 14–15 zu Atem kommt.

Den Faden findet die Musik wieder dadurch, dass ein halbschlüssiger Klang wie das Es von T. 48 sich in eine Tonika verwandelt, und zwar über den alten ersten Takt. So kann auch die Ausgangsmelodie für einen dritten Abschnitt wiederkehren. Beethoven hält ihn im Blick auf das Diminutiv der Überschrift sehr kurz. Nach dem Schlussecho der zweiten Geige analog T. 9–10 folgen nur noch acht Takte, in denen sich Thema und Begleitung neu verbinden, die zweite Geige in T. 61 ihre erste Achtelfigur über die erste Geige hinweghebt und die erste Geige an den Schluss von T. 39 zurückführt. Das Echo der zweiten Geige wird von der ersten nicht mehr beantwortet. Sie macht aus der Sext eine Oktav und hebt dadurch auch die Endung um eine Terz. Auf das denkbare f^1-g^1-es^1 aus T. 64 als Fortsetzung verzichtet sie. Übrig bleiben so nur noch die Akkorde der Unterstimmen im Anwachsen und verklingenden Nachlassen.

6. FINALE. ALLEGRO. Das üblich gewordene Finale von op. 130 war zwar nicht Teil des eigentlichen Formkonzepts. Man darf aber annehmen, dass Beethoven nur etwas schreiben konnte, das sich stimmig mit den vorausgehenden Sätzen verband. In jedem Fall fügt es sich an etwas an, weil es gewissermaßen von anderswo herkommt und die Tonart erst finden muss. Sie stellt sich mit der II→I-Rückung der alten Fonte-Sequenz Riepels in T. 10 ein, dem achten Takt des Themas. Oktavsprung und Anfangston g übernahm Beethoven vom Anfang des Vorgänger-Satzes, der *Großen Fuge*.

Das Interessante ist wie mehrfach bei Beethoven die Begleitung. Sie beginnt mit der pulsgebenden Konstante von Oktavbrechungen der Bratsche. Im Ton nehmen sie das letzte g^1 der Cavatina auf und bringen es in neuen Zusammenhang. Zweite Geige und Violoncello besetzen mit Gegenakzenten erst die schwache Taktzeit, im zweiten Viertakter anfangs beide Taktzeiten, dann zuletzt doch wieder nur die schwache, sodass sich am Schluss in T. 10 auf der Eins in puren Oktaven allein Melodie und Bratschenbass treffen. In der Wiederholung des Achttakters unter Führung der zweiten Geige wird der filigrane Satz kompakter. Auffällig ist die Begleitung immer noch in kleinen Exkursen des Violoncellos, das anfangs der Melodie folgt und sie mit einer letzten Sechzehntelgruppe in Oktaven stärkt, um den Oktaven von erster Geige und Bratsche seit der Rückung von T. 10 Widerpart zu bieten.

Der zweite Teil des Themas ab T. 20 hat sein eigenes Gefälle, weil er an der Dominante F-Dur ansetzt, die in T. 23 Anstalten macht, sich zu verselbstständigen, aber doch in die Dominantrolle zurückgezwungen wird. Den tonalen Clou des Themas liefert die Minireprise. Denn sie verlängert in T. 25 mit ihrem *as* den Quintfall, der erst zur Tonika geführt hatte, um einen weiteren Schritt F^7-B^7-Es. Einem Festsetzen auf der Unterquint stellt sich nur das letzte Taktpaar mit einem entschiedenen *a* entgegen. Ob das Spiel mit *a*/*as* und seinen Fortsetzungstönen *b* und *g* vorwärts und rückwärts gelesen ein Reflex auf das Unisono *b-a-as-g* des Quartettbeginns sein könnte, um das Motto auch im Finale zur Geltung zu bringen, wird sich nicht schlüssig sagen lassen. An die Möglichkeit darf man immerhin denken.

Das Thema in fest abgesteckten metrischen Einheiten und der geschlossenen Form samt Doppelstrich hat viele Merkmale eines Rondothemas, nur eben die tonalen nicht. Beethoven benutzt es folglich auch nicht für ein Rondo, sondern für einen Sonatensatz. Die Frage war nur: Wie einem Festsitzen am Schluss entkommen? Und wie eine Reprise mit einem Thema gestalten, das sich nur stellenweise zu seiner Tonika bekennt?

Die erste Aufgabe war leichter zu lösen. Ganzschlüsse des Hauptsatzes sind nicht ungewöhnlich. Beethoven konnte allerdings nicht wie im ersten Satz des »Harfenquartetts« op. 74 auf die Technik eines Schnittes setzen, weil das Thema dem Charakter nach den Schlusstakt braucht. So kam nur eine motivisch verknüpfte Fortsetzung mit Ziel der Tonart der V. Stufe infrage. Beethoven nimmt sich das zweite Taktpaar aus dem Thema vor, wie es zuletzt in T. 31–32 erklungen war, und baut aus ihm ein kleines Fugato, in dem die Stimmen den Skalengang unterschiedlich weit fortsetzen. Nur die zweite Geige beteiligt sich nicht am gestaffelten Aufbau. Ihr Einsatz kehrt die Richtung um und führt das *e*^{1} als Leitton für eine Modulation nach F-Dur ein, zunächst aber ähnlich vergeblich wie im zweiten Teil des Themas: Die neue Skalenfigur mit durchgehenden Sechzehnteln wird von der ersten Geige in T. 43 nach B-Dur zurückgeholt. Was aber den Weg entscheidend ändert, ist der Übergang auf die offene Bauweise von Zweitaktern ohne Endungsformeln. In T. 51 scheint F-Dur mit entschlossenen und breit gestrichenen Sechzehnteln, die an den ersten Satz erinnern, doch erobert, muss zwar in T. 54–55 nochmals Zugeständnisse ans B-Dur machen, etabliert sich als neue Tonart aber definitiv in T. 59.

Merkmal der offenen Bauweise ist es, den Kadenzpunkt immer auf den nächsten Achttakter zu verlegen wie bei T. 50 und 59 mit ihren neuen Impulsen. In T. 59 beginnt bereits ein dritter Achttakter dieser Art. Ihm verwehrt Beethoven mit drastischem Abbrechen den Anschluss und damit das Ziel. In radikaler Brechung meldet sich ganz andere Musik. Ein kleines Motiv, das in T. 69 in der ersten Geige mit dem omnipräsenten h/b spielt, hüpft durch die Stimmen und stockt in T. 75 an einem verminderten Septakkord in verlangsamenden Tonrepetitionen, bei denen jeweils ein Instrument überhängt und in seinem vereinzelten Viertel den Schlusston des ersten Viertakters der Hauptmelodie mit dem gleichen Tenuto in Erinnerung ruft (T. 6). Der ausbremsende Akkord von T. 75–76 weist auf seine Weise auf das Hauptthema, denn er ist auf c-Moll gerichtet, die Bezugsstufe des Satzbeginns. Allein die Verschiebung auf einen nächsten Septakkord korrigiert die Richtung: hin zu f-Moll, ohne F-Dur auszuschließen, das in T. 79 den Durchwechsel zum Ereignis macht. Jetzt erst herrscht F-Dur unangefochten im Selbstbewusstsein einer Schlussgruppe, selbst wenn im *des* von Violoncello und den Geigen die Mollvariante noch herumgrummelt.

Ab T. 89 ist auch dieser letzte Mollrest getilgt. Über einem ostinat in sich kreisenden Bass, den die Schaukelfiguren der ersten Geige mit ihren unteren Akzenttönen verstärken, erschallt der unüberhörbare Ruf des signalartigen *f*.

Die Exposition verabschiedet sich mit großem Gestus. In sich barg sie disparate Zonen auf dem Weg von der abgezirkelt zäsurbildenden Metrik des Hauptthemas zum flächigen Bau der Schlussgruppe, disparat in Motivik und Tonart. Unter rein motivischen Gesichtspunkten schrumpft das Seitenthema auf die wenigen Takte 67–78. Die Sechzehntel wiederum stehen zwischen Haupt- und Seitensatz. Dem tonalen Bezug nach ist F-Dur in beiden Abschnitten wirksam, in T. 39 und 51 nur vorläufig, in T. 59 definitiv. Beethoven zieht den Doppelstrich mit neuen Vorzeichen gerade dazwischen. Für ihn dürfte das Ineinanderschieben von Haupt- und Seitensatz die leitende Idee gewesen sein.

Die zweite Aufgabe war die ungleich schwierigere, nämlich eine Reprise zu schaffen. Überlegungen dazu wurden spätestens in T. 160 aktuell. Die Durchführung konzentriert sich zunächst auf den ersten Thementakt, dessen Achtel verlängert sind, um neue Viertakter zu bauen. Bei der Übernahme ins Violoncello ändern sich mit Intervallumstellungen ruckartig die tonalen Verhältnisse. Das d-Moll der traditionellen III. Stufe wird zugunsten einer erniedrigten VII. Stufe As-Dur verworfen. In der neuen Sphäre zeigen sich auch neue Motive gebundener Achtelketten. Sie können sich auf den ostinaten Bass der Schlussgruppe berufen, vielleicht auch auf die Wechseltöne am Ende des Seitenthemas in T. 74. In der tonalen Stabilität und der regelmäßigen Viertaktigkeit, erst unter Führung der Bratsche, dann bei der Wiederholung ab T. 117 unter jener der beiden Geigen in Oktaven, ließe sich leicht an ein echtes Seitenthema denken, das nur an anderer Stelle erscheint. So gesehen, werden nicht nur die Grenzen zwischen Haupt- und Seitensatz, sondern auch die zwischen Exposition und Durchführung fließend. Wesentlicher Träger des neuen »Durchführungs-Themas« ist ein sich wiederholender Bass mit den charakteristischen Verstellungen *Ges-F-G*. Passend zu einem Seitensatz erweitert sich die Melodie nach zwei gleichgebauten Achttaktern ab T. 125 sequenzierend weiter und legt es darauf an, die chromatischen Alternativen mit *d/des* und *h/b* auszuspielen. Auch dieser neue Achttakter wird wiederholt. Das Thema gerät dabei, gewichtig werdend, in den Bass. Bezeichnend und exemplarisch für den späten Beethoven und seine Themen ist das gezielte Verfehlen von Phrasierung und syntaktischer Ordnung. Die Zäsuren eines periodisch gegliederten Baus werden nur innerlich kenntlich und nachvollziehbar. Äußerlich sind alle Atemstellen verschwunden, jeder Mechanik eines schon vorher Abgezählten aus dem Weg gehend.

Die geschlossene As-Dur-Episode kommt in T. 140 an ihr Ende. Jetzt war es Zeit, ihre Elemente auch im Sinne von Durchführung zu nutzen. Die Bratsche beginnt mit der versetzten Wiederholung des letzten Taktpaars, dessen Achtelfiguren die Geigen in gestaffelten Einsätzen erweiternd aufgreifen. Zunächst scheint eine Wendung nach Des-Dur vorstellbar. Doch der Stimmenverbund hält an As-Dur fest, und zwar mit einer neuen und grazilen Endungsfigur ♫ ♪ von drei Tönen im Rhythmus des Schlusstaktes aus dem Hauptthema. Die Wiederholung der Geigenfigur durch die Bratsche in T. 147 bedeutet letztlich eine Wendemarke in der Durchführung. Ab jetzt geht es um den Wiedergewinn des Hauptthemas. Im Violoncello erscheint das letzte Taktpaar der As-Dur-Episode wieder in Originallage, sodass in T. 155 die neue Endungsfigur ein drittes Mal erklingt.

Abermals von einem letzten Taktpaar ausgehend, nur eben dem von T. 154–155, zerlegt Beethoven nun dessen Teile. In imitatorischer Engführung wandert der vorletzte Takt durch die Stimmen und verliert seine grazile Abschlussfigur. Beethoven ersetzt sie durch nachschlagende Achtel der Unterstimmen, die sich unversehens beim Wechsel auf einen dominantischen C-Klang in die pulsierenden Achtel des Satzbeginns verwandeln. Das Hauptthema scheint so auf ein Es-Dur hinzuführen. Entsprechend dem Finale von op. 127 könnte sich ein erster Reprisenversuch auf der IV. Stufe etablieren. Beethoven beendet das Spiel von Tonartstufen nur ungleich früher, denn er beginnt den zweiten Viertakter nicht mit dem Ton *b*, sondern in T. 166 hochgerückt mit dem *c* im Violoncello, sodass sich ein F-Dur ergeben könnte, das aber gar nie erscheint, weil Beethoven den siebten und achten Takt des Themas kappt und seine Sechzehntel ab T. 168 geradezu unwirsch erst im Unisono, dann im Gegeneinanderlaufen auf neue Wege führt. Das bedeutet eine erweiterte Durchführung mit einem Abschnitt ganz eigenen Charakters.

Beethoven geht erneut von einem Abschluss aus, nimmt sich aber nicht das komplette letzte Taktpaar vor, das sich schon in T. 33 für ein kleines Fugato angeboten hatte, sondern konzentriert sich ganz auf den vorletzten Takt des Hauptthemas. Sein Grundmotiv, in der zweiten Geige mit steigenden Wiederholungen erweitert, wird zum Subjekt einer angedeuteten Fuge mit obligatem Kontrasubjekt. Denn zu ihm gesellen sich mit kontrastierend spitzigen Tönen Sechzehntel aus dem Hauptthema. Die fallende Linie wird gegenüber T. 169 nur einen weiteren Schritt angehoben. Zwei Elemente aus dem Hauptthema kontrapunktieren sich also gegenseitig, die Sechzehntel aus seinem zweiten und die Achtel aus seinem vorletzten Takt im F-Dur der V. Stufe.

Die geordnet viertaktige Anlage in gleichen Einsatzabständen löst sich im vierstimmigen Satz langsam auf, ebenso die tonale Geschlossenheit. Beethoven schickt seine Kandidaten ab dem quintversetzten Einsatz des Violoncellos in T. 178 auf eine Reise durch den Tonartraum, erst nach c-Moll und g-Moll (T. 183 und 186), um schließlich eine Quintkette g-c-F-B-Es in Gang zu bringen. Damit ist bis T. 197 das gesamte Programm leitereigener Stufen in B-Dur absolviert. Wie in aller Regel auch sonst endet die Quintkette bei der IV. Stufe, weil sich im Fortsetzen ein Tritonus einstellen würde. Nicht zuletzt darin macht Beethoven deutlich, dass im Stufenspektrum noch vor der Reprise das komplette B-Dur präsent ist.

Am Es-Dur-Klang von T. 197 muss sich folglich der Satz wenden. Beethoven führt ihn in neuer Ausdehnung geradezu rückwärts zu den alten Stufen und fokussiert am Ende alle Motivik auf den verminderten Septakkord in T. 207, der nach g-Moll gehört. Damit ist der Kreis ein zweites Mal geschlossen. Ein gewaltiges Unisono mit Brocken aus der Schlussgruppe der Exposition (T. 80–81) fächert den Klang im Changieren zwischen vermindertem Septakkord und der D^7-Dominante weit aus, um Schritt für Schritt nur noch Stücke von ihm übrig zu lassen – im Wechselspiel von *d* und *es* als den unterscheidenden Tönen. Ein schrittweiser Umbau einzelner Akkordtöne, beginnend mit dem *cis* in T. 215 gegenüber dem *c* von T. 214, richtet sich in kleinsten Schritten, Techniken der Minimal Music vorwegnehmend, wie sie erstmals im Vorfeld der Reprise des Kopfsatzes von op. 74 erprobt worden waren, auf einen Halbschluss bei D aus. Das *es-c* in T. 222 war für eine Subdominante benutzbar, aus der mit dem *cis* eine Wechseldominante wird, die halbschlüssig zum D-Dur-Akkord als Dominante von g-Moll führt und den Puls der Oktavenachtel hervorruft.

Was Beethoven nun beim Einfädeln der Reprise leistet, ist ein Kabinettstück planvoller Verschiebungen. War er mit der C-Dominante in T. 160 eine Quint zu tief, ist er nun eine Quint zu hoch. Mit der Versetzung nach dem Muster der angefangenen Scheinreprise, wo die beiden Viertakter gegeneinander verschoben waren, womit die altmodisch mechanische Fonte-Sequenz Riepels hinfällig wurde, geht Beethoven noch einen Schritt weiter. Der zweite Viertakter setzt in T. 229 unter Beibehaltung des unveränderten Achsentones *d* in der ersten Geige am Schlusston des Anfangs-Viertakters an, was zur Folge hat, dass das Thema im achten Takt doch noch beim in T. 160 nur versprochenen Es-Dur landet. Die Wiederholung des Achttakters findet dann im letzten Augenblick mit der alten II→I-Rückung wieder in die Ausgangssituation.

Den exakten Reprisenpunkt mit einer Taktzahl anzugeben, dürfte an Beethovens Intentionen verbeigehen. In T. 233 mit seiner G-Dominante des Anfangs? In T. 240 mit dem Eintritt der Tonika? In T. 223 mit der Wiederkehr des Themas? Im Umfeld von T. 200 mit dem großen auf B-Dur ausgerichteten Feld? Oder in T. 160 mit der Wiederkehr eines kompletten Viertakters aus dem Hauptthema? Die stärkste Position hätte wohl T. 233. Aber gerade seine Eigenschaft, »neben« der Tonart zu stehen, veranlasste Beethoven zur Ausbildung eines regelrechten

Reprisenfeldes. Wie sich Haupt- und Seitensatz zusammenschieben, so auch Durchführung und Reprise.

Mit Erreichen der Mittelzone des Hauptthemas in T. 241, die komplett, wenn auch ausgeschrieben, wiederholt wird, kann der Satz bis hin zu T. 277 ablaufen wie zuvor. Danach erfolgt die leicht herzustellende Umsetzung in die Tonika für den Seitensatz. Am Ende der Schlussgruppe angekommen, benutzt Beethoven nochmals die Umleitung in die Durchführung. Man wähnt sich am Ende des Satzes. Doch Beethoven macht mit einer zweiten Durchführung wirklich ernst. Die früher nicht seltene Wiederholung des zweiten Großteils eines Sonatensatzes, von ihm selbst in op. 59 Nr. 2 noch praktiziert, nimmt er zum Anlass für eine ausgeschriebene Variante.

Die intervallischen Änderungen des Achtelmotivs führen in T. 353 nochmals in die lyrische »Durchführungsmelodie«, diesmal in Es-Dur. Wie ein regelrechtes Seitenthema erscheint sie also quintversetzt zweimal. Dabei bedurfte es für Beethoven nur eines minimalen Eingriffes, um ein Reprisen-B-Dur herzustellen. Die Wiederholung des ersten Achttakters rückt fast unmerklich in die Unterquint. Danach können dritter und vierter Achttakter bleiben und führen dreimal verlässlich in T. 368, 376 und 384 zur Tonika, und dann nochmals zweifach im Hinlaufen auf die grazile Figur in T. 390 und 399. Das Verschieben von Teilsegmenten betrifft also nicht nur das Hauptthema, sondern ebenso das »heimliche« Seitenthema.

Seine Endungsfigur erinnert wieder an die dringliche Frage der Reprise. Die Rückkehr zu den pulsierenden Achteln in T. 402 macht sie vereinzelnd selbst zum Gegenstand durchführungsgemäßer Umsetzungen und führt sie in die Rolle eines kadenzierenden Basses. Der erste und geschlossene Viertakter bekräftigt an seinem Ende nochmals B-Dur, der zweite strebt aus sich heraus und gibt mit seiner Wendung nach F-Dur dem dritten und entscheidenden Viertakter ab T. 410 einen deutlichen Impuls. Er lässt sich auf die offene Bauweise ein und intensiviert vor allem durch die kleine Non *ges* bei äußerem Diminuendo seine Dominantspannung. Im Moll/Dur-Wechsel, der so häufig den Repriseneffekt begleitet, inszeniert Beethoven den letzten Akt in zwei Szenen seines mehrgliedrigen Reprisenkonzepts. In T. 414, mit einem unsagbar dezenten Quartsextakkord von B-Dur im Pianissimo, lässt er das Hauptthema das allererste Mal in der Grundtonart beginnen. Der Themenkopf wandert unverändert durch die drei unteren Stimmen und lässt die Tonika am Ende des Viertakters hörbar einrasten. Im Triumphgefühl steigert sich das Hauptthema in einen regelrechten Rausch, durchstreift in der Gewissheit des B-Dur nochmals fremdes Terrain, um mit einem kompletten Achttakter ab T. 430 seiner Tonika in größtmöglicher Expansion Raum zu verschaffen. Die erste Geige hält ihr Gipfel-b^3 vier Takte lang.

Mit dem früheren Fortsetzungs-Segment aus T. 270 beginnt die letzte Szene des Reprisenaktes. Der vierte Takt (T. 440) ändert im Anstieg der Violoncellofigur die Töne mit einem durch Mittelstimmen-Oktaven eigens hervorgehobenen *fis*, das querständig zum b^3 der ersten Geige die Spannung anwachsen lässt. Beethoven löst sie mit einem Sondereffekt. Das *fis* wird Leitton für jenes *g*, das den Satz eröffnet hatte. So folgt auf die tonale Reprise von T. 414, ebenfalls pianissimo, auch noch die formale Reprise von T. 441, in der die vervielfachte Hauptfigur durch alle Stimmen geistert.

Für die Schlusszone erhalten die Sechzehntel der ersten Geige ab T. 448 als Gegenstimme eine lakonisch elementare Bassfigur. Und in Erneuerung des ersten Fugatos von T. 33 vervollständigt sich in T. 456 das Taktpaar, von dem bisher nur der erste Takt benutzt worden war. Vor allem wird es, vorher nur eröffnend, jetzt zum Schluss-Stein, verkehrt in T. 460 seine Richtung und etabliert sich als Bass für die letzte Steigerung vor dem rauschhaften Unisono von T. 468 und seiner zweistimmigen Engführungssteigerung ab T. 477. Was zuletzt bleibt und den Achttakter am Ende auszeichnet: der pure Endungsrhythmus ♫ ♩ des Hauptthemas wie des »Durchführungs-Themas«, der sich mit den Schlussakkorden auf ♩ ♩ | ♩ vergrößert.

Man soll sich also vom locker tänzerischen Habitus der Hauptmelodie nicht täuschen lassen. Das neue Finale für op. 130, manchmal trotz seiner 493 Takte denkbar unpassend als »kleines Finale« bezeichnet, steht als ein kapitaler Schluss-Satz am Ende eines vielteiligen Satzzyklus. Allein das Studium von Beethovens Reprisenstrategien verdeutlicht, wie konzentriert er seine Musik geplant haben muss. Schubert dürfte diesen letzten vollendeten Satz Beethovens gekannt haben, als er seine große B-Dur-Klaviersonate schrieb. Sie benutzt am Anfang des letzten Satzes die gleiche Sekundabsenkung wie Beethoven. Bei Schubert machen allerdings ein *ges* von T. 6, die erste Berührung von B-Dur im Quartsextakkord in T. 7 und die Einfügung der Wechseldominante in T. 8 die alte Quintschrittfolge G-c-F-B fast unkenntlich. Die übergeordnete Sekundrückung, so dominant bei Beethoven, vollzieht sich auf Schubert'sche Weise wie nebenbei.

Die Große Fuge op. 133 (1825, Erstdruck 1827)

Die *Große Fuge* oder *Grande Fugue* bedeutete im ersten Konzept für op. 130 eine letzte Steigerung, wenn auch eine einseitige. Von den vielen Tönen und Nuancen, an denen Beethovens Musik so einzigartig reich ist, drängt sich einer ganz in den Vordergrund, der des spekulativ Gelehrten. Auch wenn es an dramatischen Momenten, lyrischen Passagen und scherzhaften Anwandlungen nicht fehlt, dominiert doch der Beethoven'sche Donner des Kontrapunkts. Der Zugang zu dem Werk fällt deshalb nicht leicht. Wer es so empfindet, befindet sich in zwar guter Gesellschaft, aber vielleicht doch nicht in der besten. Das Merkwürdige aller Befassung mit dem Satz ist, dass nach den letzten Tönen ein ungelöstes Rätsel nachtönt. Und je mehr man sich im Studium des Notentextes auf die fest umrissenen Kategorien des Kontrapunkts einlässt, desto weiter entrückt der Satz in seiner eigentlichen Botschaft, die Beethoven selbst in einem »poetischen Element« als Ausdruck von »Phantasie« gesehen hat.

Die Großanlage der Fuge orientiert sich latent an der gewöhnlichen Satzfolge eines Werkganzen. Denn Großteil II ab T. 159 hat Züge eines langsamen Satzes, Großteil III ab T. 233 die eines Scherzos und Großteil IV ab T. 658 die eines allerdings sehr rudimentären Finales. Insofern ist das erste Finale für op. 130 eine Charakterstudie bei gleichbleibendem Thema, eine Herausforderung, die nicht jeder annehmen wollte, gleichwohl eine Herausforderung, die aus dem Improvisieren geläufig war. Der mehrgliedrige Ablauf in Spiegelung eines kompletten Satzzyklus könnte ein Grund gewesen sein, dass Beethoven letztlich bereit war, sich auf eine selbstständige Veröffentlichung einzulassen.

OVERTURA. ALLEGRO – MENO MOSSO E MODERATO. Beethoven beginnt den Satz mit einer »Overtura«, die auf die Intervallik des Hauptthemas in verschiedenen Charakteren, tonalen Verortungen und Tempi vorbereitet. In T. 11 klingt die ⁶/₈-Version des späteren »Scherzos« an, zuletzt in T. 21 über dem Themenbass des Violoncellos das kleine Sechzehntelmotiv, das später zum »langsamen Satz« gehören wird. Es folgt nach dem Muster »Präludium – Fuge« der kontrapunktische Teil einer Doppelfuge mit zwei Themen, von denen das erste zunächst für sich allein vorgestellt wird, sich aber an dem Punkt, wo Beethoven den Vermerk »Fuga« im Druck anbringen ließ, obligat mit dem zweiten verbindet. Das erste ist extrem in seinen fragmentierenden Pausen, den großen Sprüngen und einer Intervallik, in der die Töne des eröffnenden Unisono *b-a-as-g* von op. 130 neu sortiert werden. Das zweite Thema tritt in seinem permanent aggressiven Rhythmus nicht weniger extrem auf. Als Ergänzung zum ersten eignet es sich durch überwiegende Skalenbewegung in Abwärtszügen, die sich auch umkehren ließen.

ALLEGRO. FUGA. Der erste »Satz« (T. 26–158) gliedert sich in vier Abschnitte, die beide Themen auf verschiedene Stufen heben, mit I, IV und III gewohnte Stufen der Fugenpraxis. Abschnitt 1 beginnt in B-Dur und führt nach Es-Dur, Abschnitt 2 von Es-Dur nach d-Moll, Abschnitt 3 von B-Dur für einen Szenenwechsel nach es-Moll und Ges-Dur.

Abschnitt 1 ordnet die Themeneinsätze nach den Vorgaben von Dux und Comes regulär im Quintverhältnis mit den Einsatztönen *b...f...b...f* von Viola, Violoncello, Violine 2 und Violine 1. Ein überzähliger Einsatz mit dem Dux des Violoncellos in T. 50 führt die Umleitung zum Es-Dur der IV. Stufe herbei. Der Abschnitt endet in T. 58 nach einem *as-a-b* der krebsgängigen Mottotöne, die für den Bass einer Kadenz genutzt werden.

Abschnitt 2, variationsartig mit einer neuen Triolenfigur ausgestattet, beginnt in T. 58 in der Viola mit es^1, der ein Comes der ersten Geige in jener Versetzung nach b^1 folgt, die in Abschnitt 1 Dux-Funktion gehabt hatte. Nach dem ersten Stimmpaar verzichtet Beethoven auf vorbestimmte Plätze. Die zweite Geige beginnt auf *g*, ins Es-Dur rückholbar nur durch eine Veränderung an den Schlusstönen. Ein vierter Einsatz im Violoncello bleibt aus.

Abschnitt 3 kehrt nach zwei Zwischentakten, in denen die Chromatik des ersten Themas auf das zweite übergeht, ab T. 111 zur Ausgangslage mit b^1 und f^2 bei den Einsatztönen der beiden Geigen zurück. Zum Charakteristikum werden neben einer Änderung in der Intervallstruktur ein synkopisches Vorziehen des Hauptthemas um ein Achtel und die Einführung eines weiteren Kontrapunkts im neuen Rhythmus ♫. Ab T. 117 vervielfältigt sich das Hauptthema in Engführungen, mit denen sich eine Vervollständigung der Einsatzfolge erübrigt.

Auch Abschnitt 4 setzt in T. 139 nochmals beim Ausgangspunkt *b* in der Bratsche und beim Comes des Violoncellos auf *f* an, gefolgt von der gleichen Paarung in Violine 1 und 2. Das Thema verliert seine Pausen und beschleunigt sich so von vier auf zwei Takte. Wesentlich neues variatives Element sind die Triolen, mit denen das Thema 2 in zunehmender Komplizierung des rhythmischen Gefüges umgestaltet wird, weil die Triolen sowohl gegen die gezackten Sechzehntel der Ursprungsform 2 stehen, als auch gegen die synkopisch verschobenen Duolen von Thema 1. Dieser Abschnitt führt mit Einbeziehung der Töne *des* und *ges* aus dem ersten Großteil und seinem Dauer-Forte heraus. Der Satz bleibt beim Ges-Dur-Akkord von T. 158 stehen.

MENO MOSSO E MODERATO. Der zweite Großteil ab T. 159, wenn auch sehr viel kürzer, wechselt in die Sphäre eines langsamen Satzes. Die Motive werden bei gleicher Intervallik kantabel und bilden in ihren Sekundschritten weiche Vorhalte ab. Das Motto bekommt nach dem Schritt vom es-Moll zum Ges-Dur in T. 167 eine neue Rolle und durchzieht wie in einem großen Choralvorspiel als Cantus firmus den ganzen Satz in einzelnen Zeilen. Hier wiederholen sich Momente der Organistenpraxis, die in op. 132 den »Dankgesang« formten. Nach einem Höhepunkt im Unisono mit eigenartig »heterophonen« Abweichungen im Violoncello, dessen Rhythmus an Abschnitt 3 der Doppelfuge erinnert, verklingt der Satz und lenkt in dem gleichen minimalistischen Klangumbau, den auch das neue Finale von 1826 auszeichnen wird (T. 213–223), ins übergeordnete B-Dur um.

ALLEGRO MOLTO E CON BRIO – MENO MOSSO E MODERATO – ALLEGRO MOLTO E CON BRIO. Die wiedergewonnene Grundtonart war der passende Platz für ein Scherzo »con brio« im ⁶⁄₈-Takt als drittem Großteil ab T. 233 von besonderer Ausdehnung und eigenem Pseudo-Trio. Beethoven formt aus den Tönen des Hauptthemas ein motivisch symmetrisches Gebilde in zwei Takten, die im Wechsel von fallendem und steigendem Schluss-Schritt schaukelnd miteinander korrespondieren. Der letzte Ton *b* ist in der höheren Oktav auch wieder der erste. Beethoven präsentiert das Scherzo-Thema anfangs einstimmig in den quintversetzten Lagen von Dux und Comes. Damit sind auch metrische Einheiten festgelegt. In Baugrößen von 2 + 2 Takten passt sich das Motiv der Viertaktigkeit von Tanzsätzen an. Beim Umschlag in die Mehrstimmigkeit in T. 237 tritt ein neues Gegenmotiv auf den Plan, das mit seinem Triller den Scherzo-Ton verstärkt. Aus dem Thema selbst bildet sich ab T. 243 im Ineinandergreifen der beiden Geigen eine größere Melodie, die zweimal (T. 252 und 268) nach F-Dur führt, doch ohne es als neue Tonart zu festigen. Stattdessen sorgt Beethoven für einen harmonischen Bruch in der Wendung nach As-Dur, dem tonalen Zentrum des ausgedehnten und mehrgliedrigen »Trios«. Damit tritt die Entwicklung nach spielerischer Eröffnung in ein neues und ernsteres Stadium, denn es kehrt das Hauptthema in langen Notenwerten des Basses zurück, kontrapunktiert von seiner Scherzo-Variante in Umkehrung und gefolgt von einem regulären Comes in der Oberquint durch den Einsatz der Bratsche auf es^1 in T. 280. Diesmal entfaltet sich wirklich eine vollständige und »quadratische« Fugenexposition in viermal acht Takten. In T. 289 beginnt mit dem as^1 der zweiten Geige ein neuerlicher Dux, gefolgt vom Comes der ersten Geige in T. 296. An der rhythmisch übersichtlichen Ordnung zerren nur jeweils die vorgezogenen frühen Einsätze, die in den Schlusstakt des periodischen Baus hineintönen. Das Verzahnen im Überspielen von Gliederungszäsuren äußert sich zudem im Vermeiden einer Kadenz in T. 288 am Ende des Comes durch das dominantisierende des^2 des Bratschentrillers. An der gleichen Stelle 16 Takte später erscheint die Septim des^3 in der ersten Geige, führt aber nicht mehr ins c^3 weiter, sondern macht den aus T. 238 übernommenen Triller zum wichtigsten Gegenmotiv, während das Hauptthema sich weiter ausbreitet. Die neue Rhythmisierung mit punktierten Vierteln ♩. steht, wenn ab T. 304 der Triller motivisch wird, genau zwischen der langen Cantusfirmus-Form und der raschen Scherzo-Variante.

Mit dem Einsatz des Violoncellos in T. 308 beginnt eine freie Exposition unter den wechselnden Einsatztönen *c...f...b...es* im Fall von Quinten. Das Hauptthema verkürzt sich auf seine ersten fünf Töne, in den Gegenstimmen auf die ersten drei Töne. Das Sprungintervall macht sich von der ursprünglichen verminderten Septime frei und mutiert zur kleinen Septime und Sexte. Derart geordnet erscheint das Hauptthema auf allen drei rhythmischen Ebenen gleichzeitig. Zur »freien« Exposition gehört, dass der tonale Rahmen von Dux und Comes gesprengt wird. Das Abwärtsgehen in der Quintenreihe vermehrte die Zahl der ♭-Vorzeichen, sodass Beethoven sich nach dem Ges ab T. 331 zur enharmonischen

Verwechslung entschloss, um mit einem H-Dur-Klang einen neuen Hochpunkt zu schaffen, von dem aus sich ein bequemer zu notierender Weg im Quintfall zweitaktigen Abstands anbietet: mit E-A-D-G-C-F. Der klangliche Prozess mündet in ein halbschlüssiges C, vorbereitet von der übermäßigen Sext *des-h* in T. 350.

Vorauseilend ruft die Bratsche gleichzeitig eine nächste Exposition aus. Ihr neues Element in der charakteristischen bewegungsverdichtenden Tendenz von Variationen ist eine durchgehende Achtelkette, in die sich punktuell Töne des Hauptthemas einflechten. Das Hauptthema selbst in langen Notenwerten verkürzt sich auf vier Töne, die ersten beiden und die letzten beiden, mit dem selbstständig gewordenen Triller als Schlussnote. Durch die Verkürzung rücken die Einsätze enger zusammen, ohne dass das Prinzip viertaktiger Gliederung aufgegeben wäre. Die Einsatzfolge mit *c...f...b...es* ist die gleiche wie zuvor. Die Parforce-Tour durch eine Totale des Tonraums, bei der nach der enharmonischen Verwechslung nicht mehr zu klären ist, was »oben« und »unten« ist, beginnt ein zweites Mal und findet mit dem Ges-Dur des Einsatzes in Violine 1 in T. 370 ein neues Ziel, an dem Beethoven mit der Wiederholung eines *ges*-Einsatzes durch die Bratsche lange festhält. In der Wildheit zunehmend dichter gesetzter Sforzati steigert sich der Satz, wenn die Unterstimmen in freier Weiterentwicklung des Hauptthemas in langen Noten sich engführungsartig ineinander verzahnen. Das Stimmenknäuel bricht auf einem verminderten Septakkord schlagartig ab. Nur die zweite Geige schlägt in T. 404 noch nach und tönt so querständig in das Echo hinein, das in extremer Reduktion reine Trillertakte geben, die nochmals an Ges-Dur als alteriertem Fernpunkt der VI. Stufe festhalten.

Das as-Moll von T. 412 nutzt Beethoven als Subdominante einer erstmals wieder Atem lassenden Kadenz, die ein Es-Dur vorgibt. In ihm meldet sich in Bildung einer neuen Zone das Thema 2 der eröffnenden Doppelfuge mit seinen Oktaven zurück, rhythmisch angepasst an die neuen Taktbedingungen und Leitfunktion übernehmend. Zum Partner wird nach dem Fortissimo der ersten Geige mit dem Bratscheneinsatz von T. 420 das Thema 1 in fast grotesker rhythmischer Verzerrung und im Rekurrieren auf die Motto-Töne *b-a-as-g*, die in T. 428–431 in der zweiten Violine in der Reihenfolge *a-b-as-g* auftauchen. Die fallenden Skalen von Thema 2 dehnen sich ins Uferlose von zwei Oktaven durch das Violoncello in T. 430–437. Tonal bleibt der Abschnitt trotz seiner Expansionsstrebungen im engeren Umfeld von Es-Dur, wenn auch mit ständiger Neigung zur Unterquint, die am Ende auch das Kadenzziel wird.

Noch vor Erreichen der As-Dur-Tonika brechen die Stimmen ab und überlassen in T. 453 dem Violoncello allein die Bahn für die Eröffnung einer letzten Zone innerhalb des Pseudo-Trios. Mit neuer Wucht gehen die Stimmen aufeinander los. Anders lässt es sich kaum sagen. Jetzt übernimmt Thema 1 in verkürzten Abständen, intervallisch sowohl in Originalgestalt als auch in ihrer Umkehrung, die Führung, doch ständig begleitet von Thema 2. In T. 477 meldet sich der pausendurchbrochene Rhythmus des Satzbeginns wieder, allerdings ohne intervallische Ansprüche. Vielmehr sorgt das Violoncello im Festhalten am *es* nach Art eines Orgelpunkts für eine Stabilisierung. Seine traditionellen Lizenzen entbinden Beethoven vollends aller Rücksichten. So prallen ab T. 477 zum größten Vergnügen Igor Strawinskys eine Umkehrung des vergrößerten Hauptthemas in der ersten Geige, seine Scherzo-Variante in der Bratsche und die ⁶⁄₈-Version von Thema 2 in vielfachen Dissonanzen radikaler Selbstbehauptung unversöhnlich aufeinander.

Abgelöst wird der Abschnitt in T. 493 von einer Zone, die Brückenfunktion hat, weil sie als Anhang des Trios die Vorbereitung für das Da capo und sein B-Dur bildet, darüber hinaus aber auch mit den Sechzehnteln das Hauptelement des langsamen zweiten »Satzes« zurückbeschwört. In einem Forte, bei dem jeder Ton sein Ausrufezeichen hat, ist allerdings von dem Charakter dieses Satzes nicht mehr viel übrig. Die Töne werden reines Baumaterial einer Konstruktionsbesessenheit, in der alle Viertel auf Thema 1 in Umkehrung und Engführung verweisen. Beethoven beendet den Abschnitt durch einen Schritt im Bass nach *d*, das in T. 509 wechseldominantisch den Kadenz-Quartsextakkord vorbereitet. Die Lösung zur Dominante bleibt in T. 511 zwar nicht aus, leistet aber eines extremen Fakturwechsels wegen nicht, was sie versprochen hatte. Vom Thema ist nur noch der Anfangsimpuls übrig. Wieder ist es eine minimalistische Entwicklung, die den Anschluss leisten muss. Das dominantische C-Dur von T. 520 sorgt für Orientierung und leitet die Schritte über kleine Verstellungen hinweg nach F-Dur und in seinen Septakkord, der B-Dur verheißt, auch wenn das nachschlagende *ges* der Bratsche in T. 529 noch für ein b-Moll plädiert.

Das gültige B-Dur eines Da capo des Allegro molto e con brio schält sich am Ende eigenartig befreiend heraus. Denn in der Dominante zuvor war nur auf Grundton und Septim Verlass. Die Quinte *c* kommt in der zweiten Geige verspätet. Einen Terzton *a* gibt es nicht. Genauer gesagt, er kommt in der Bratsche, die mit dem *ges* ihren Mollvorschlag wiederholt, zu Unzeit beim B-Dur-Eintritt, weil das gebotene *f* über den Umweg eines *a-b-f* erreicht wird. Das wesentliche Prinzip von Bindungen, das heißt letztlich: von rhythmisch verschobenen Verhältnissen im Blick auf Intervallik, bemächtigt sich als Markenzeichen des Kontrapunkts sogar einer Kadenz an zentraler Stelle.

Die besonderen Lösungsumstände versetzen dem B-Dur von T. 533 den kleinen Stoß für eine Wiederkehr, mit der nicht ohne Weiteres zu rechnen war. Denn die große und vielfältige Mittelzone mit ihren durchführungsähnlichen Zuspitzungen bedeutete konstruktiv mehr als nur einen Trio-Ersatz. Immerhin hatte sie in mehrfacher Verankerung bei As-Dur einen konstanten Bezugspunkt.

Das wohltuende Zurückfinden zum Spielerischen des Da capo in T. 533 ist mehr als nur episodisch, weil Beethoven den Satz weiter ausbaut. Nach viermal acht Takten verlässt er in T. 565 die Vorgabe von T. 269 und hält im konstanten Rhythmus ♩ ♪ ♩ ♪ die Bewegung für weitere zweimal acht Takte aufrecht, die sich auf den chromatischen Austausch von Tönen kaprizieren. Eine Kadenz in T. 581 beendet den Abschnitt, aber nur, um einen weiteren zu beginnen, der das Sekundmotiv zum Subjekt einer paarig angelegten Imitation macht. Ein delikates Pizzicato ab T. 596 liefert eine kadenzierende Bassklausel für Es-Dur, hat aber seine Pointe darin, mit dem Grundton *es* Thema 1 wiederzubeleben, das in Ergänzung durch das Violoncello in der Unterquint mit extravaganten Tonkippungen (T. 605–607) als Kontrapunkt fungiert.

In T. 609 endet alles kontrapunktische Gebaren. Die Stimmen vereinigen sich zu einem harmonischen Miteinander im Abhören klanglicher Implikationen des Themas, das langgezogen in der ersten Geige erscheint, auch im Violoncello angedeutet ist und innehaltend in einen völlig abgehobenen a-Moll-Quartsextakkord mit Dominantlösung führt. Die Wendung wiederholt sich in einem Ferneffekt, bevor das »Scherzo« in T. 629 nochmals seinen Faden mit Vierteln aufnimmt, die von T. 268 herrühren und auf lapidare Kadenzschritte eines gefestigten B-Dur übergehen. Im Nebeneinander von a-Moll und B-Dur mag sich eine klangliche Potenzierung des einen und zentralen *b-a*-Schrittes aus dem Motto der Quartetteröffnung verbergen. Die Partie von T. 565 rückt in T. 637 eine Stufe höher, wächst über zweimal acht Takte hinaus und versammelt die Stimmen beim F⁷-Akkord in T. 657 als dem zentralen Dominantklang mit der Wirkung eines einladenden Doppelpunkts.

ALLEGRO – MENO MOSSO E MODERATO – ALLEGRO MOLTO E CON BRIO. So könnte ein mächtiges Finale beginnen. Doch während »langsamer Satz« und »Scherzo« größere Dimensionen annehmen durften, ist die Form des »letzten Satzes« nur noch rudimentär und entspricht eher einer ausgedehnten Coda, verständlicherweise, denn großes Finale ist vordringlich der Satz als Ganzes. War die Ouvertura eine Art Vorschau, liefert die Coda im Gegenzug einen Rückblick. Wie im Finale der 9. Sinfonie rekapituliert Beethoven bruchstückhaft zunächst die bisher wichtigsten Ereignisse: den Fugenbeginn von T. 30 und das nachdenkliche Meno mosso von T. 159, bevor das Hauptthema in einem monumental dröhnenden Unisono alles übertönt und in Erweiterung seines Schlusses den Zielton *b* in T. 681 neu von der Obersekund einer »clausula tenorizans« aus erreicht. Huschend tauchen im Rekapitulieren nochmals Bruchstücke des Scherzos auf. Wenn der Triller in T. 701 einen Nachschlag erhält, konzentriert sich alles Geschehen auf eine ostinate Wiederholung des Schluss-Schritts »Dominante – Tonika«, wobei sich in der ersten Geige die »clausula altizans« mit ihrem »winkenden« Terzfall verabschiedend in den Vordergrund schiebt. Der Satz könnte hier verklingen. Im Blick aufs Ganze des Satzes und auch des Quartetts insgesamt war aber ein Fortissimo-Abschluss unabweisbar. Das Hauptthema vergrößert sich majestätisch in den Oktaven von Violoncello und Violine 2 und erhält ab T. 725 im Fortführen von Halbtonschritten einen echten Nachsatz, sodass es in ein inneres Gleichgewicht von 16 Takten kommt und sich in der Form eines ostinaten Basses vollenden kann, der unendlich oft wiederkehren könnte. Das ist der große Effekt der letzten Takte. Für den Eindruck von Gleichgewicht und Lösung aller Verspannungen sorgt nebenbei in einem Faktur- und »Szenen«-Wechsel die Bratsche mit Akkordrepetitionen eines gewöhnlichen Begleitmusters. Nicht fehlen durfte Thema 2 aus der eröffnenden Doppelfuge, dem die erste Geige folgt und das im Rhythmus seiner Scherzo-Variante für Wiederholungen der Kadenz zuständig wird. Erste Geige und Violoncello bekräftigen

Die Große Fuge op. 133

den Schluss zuletzt in den Gegenoktaven einer doppelten »clausula bassizans« als der Formel letzter Entschiedenheit, die auf der Bühne einen heldischen Abgang begleitet.

Das Quartett op. 130 heute wieder mit der *Großen Fuge* zu beschließen, bedarf keiner Rechtfertigung. So war das erste Konzept. Die häufigere Praxis, das neue Finale zu bevorzugen, ist allerdings nicht weniger legitim. Die möglichen Entscheidungen haben nur unterschiedliche Konsequenzen. Die *Große Fuge* kann im Abbild verschiedener Satztypen auch für sich allein bestehen und hat seit den Dirigenten Hans von Bülow und Felix Weingartner sogar als Orchesterstück ihr Publikum gefunden. Das gälte nicht gleichermaßen für das neue Finale. Ihm ist ohne die vorausgehenden Sätze die Grundlage entzogen.

Streichquartett in cis-Moll op. 131 (1825/26, Erstdruck 1827)

»Solange die musikalische Welt dieses cis-Moll-Quartett kennt, hat sie es unter die höchsten Offenbarungen des Beethovenschen Genies gezählt«, verkündete 1934 Arnold Schering als führender Kopf deutscher Musikwissenschaft. Bis heute gilt das Quartett als Krone der klassischen Kammermusik, freilich mit den über 600 Seiten erhaltener Skizzen auch als ein Werk, das wie kaum ein anderes Rätsel aufgibt, die schon bei der für Ensemblemusik extrem entlegenen Tonart cis-Moll beginnen.

Auf ein neues Formkonzept verweist die eigenwillige Art der Nummerierung in einer von Beethoven korrigierten Kopistenpartitur, die sieben »Stücke« unterschiedlicher Ausdehnung zählt. Während sich in der Satzfolge bei Nr. 4–7 immerhin die vertrauten Typen Andante, Scherzo und Finale abzeichnen, steht der Beginn quer zu allen Konventionen. Zudem verfolgte Beethoven das neue Konzept, die unterschiedlichen Teile zu einem großen zusammenhängenden Ganzen zu formen. Der Geiger Karl Holz wandte ein, dass es dem Publikum so unmöglich sein würde, mit Applaus die Wiederholung eines Satzes zu erbitten. Auch hätten die Spieler keine Gelegenheit, ihre Instrumente nachzustimmen. Das gab Beethoven doch zu denken und er akzeptierte eine kurze Unterbrechung. Holz gibt dafür eine Pause *nach* dem Presto an. Bei op. 130 war ein vergleichbares Presto besonders bejubelt worden. Gemeint war aber vielleicht doch *vor* dem Presto, wo die musikalische Zäsur sehr viel deutlicher ausgeprägt ist.

1. ADAGIO MA NON TROPPO E MOLTO ESPRESSIVO. Im Streben nach Einheit sind in op. 131 vor allem Anfang und Ende aufeinander bezogen. Beethoven benutzt für die eröffnende Fuge die gleichen Töne wie für das Motto des Finales. Es sind die Töne, die übergreifend im ganzen Spätwerk mehrfach präsent sind, nämlich die einer zentralen Quint, die halbtönig von einer verminderten Septim eingefasst ist: *his-cis-gis-a*. Diese vier Töne bilden seit der Barockzeit in der steigenden und dann rückspringenden Folge 2-3-4-1 das Grundgerüst für eine »pathetische« und auch häufig kontrapunktisch behandelte Themenbildung, bei der die Quint in der Regel noch mit einer Terz gefüllt ist. Die prominentesten Beispiele mit Bachs *Musikalischem Opfer* und Haydns Streichquartett op. 20 Nr. 5 waren Beethoven mehr als geläufig. Er hielt sich im Finale auch an die überkommene Reihung mit *cis-(e)-gis-a-his* und prägte den Tönen nur im extravaganten Rhythmus seinen eigenen Stempel auf.

Für die Fuge zu Beginn entschied er sich dagegen für eine nie dagewesene Umstellung in der Folge 3-1-2-4, also einem *gis-his-cis-a*. Durch Umlegung des Leit- und Grundtons in die höhere Oktave verwandelte er die verminderte Septime in eine übermäßige Sekunde und machte aus dem Sprungmotiv ein Skalenmotiv, in dem keine symmetrische Paarbildung mehr Ordnung stiftet. Vom Crescendo unterstützt kommt dafür eine intensivierte Strebekraft zur Wirkung. Der Themenkopf endet orientierungslos am fremdartigen *a*, bei dem die Bewegung wie gebannt verharrt. Auch rhythmisch scheint *a* von seinem Bezugspunkt *gis* wie abgelöst. Der mit Sforzato scharf akzentuierte Ton ist schließlich der einzige im Verlauf der Exposition, der von Bindebögen unberührt bleibt, die ansonsten dem ganzen Satz einen Charakter schweifender Bewegung verleihen.

Mit wenigen Eingriffen hat Beethoven das alte Thema in seinem Ausdruck unerhört gesteigert. Das »molto espressivo« der Satzüberschrift und die hinzugekommen dynamischen Angaben sind äußere Hinweise auf die innere Struktur. Aus dem allgemeinen Topos »Schmerz« wird der persönliche Ausdruck von Leid. Richard Wagner brachte das mit einem Zitat aus Goethes *Faust* zur Sprache: »Das einleitende längere Adagio, wohl das Schwermüthigste, was je in Tönen ausgesagt worden ist, möchte ich mit dem Erwachen am Morgen des Tages bezeichnen, der in seinem langen Lauf ›nicht einen Wunsch erfüllen soll, nicht einen!‹ Doch zugleich ist es ein Bußgebet, eine Berathung mit Gott im Glauben an das ewig Gute.«

Die Eigenheit des Themas, nämlich dass es ziellos bleibt und so zum Ausdruck unerfüllbaren Hoffens wird, strahlt auf den gesamten Satz aus. Wenn zum Bratscheneinsatz in T. 9–10 die zweite Geige mit dem *his*¹ einer angedeuteten Engführung endlich ausweicht, beharrt die erste Geige beim tritonusbildenden *dis*². Das *a* des Themas erreicht in keinem Augenblick den Status konsonanter Einbettung. Ohne sie bleibt der ganze Satz seltsam haltlos. Es gibt keinerlei Kadenzen. Die Fuge gleitet durch verschiedene Tonarten, findet jedoch nirgendwo einen Ruhepunkt. Wo sich eine sammelnde Dominante bilden kann, ist die Tonika in die Ferne gerückt und zurückgenommen (T. 31) oder überhaupt vermieden (T. 90). Der Satzschluss selbst geht aus keinem Kadenzschritt hervor, sondern aus dem Versuch einer Versöhnung der beiden vom übermäßigen Themenintervall diktierten linearen Streberichtungen während des letzten und enggeführten Einsatzes von Violoncello und erster Geige ab T. 111.

Am Anfang des ersten Adagios steht eine reguläre Exposition mit vier Einsätzen im gleichmäßigen Abstand von vier Takten jeweils zum Schlusston des vorausgehenden Themas. Als Kontrapunkt dienen Stimmen, die sich am Viertelfluss dieses Themas selbst orientieren und zu dessen Spiegelbild werden können (Violine 1, T. 37–38). Die erste Exposition wird sogar mit einer zart angedeuteten Kadenz auf der V. Stufe Gis in der Mitte von T. 20 abgegrenzt. Diese erste Exposition korrespondiert mit einer zweiten vollständigen, aber in den Abständen veränderten Exposition am Ende des Satzes ab T. 93. Innerhalb dieses Rahmens ist ein großer modulierender Mittelteil auf der Basis vereinzelter und individueller Einsätze eingefügt.

Beethoven beginnt den mehrgliedrigen Mittelteil in T. 21 mit einer Engführung der Außenstimmen samt einer Änderung am verkürzten Thema, das den stechenden Akzentton vokal phrasierend durch eine zweitönige Endung in Vierteln ersetzt. Nach einer Phase fließender Viertel mit Wendungen, die sich selbst imitieren, kehrt das Thema in T. 35 in der Bratsche in Originalgestalt wieder, allerdings quintversetzt auf *dis*¹ beginnend. Das bedeutet einen Blick in Richtung E-Dur und gis-Moll. Die modulatorischen Tendenzen gehen dann aber noch weiter. In enharmonischer Verwechslung wird es-Moll ab T. 45 vorübergehend zu einem Ankerpunkt. Eine zweite Engführung beginnt in T. 48, in der das Violoncello die Führung übernimmt und die ersten drei Töne des

Themas steigend zu einem gis-Moll von T. 54 weitersequenziert. Damit tritt der Satz in ein neues Stadium.

Am oberen Fernpunkt eines diatonisch bestimmten Raumes ändert sich die Satzfaktur in einer Verkleinerung der Notenwerte. Der Themenkopf wird in der ersten Geige komprimiert und die Viertelfigur aus T. 3–4 ab T. 55 auf Achtel beschleunigt, während eine latente, mit Vorhalten und Durchgängen verbrämte Quintkette gis-cis-fis-H-E-A den gesamten diatonischen Raum durchmisst und erst am unteren Grenzpunkt der VI. Stufe in weniger vorzeichenreichen Gefilden innehält. Innerhalb der A-Dur-Zone gibt es einen Augenblick besonderer Konzentration, wenn zum durchgehaltenen a^i des Violoncellos in T. 63–64 der Themenkopf gleichzeitig in drei rhythmischen Dimensionen erscheint. Ansonsten dominiert das Nebenmotiv der Viertel, das ab T. 67, sowie der Satz sich lichtet, in paariger Imitation erst der Oberstimmen, dann der Unterstimmen den Raum durchstreift, in T. 79–83 ergänzt um Einwürfe der Geigen mit den letzten drei Tönen der Zweitaktgruppen. Wenn sich die Instrumente wieder in Vollstimmigkeit vereinen, ist durch eine kurze chromatische Rückung die Dominante von cis-Moll wieder erreicht.

Vom Thema erklingen in T. 83–90 weiterhin nur die Takte 3–4, nach einer abgebrochenen Kadenz wieder in den Achteln, die in der beschließenden Exposition in Spaltung der rhythmischen Ebenen das Thema begleiten. Es erscheint ab T. 93 enggeführt in Bratsche und zweiter Geige wieder, ab T. 99 in erster Geige und Violoncello, das seine Notenwerte gravitätisch augmentiert und nach Tiefalterierung des *gis* zu *g* mit dem letzten Ton in T. 107 den Klang des Neapolitaners D-Dur aufblitzen lässt. Das gibt dem Cis-Dur als Schlussklang, mehrfach herbeigeführt in einer letzten Engführung des Themenkopfes von erster Geige und Violoncello, einen halbschlüssig kirchentonalen Charakter. Denn wie in den vier Tönen des Mottos die Quint von einer verminderten Septim eingefasst wird, so am Ende in einer potenziert phrygischen Formel nun die Oktav von einer verminderten Dezime *his-cis-cis-d*.

2. ALLEGRO MOLTO VIVACE. Der ebenfalls monothematische zweite Satz macht in Rückung um einen Halbton die schließenden *cis*-Oktaven der Fuge zu eröffnenden *d*-Oktaven des Allegro molto vivace. Das *d*, dem schon durch die Unterquintbeantwortung zu Beginn der Fuge eine

leiterfremde Sonderrolle zugefallen war, verselbstständigt sich unversehens. Nach Takt, Tonart und einfacher Reihungsform hat der Satz den Charakter eines Intermezzos, das ein Detail des Fugenthemas auf eigene Weise beleuchtet. Denn die Tonfolge seiner ersten beiden Takte knüpft quintversetzt an die Fugentakte 117–118 der ersten Geige mit ihrer verminderten Quart als Kennungsmerkmal am Ende an. Die Wendung integriert Beethoven in eine achttaktige Melodie, die mit dem Changieren zwischen *ais* und *a* spielt und dem *a* am Ende des ersten Viertakters in einer klingenden Endung, am Ende des zweiten Viertakters in einer stumpfen Endung recht gibt. Seine Leichtigkeit erreicht das Thema durch eine Begleitung, die nur zwischen Tonika und Subdominante als Nebenklang unter Vermeidung der Dominante pendelt. Bei der Wiederholung verspätet Beethoven im achten Takt (T. 16) das kritische *a* in einer dreitönigen Wendung, die für ein Weiterspinnen der Melodie um weitere acht Takte sorgt. In motivischer Verdichtung und harmonischer Belebung mit einem chromatisch fallenden Bass in T. 20–22 kommt das Thema über die Dominante zu seinem Abschluss, treibt aber gleich neue Blüten, weil der zurückgehaltene Grundton d^1 in der ersten Geige in T. 24 Ausgangspunkt einer neuen Variante wird, die sich in Umstellungen und Spiegelungen auf T. 4 des Themas beruft.

Als Exkurs zum Thema hat diese Erweiterung auch rückläufige Züge. Denn mit dem Cis-Dur-Klang in T. 38, der sich in T. 44–48 mit einem kleinen Seufzermotiv aus dem Thema über fünf Takte ausdehnt, ist die Konstellation des Übergangs von der Fuge zum Allegro wieder erreicht. Diesmal weicht das ⁶⁄₈-Thema nicht zum *d* aus, sondern eine Stufe höher zu *e*. Das bindet Fuge und Allegro eigenartig ein zweites Mal zusammen, denn E-Dur, eigentlich die erste Nebenstufe in cis-Moll, war von der Fuge kaum berührt worden, möglicherweise um diesem Segment des Tonraums mit dem Presto vor dem Finale einen eigenen Platz freizuhalten. Erstmals erscheint es, wenn auch nur kurz berührt, im Zeichen des Dur während des ersten Allegros als alterierte Sonderstufe II♯. Und wie das cis-Moll vorher den naheliegendsten Schritt unterlassen hatte, den zu E-Dur, so spart jetzt das Allegro die am engsten benachbarte V. Stufe aus. A-Dur erscheint nur kurz während eines zweiten Exkurses in T. 60 als Zwischenstation eines Rückwegs zum lange stabilen D-Dur. Letzter Baustein in diesem Prozess ist die Wiederkehr des Hauptthemas in der Tonika durch den Einsatz der Bratsche in T. 84.

Darauf folgt ein dritter Exkurs zum Thema, das im achten Takt (T. 92) einen Halbschluss ansteuert, den korrespondierenden Ganzschluss jedoch in keinem der nachfolgenden Viertakter mehr findet. Eine Kadenz ergibt sich erst im Verlassen des engeren Tonikabereiches mit dem G-Dur der IV. Stufe in T. 104. Im gewohnten Formbau von Sonatensatz und Rondo wäre das ein unüberhörbares Signal für Durchführung oder Couplet. In der freien Form des Allegros aus op. 131 ist es zunächst nur Zeichen für tonale Expansion. Im weiteren Verlauf wird jedoch deutlich, dass Beethoven mit dem G-Dur der sonst nur punktuell wirksamen und kaum je formbildenden IV. Stufe als absolutes Novum eine Gegenzone für die zweite Satzhälfte inszeniert. Die Konsequenz für den Satzbau deutet sich darin an, dass der dritte Exkurs in Unterquintversetzung auf die gleiche Fermate hinausläuft wie der erste.

Der Neueinsatz von T. 126 deutet das Thema nur in seinen Oktaven an und springt gleich weiter zu einem vierten Exkurs, der sich ab T. 133 (=T. 60) taktgetreu eine Quint tiefer in G-Dur an Exkurs 2 hält. Daraus geht analog zu T. 84 ein letzter Themenzug hervor, den das Violoncello in T. 157 anstimmt. Er hält noch lange am G-Dur fest und setzt sich erst in einem fünften Exkurs in Anlehnung an Exkurs 3 an einem Fis-Klang fest, der in T. 169 die Merkmale eines regulären Halbschlusses hat. Vom zugehörigen h-Moll der VI. Stufe wendet sich der Satz modulationslos rasch zum D-Dur einer Coda. An alterierten Tönen bleibt im diatonischen Unisono ab T. 179 nur das alte *ais* im Wechselspiel mit *a*. Motivisch komprimiert auf eine auftaktige Zweitonfigur und harmonisch belastet mit Zwischendominanten, die eine Terzentreppung d-h-G-e akzentuieren, ist ab T. 185 im Fortissimo der ganze Tonraum während eines letzten Kadenzierungsprozesses im Hinführen auf die Dominante extrem verdichtet. Die Tonika bleibt in T. 188 noch ausgeblendet und erscheint nach dem Prinzip halbtaktiger Verschiebungen seit Satzbeginn erst überhängend in T. 193, im Echo in T. 195 und in metrischer Zurechtrückung in den beiden Schlusstakten.

Die Form des Satzes ist nach gängigen Mustern nicht zu benennen. Sie baut sich aus fünf Großabschnitten von jeweils gut 40 Takten Umfang zusammen, die alle mit dem Thema beginnen, danach in Exkurse übergehen und in einem bipolaren Verhältnis unter dem Zeichen einer formal sonst eher bedeutungslosen IV. Stufe stehen:

T. 1–48	Thema und Exkurs 1	D-Dur
T. 48–84	Thema und Exkurs 2	
T. 84–126	Thema und Exkurs 3	D-Dur → G-Dur
T. 126–157	[Thema] und Exkurs 4 = Exkurs 2	
T. 157–194	Thema und Exkurs 5 als Coda	G-Dur → D-Dur

Die Abschnitte 1 und 2 gehören unbeschadet der wechseldominantischen Ausweichungen von T. 48 nach D-Dur, das auch noch den Beginn von Abschnitt 3 diktiert. Die Abschnitte 3 und 4 werden dagegen vom G-Dur der IV. Stufe beherrscht. Abschnitt 5 führt G-Dur und D-Dur im Zuge einer Synthese zusammen. Für formale Anhaltspunkte sorgt daneben ein Parallelismus, angedeutet von Exkurs 1 und 3, konsequent ausgeführt vor allem aber im Gleichlauf von Exkurs 2 und 4. Wiederkehr und Versetzung erinnern von fern an Seitenthemen in Sonatensatz und Sonatenrondo. Es fehlen aber alle sonstigen Merkmale dieser Formen. Die stete Wiederkehr des Hauptthemas könnte wiederum auf die Spur eines Rondos führen. Doch ist das Lebenselixier des Rondos der Kontrast. Ihn meidet das Allegro molto vivace konsequent. Alles ist aus kleinen Keimzellen des Themas entwickelt. Der zweite Satz aus op. 131 steht somit für die Weiterentwicklung einer frei monothematischen Form auf der Basis eines rondoartigen Themas, eine individuelle Form, mit der Beethoven erstmals im Finale von op. 95 experimentiert hatte.

Formale Bindekraft für das Allegro haben primär die Beziehungen zur Fuge. Was keiner der beiden extrem unterschiedlichen Sätze 1 und 2 allein könnte, nämlich einen gewichtigen ersten Satz im Zyklus zu ersetzen, vermögen beide in wechselseitiger Ergänzung zusammen im Sinne von zwei Prinzipien, die im Sonatensatz gewöhnlich in der Gegenüberstellung von Haupt- und Seitensatz erkennbar werden.

3. ALLEGRO MODERATO – ADAGIO. Die Schlussstupfer des Allegros deutet Beethoven durch Weiterschreiten zu einem Sextakkord in eine rezitativische Eröffnung um. Ein »Sprechen« sollte dem »Singen« des Variationenthemas nach Art von Scena ed aria vorausgehen. In zwei Phasen darf sich jedes Instrument zu Wort melden. Einig sind sie sich im gemeinsamen h-Moll. Es wird erst durch den letzten und verlangsamten Einsatz der Bratsche infrage gestellt. Die vom H^7-Akkord ausgelöste Improvisation der ersten Geige läuft auf den typischen Quartfall e^2-h^1 eines Rezitativs hinaus, auf den in aller Regel der kadenzierende Bass h-e

zu folgen hat. Die aufgerufenen Töne mit ihren Kadenzklängen erscheinen prompt im Übergang von T. 10 auf 11, doch wird der E-Klang mit der Septim d^1 in der Bratsche dominantisch umfunktioniert und im großen F-E des Violoncellos auf a-Moll ausgerichtet. Dadurch hebt sich das A-Dur des Andantes wie in einem Repriseneffekt leuchtend ab, in Modifizierung anderer Eröffnungen im Spätwerk, die dazu dienen, einen Mittelsatz aufs Podest zu heben.

4. ANDANTE MA NON TROPPO E MOLTO CANTABILE. Das anmutige Thema der Variationen, das sich erste und zweite Geige ergänzend zusingen, ist in seiner Zweiteiligkeit mit ausgeschriebenen Wiederholungen von großer Schlichtheit und gleichwohl in ein metrisch kompliziertes Satzbild eingefügt. Die erste kleine Phrase endet mit dem cis^2 von T. 4. Eine innerlich ergänzte Eins im ersten Takt kann den gewöhnlichen Viertakter unschwer herstellen. Im Weiterzählen entstehen dann jedoch fünf Takte bis zum Ende der in Sekundschritten fallenden Melodie in T. 9. Die Gliederungswidersprüche in dem so übersichtlichen 8 + 8 + 8 + 8 von vier Achttaktern lösen sich mit der Erkenntnis, dass die kleineren Einheiten der Viertakter grundverschieden disponiert sind. Der erste schließt mit dem federnd repetierten cis^2-cis^2, der zweite könnte in T. 8 mit einem Halbschluss-Vorhalt a^1-gis^1 ein Ende finden, das Beethoven jedoch umgeht, indem er die sich ergänzenden kleinen Partikel weiter bis zum Grundton *a* laufen lässt, sodass der Viertakter die eigenen Grenzen überschreitet, um Anschluss an das nächste Segment zu finden, mit dem die neue Achter-Zählung beginnt. Das übergreifende Prinzip ist im Bau offener Zweitakter in der Inkongruenz von Satzarchitektur und Phrasierung wohl vertraut, im geschlossen liedhaften Bau jedoch etwas Wunderseltenes und mit Sprache nur noch schwer zu Verbindendes. Die Musik macht sich ihren eigenen Vers.

Die eigenartige Konstellation kehrt am Ende des wiederholten ersten Teils in T. 17 wieder, mit dem Unterschied, dass Zielton jetzt das *gis* für den dominantischen Beginn des dritten Achttakters ist. Der zweite Teil verfährt anders und eher liedgerecht. Er verzichtet in innerem Weiterwachsen auf eine Zäsur nach vier Takten und kommt im achten Takt (T. 24) zum obligatorischen Tonika-Schluss. Die Folgefiguren sind jetzt nur Füllungen für die größer gewordene Zäsur bei stumpfer Endung. In der Wiederholung schließt der Achttakter bei T. 32 pünktlich und ohne Füllfiguren, auch wenn im nachhängenden e^1 die Brücke zur ersten Variation geschlagen ist. Sie beginnt aber nicht in T. 32, sondern ordentlich in T. 33. In der Harmonisierung weist das Thema zwei wichtige und bleibende Merkmale auf: im ersten Teil in T. 6–7 die kleine raumdehnende Quintschrittfolge Fis^7-H-E^7-A und im zweiten Teil in T. 21 zu Beginn des letzten Viertakters die Hervorhebung der Subdominante.

Die Variationen ändern in ausgeprägten Verwandlungsschritten Charakter, Tempo und Satzfaktur. Aber sie halten alle am zweiteiligen Aufbau mit Wiederholungen fest und suchen eine Nähe zum Thema in beibehaltenen intervallischen Wendungen. Variation 1 macht aus der Ablösung der beiden Geigen ein Nebeneinander von Themenbaustein und freiem Kommentar in Sechzehnteln. Sie wahrt dabei sorgfältig die metrische Struktur mit den Gliederungsbesonderheiten und den harmonischen Akzenten des Themas. Neu ist bei der motivischen Durchdringung aller Stimmen nur die Rhythmisierung der Kleinpartikel in Punktierungen.

Variation 2 (Più mosso) umspielt im Dialog von erster Geige und Violoncello die wichtigsten Strukturtöne des Themas mit a^2-gis^2...d^3 und hält sich ab T. 70 sehr getreu mit Umspielungen an die sinkende Linie des zweiten Viertakters. Verändert sind aber zu Beginn die metrischen Verhältnisse durch ein Harmoniependel in zweitaktigem Wechsel zwischen Tonika und Dominante im Zeichen der impulsgebenden Begleitung eines Più mosso. Auf diese Weise entstehen zwei Fünftakter, der erste mit einem »Leertakt« der Begleitung beginnend, der zweite wie im Thema auf die nächste Einheit übergreifend. Die Wiederholung hält am veränderten Harmoniemodell fest und liefert in der zweiten Geige jeweils ein vorgezogenes Stichwort zu den Themenachteln. Beethoven zieht aber beim Wechsel der »Viertakter« die Takte 68 und 70 im Violoncello zusammen, sodass ein Takt eingespart ist und die alten Gliederungsmechanismen wieder greifen können. Entsprechend eng rücken T. 81 und 82 zusammen. Der Gleichlauf von Viertaktern stellt sich mit der betonten Subdominante von T. 86, wo der Satz auf ein Unisono übergeht, erst im zweiten Teil mit seinen Tonika-Schlüssen in T. 89 und 97 ein. Markiert sind sie durch Oktav-Achtel in allen Stimmen. In der Taktzählung kommt letztlich nur T. 65 hinzu und sorgt in der Gesamtabrechnung für 33 statt der gewohnten 32 Takte. Denn die Einfügung des Zusatztaktes 74 wird durch den Ausfall des Taktes nach T. 77 kompensiert.

Variation 3 (Andante moderato e lusinghiero) in wieder regulären 32 Takten teilt das Thema in Stimmpaare auf, die imitatorisch ineinander verhakt sind. Die Bindung ans Thema leisten jeweils die Vorhaltsschritte *a-gis* und *d-cis* in den Endungen von T. 100 und 101. Auch die Quintschrittfolge schimmert weiter durch. Nur endet der erste Teil erstmals in einem achten Takt (T. 105). Das löst eine neue Füllfigur mit Trillern aus, die sich im zweiten Teil ab T. 114 verselbstständigt, doch weiter an der Subdominante als Wendemarke in T. 118 und 126 festhält.

Variation 4, ein Adagio im ⁶/₈-Takt, ist bestimmt von Skalenfiguren und einem neuen Rhythmus, der an den Endungsstellen der Zweitaktgruppen jedes Achtel akzentuiert und im Pizzicato nachhallen lässt. Intervallisch bleibt ein Bezug zum Thema im a^1-gis^1 des Violoncellos und in den Endungstönen d^3...cis^3 der ersten Geige bestehen. Weiter macht sich die Quintschrittfolge bemerkbar und in ihrem Zusammenhang das Übergreifen vom achten zum neunten Takt. Bei der Wiederholung verändert sich der zweite Viertakter ab T. 142 in Konzentration auf zwei Motive, die den melodischen Abstieg fis^2-eis^2-e^2-dis^2-d^2-cis^2-h^1-a^1 nachzeichnen. Der potenzielle Schlusstakt 145 wird melodisch gar nicht besetzt. Eine Verdichtung der Sechzehntel in den Unterstimmen führt den Anschluss des zweiten Teils herbei. In ihm verzichtet Beethoven auf das Signal der Subdominante und auf die Tonika im achten Takt, die vom dis^1 der Bratsche unterlaufen wird. Erst bei der Wiederholung festigt sich in T. 161 der Schluss.

Variation 5 (Allegretto) unterscheidet sich von den früheren Variationen schon dadurch, dass nur beim ersten Teil die Wiederholung ausgeschrieben ist, beim zweiten aber die gewöhnlichen Doppelstriche stehen. Die Variation lässt vom Thema neben dem Einstiegsintervall a^1-gis^1 und dem Oktavabstieg a^2...a^1, in Gang gesetzt vom harmonischen Quintfall, nur Konturen übrig. Der zweite Teil bezieht sich auf die Tonfolge *h-cis-d-cis* aus T. 17–19. Hauptanliegen der Variation ist es, dem Fehlen der Takt-Eins zu Beginn nachzuspüren und die synkopischen Verschiebungen im Echo des ersten Einsatzes auf dem zweiten Achtel über den ganzen Satz auszudehnen. Der Schwebezustand eines akzentlosen Vortrags unter Herausstellung von Quinten ruft die Illusion verfremdet volkstümlicher Bordunmusik hervor. Einrastpunkte für den gültigen Takt bieten sich dem Thema entsprechend nur in T. 170 und in T. 183 mit der Subdominante des zweiten Teils. Die regulären Schlüsse dort stellen sich mit dem Tonikadreiklang zwar ein, werden aber durch das synkopische Element selbst bei der Wiederholung wieder verdrängt, sodass die Variation offen und dominantisch mit einem Abbruch endet.

Überwunden wird das Stocken trotz der eröffnenden Pause allein durch den Beginn von Variation 6 (Adagio ma non troppo e semplice). Der melodische Einstieg mit *a-gis* und dem korrespondierenden *d-cis* bei Wiedergewinn der Tonika spiegelt sich während der vier Anfangstakte in den jeweils ersten Tönen des Violoncellos, der melodische Abstieg über die Oktav hat seinen Nachfolger in der ersten Geige in T. 192–195. Das große Thema dieser Variation im raren ¾-Takt hat mit Sprache zu tun. Die charakteristische Pause wird zum Zeichen eines fragmentarischen Stammelns mit kleinen, harmonisch unterlegten Akzenten gegen den Takt. Ziel ist ein Durchbruch zum Singen, für den der H^7-Klang aus der kleinen Quintkette in T. 192 in milder Terzquartlage den befreienden Anstoß gibt. Danach ließen sich in der Wiederholung die Pausen des Stammelns füllen. Beethoven ergänzt ab T. 195 zudem im Violoncello ein ganz neues Motiv, dessen Schlussnoten sich auf den Themenbass von T. 1–4 beziehen, ihn aber durch Umstellung eines Tones so umformen, dass Mozarts Motto aus dem Finale der »Jupitersinfonie« erklingt. Das Thema bleibt überraschend unfertig. Der zweite Teil verweigert den A-Klang im Bestehen auf einer Pause wie zu Beginn des ersten Teils. Auch der eigene und bisher immer unproblematische Schluss wird ausgesetzt, weil der achte Takt (T. 210) sich dem des ersten Teils angleicht (T. 202). Mit der Wiederholung verlässt Beethoven überhaupt die metrischen Vorgaben und dehnt den Rahmen auf zehn Takte aus, bei denen die Melodie sich in T. 220 nochmals auf dem unvollständigen Terzquartakkord des H^7-Klangs niederlässt.

Daraus geht eine freie Zone solistischen Spiels mit Zügen eines virtuosen Rezitativs hervor. Ans Thema bindet es sich allein in den Schritten der Quintkette ab T. 225: Fis^7-H^7-E^7-A. Beim Übergang in eine Kadenz stockt der Verlauf jedoch. Der Dreiklangsaufbau der Unterstimmen kippt in den Quartsextakkord zurück, der sich nach Moll wandelt, von dem ein kurzer Weg zu C-Dur als der alterierten III. Stufe führt. Die erste Geige versucht in T. 231 probeweise in lockerem Allegretto dem Thema einen neuen Raum zu schaffen, kommt aber über den vierten Takt nicht hinaus und leitet mit den chromatischen Schritten *e^2-dis^2-d^2-cis^2* von T. 202 und 210 endlich zur Tonikaterz von T. 243.

Mit ihr beginnt innerhalb der Variationenfolge ähnlich den Quartetten op. 127 und 135 eine Art Reprise. Das Thema hat jetzt seine setzende Eins und durchzieht in Oktaven einen klanglich weit ausgefächerten Raum mit springenden Trillern der ersten Geige und Akkordbrechungen des Violoncellos, weicht aber dem Schluss in einem Stehenbleiben auf der Dominante in T. 250 aus. Damit ist eine Rückkehr zur modulierenden Zwischenzone angestoßen, die diesmal nach F-Dur als der alterierten VI. Stufe führt. Ein zweiter Versuch, das Thema in seinem Charakter durch eine andere Tonartsphäre zu ändern, bricht jedoch ähnlich ab.

Die tonalen Exkurse waren unverzichtbar für eine Schlusswirkung im vergrößerten Raum. Beethoven führt die erste Geige ein zweites Mal ins A-Dur-Thema zurück, und zwar in T. 266 an den kritischen Punkt nach der Subdominante. Es erklingen allein die kadenzierenden Takte 6–8 des zweiten Teils (T. 22–24). In T. 268 ist der Schluss noch mit einer klingenden Endung abgebogen, um zuletzt ins Zentrum aller Aufmerksamkeit mit einem Rekapitulieren der Sonderkonditionen des Themas bei der Schlussbildung zu rücken. An die Stelle des Tonikaklangs tritt in T. 270 eine Pause. Übrig bleibt nur der vorletzte Takt, dem zwei weitere Male ein Fortschreiten durch eine Generalpause verwehrt ist. In sie hinein tönt schließlich in T. 273 die Bratsche und führt wenigstens zum Terzton des Dreiklangs. Der bekrönende Grundton a^2 geht letztlich verhallend plagal aus einer Mollsubdominante hervor und nicht aus der Dominante.

Es bedarf wenig Phantasie, zu prognostizieren, dass eine derartige vielstufig reflektierte Schlussbildung im Kontext verschobener Phrasenbildung bei keinem Zeitgenossen nachzuweisen sein wird. Beethoven selbst hat, wie schon seit 1872 bekannt ist, in mehrfachen Anläufen seiner Skizzen mit diesem Schluss gerungen.

5. PRESTO. Zwischen Andante und Presto mit verdoppeltem »Trio« nach dem Muster eines fünfteiligen Scherzos schlägt Beethoven eine Brücke mit dem eröffnenden Rumpler im Violoncello, der satzübergreifend an die Sechzehntelfigur von Variation 6 gemahnt. Dieser Rumpler rückt danach an die Spitze eines achttaktigen Themas, dessen Rhythmus sich flächig im ganzen Satz verbreitet. Zu den harmonischen Besonderheiten zählt, dass Vorder- und Nachsatz sich gegenseitig ausweichen. Der Dominante von T. 5–6 entspricht in T. 9–10 keine Tonika, sondern

halbschlüssig eine neue Dominante Gis, die auf ein cis-Moll zielt. Insofern hat das Presto doch eine Bindung an die Grundtonart. Die federnden Endungen sind jeweils im vorletzten Takt viertaktiger Einheiten verankert, was dem Bewegungsmuster eines ½-Takts entspricht.

Der zweite Teil nötigt das erste Taktpaar zu harmonischen Fortschreitungen, die gewissermaßen rückläufig sind, weil sie jetzt umgekehrt von einem nur berührten cis-Moll in T. 24 zur Dominante von E-Dur führen und dort verharren, ohne den Anschluss an einen dritten Takt zu finden. Die letzte Wendung fis^2-h^2 wandert isoliert durch die Stimmen und wechselt den Anfangston im Zeichen von e-Moll und E-Dur, ohne dass trotz der Verlangsamung mit der merkwürdigen Angabe »Molto poco adagio« die Viertaktigkeit aufgegeben wäre. Von E-Dur aus kippt der Satz mit einem neuen Themeneinsatz nach gis-Moll, zunächst ab T. 37 mit einem Viertakter, der, nachdem zuvor der zweite Takt verselbstständigt war, nun allein den ersten Thementakt vervielfacht, dann ab T. 41 das Thema wieder komplett zusammenbaut, die Viertelbewegung aber im vierten Takt weiterführt, sodass die Dominante direkt ins gis-Moll eines nächsten Viertakters führen möchte. Der Satz bricht jedoch nach zögerndem Ritardando mit einer Fermate ab und rückt in T. 45 die tonalen Verhältnisse durch den E-Dur-Einsatz einer Binnenreprise wieder zurecht. Ihr Hauptmerkmal ist neben der Konzentration auf ein alleinherrschendes E-Dur und der Vergrößerung des zweiten Viertakters durch Wiederholung des ersten Taktpaares auf sechs Takte die Kadenz von T. 54. Sie sitzt erstmals kongruent mit der Allabreve-Vorzeichnung in einem geradzahlig »zweiten« Takt und bleibt während einer zwölftaktigen und steigernden Fortspinnung bei dieser neuen Akzentuierung. Denn der E-Dur-Schluss besetzt in T. 66 erneut einen »zweiten« Takt.

Nach Vergrößerung der Kadenzstelle um zwei Tonikatakte im Nachschlag sich ergänzender Viertel folgt das »Trio« im gleichen E-Dur. Die verhakten Viertel werden zu einem Begleitmotiv umfunktioniert. Die neue Melodie eines Piacevole hat in den Oktaven der Geigen, schon bei Mozart ein Signal für etwas Zitiertes, einen populären Anstrich und gliedert sich entsprechend in Viertakter mit verlässlichen Endungen im vierten Takt. Mit dem Scherzo-Thema ist die Trio-Melodie durch die gleichen Notenwerte verbunden. Die Viertel sitzen weiter im dritten Takt, doch die halben Noten haben sich vermehrt und besetzen alle anderen Stellen. Nach zwei Achttaktern mit Tonika-Schluss wiederholt sich die Konstellation von T. 66. Statt des zusätzlichen Taktpaars vergrößern nach T. 84 jedoch zwei Viertakter die Wartezone. Danach ist das Thema in die Unterstimmen verlegt. Sie erweitern den zweiten Achttakter nach dem sechsten Takt um vier Takte und lenken ihn im Zeichen der verhakten Viertel nach A-Dur um, als sollte mit dem Unisono ein »Trio im Trio« eröffnet werden.

In der A-Dur-Zone breiten sich die halben Noten in den Außenstimmen weiter aus. Die Viertel gehören ab T. 122 allein den Mittelstimmen und verlangen der Bratsche mehr noch als der zweiten Geige im Besetzen freier Stellen der Akkorde akrobatische Sprünge ab. Mit T. 141 erscheint ein neues Motiv, das Viertel und Halbe in einem Takt zusammenbringt und die Töne der ersten Geige von T. 137–138 im Aufwärtswenden des *a* anders fasst. Auch dieses Motiv, im Violoncello ab T. 149 wiederholt, wahrt die viertaktige Ordnung, mit der Besonderheit, dass in T. 160 der vierte Takt als steuernder Zieltakt auf eine Generalpause trifft. Nach acht Takten erneuten Herumwerfens von Tönen im Kraftfeld eines Quintfalls von Wechseldominante, Dominante und Tonika, in das schon der Rumpler des Violoncellos hineintönt, verbinden sich in T. 169 die Rückkehr nach E-Dur und das Da capo des Scherzos.

Das Scherzo kehrt unverändert wieder und verzichtet lediglich auf die Wiederholung des zweiten Teils. Nach altem Muster setzt im Anschluss an die Scharnierstelle von T. 231–234 auch das »Trio« wieder ein, führt nochmals in die A-Dur-Zone samt neuem Motiv bis hin zu einem zweiten Da capo des Scherzos ab T. 335, das sich in der ausgeschriebenen Wiederholung ein klares Schluss-Signal gibt, jedoch unerwartet ein drittes Mal ins »Trio« führt. Von ihm erscheinen nur noch Reste: ab T. 447 der erste Viertakter des E-Dur-Beginns und ab T. 451 ein Viertakter aus der A-Dur-Zone (T. 117–120) samt dem Anhang des neuen Motivs von T. 141. In einem Prozess der Auflösung erweist es sich im Terzfall mit dem Eröffnungsrumpler verwandt, der sich an den Beginn des fragmentierenden Achttakters ab T. 463 setzt und am Ende auch in die erste Geige übergeht, die ihre Töne in T. 471 wiederholen muss, um ein letztes Da capo im ungewohnten und bis dahin kaum je vorgeschriebenen gläsernen »sul ponticello« und in flüsterndem Pianissimo anzustoßen. Spieler und Hörer sollten die Musik möglicherweise so wahrnehmen, wie Beethoven sie hören konnte, bevor er gänzlich ertaubte.

Die in T. 471 beginnende Coda gestaltet den zweiten Viertakter derart um, dass die Tonika nicht mehr verlassen und in normaler Tongebung der letzte der drei Achttakter um zwei Taktpaare erweitert wird. Das erste Taktpaar ist für E-Dur-Akkorde im Fortissimo zuständig, das zweite für eine Reduktion auf den Terzton *gis*. Eine solche Betonung der Terz ist verlässlich und vielgenutzt ein Zeichen für das Umkippen in die Mollparallele. Insofern könnte der Allegro-Teil des Finales schon direkt anschließen. Beethoven sah allerdings eine distanzierende Zwischenzone vor, die erst einmal einem gis-Moll Raum gibt, bevor die Dominantisierung zu Gis[7] in T. 26 die Tür vollends aufstößt.

6. ADAGIO QUASI UN POCO ANDANTE – 7. ALLEGRO. Das Finale ist der Satz mit dem spürbar größten Kraftaufwand und steht wie ein Monument am Ende, mit einer Blickachse bis zurück an den Anfang, der mit den gleichen Tönen operiert. Seinem Gewicht und seiner Vielgestaltigkeit nach kann der Satz nur auf dem Hintergrund der komplexesten aller Formen, nämlich der bisher fehlenden Sonatenform entworfen sein. Sie wird allerdings in op. 131 in einer Weise umgestaltet, die singulär in Beethovens Werk ist und zunehmend schlusslastig auf Steigerungen und Erweiterungen zum Ende hin setzt.

Abweichend von früheren vollständigen Ausformungen des Sonatensatzes fehlt eine Schlussgruppe in der Exposition, die der »Coda in der Coda« vorbehalten sein wird. Die Reprise beginnt in T. 160 weit vor der Mitte eines Satzes von 388 Takten und vereinheitlicht das tonale Gefüge keineswegs, sondern weitet es vielmehr. Sie wird signifikantere Verarbeitungselemente enthalten als die ganze Durchführung, deren harmonisches Ausgreifen in T. 94–137 in einem leitereigenen und deshalb nicht wirklich öffnenden Quintenzirkel an die Tonika *cis* gebunden bleibt. Unreflektiert von einem Sonatensatz auszugehen, kann dem Finale deshalb kaum gerecht werden. Ob die Modifikationen allein aus Sonatendenken hervorgehen oder von Erfahrungen anderer Satztypen profitieren, bleibt eine offene Frage. Sicher ist nur, dass andere Satztypen wie Rondo oder Sonatenrondo nicht gleichermaßen konstant wirksam werden, sondern höchstens punktuell Einfluss nehmen.

Das vorausgehende Adagio ist mehr als bloße Einleitung, weil es einen eigenen Vorspann von zwei Takten hat und im Alternieren von Bratsche und erster Geige nach Art eines langsamen Satzes ab T. 3 ein

Exposition	1–77
Hauptsatz	1
Seitensatz	56
Durchführung	78–159
Reprise	160–301
Hauptsatz	160
Seitensatz	216
Hauptsatz	264
Coda	302–388

periodisch geschlossenes Thema von zunächst fünfmal vier Takten in stabilem gis-Moll entwickelt. Die ersten drei Töne verweisen auf die Eingangsfuge zurück, weil sie rückläufig das Fugenthema des Bratscheneinsatzes von T. 34–35 zitieren. Auffällig ist auch das a^2 von T. 9, das einem Neapolitaner angehört, wie er der tonalen Konstellation von Satz 1 und 2 entspricht und im Allegro des Finales den Anhang zum Thema in T. 17–21 prägen wird. In T. 25 des Adagios folgt dem Schritt a^2-gis^2 unmittelbar das cis^2-his^1 der zweiten Geige und bringt so die Töne des Fugenthemas in Originallage zusammen. Die Stelle bedeutet neben der Neuorientierung an cis-Moll gleichzeitig einen Wechsel in der syntaktischen Ordnung. Denn anstelle eines vierten Taktes wiederholt sich in T. 26 mehrfach in Versetzungen der dritte Takt mit seiner sich abstoßenden Punktierung. Das Schluss-Stück erweitert sich dadurch auf sechs Takte mit einer Kadenzstrebung, die unmittelbar das Allegro herbeiführt.

    Dieses Allegro steht von Anfang an unter Hochspannung. Denn die Schnitt-Technik, aus der es hervorgeht, diktiert auch den Fortgang mit einem offenen Viertakter des Mottos und einem Thema, dessen dominant rhythmische Begleitung in T. 5 beginnt, während seine beiden Achttakter melodisch einen Takt später verankert werden. Die Ambivalenz zeigt sich noch in T. 21, auch wenn sich danach die melodische Gliederung in zwei neuen Achttaktern durchsetzt. Der zweite von ihnen verliert jedoch nach seinem sechsten Takt (T. 36) die Endungsorientierung und strebt in Erweiterung um zwei Takte nach einem Forte-Anschluss. Auf diese Weise erneuert sich die Schnitt-Technik ab T. 40 und setzt diesmal eine dahinstürmende Gliederung in offenen Zweitaktern durch, in die Motto und Thema verzahnend versetzt einmontiert sind und die in T. 52 den Fortissimo-Viertakter auslöst, aus dem in einem letzten Erneuerungsimpuls der Seitensatz mit seinem E-Dur hervorgeht.

Die Töne des Mottos im Unisono von T. 1–4 prägen auch das Hauptthema in T. 6–21. Zusammengesetzt ist es aus sechs gleichlangen Zweitaktpartikeln. Ihre Endungen sind jeweils durch einen Wechsel in der Bewegungsrichtung besonders akzentuiert. Erstes und letztes Partikel ergeben an den Wendestellen die Töne *a-gis...his-cis* der Reihung 3-2-4-1. Das Thema ist so in den Rahmen der übergreifenden Formel gestellt, die in der Fortsetzung in T. 21–23 mit einem Skalengang in die neue Folge 1-4-3-2 übergeht.

Der Seitensatz ab T. 56 sorgt in reiner Diatonik zwar für einen Sphärenwechsel, ist aber trotz seiner Ritardandi dem gleichen Fortsetzungszwang in offenen Viertakteinheiten unterworfen. Das neue Thema passt sich den Gegebenheiten dadurch an, dass es seine Vorhaltsendungen vom vierten auf den dritten Takt vorzieht. Auch versucht es ab T. 70 so etwas wie eine Fortentwicklung, wird aber im Zeichen offener Bauweise vom refrainbesessenen Motto einfach überrannt. Der aggressive Ton hat so gar nichts mit Beruhigungsfeldern einer Schlussgruppe zu tun. Ältere Prinzipien des Sonatensatzes sind radikal außer Kraft gesetzt. Da helfen keine Erklärungen im Sinne der ohnehin problematischen Kategorie »Überleitung«. Was den Sonatensatz Beethovens sonst auszeichnet, nämlich ein Schlussfeld im Seitensatz, das Elemente aus Haupt- und Seitensatz verbindet oder gar versöhnt, selbst in einem so bipolaren Satz wie dem ersten Allegro aus op. 95, ist hier schlechthin suspendiert.

In Kategorien des Sonatensatzes weitergedacht, bleibt nichts, als in T. 78 den schockartigen Übertritt in eine Durchführung anzunehmen, selbst wenn Themenwiederholungen auf der IV. Stufe nicht gerade zu ihren Merkmalen zählen. Immerhin gehört der Übergang auf kontrapunktische Techniken ins Durchführungs-Repertoire. Die Skalenfolge aus dem Hauptthema ist ab T. 94 mit einem klobigen Gegenmotiv in ganzen Noten aus den Musterwerkstätten von Johann Joseph Fux und Johann Georg Albrechtsberger kombiniert, zunächst beim Comes-Einsatz im Sinne des Mottos beschränkt auf vier Töne im Zeichen der verminderten Quart von T. 24 oder 32, doch ab T. 102 auf eine siebenstufige Skala mit chromatischen Einsprengseln anwachsend. Ziel ist in weiterem Anstieg über die Unterquint in T. 117 ein nächster Motto-Einsatz in h-Moll. Danach folgt ab T. 124 endlich das echte Bekenntnis zur Durchführung, weil eine harmonische Progression, ansetzend am D-Dur des Neapolitaners, durch die Töne geht, das Motto fragmentiert wird und eine neue Skalenfigur im

Legato zugeteilt bekommt. Die durchgehenden Stationen sind auffallend auf die leitereigenen Stufen III und VI begrenzt, bevor eine weitgespannte Dominante Gis-Dur ab T. 136 sich in T. 148, innerlich mit Wechselnoten vibrierend, entsprechend Beethovens Angabe »Ritmo di tre battute« zu einem Feld von zwölf Takten der Folge viermal drei verdichtet.

Die mächtige Reprise verbindet ganz neu Motto und Themenrhythmus, der weitertreibend nach dem Prinzip offenen Baus die Rückkehr des cis^2 aus dem Motto in einem neunten Takt positioniert (T. 168). Gleichermaßen vergrößert sich das folgende Hauptthema, das in T. 170 auch noch die Ganznoten-Kontrapunkte der Durchführung in sich aufnimmt, bevor es in T. 185 auf die Skalenvariante übergeht. Die Schlusszone des Hauptsatzes ist einerseits gekürzt, weil das Motto-Segment von T. 40–44 ebenso entfällt wie die Übergangstakte 52–55, andererseits erweitert, weil das Segment dazwischen ab T. 203 mit dem Hauptthema mehr Raum erhält und motivisch mit den Legato-Achteln der Durchführung von T. 124 angereichert ist, die eine Verbindung zum Seitensatz herstellen. Die tiefgreifendste Änderung im radikalen Neufassen der Exposition betrifft den stark erweiterten Seitensatz. Er erscheint ab T. 216 völlig abgehoben in D-Dur als einer Station der Durchführung (T. 130–135), bevor sich in T. 242 ein reprisengerechtes Cis-Dur einstellt.

Nach dem Seitensatz folgt in Anlehnung an den Eintritt in die Durchführung (T. 78) erneut und refrainartig das Motto des Satzes, allerdings in cis-Moll und in der neu vergrößerten Variante im Rhythmusfeld des Hauptthemas, angelehnt an die Reprise von T. 160. Die Reprise ist insofern selbstreferenziell und bezieht zudem über die Exposition hinaus die Durchführung mit ein, und zwar dreifach, im D-Dur von T. 211, im fis-Moll von T. 78 und im Motto von T. 264. Darüber hinaus verdoppelt sie tonal und motivisch den Haupteffekt der Reprise mit dem zweifachen cis-Moll-Motto von T. 160 und eben 264. In der Folge wird ab T. 278 auch noch jene Passage in cis-Moll nachgeliefert, die ab T. 185 in die Unterquint versetzt gewesen war.

Eine solche Art von Reprise ist beispiellos im Schaffen Beethovens. Sie verbindet sich notwendigerweise mit einer Coda, in der die finale Steigerung auf die Spitze getrieben wird. In T. 302 springt der Satz noch einmal an eine Stelle der Expansion zurück, nämlich zu T. 272–273, als mit dem *dis* in einer Aufwärtsbewegung der Skala entlang eine stufenweise Vergrößerung des Mottos in Gang gekommen war. Mit einem

Takt Pause hält Beethoven einen Augenblick inne, bevor der Sturmlauf beginnt, der ab T. 313 in der vergrößerten Fugato-Zone der Durchführung von T. 94 kulminiert. An Durchführung gemahnt auch das lapidare Nebeneinander von D-Dur und cis-Moll in T. 329–336, das nicht nur im Finale selbst begründet ist, sondern auch im Rückblick auf die Tonarten der beiden ersten Sätze des Quartetts.

Eine »Coda in der Coda« beginnt, wenn das Motto nochmals gesprengt wird und sich die Generalpause wiederholt. Diese interne Coda ab T. 349 führt auf engstem Raum vier Motive des Satzes zusammen: Motto, Hauptthema, Themenanhang in Halben und Ganznoten-Kontrapunkt. Alle werden sie auf die entscheidenden Strukturtöne hin ausgerichtet. Den Anfang macht oktaviert der Themenanhang mit den vier skalar geordneten Tönen des Fugenthemas aus dem ersten Satz, an die sich schon ab T. 350 in Oktaven die Viertelnoten des Mottofragments im Violoncello hängen. Selbstständig machen sie sich im Herausarbeiten der entscheidenden Schluss-Stelle *a-gis* als neuem Orientierungspunkt. Klangliches Ziel ist in T. 358 im beruhigenden Einpendeln von nur zwei Akkorden über dem verharrenden Grundton die Subdominante beim Schlusston *fis* des Oktavenzugs von erster Geige und Bratsche. Die Wiederholung des Zuges in Richtung *fis* setzt unerwartete Akzente. Hervorgerufen werden sie vom Ton *a*, dem »Leidenston« des Fugenthemas. An ihm verharrt die Skala in T. 362–366 wie gelähmt, erst mit dem erneuerten Klang des Neapolitaners D-Dur, dann im Crescendo aufglühend mit *dem* Klang verminderter Intervalle schlechthin, dem verminderten Septakkord, in dem die Mottotöne *his* und *a* gemeinsam aufgehoben sind.

Erst mit dem Verschieben des Hauptthemas in die Unterquintvariante (T. 367) ist die harmonische Progression wieder ins Gleis gesetzt. Zwölf Takte lang pendelt in T. 371–382 der Klang taktweise zwischen den Akkorden eines plagal beruhigten Schlusses. Der Ganznoten-Kontrapunkt wiederholt durch alle Stimmen wandernd die Unterquintvariante der Motto-Töne *cis-fis-eis*. Nur das zugehörige Partikel aus dem Hauptthema bleibt zunächst unvollständig. Es bricht immer an der Schlussnote ab, um auf den Kontrapunkt zu wechseln. Erst in T. 379 im Poco Adagio wird der fehlende Ton *gis* als Schluss-Stein der Konstruktion für einen Cis-Dur-Schluss eingesetzt.

Beethoven operiert mit Tönen. Ihrer Logik lässt sich in satztechnischen Kategorien objektivierbar nachspüren. Der planvoll-freie Umgang mit allen Formkonventionen zwingt gleichzeitig zur Erkenntnis, dass sich das Werk, zur Zeit seiner Veröffentlichung als phantastisch und bizarr angesehen, in diesen Kategorien nicht erschöpft. Insofern sind Versuche poetischer Beschreibung geradezu provoziert. Konkrete Entschlüsselungsabsichten leben freilich ungewollt mit der Gefahr, das Werk in seiner klingenden Gestalt zugunsten einer Aussage zum Verschwinden zu bringen, die sich im Medium der Sprache mit ihrem Drang, Geschichten zu erzählen, ungleich besser mitteilen lässt. Beethovens Musik »spricht«. Aber sie spricht *in* Ereignissen, nicht *von* Ereignissen. Diese Ereignisse konstituieren sich in Tönen. Sie weisen wieder über sich hinaus, wenn sie als Reflexe menschlichen Handelns begriffen werden. Richard Wagner hat im Blick auf die Einheit des cis-Moll-Quartetts ein schönes Bild gefunden und vom Tageslauf des Helden Beethoven gesprochen. Die Beschreibung beginnt mit einem »Erwachen am Morgen« und schließt mit dem Passus »So winkt ihm die Nacht. Sein Tag ist vollbracht.«

Streichquartett in a-Moll op. 132 (1825, Erstdruck 1827)

1. **ASSAI SOSTENUTO – ALLEGRO.** Das a-Moll-Quartett gilt, obwohl als Nummer 2 der früheren Dreierserie der Galitzin-Quartette zugehörig, als »Geschwisterwerk« des cis-Moll-Quartetts. Mit ihm ist es durch die gemeinsame, jeweils am Anfang exponierte Viertonformel verbunden. Im zweiten Satz ist in T. 218–221 sogar inselhaft mit eigener Taktvorzeichnung wie ankündigend die cis-Moll-Transposition im Unisono zitiert. Die Formel hat auch im früher entstandenen a-Moll-Quartett eine zentrale Rolle für alle Sätze des Quartetts. Sie wird zudem umgeformt und ist schon im dritten Takt durch ihre eigene Inversion kontrapunktiert. An die thematische Oberfläche dringt sie zunächst nur anfangs und verbirgt sich weitgehend im Hintergrund der Begleitung. Als Bassfigur allerdings ist sie zumindest im ersten Satz nahezu omnipräsent. Ihre Halbtonschritte bilden die harmonische Stütze für alle Formen des Hauptthemas und lassen sich in T. 48–50 sogar noch bis in den Anfang des Seitensatzes mit dem *f-e* im Violoncello hinein verfolgen.

Der Satz folgt einem Bauplan, der die tonalen Strukturen der Sonatenform nachgerade aufhebt, und zwar zugunsten einer finalen Schlusslösung. Die Tonika kehrt erst in der Coda zurück.

Exposition	T. 1	Vorspann	
	T. 11	1. Thema	a-Moll
	T. 48	2. Thema	F-Dur
	T. 57	Schlussgruppe	
Durchführung	T. 75		g-Moll/c-Moll
Reprise	T. 103	Vorspann	
	T. 121	1. Thema	e-Moll
	T. 159	2. Thema	C-Dur
	T. 167	Schlussgruppe	
Coda	T. 193	1. Thema	a-Moll
	T. 223	2. Thema	A-Dur
	T. 232	1. Thema	a-Moll

Ein Seitensatz in F-Dur statt in C-Dur, das dann verspätet in der Reprise erscheint, gehört noch zu denkbaren Lizenzen. Ein Umgehen der Tonika in der gesamten Reprise stellt jedoch die Form ihrem innersten Wesen nach infrage, zumal die Binnenrelation zwischen 1. und 2. Thema nach der Unterterz unverändert bleibt. Das lässt den ganzen Abschnitt fast als Nachklang der unterbliebenen Wiederholung der Exposition auf neuer Stufe erscheinen. Die eigentlichen Reprisenaufgaben werden der Coda übertragen, in der gegen alle Gewohnheit auch das Seitenthema erscheint und erstmals auf die Tonika ausgerichtet wird. Unverkennbar am Formkonzept ist die Absicht, den Lösungspunkt möglichst weit nach hinten zu legen. Die Möglichkeiten dafür gewinnt Beethoven aus dem Hauptthema selbst. Insofern ist die Form eine Folge des Themas. Ihm fehlt als Wesensmerkmal eine impulsgebende Tonika im Anfangstakt des Vordersatzes. Damit ist ein signalhafter Reprisenpunkt von vornherein ausgeschlossen.

Das Allegro löst sich aus dem Assai sostenuto im Stehenbleiben auf der Dominante mit einer Sechzehntelfolge, die mit f^2-e^2 sowohl beginnt als auch endet. Nach der vorgezogenen Tonika entsteht Platz für das Hauptthema des Satzes. Es fällt kurz aus und hat ausgeprägt kantable Züge. Die erste Geige wiederholt die fallend klingende Endung a^1-gis^1 des Violoncellos von T. 11, jetzt im Kontext eines Vorhalts, und verdichtet die Endungen taktweise im Höherrücken mit eingewobenem Echo der zweiten Geige, mit dem fallende Viertel den ganzen Takt besetzen. Die Wendung nach d-Moll in T. 18 bringt im Takt zuvor ein *b* mit sich, das sich in T. 19 in einem Unisono mit der Punktierungsformel als zweitem

Element des Themas zum Klang des Neapolitaners verdichtet. Ein zweiter Anlauf, wieder mit dem f^2-e^2 als Ziel, das diesmal in T. 23–24 ins Thema hineinragt und noch im Weiterspinnen der Melodie in der Bratsche als direkte Antwort auf das *a-gis* forttönt, integriert das B-Dur des Neapolitaners mit der phrygischen Wendung *Des-C* des Basses in T. 30–33 in den Themenkomplex und bereitet im f-Moll/F-Dur mit Einbettung verkleinerter Vorhalte in die Triolen und Sechzehntel von T. 36–39 sehr frühzeitig die Tonart des Seitensatzes vor, auch wenn das neue Quartmotiv von T. 40–42 mit den Vorhaltstönen f^1-e^1 nochmals kurz nach d-Moll ausweicht. Doch nach erneuter Konzentration auf die jetzt aufwärts geführte Punktierungsformel ab T. 44 richtet sich der Satz mit einer Kadenz in T. 48 ganz auf das F-Dur aus.

Damit wechselt die Satzfaktur merklich. Für eine Grundierung ab T. 48 sorgen komplementär ineinandergreifende Triolen von Bratsche und Violoncello. Die Geigen stimmen eine zweite kantable Melodie in geschlossenen Viertakten an. Der melodisch vergrößerte Raum macht sich nicht zuletzt an Punktierungen bemerkbar, die nicht mehr den Achteln, sondern weiter ausschwingend den Vierteln gelten. Den achten Takt (T. 56) lässt die erste Geige unausgesprochen. Das Violoncello wiederholt stattdessen nochmals zurückspringend den siebten Takt, während die Geige Sechzehntel aus der Übergangsfigur von T. 10 einflicht, die in T. 57 im Violoncello den Rhythmus von T. 41 annehmen, die Viertel der Melodie übertönen und ab T. 59 mit gegenläufigen Skalen ganz verdrängen. Die Viertel kehren erst in T. 63 zurück und verbinden die Themen von Haupt- und Seitensatz in den Achtelpunktierungen von T. 67 und neu harmonisierten Vorhaltsnoten in den Dimensionen des zweiten Themas sowie im d^2-c^2 mit den Tönen des ersten Themas (T. 16). Die halben Noten mehren sich ab T. 70 in Erinnerung an die Einleitung, aus der auch die melodisch ausgreifenden Achtel der ersten Geige im Anklang an T. 21 stammen. Das »a tempo« mit seinem überraschenden und verzögerten F^7-Akkord von T. 74 widersetzt sich allerdings weiterer Entwicklung.

Die kompakte Exposition im Zeichen von Gesang ist erstaunlich kohärent im Verlauf und in ihren motivisch-rhythmischen Bezügen. Wiederkehren konnte sie allerdings nicht. Dem stand der disparate Beginn entgegen. Wenn die Einleitung sich zurückmeldet, dann wie bei op. 127 und 130 als Zeichen für den Eintritt in die Durchführung. Diese

Durchführung bezieht sich ganz auf den Hauptsatz und seine gesangliche Melodie, die in Abwandlung von T. 11–18 weiter über zwölf Takte am Geländer der Vorhalte in den Tonarten g-Moll und c-Moll ausgesponnen wird, auch in der Konstellation von T. 20 zu einer c-Moll-Kadenz ansetzt, aber mit T. 91 abbricht, um verwandelt mit beibehaltenem Rhythmus ganz neu zu beginnen. Der Vorhalt ist in T. 93 jetzt schon in den ersten Takt vorgezogen. Sein signalhaftes *f-e* verbindet sich durch den Auftakt mit zwei neuen Tönen, nämlich *c-d*, sodass rhythmisch profiliert Mozarts Viertonmotto aus dem Finale der »Jupitersinfonie« erklingt, das auch im Andante von op. 131 eine Rolle spielt und diesmal sogar sein C-Dur mitbringt. Die Tonart, die eigentlich in die Exposition gehört, verschwindet erst wieder, wenn Beethoven am Ende der Durchführung in T. 102 in Abwandlung von T. 91 nach e-Moll umlenkt, die Tonika aber noch zurückhält, um in T. 103 das eigene Viertonmotto in Verlegung auf *dis* einzusetzen. Die Brechung, die neue Tonart, das Fortissimo und der frühe Zeitpunkt sollten auf eine neue Zone der Durchführung verweisen. Erst im Verlauf wird deutlich, dass bereits die Reprise begonnen hat.

Der beträchtlich vergrößerte Hauptsatz der Reprise baut ab T. 114 die Vorhalte weiter aus, verzichtet auf den reinen Punktierungstakt und schließt nach den erneuten Kadenzvierteln von T. 118 die Sechzehntel von T. 22 direkt an. Die Adagio-Unterbrechung bleibt dem zweiten Themenzug vorbehalten, dem ab T. 134 sogar noch ein dritter modulierender Themenzug folgt, der d-Moll kurz berührt und mit dem *As-G* des Basses in T. 141–144 die Oberquintversetzung von T. 30–33 fortsetzt, entsprechend in T. 151 das neue Quartenmotiv und nach ihm den Seitensatz in C-Dur erreicht.

In T. 188 kehrt das »a tempo« von T. 73 als Wendemarke zur Durchführung erweitert wieder. Entsprechend schließt sich auch am Ende der Reprise ein nächster Formabschnitt an. Er beginnt in T. 193 mit den vier Mottotönen, die in den Außenstimmen übereinandergelegt sind. Ins gesangliche Thema des Hauptsatzes ist zudem das Motto tongetreu in ganzen Noten eingearbeitet, in T. 199–202 im Violoncello, in T. 203–206 in der ersten Geige. Auch in den kleinen Zwischensatz mit dem Quartmotiv dringt das Motto ein, wenn *f-e* und *a-gis* in T. 216 gleichzeitig erklingen. Das sind erste Anzeichen dafür, dass sich der Fortgang nun ganz auf die Tonika konzentriert. Die tonale Vereinheitlichung könnte dazu verführen, von einer »zweiten« Reprise zu sprechen. Weil aber in genau dieser Weise, nämlich im Rückblick auf die Durchführung, gewöhnlich die Coda eingeführt wird, scheint es klüger, in ihrem Sinne von einem letzten und zusammenfassenden Schlussabschnitt zu sprechen. Außergewöhnlich, aber im Blick auf das extravagante tonale Konzept nur konsequent, ist das Wiedererscheinen des Seitenthemas, das jetzt in A-Dur steht und in T. 223 eigentümlicherweise in der Bratsche den Achtelauftakt verliert.

Das entscheidende Schluss-Signal gibt das Zurückkippen nach Moll in T. 231. Mit ihm endet abrupt die Weiterentwicklung des Seitenthemas. Stattdessen meldet sich in T. 232 der Hauptsatz zurück. Vom Seitensatz bleiben im Rückgriff auf T. 55 nur die drängenden Sechzehntel, die das Hauptthema zunehmend unter Spannung setzen und dabei codagerecht seinen Charakter verändern. Die Einheiten vergrößern sich ab T. 232 von zwei auf vier Takte, gehen in T. 238 verschoben auf den nun abstoßenden Achtelrhythmus von T. 38 über und setzen ab T. 241 die Vorhalte aus. Damit ändern sich grundlegend die syntaktischen Verhältnisse. Es gibt kein Festsitzen oder Abphrasieren mehr an der Endung. Das Thema geht nach einem stauenden Dreitakter ab T. 241 für sechs Takte, getrieben von nur kurz aussetzenden Dauersechzehnteln, auf den zäsurlos offenen Bau zweitaktiger Einheiten über, der immer wieder ein Coda-Signal im Schaffen Beethovens bedeutet. Kulminationspunkt ist in T. 247–248 das f^3-e^3 der Geigen, nach dem alle Kraft in einem Absinken über Halbtöne zu entweichen scheint. Es ist aber nur die Stille vor dem Sturm.

Mit den rumorenden Sechzehnteln meldet sich in T. 254 der unterbrochene Bewegungsimpuls wieder. Die gleichen Halbtöne bringen einen zäsurlos in vier Takten anwachsenden Dominantblock zu innerem Vibrieren. Mit der Tonika von T. 258 kehren die zweitaktigen Spannungseinheiten zurück und geben dem Hauptthema eine völlig neue Gestalt. Es wird zu einem Forte-Thema, das erstmals in einem Tonikatakt verankert ist und ostinat in sich kreist. Der Kadenztakt von T. 20 und 91 führt jetzt in einen Quartsextakkord und mündet nach dessen Lösung in den eigenen Anfang. In T. 262–263 vergrößert sich der aus T. 13 stammende melodische Schritt a^2-h^2-c^3 der zweiten Geige auf Halbtakte im Pendel von Tonika und Dominante. Die durchgängig offene Bauweise ab T. 254 in einem 4→2→2 →2→[2] setzt den Schlusstakt 264 zwingend an den akzentuierten Anfang einer Taktgruppe, die in einer Fermate verhallt. Noch selten »saß« ein Schluss, verankert in einer stringent disponierten metrisch-räumlichen Ordnung, derart punktgenau.

2. ALLEGRO MA NON TANTO – (TRIO) – DA CAPO. Wohl des Dur-Kontrastes wegen kommt das eher gemächliche Scherzo schon an zweiter Stelle. Sein *gis-a* als erstes Intervall hat nur noch fern eine Beziehung zum Motto der Quartetteröffnung. Der Satz beginnt mit einem Nebenthema, das sich vier Takte später als Begleitstimme für das eigentliche tragende Satzmotiv in Zweitaktgruppen entpuppt, die jeweils auf eine kleine Endungsformel hinlaufen, wobei sich in der Bratsche in T. 8 das *gis-a* zum *a...gis* verkehrt. Beethoven entwickelt seine Motive in konstanten Versetzungen und Verschiebungen. Dem ersten Achttakter folgt im Steigen der halben Noten mit cis^2-d^1-e^2 ein Viertakter, der nur noch einmal die lange Note an den Anfang stellt und die Endungen verdreifacht. Das letzte Stück ab T. 13 bilden zehn Takte der Ordnung 4 + 6, die mit dem Anfangsmuster beginnen, doch die Endungen in T. 19 in rhythmischer Verschiebung auf den ersten Takt von Zweier-Einheiten vorziehen und in Modulation nach E-Dur das Schlussviertel mit Kadenzschritten belasten.

Der zweite Teil verzahnt das Eröffnungsmotiv mit den Halben in Ober- und Unterstimmen und verändert den Tonraum mit Schritten in Richtung C-Dur und F-Dur, um ab T. 41 in hemiolischen Gegenakzenten zum Takt den Raum in zwei Quintschrittfolgen zu durchmessen, bei denen C zuerst Dominante und dann Tonika ist. Der Achttakter ab T. 45 koppelt die beiden Elemente des Hauptmotivs mit ♩ ♫ und ♫ ♩ simultan aneinander. Sukzessiv kombinieren sich die beiden Elemente ab T. 51 in beständig zweitaktiger Fortsetzung, nähern sich, weil das *gis* vom Nebenton zum Leitton wird, ab T. 57 mit a-Moll der Tonika wieder und finden in T. 67 ins Dur zurück. Die Tonfolge nach dem Doppelstrich von T. 71 entspricht reprisenartig wieder der Konstellation von T. 5–8. Allerdings baut Beethoven jetzt mit der Vierachtelgruppe variativ ein drittes Element ein und verdichtet den Satz durch das Echo der kleinen Achtelfigur auf den Zählzeiten Zwei in T. 76–82. In T. 86 besetzen die Achtel in Umstellung von T. 71 kurzzeitig alle Zählzeiten, um sich in T. 87 mit Beginn des dritten Achttakters wieder neu zu sortieren, weil die Achtel auf die Eins eines ersten Taktes vorgezogen sind und sich mit Vierteln zu einer nächsten Rhythmusgruppe verbinden. Beim zweiten Viertakter ab T. 91 reagieren die Achtel nicht mehr komplementär aufeinander, sondern werden in der neuen Formation Teil gemeinsamer Zweitakter, die Abtakt und Auftakt in sich kombinieren.

Im Anhang ab T. 100 verselbstständigt sich die Auftaktwendung in Gemeinschaft aller Instrumente, um die intrikaten Achtel in T. 108–109 endlich durchgehend auf die Fermate zuströmen zu lassen. Danach wiederholt sich die Engführung des Hauptmotivs vom Anfang des zweiten Teils (T. 27–30), das sich ab T. 114 in seine Bestandteile zerlegt und ganz zuletzt die Partikel in Kongruenz bringt, weil Beethoven im vorletzten Takt der Unterstimmen die eigentlich auftaktigen Antwortachtel ♫ ♩ auf die Takt-Zwei vorzieht und im letzten Takt noch um ein weiteres Viertel auf die Eins. In den überhängenden Schlüssen mit der Tonika auf Zwei bleibt sich der Satz bis hin zum Schluss treu. Was Beethoven mit den kleinen Bausteinen im Rahmen tanzmäßiger Ordnung alles einfällt, verdiente einen Preis als Kabinettstück subtiler Verarbeitung.

Dem Scherzo folgt ein Trio ganz anderen Zuschnitts. Beethoven nutzt den alten Zitatplatz aus Divertimento-Traditionen für den Einbau volkstümlicher Bordunmusik – welche Hörerfahrungen ihn hier immer geleitet haben. Für heutige Ohren klingt das Trio nach der Musik sardischer Launeddas (Rohrblattinstrumente) oder vorweihnachtlicher Novena-Musik von Zampognari (Sackpfeifern) aus Süditalien. Beethoven hatte aber wohl eher ländlich-böhmische Dudelsackmusik mit Begleitung der obligatorischen Klein- oder Dudelsackgeige im Ohr. Für das Nachbilden genügten ihm zunächst zwei Geigen, weil eine mitklingende leere Saite für den Borduneffekt sorgt. Die achttaktige Melodie, von Unterdezimen der zweiten Geige begleitet, stößt immer im zweiten Takt an den Grunddreiklang mit Terz oder Quint. Die ungeradzahligen Takte sind wie im Trio von Mozarts Streichquintett KV 614 den Wechselklängen vorbehalten. Dazu dienen primär die Quartsextklänge der Subdominante. Soweit die Dominante anklingt, fehlt ihr borduntypisch der Leitton *gis*. Bei der Wiederholung von dreitaktigem Vorspann und achttaktiger Melodie schnarrt in Verstärkung der Bass von Bratsche und Violoncello mit.

Das könnte beliebig lange weitergehen, wenn Beethoven die Bordunmusik nicht mit einer zweiten populären Melodie verknüpfen würde. Die Quelle ist hier leichter zu benennen. Beethoven zitiert als Mittelstück und »Trio im Trio« ab T. 142 ein Tänzchen in fortlaufend figurativer Bewegung, das er schon Ende der 1790er-Jahre als einzelne Allemande

WoO 81 geschrieben hatte, die wiederum auf dem vorletzten von zwölf Deutschen Tänzen WoO 13 mit dem gleichen Sequenzmodell nach dem Doppelstrich beruht. Jetzt zieht er nur konsequent in Spannung zum Takt alle Harmoniewechsel um ein Viertel nach vorne und fingiert einen sehr viel größeren Verlauf. Denn die formale Pointe liegt darin, dass Beethoven, vergleichbar den Märschen in Mozarts *Idomeneo* und *Figaro*, mit dem zweiten Teil und seiner klanglich erweiternden Fonte-Sequenz VI→V in einer Rückung von fis-Moll nach E-Dur beginnt, am Ende des zweiten Achttakters A-Dur erreicht und dann ab T. 158 das Anfangsstück auf der V. Stufe einsetzt, dem in der richtigen Reihenfolge wie bei einer Wiederholung nochmals der Sequenz-Achttakter folgt. In T. 174 rückt eine II→I-Variante, die in die Zone nach dem Doppelstrich von Allemande und Deutschem Tanz gehört, die Figuren eine Quint tiefer. Damit ist in T. 178 dem Anfang des Tanzes mit dem ersten Achttakter in A-Dur reprisenartig der Weg bereitet. Ihm folgen nochmals zwei II→I-Achttakter mit Tonika-Schluss in T. 201, der durch die Wiederholung des zweiten Viertakters bestätigt wird.

Zwischen den A-Dur-Schluss des Tanzes und das A-Dur eines Bordun-Da-capo schiebt Beethoven ab T. 206 einen zweifach auftretenden Achttakter in cis-Moll. Ob zu diesem Zeitpunkt das Quartett op. 131 bereits in Beethovens Blickfeld war, ist nicht sicher, aber denkbar. Dann gäbe es im Trio des Scherzos von op. 132 durch Tonart und Gestus der halben Noten von T. 218–221 noch ein weiteres Zitat – nämlich der Motto-Töne aus op. 131 –, das im Charakter zu den beiden anderen allerdings denkbar quer steht. Das Da capo ist radikal verkürzt. Beethoven lässt ihm nur Vorspann und ersten Achttakter, von dem das letzte Taktpaar in den Endungstönen modifiziert zweifach weiterklingt, um in den Vorspann überzugehen, aus dem ein Nachspann wird, der in die Wiederholung des Scherzos zurückleitet.

3. HEILIGER DANKGESANG EINES GENESENEN AN DIE GOTTHEIT, IN DER LIDISCHEN TONART. MOLTO ADAGIO – NEUE KRAFT FÜHLEND. ANDANTE – MOLTO ADAGIO – ANDANTE – MOLTO ADAGIO.

Das a-Moll-Streichquartett op. 132 verbindet sich mit dem Es-Dur-Streichquartett op. 127 durch ausgeprägt kantable Züge in den Ecksätzen, dem langsamen Mittelsatz und dem Trio des Scherzos. Das Wort »Gesang« dringt diesmal sogar bis in die Überschrift des Molto Adagio: »Heiliger Dankgesang eines

Genesenen an die Gottheit, in der lidischen Tonart«. Man kann den Quartettsatz alltagstauglich im Zusammenhang einer Krankheitsgeschichte lesen. Seine musikalische Bedeutung hat er in der erstaunlichen historischen Tiefe, mit der Beethoven zurück zu den Wurzeln seines Komponierens und Improvisierens als Organist in verschiedenen Kirchen Bonns gelangt.

Zudem reagierte Beethoven auf den idealisierenden Historismus der Frühromantik und auf den diesem anfangs eng verbundenen Cäcilianismus, die gemeinsam »Wahrhaftigkeit« und »würdige Einfachheit« der alten Italiener priesen – so E. T. A. Hoffmann in seiner Studie »Alte und neue Kirchenmusik« und in seiner Rezension von Beethovens C-Dur-Messe für die *Allgemeine musikalische Zeitung* 1813 und 1814 (vollständige bibliographische Nachweise auch für das Folgende in meinem Beitrag für *Beethoven. Interpretationen seiner Werke*, 1994, S. 333–337). Der nach Ursprüngen forschende Gottlieb Tucher schlug nach einem Rombesuch Artaria in Wien zwei Hefte an *Kirchengesängen der berühmtesten älteren italiänischen Meister* zum Druck vor. Der Verlag gab das Manuskript an Beethoven weiter, der es mit Interesse studierte und eine Widmung des 1827 erschienenen ersten Heftes mit insgesamt zehn lateinisch und deutsch textierten Werken von Palestrina, Anerio und Vittoria dankbar annahm. Tucher wiederum stand in losem Kontakt zu Anton Friedrich Justus Thibaut in Heidelberg. Dieser hatte in seinem 1824 erschienenen Hauptwerk über die *Reinheit der Tonkunst* die Magnificat-Sammlung Palestrinas als vergessenes Meisterwerk »unendlicher Kunst« zum Studium empfohlen. Eben daraus hat Beethoven sich ein Stück notiert, nämlich die Kleine Doxologie zum Magnificat im 3. Ton, möglicherweise jenes Stück, das bei Raphael Georg Kiesewetter um 1820 in einem der »Historischen Hauskonzerte« aufgeführt worden war. Die Aufzeichnung verrät ein spezielles Interesse an dem eher ausgefallenen Satztyp Note gegen Note, für den schon E. T. A. Hoffmann mit Palestrinas »Tristis est anima mea« ein Beispiel gegeben hatte und der nun von Beethoven für das Streichquartett op. 132 im schlichten Kontrapunkt des »Dankgesangs« beschworen wird, ein Satztyp, dem in den Worten E. T. A. Hoffmanns der Ausdruck »heiligster Tiefe« zukam. Der literarische Einfluss ist an einer bezeichnenden Kleinigkeit ablesbar: In der italienischen Verlagsfassung von Beethovens Satzüberschrift hatte das »heilig« als Wort der deutschen Romantiker keinen Platz.

Für die Formgestaltung des Satzes kam Beethoven noch auf andere historische Vorbilder und seine halb verschütteten Erfahrungen als Bonner Organist zurück. Die Vorstellung von »alt« und »ehrwürdig« in Verbindung mit Contrapunctus simplex und Kirchenton verband sich mit einer lebendigen Erfahrung: der von Choral. Trotz seines katholischen Umfeldes war ihm auch das evangelische Kirchenlied geläufig. In Studien zur Instrumentalbehandlung benutzt er zwei bekannte Melodien, und um 1817 herum beschäftigt ihn sogar der Plan zu einem kirchentonalen Sinfoniesatz mit Luthers Verdeutschung des Te Deum, als hätte ihn der Ausruf Kirnbergers in seiner *Kunst des reinen Satzes*, ein Buch das jeder Komponist zur Kenntnis genommen hat, beeindruckt: »Man höre blos einen simplen Choral! welche Kraft! welche der Kirche und der Religion anständige Würde! welche Hoheit des Ausdrucks!«

Im Adagio des a-Moll-Quartetts spiegelt sich Choral in all den Partien mit gleichmäßig halben Noten. Ohne den letzten Abschnitt (T. 26–30), der bei geänderter Dynamik und Harmonie im Hinblick auf das D-Dur-Andante den vorausgegangenen Schluss wiederholt, lassen sich vier getrennte Melodiepartikel gleicher Länge unterscheiden. Zusammengenommen bilden sie einen achtsilbigen Vierzeiler. Er ist das Standard-Strophenmodell im protestantischen Choral, für das Beethoven sich auch in Erinnerung an bekannte lateinische Hymnen entschieden haben konnte. Justinus Heinrich Knecht, Organist an einer bikonfessionellen Simultankirche in der Reichsstadt Biberach, verwies in seiner Orgelschule von 1795–1798, die Beethoven besessen hat, ausdrücklich auf die Gleichbehandlung von deutschem Kirchenlied und lateinischem Hymnus durch Organisten beider Konfessionen.

Die einzelnen Zeilen Beethovens zeigen eine zunehmend weiter ausgreifende Melodiebildung, in der die Kadenzen nach Choralmanier korrespondieren (eckige und geschweifte Klammern im Notenbeispiel). Die Anlehnung an Choral geht so weit, dass ganze Bauelemente aus ihm stammen könnten. Die zweite Zeile Beethovens (T. 8–12) stimmt nach dem Auftakt notengetreu mit der Anfangszeile eines Chorals von Melchior Vulpius überein. Die Melodie stand bis ins späte 19. Jahrhundert in den Gesangbüchern. Wer weiß, ob es nicht der Text war, auch noch im Vers- und Strophenmaß des »Dankgesangs«, der Beethoven auf sie aufmerksam gemacht hat: »Wenn dich Unglück thut greifen an / und Unfall will sein Willen han, / so ruf zu Gott im Glauben fest; / in keiner Not er dich verläßt«. Die dritte Zeile Beethovens (T. 14–18) wiederum entspricht einem Choralbeispiel Heinrich Christoph Kochs in Anlehnung an »Meinen Jesum lass ich nicht«. Das Melodiebeispiel von Koch als einem führenden Theoretiker auch für Beethoven findet sich im zweiten Teil des *Versuchs einer Anleitung zur Composition* von 1787, wo es zur Darstellung von Choralrhythmus dient.

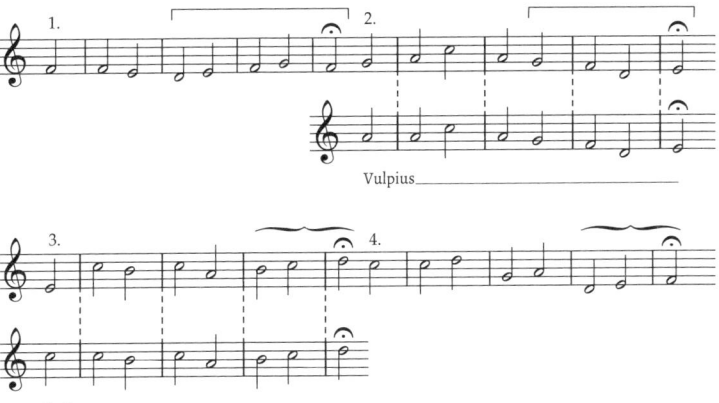

»Choralmelodie« des »Dankgesangs« aus op. 132 und ähnliche Choralbausteine bei Melchior Vulpius und Heinrich Christoph Koch

Mit dem Sextsprung zu Beginn der dritten Zeile und ihrer Kadenz an der Ambitusgrenze, aber schließlich auch mit dem doppelten Quintfall der Schlusszeile steht die Melodie, die den Skizzen nach schrittweise entstanden sein dürfte, andererseits außerhalb der Regeln, ohne freilich den Choralcharakter preiszugeben, der noch die Sprache der Überschrift bestimmt. Hätte der »Dankgesang« einen Text, wäre er eher deutsch als lateinisch.

Die beiden unterschiedlichen historischen Voraussetzungen, Choral und Palestrina-Kontrapunkt, durchkreuzen sich im Streichquartett auf merkwürdige Weise. Schon beim Notieren von Palestrinas Doxologie dachte Beethoven an Kantionalsatz. Er schrieb Ziffern unter den Bass. Sie sind aber keine Akkordkürzel, die in einem dreiklangsbetonten Satz wenig Sinn hätten, sondern fast ausschließlich Intervallangaben, die den Verlauf der Oberstimme spiegeln. Beethoven liest Palestrinas Komposition wie einen protestantischen Kantionalsatz nach den Außenstimmen. Dieses übergeordnete zweistimmige Gerüst legt er dann auch im »Dankgesang« zugrunde. Violine 1 und Violoncello sind streng in Gegenbewegung geführt. Beim Ausfüllen der Mittelstimmen gelten dann wiederum die Generalbassregeln des 18. Jahrhunderts, nach denen ein Durchgangsquartsextakkord und sogar ein Dominantseptakkord zulässig sind (T. 10, 11, 21).

Der Choral als leitende Idee bestimmt auch Binnengliederung und Großform des Satzes. Die doppelte Variationstechnik in zwei verschiedenen, aber ineinandergeschobenen Komplexen A-B-A'-B'-A" (A=Choralteile, B=Instrumentalteile) lässt zunächst an einen Rückgriff auf das Adagio der 9. Sinfonie denken. Ihren Sinn erhält die Anordnung aber auch aus alltäglicher Choralpraxis. Die *Generalbass-Schule* von Daniel Gottlob Türk aus dem Jahr 1791, die Beethoven ebenfalls besessen und benutzt hat, enthält ein eigenes Kapitel »Vom Choralspielen«. Sein Hauptparagraph gilt den Zwischenspielen: »Zwischen jeder Zeile des Textes wird, wie bekannt, ein wenig eingehalten. Während dieses Verweilens bringt der Begleiter, aus eigener Erfindung, ein so genanntes Zwischenspiel.« Die organistische Improvisation kann auch in Komposition umgesetzt sein; in Bachs Motette »Singet dem Herrn« BWV 225 trennt der Favoritchor die Choralzeilen der Cappella. Beethoven hat das Werk im Breitkopf'schen Erstdruck von 1802 aufbewahrt und studiert.

Auf das Organistenmodell von Choralzeile und Zwischenspiel kam Beethoven im Streichquartett zurück. Die kleinen Partien in Viertelbewegung und Imitation bilden einen eigenen Bereich, der in seiner fließenden Legato-Bewegung nach Orgelart von den artikulierenden Einzelnoten des Chorals deutlich abgesetzt ist. Und wie im Kleinen die Zeilen mit diesen kurzen Einwürfen geschieden sind, so im Großen die Strophen A, A' und A" durch die erweiterten instrumentalen Zwischenspiele B und B'. Die ganze Form lässt sich gemäß der Überschrift Beethovens, die nicht nur für das Thema gilt, als großer feierlicher Choral begreifen.

Auch für die Wahl der Tonart gibt die Chorallehre Aufschlüsse. Türk machte in seiner Schrift *Von den wichtigsten Pflichten eines Organisten* keinen Unterschied zwischen authentischen und plagalen Formen. Darin folgte ihm Beethoven. Zur Tonart selbst schreibt Türk, im Lydischen hätte man leider keine Choräle mehr, »weil sie nach und nach ins Jonische (mit der reinen Quart) *ausgeartet* sind«. Für Beethoven musste das im Streben nach dem Alten ein Anstoß sein, das Ursprüngliche und Verlorene neu zu suchen, umso mehr, als er bei Zarlino, für den er sich

1820 während der Arbeit an der *Missa solemnis* interessiert hatte, lesen konnte, Lydisch hätte einigen alten Autoren als die älteste Tonart gegolten und sei in der Spätantike als Heilmittel gegen Ermattungen von Geist und Körper angesehen worden. Für die Orientierung an Zarlino könnte die italienische Form »lidisch« statt des üblichen deutschen »lydisch« in Beethovens Autograph sprechen.

Der Einfluss der Organistenpraxis regelt noch andere Details an Beethovens Komposition. Türk nennt als wichtigste Aufgabe des Zwischenspiels die Vorbereitung in den »folgenden Ton der Melodie«. Demgemäß lässt Beethoven sämtliche Imitationsabschnitte in der ersten Geige mit der Anfangsnote der anschließenden Choralzeile enden. Die Zwischenspiele sollen möglichst »in Absicht der Länge immer gleich« sein. Sie beanspruchen bei Beethoven stetig ihre acht Viertel. Akzidentien in der Melodie seien zu vermeiden. Wollte man die Tonart genau einhalten, »so dürfte nicht einmal in der Harmonie gis, cis b, etc. vorkommen«; heute sei das unüblich, doch »Sebastian Bach hat verschiedene Choräle ganz streng behandelt«. Das Palestrina-Ideal, die Autorität von Bach und eine archaische Tonartvorstellung bewogen Beethoven dazu, ausschließlich leitereigene Akkorde zu verwenden und deshalb auf die IV. Stufe ganz zu verzichten. Für die Strophen empfiehlt Türk eine Abwechslung in der Begleitung, bei der »kleine kontrapunktische Sätze eingewebt« werden können. Eben das führt Beethoven durch, wenn er im A'-Teil ab T. 84 das Zwischenspielmotiv kontrapunktisch in den Choral eindringen lässt. Bedingung sei aber, sagt Türk, dass die Melodie »schlechterdings ungestört ihren simplen Gang fortgeht und mit allen Zusätzen verschont« wird; sie kann zur Variierung aber »auf einem andern Klavier [Manual] gespielt werden«. Beethoven legt sie ab T. 86 quasi vierfüßig in ein neues hohes Register, doch wie vorgeschrieben ohne »den geringsten melismatischen Schmuck«.

Der Schlussteil A'' ab T. 168 hebt zuletzt die Trennung von Choralstimme und Begleitung auf. Die Melodie wandert durch alle Stimmen. Sie wird fragmentiert, versetzt und enggeführt. Beethoven schreibt keine neue Strophe mehr, sondern ein Nachspiel »in freyer Fantasie, welche an vielen Orten beym Ende des Gottesdienstes gewöhnlich« ist und in welcher »der Organist seine ganze Fertigkeit zeigen, ein Pedalsolo einweben, und alles, was ihm die Kunst darbietet, anwenden könnte«. Der Violoncello-Einsatz im Forte mit Verstärkung der leeren C-Saite (T. 189) wirkt in der Tat wie ein sechzehnfüßiges »Pedalsolo«. Zum Typus des Nachspiels passt auch, dass nicht mehr der ganze Choral, sondern nur noch »eine Zeile« aus ihm Verwendung findet.

Die beiden D-Dur-Zonen sind weniger auffällig in der Faktur, bilden aber wichtige Brücken im Satz. Beethoven wählte für sie eine heldische Tonart im Sinne der Überschrift »Neue Kraft fühlend« mit großen Sprüngen unter Stimmkreuzungen, abrupten dynamischen Wechseln, vitalen Akzenten in den Forte-Takten und differenzierter Artikulation, weil das dritte Achtel im Tenuto jeweils durchklingt. Auf Kadenzbildung ist im Gegensatz zu den Choralteilen ganz verzichtet. Beethoven vertraut vielmehr einem instrumentalen Bass, der im Rahmen von acht Takten zweimal über eine ganze Oktav fällt, die Penultima *e* vorübergehend verzögert und so den Zielton *d* in die Wiederkehr eines ersten Taktes verlegt. Trotz eines Umfangs von 52 Takten ist Modulation strikt vermieden. Allerdings hebt Beethoven unterschiedliche Anteile des D-Dur heraus. Der zweite größere Abschnitt ab T. 47 bevorzugt im halb gesanglichen Alternieren der beiden Geigen die Dominante A mit ihrer charakteristischen Septim, der dritte Abschnitt ab T. 67 die Subdominante G als Zeichen eines »cantabile espressivo«, wenn der rein instrumentale Duktus des Anfangs sich im Verlauf zu einem latent vokalen wandelt. Zur »neuen Kraft« gehört das innerliche »cantare« ebenso wie das äußerliche »sonare«. Allerdings steht auch das Singen im Banne des Instrumentalen. Denn das »Spielerische« überzieht den gesamten D-Dur-Abschnitt in ständigem Variieren mit seinem Auflösen in immer kleinere Notenwerte, befördert von einer Satzarchitektur, bei der die drei Abschnitte in sich jeweils durch Wiederholung verdoppelt sind. Das Prinzip der Variation setzt sich dann bei der Wiederkehr der D-Dur-Brücke als zweites »Strophen-Zwischenspiel« gesteigert fort. So gelten für das Satzganze die Regeln einer Doppelvariation.

Der »Dankgesang« gilt als das merkwürdigste Stück Musik, das Beethoven je geschrieben hat. Umso erstaunlicher die Anlehnung an Traditionen. Das radikal Neue liegt in der Rückbesinnung auf Altes, als stünde schon die Aufforderung des alternden Verdi im Raum, den Fortschritt in einer Rückkehr zum Alten zu suchen (»torniamo all'antico, sarà un progresso«). Das Alte wird dabei im Hegel'schen Sinne neu gestaltet. In der expressiven Dynamik der einzelnen Choralzeilen, die den Schlusston erst abrupt, dann vermittelt ins Piano zurücknehmen, um ihn einmal doch frei im Forte erklingen zu lassen, entfernt Beethoven sich schon in der ersten Strophe von einer nur mechanischen Imitation, noch mehr in den D-Dur-Brücken der Zwischenspiele.

In der Form des »Dankgesangs«, bei dem jeder Einzelne, selbst wenn er allein wäre, die Bindung an Mitmenschen und eine einigende Gemeinde sucht, spiegelt sich über musikalisches Regelwerk hinaus unausgesprochen die Idee einer idealen Gemeinschaft. Insofern ist der Streichquartett-Satz nicht nur in der Satzanlage mit der 9. Sinfonie verwandt. Die Werke hängen auch sonst zusammen. Denn den Skizzen zufolge war das Thema zum Quartettfinale ursprünglich für die 9. Sinfonie gedacht.

4. ALLA MARCIA, ASSAI VIVACE. Was Beethoven bewogen hat, zwischen den »Dankgesang« und das Finale einen kurzen Satz ganz eigenen Charakters nach Art eines Marsches einzufügen, erschließt sich nicht ohne Weiteres. Sucht sich die »neue Kraft« im Anschluss an den »Dankgesang« einen eigenen kleinen Satz? Jedenfalls ist so der zentrale Mittelsatz doppelt von A-Dur umgeben, der Mittelkomplex wiederum vom a-Moll der Ecksätze. Zum Rezitativ-Vorspann des Finales schuf Beethoven eine direkte Brücke, indem er die Schlusstöne *e-gis-a* vor dem »attacca subito« zum Anfang in den Unterstimmen des Rezitativs machte. Märsche, bei Beethoven seit der *Leonore* von 1806 und erst recht dem *Fidelio* von 1814 immer komplizierte Gebilde, kündigen in der Tradition von Bühnenmusik den Auftritt eines Herrschers samt Gefolge an. Insofern gehört der Satz weniger zum vorausgehenden Adagio als zum nachfolgenden Finale, für das sich Beethoven möglicherweise eine große öffentliche Zuhörerschaft vorgestellt hat.

Der Satzbeginn des Marsches stellt in der unwirschen Art schon des jungen Beethoven ein kurz angebundenes Teilstück in den Raum, das sich im Bruch vom Forte zum Piano mit zwei abphrasierenden Noten zufriedengibt. Die beiden Zweitakter ließen sich ihrer Endungsfolge nach auch vertauschen. Allerdings hat Beethovens Anordnung den Vorzug, mit den Endungsnoten d^2-cis^2-h^1 eine Skala in Gang zu setzen, die im sehr viel freundlicheren Legato der Takte 5–6 mit h^1-a^1-gis^1 und cis^2-h^1-a^1 immer an den punktierungsfreien Stellen fortgesetzt ist und insofern Disparates zusammenbindet. Für Verknüpfungen sorgen nebenbei die Sechzehntel in T. 4 und vor allem der Auftakt hin zu T. 5. Jetzt hat der Anfangsrhythmus seinen richtigen Platz gefunden. Am Anfang hat er den entschieden abstoßenden Charakter einer Eins-Verankerung in einem geraden Takt, wie ihn die Punktierungen fordern, motivisch und in den Positionierungsmöglichkeiten zugespitzt durch das tongetreue Nachklingen ein Viertel später, erst in der Bratsche, dann in der zweiten Geige. Die Fortschritte im Zusammenfügen zeigen sich dann in T. 8 in der neuen dreitönigen Schlussfigur mit vorbereitender Punktierung.

Der zweite Teil vertauscht die Anteile, beginnt einen Viertakter mit einem Legatotakt samt neuer Endung, zu der sich imitierend die Unterstimmen hinzugesellen, und setzt mit einem zweiten Viertakter fort, der die sperrigen Punktierungen auf Eins zurückbringt. Hier nehmen die beiden ersten Takte als neues *zweites* Taktpaar ihre richtige Position im formalen Gefüge ein. Dass jetzt die ersten vier Takte durch eine Bruchlinie getrennt sind, bestätigt sich in der großen Zählung, weil sie verschiedenen Achttaktern der Folge | 8 | 8+8 | angehören. Deshalb gibt T. 15 auch kein Signal für eine Reprise. Das E-Dur als Gegenzone wird erst einmal in T. 18–20 weiter ausgebaut, bevor der rückalterierte Auftakt mit d^3 die Wendung zur Tonika einleitet und das letzte Taktpaar des ersten Teils in A-Dur zum letzten Taktpaar des zweiten Teils wird. Das kunstvolle Gebilde im Rahmen von 24 Takten einfachster Tanzform darf auch im Spätwerk Beethovens einen Sonderplatz im Blick auf artistische Fügungen melodischer, rhythmischer und gliederungstechnischer Art beanspruchen. Ein Intermezzo für Kenner.

5. PIÙ ALLEGRO – PRESTO – ALLEGRO APPASSIONATO. Das Finale kündigt sich durch eines der vielfältigen Rezitative in Beethovens Instrumentalschaffen an, von Mendelssohn in seinem Streichquartett op. 13 sofort nachgeahmt, und bereitet insofern auf Gesang vor. Der kantable Duktus fast aller Themenbildung im a-Moll-Quartett als dem Quartett des Singens kommt mit dem Finale an seinen Höhepunkt. Das Thema weitet sich im großen und leidenschaftlichen Atem ungestörten Aussingens zu 32 Takten in versgerechten symmetrischen Teilungen der Zweiermultiplikationen von 2-4-8-16-32 bei Wechsel von klingenden zu stumpfen Endungen, die verlässlich an das Ende der wiederholten Achttakter rücken. Im Ambitus greift die Melodie durch Oktavierung ab T. 11 zunehmend weiter aus.

Mit dem Rezitativ ist das Allegro appassionato hörbar verbunden. Die dort stürmischen Anläufe der ersten Geige enden immer in fiktiv versgesteuerten und espressivo »sprechenden« Vorhaltsendungen nach Art von Appoggiaturen. Sie dehnen sich in T. 13–15 auf Viertel und vervielfachen sich in imaginären Wortwiederholungen. Ähnlich T. 9–10 des ersten Satzes beginnt und endet die Absturzfigur des Prestos mit dem Ton f. Mit dem letzten f beginnt in T. 20 in einem Blick zurück das Zitat der neu geordneten Mottotöne f-gis-a-e, wobei Beethoven den letzten Ton e^1 für den typischen Quartfall von zwei »Schluss-Silben« nutzt. Den mit ihnen stereotyp verbundenen Kadenzschritt modifiziert er allerdings mit einem Quartsextakkord in T. 21, der sich in die Dominante löst und die Tonika der beginnenden »Arie« überlässt. An dieser vielgeübten Verbindungspraxis ist vom Quartsextakkord abgesehen allerdings eines außergewöhnlich, nämlich die Fortsetzung mit einem f^1-e^1 der »Singstimme«. Diese kleine Klagewendung in Tradition der »threnodischen« Sext wird zum besonderen Merkmal für die Begleitung des Allegro appassionato und erscheint in der zweiten Geige siebenmal hintereinander. Die sprechenden Appoggiaturen wiederum finden gleich in der ersten Vorhaltsendung des neuen Themas in T. 4 mit dem seit dem ersten Satz vertrauten a^1-gis^1 ihre Fortsetzung. So sind die alten Mottotöne dezent auf Thema und Begleitung des Finales verteilt.

Das Allegro-Thema, so schlicht in seiner überschaubaren Gliederung, ist durch die Begleitung eigentümlich verfremdet. Denn wie manche Mollthemen bei Beethoven ist es »bitonal« angelegt. Der mehr als fremde C^7-Klang von T. 7 drängt zum subdominantischen F-Klang für ein C-Dur des letzten Taktpaars im ersten Achttakter. Während im Finale von op. 59 Nr. 2 der Dur-Anteil überwiegt und das Moll der Grundtonart an den Rand drängt, überwiegt in op. 132 der Moll-Anteil, doch in der ständigen Gewissheit eines möglichen Umschwenkens zum Dur der Paralleltonart. Der dritte Achttakter wehrt mit neuen Zwischendominanten A und H alle Dur-Tendenzen ab und setzt zum Schluss, auf zwei Takte gedehnt, das E-Dur der richtigen Dominante ein. Das Moll-Insistieren hat dann in der Fortsetzung von T. 35–48 oberste Priorität. Und wenn sich die Fixierung auf den a-Moll-Klang endlich erledigt hat, ist es nicht C-Dur, das sich durchsetzen kann, sondern ein im a-Moll-Zusammenhang mehr als ungewöhnliches G-Dur. Und wie das Hauptthema im Zeichen tonalen Schwankens steht, so auch das Seitenthema ab T. 51. Sein G-Dur verflüchtigt sich nach acht Takten zugunsten des parallelen e-Moll. Die anfängliche Ambivalenz erstreckt sich insofern über die ganze Exposition. Zudem bleibt die früh geweckte Erwartung eines vermiedenen C-Dur lange gegenwärtig. Als Tonart wird C-Dur nach langem Zurückhalten erst in Durchführung, Reprise und Coda zum Zug kommen.

Die Form des Themas bestimmt unausweichlich die Form des Satzes. In Geschlossenheit, metrischer Regelmäßigkeit und Ausdehnung erfüllt es idealtypisch die Refrainfunktionen einer Rondo-Anlage. Sie wird spätestens erkennbar, wenn ab T. 90 der Vorspann und die 32 Takte des Themas früh und unverändert wiederkehren. Das Rondo hatte sich schon während der Jugendjahre Beethovens unter dem Einfluss des Sonatensatzes stark verändert. Zu den Neuerungen zählte, dass Refrain und Couplet sich nicht scharf voneinander abgrenzen müssen, sondern in ein Verhältnis von Hauptsatz und Seitensatz treten können. Obligatorisch ist dann eine Reprise, die nicht nur den Refrain, sondern auch das erste Couplet tonal angeglichen zurückbringt. Ein mittleres Couplet darf dafür Züge von Durchführung sowohl im Motivischen als auch im Tonalen annehmen.

Dieses mittlere Couplet beginnt im Fall von op. 132 in T. 123, wenn Beethoven auf den Themenanhang verzichtet, sich mit plötzlichem F-Dur von a-Moll verabschiedet und Elemente des Hauptthemas umbaut. Seine drei Achtel werden nach dem Muster des zuletzt erklungenen vorletzten Takts umsortiert und in ein größeres Achtelband integriert. Gleichzeit kommt ein Modulationsprozess in Gang, der nach dem F-Dur als erster Station das lange erwartete C-Dur zur Geltung bringt. Es behauptet sich selbst während der acht Takte gehäufter chromatischer Nebentöne (T. 136–143). Danach reiht Beethoven in abgesteckten Viertaktern allein Spannungsklänge, ohne ihren Bezugspunkten Raum zu geben. Der letzte dieser Spannungsviertakter erweist sich dann als anschlussfähig. Denn ab T. 160 gibt Beethoven für ein Vorfeld der Reprise einem d-Moll schrittweise Raum. Wenn die A^7-Dominante in Reduktion aller Bewegung sich über zwei Takte ausdehnt, ist dem Themenvorspann ein Auftritt verschafft und auch das Thema selbst nicht mehr weit. Es setzt in T. 168 in der zweiten Geige ein, ist allerdings an der Fortsetzung durch das Eingreifen der ersten Geige gehindert, die den zwei d-Moll-Takten zwei C-Dur-Takte entgegenstellt und so das C-Dur im Thema auf ganz neue Weise in Erinnerung ruft. Die zweite Geige versucht es ab T. 172 ein weiteres Mal, bringt auch den kompletten ersten Viertakter zustande, wird danach jedoch erneut berichtigt. In T. 176 erklärt sich die erste Geige für die wahre Tonart a-Moll und die echte Reprise zuständig.

Das Thema verkürzt sich im Eliminieren seiner Wiederholungen auf 16 Takte und setzt wie zu Beginn mit dem erweiternden Anhang fort, tauscht in T. 205 den früheren a-Klang nur durch das jetzt den Weg weisende C-Dur des Seitensatzes bzw. des dritten Couplets aus. Modifiziert ist der Formteil erst in den letzten Takten im Interesse einer Umleitung zur Coda.

Die riesige Coda beginnt ab T. 244 im Nachhören der letzten sechs Töne der ersten Geige in einem imitatorischen Aufbau mit dem nun selbstbewusst gewordenen C-Dur als Partnertonart zu a-Moll, das sich ab T. 262 zurückmeldet und mit der Zunahme motivischer Elemente aus dem Hauptthema Boden gewinnt. Die fortwährende Präsenz des ersten Thementaktes im ständigen Umformen seiner Intervalle erinnert ebenso an Durchführung wie das Kulminieren in den Achtelketten der Gruppierung von 3+3 Tönen, die in der Durchführung beheimatet war. Nach den Regeln der Form drängt alles auf ein letztes refrainkrönendes Erscheinen des Hauptthemas.

Wenn das Thema in T. 280 eintritt, beschleunigt sich strettakonform das Tempo zum Presto. Den Bass muss die Bratsche liefern, weil die Melodie dem Violoncello in seinem durchdringend höchsten Register vorbehalten ist. Zum zweiten Viertakter erhält es zusätzliche Unterstützung in den Oktaven der ersten Geige. Der Ansturm in einer Art Potenzierung des Moll verliert im zweiten Achttakter unerwartet jäh an Kraft, weil ihm das vollendende letzte Taktpaar abhandenkommt. Stattdessen bleibt in T. 294–295 alle Bewegung bei der E-Dominante stehen, um nach ganz neuen Wegen außerhalb der vom Rondo auferlegten Grenzen zu suchen.

Der Wechsel macht sich drastisch im A-Dur von T. 296–297 bemerkbar, erfasst aber auch die melodischen Konturen beim Weiterführen des Themas im Piano des Violoncellos. Zweiter und vierter Takt gleichen sich in ihren Endungen und den aus ihnen erwachsenden Achteln einander an, der zweite Viertakter ab T. 299 konzentriert sich melodisch ganz auf den Rhythmus ♩ ♩ des zweiten Thementaktes und nutzt ihn in T. 302 zur Hervorhebung des a^1-gis^1 in klingendem Vorhalt anstelle der früheren stumpfen Schlüsse. Die erste Geige spielt ab T. 303 den neuen Achttakter in variierender Intensivierung nach und hängt, ihrerseits beim zweiten Viertakter vom Violoncello in Oktaven verstärkt, im Fortsetzen ein weiteres Taktpaar an, das nächste Erweiterungen anstößt, die erst zu Ende kommen, wenn im Sinken der Skala bis *d-cis* in T. 316 der Ausgangspunkt des großen Bogens von T. 307 wieder erreicht ist. Ein zusätzlicher Viertakter ab T. 317 soll dieses Ziel nochmals bekräftigen. Doch Beethoven baut nach dem Retardieren von T. 294 ein zweites Mal einen Moment des Zögerns ein. Das *cis*, das in T. 320 in einem letzten Schritt definitiver Kadenzbildung die Eins besetzen könnte, verspätet sich ausweichend um ein Viertel. So muss sich aus kleinen Anfängen eine neue Steigerungswelle aufbauen.

Die Keimzelle für weitere Zweitakteinheiten ab T. 321 liegt in den neuen Themenachteln von T. 296, die sich mit dem Rhythmus einer jetzt aufwärts gewendeten klingenden Endung verbinden, sie gleichzeitig in Stimmkombinationen auch überlagern. Die zwei Endungstöne gestaltet die erste Geige in T. 328 folgenreich um. Hier tauchen, verbunden mit dem für eine Coda Beethovens fast obligatorischen Syntaxwechsel auf offene Viertakter, erstmals jene beiden stoßartigen Viertel auf, die den Satzschluss ab T. 398 einleiten und im Hinzugewinn eines dritten Viertels auch herbeiführen, wenn das *cis* von T. 320, 369 und 402 im letzten Schritt durch den Grundton *a* ersetzt wird. Dieser Schluss zeichnet sich schon in T. 349 ab, bleibt aber unausgeführt, weil das Dur-Thema in der neuen Gestalt von T. 303 einschließlich seiner großflächigen Skalenerweiterungen ein zweites Mal an die Rampe des Beethoven'schen Musikfestes treten soll. Die Stockung ist auch in T. 369 nicht überwunden. Der Weg wird erst frei, wenn das a^3 von T. 394 mit einem *fis* unterlegt wird und sich das a^1 von T. 395 mit der Mollterz *c* verbindet. Ohne Erinnerung an das a-Moll und sein eingelagertes C-Dur sollten Satz und Quartett nicht schließen.

Streichquartett in F-Dur op. 135 (1826, Erstdruck 1827)

Das wieder viersätzige Quartett gibt sich umgänglicher als seine Geschwister, doch nur in den Ecksätzen, die kürzer und weniger heldischdramatisch ausfallen als in den vorausgehenden Werken. Bekanntes Signum des Quartetts ist nach der Überschrift »Der schwer gefasste Entschluss« ein »Muß es seyn? Es muß seyn«, das sich mit leicht abweichenden Noten auch in den Konversationsheften vom Dezember 1826 wiederholt und zudem in einem Kanon »Es muß sein« des gleichen Jahres auftaucht. Das unerklärte »es« im Spannungsfeld gelöster Heiterkeit, ungestümer Heftigkeit und tiefer Versenkung der verschiedenen Sätze steht vielen Interpretationen offen – bis hin zu einer Lesung, die vom Namen des Tones *es* ausgeht, mit dem der Eintrag in den Konversationsheften beginnt. Ein Scherz mag der Anlass gewesen sein. Dass sich Beethovens Gedanken an den Worten festbissen, dürfte aber andere Gründe haben. Semantik spielte möglicherweise nur eine Nebenrolle. Was Beethoven fasziniert haben dürfte, waren der Rhythmus und die Tonfolgen, die der Sprachlaut herrief. So hätte es vermutlich Leoš Janáček gesehen. Denn es stehen sich als Grundparameter Abtakt und Auftakt ebenso elementar gegenüber wie Chromatik und Diatonik. Mit der verminderten Quart *e-as*, im Konversationsheft *es^1-h*, geriet Beethoven auch noch in die Intervallstrukturen seines Spätwerks, die vermutlich das Frageintervall erst ausgelöst haben, zu dem auch eine reine Quart hätte dienen können, das aber durch die chromatische Verstellung eigene Nachdrücklichkeit erhält. Den kontrapunktisch denkenden Komponisten konnte zudem die Umkehrung des Quartintervalls in Gegenüberstellung beider »Sprachformeln« reizen.

1. ALLEGRETTO. Orchestrale Effekte meidet Beethoven in seinem letzten Quartett fast völlig. Im ganzen Werk überwiegt das Piano gegenüber dem Forte. Ins Fortissimo führt dreimal und sehr kurz allein das Finale. Der vorwiegend intime Tonfall korrespondiert mit einer gesteigert filigranen Satzstruktur vor allem im ersten Allegretto. Das Diminutiv der Tempobezeichnung verbindet sich wiederum mit dem Charakter des Bedachtsamen. Fast gelassen eröffnet die Bratsche das Quartett im Vorgriff auf T. 14–15 des Finales mit einer sprechenden kleinen Wendung, die das zweite Taktpaar eines Viertakters bilden könnte, der auf einen Halbschluss hinausläuft. Momente des Vorläufigen zeigen sich in der tonalen Ambivalenz. Das *a* im kleinen Vorschlag verweist auf F-Dur, das *Des* im Violoncello bietet alternativ f-Moll an. Etwas Ungelöstes steckt zudem in der Intervallik, weil die Grenztöne der Bratsche im Tritonusverhältnis von *b-e* stehen. Die nachdrücklichere Wiederholung mit einer dritten Stimme verleiht dem Achtel des Einwurfs in den Geigen mit *sf* einen fast fordernden Gestus. Also erklärt sich die Bratsche bereit, ordentlich zu beginnen, und stimmt eine Melodie an, die alle kennen und jederzeit fortsetzen und an den Endungsstellen mit einem

Echo kommentieren können. In dreimal zwei Takten breitet sich so eine halb naive und doch durchgeformte Melodie aus, weil die Auftakte sich ständig verwandeln. Der gezackte und nach oben weisende Auftakt zu T. 5 glättet sich in T. 6 rhythmisch wie melodisch und führt in die Gegenrichtung nach unten. Das letzte Taktpaar stellt beide Elemente um, kombiniert den Rhythmus des ersten und die Richtung des zweiten Taktpaars und macht die Einstiegsfigur zum überhaupt einzigen Anliegen, bei dem sich über einem Allerweltsbass die drei höheren Stimmen in Oktaven vereinigen. Zum Anspruchsvollen zählt auch die delikate Begleitung, deren Pausen die neue und klingende Endungsfigur ♫ ♩ herausstellen. Im gemeinsamen Vollenden beim stumpfen Schluss von T. 10 treffen sich schließlich alle Stimmen. Beethoven hat eine kleine dreizeilig kunstvolle Strophe des Reimschemas a-a-b im Übergang von klingender zu stumpfer Endung entworfen.

Anschließend durchtasten Oktaven den ganzen F-Dur-Raum in seinen sieben Tönen – nur ohne den Grundton selbst. Wenn das *f* in T. 15 erscheint, schließt es nicht ab, sondern löst einen ruhenden wechseldominantischen G^7-Klang aus, über dem alle Stimmen in neuer rhythmischer Ordnung dem C-Dur eines Seitensatzes entgegenstreben. In die entstehende große Lücke in T. 17 drängt sich aber die Punktierungsfigur des Hauptthemas, zunächst dem C-Dur angepasst, das aber schon im nächsten Takt mit dem Ton *b* wieder infrage steht. Die Alterierung löst einen größeren Prozess harmonischer Veränderungen aus, in dem F-Dur ein zweites Mal erkundet wird, diesmal nicht melodisch, sondern klanglich in Vergrößerungen seiner Stufen, die Akkordform annehmen und ihre Zwischendominanten aufleuchten lassen. Zugleich verdichtet sich in Varianten und kleinen Imitationen die Motivik, weil die Bratsche ab T. 21 die fallenden Viertel aus T. 10 einflicht, von der ersten Geige in dem Augenblick übernommen, wo sie wieder F-Dur installiert. Denn in der harmonischen Progression, die alle Stufen außer der III. Stufe berührt, die erst in T. 91 ihren Auftritt haben wird, schält sich mit den drei letzten Schritten »Wechseldominante – Dominante – Tonika« in T. 25 wieder die Grundtonart F-Dur heraus: In ihr erblüht gleichzeitig ein neues Thema, das ergänzende Thema des Seitensatzes.

Dieses Gegenthema mit seinen flüssigen Bindungen, der sanften Begleitung und flächigen Harmonisierung mit Akkorden im Abstand von zwei Takten bedeutet den Eintritt in eine andere Sphäre. Gleichwohl hält das Thema an Elementen des Hauptsatzes fest. Die drei Sechzehntel, deren Bogen über den Taktstrich hinausgreift, folgen variierend dem neuen Auftakt der Bratsche hin zu T. 7. Die formwirksame Ablösung von Haupt- und Seitensatz, bei Beethoven immer ein kritischer Punkt, ist so weit neu gestaltet, dass die schulmäßigen Kategorien der Formenlehre »Hauptsatz – Überleitung – Seitensatz« den musikalischen Realitäten nicht mehr gerecht werden. Das ohnehin problematische Wort »Überleitung«, etwas Sekundäres und rasch zu Überwindendes andeutend, hat alles Recht verloren. In der Aufeinanderfolge lösen sich, adäquat beschrieben, drei Zonen ab: eine, die dem Hauptsatz allein gehört, eine zweite, die Hauptsatz und Seitensatz zusammen beanspruchen, und eine dritte, die nur dem Seitensatz zusteht. Die Doppelfunktion der mittleren Zone macht sie zu einem Ort besonderer motivischer und harmonischer Reichhaltigkeit, mit der bereits eine durchführungstechnische Verarbeitung beginnt – nach dem früheren Versuch des ersten F-Dur-Quartetts aus op. 18 keine Überraschung.

Aus dem engen Aneinanderrücken der drei Zonen erklärt sich auch, dass das Gegenthema im F-Dur des Hauptsatzes beginnt und die eigene Tonart erst schrittweise erkennbar macht. Die Wechseldominante bereitet in T. 29 ein C-Dur vor, das in T. 34 Gültigkeit erlangt. Den wichtigen Punkt bereitet Beethoven in subtilster Weise vor. Das Sechzehntelmotiv der Geigen nimmt eine neue Figur in sich auf, die auftaktig positioniert der früheren Endungsfigur von T. 6 im Rhythmus entspricht. Ihr Fundament hat die Motivvariante in langen Noten von Violoncello und Bratsche. Deren Töne ab T. 31 beziehen sich vergrößernd auf das Feld fallender Viertel ab T. 11, stellen aber die Intervalle so um, dass im Quartfall g^1-d^1 erst G-Dur verselbstständigt scheint, bevor der souveräne Quintfall g-c der Bratsche als Bass neu auftretender Viertelvorhalte das gültige C-Dur in sein Recht setzt.

Danach dehnt sich der Seitensatz ab T. 35 neu aus und entwickelt weitere ganz simple Motive wie die gestaffelt fallenden Triolen und die gespiegelt im Dreiklang steigenden Achtel, die sich auf T. 5 berufen können. Der muntere Fortgang in offenen Taktgruppen kriselt erst, wenn in T. 46 in einem auf zwei Stimmen reduzierten Satz beim Bass der Terzton *e* ausbleibt und chromatisch mit dem *dis* eines unbequemen Vorhalts ersetzt ist. Der Viertakter drängt letztlich im Zeichen der neuen Achtelmelodie, deren Oktaven herausstechen, mit dem *gis* des Violoncellos in

T. 49 aus der Tonart heraus und sucht Anschluss an einen Baustein, der mit der Dominante von a-Moll beginnt. Sie bleibt aber in einem Fakturwechsel, den die offene Bauweise begünstigt, nur durchgehender Nebenklang während der Phase rhythmischer Verdichtung auf Sechzehntel und Triolen mit insistierenden Artikulationsansprüchen. Wenn die Melodie ab T. 54 wieder fließt, ist C-Dur zurückgewonnen und eine nächste melodische Figur auf den Weg geschickt, deren Legato an das erste Thema im Seitensatz erinnert, in den Triolen an den vorausgehenden Takt und in den Achteln an die Schlussformel der Dreiklangsbrechungen von T. 39 und 41. Diese prononcierten Achtel treten ganz in den Vordergrund, weil ihre Umstellung von | ♪♪ ⁷| auf ein vollendendes ♪♪ | ♪ nach dem Muster von T. 16–17 als dramatischer Irrtum gebrandmarkt wird. Dem sicher geglaubten C-Dur stellt sich mit der Rückung zu *cis*² in T. 58 der dominantische Terzquartakkord der VI. Stufe entgegen. Damit ist apodiktisch auf eine beginnende Durchführung verwiesen.

Gemäß dem Störakkord von T. 58 rückt die VI. Stufe d-Moll, einmal fernster Punkt in Sonatendurchführungen, über die alte Fonte-Formel, die sich die Auftaktfigur hin zu T. 5 herauspickt, zwischen d-Moll und C-Dur schwankend, in eine Schwellenzone. Denn die wiederholte VI→V-Sequenz, die sich mit dem zurückgewiesenen C-Dur zu versöhnen scheint, setzt es doch nicht wieder ein. Bei der Wiederholung tritt die Dominante in T. 62 ins Leere. Danach beginnt in engerem Sinne die Durchführung. Nach der Filigranarbeit der Exposition erweist auch sie sich als detailbesessen. Beethoven kombiniert trotz der reduzierten Stimmenzahl sofort drei Figuren: die Viertel von T. 11, die Anfangsformel von T. 1 und die Triolen von T. 41. Mit ihnen beginnt eine Reise durch den Tonraum, die in T. 80 als erstes Ziel ein dominantisches F-Dur zum Sammelpunkt macht, der die Stimmen im Unisono zusammenführt und der kleinen Melodie von T. 5–8 am unteren Fernpunkt B-Dur ab T. 82 einen Auftritt verschafft. Die Melodie darf ihren Viertakter aber nicht aussingen, wird von einem Unisono unterbrochen und erhält eine zweite Chance in der Grundtonart F-Dur. Die erste Geige fügt ab T. 84 die einzelnen Bruchstücke zusammen, stockt aber auf andere Weise, weil sie ihrer Endungsfigur nachhört und deren Töne mit dem *h*¹ verändert. Die neue Variante wird so lange echoartig repetiert, bis sie in T. 88 alle Positionen im Takt besetzt und der Bass im Wechsel von *f* nach *e* eine neue Tür öffnet.

Das a-Moll wird in T. 89 dann allerdings von einer anderen Motivgruppe besetzt. Beethoven kombiniert jetzt die Sechzehnteltriolen mit den Einwurfsachteln aus T. 2 und den Achtelgruppen von T. 37–40. Diese zweite Formation schickt er auch auf eine zweite Reise durch den Tonraum, diesmal auf der Bahn eines Quintfalls a-d-G-C. Die entscheidende Wendung tritt ein, wenn das C zur Dominante erklärt wird. Das geschieht machtvoll mit dem hereinbrechenden *Des* im Violoncello am Ende von T. 100. Die Wendung, mit der das Allegretto begonnen hatte, ist ins Monumentale vergrößert, entsprechend auch das Nachtönen der Punktierungsfigur der Bratsche in allen Stimmen.

Schwankte die Satzeröffnung noch zwischen Dur und Moll, dominiert jetzt, vorbereitet im *as* der Triolen in T. 97–100, derart konkurrenzlos das Moll, dass das Einwurfsachtel aus T. 2 mit seiner Bevorzugung von Dur kurzerhand zum Schweigen gebracht ist. Den repristypischen Durwechsel in T. 104 verlegt Beethoven auf T. 5 des Satzbeginns. Das hebt die kleine aufblühende Melodie, zu der sich erste Geige und Bratsche in Oktaven verbinden, selbst im Piano noch heraus. Einmal mehr hat Beethoven den Eintritt der Reprise als besondere Herausforderung begriffen. In der Wechselbeziehung von Satz- und Reprisenbeginn schuf er in op. 135 sogar ein absolutes Novum. Die einleitenden Takte 1–2 rücken mit dem vertrauten Halbschluss in gewaltigem Forte ans Ende der Durchführung, die geschlossene Melodie im Piano an den Beginn der Reprise.

Die Reprise reagiert auf den exponierten Halbton *des-c*, den sie zur Voraussetzung hatte, mit neuen Halbtönen. Die tastenden Viertel ab T. 10 werden ab T. 109 zu einer Achtelkette umgebaut, bei der jeder leitereigene Ton halbtönig und wenn nötig chromatisch akzentuiert wird. Das verwandelte Achtelmotiv dehnt sich als Gegenstimme zur Eröffnungsformel weiter aus, macht sich in T. 117 mit der Hinwendung zur IV. Stufe B-Dur sogar von ihr unabhängig und kultiviert ihre zweitönige Endungsfigur in Achteln hin zu einem eigenen Motiv, das verkleinert mit den aussingenden Vierteln und ihren Halbtönen aus dem Seitensatz in Konkurrenz tritt (T. 32–34). Der mit ihnen verbundene Sekundabstieg beschleunigt sich in T. 119 in den Triolen, die auf den alten Kadenzpunkt zusteuern. Das erstrebte B-Dur wird in T. 121 jedoch von der C^7-Dominante beiseitegeschoben. Weil es keines *h/b*-Austausches bedurfte, ist der Weg zum Seitensatz diesmal kürzer. Die zweiwertige Zwischenzone hat aber durch die Umgestaltung des Viertelmotivs an Bedeutung eher noch gewonnen.

Der Seitensatz ab T. 125 sucht bei seinem ersten Thema den Anschluss an die Punktierungsfigur zwei Takte früher und folgt ansonsten den Vorgaben der Exposition bis hin zum Eintritt in die Durchführung. Der Klangbruch in T. 159 wird diesmal zum Signal für eine Coda. Sie beginnt analog zur Durchführung in der alten Motivkombination, übernimmt das Viertelmotiv aber in der neuen, halbtönig geschärften Version der Reprise und baut als zusätzliches Motiv ab T. 169 auch noch das Einwurfsachtel von T. 2 ein. Gerade auf dieses kleinste aller Motive konzentrieren sich zuletzt in T. 176 alle Stimmen, auf ein F-Dur hinstürzend, bei dem, als wäre nichts gewesen, die gebundenen Triolen vom Schluss der Durchführung wieder erscheinen. Diesmal ahnen sie zurückweichend schon, dass es mit der Kadenz nichts werden wird. Denn in T. 182 ist im Bruch vom Forte zum Piano das Eröffnungsmotiv erstmals wieder eingesetzt. Die Takte 1–4 erfahren so eine dramatische Umgestaltung in Ausrichtung auf einen verminderten Septakkord. Neu beim letzten Auftauchen der »kleinen Melodie« ab T. 186 ist ihr Ausflug zum in T. 121 verhinderten B-Dur der Subdominante als Kennungsmerkmal für eine Coda. Das F-Dur erscheint erst zwei Takte später. Die Folge ist, dass sich zuletzt ein regulärer Achttakter bildet, von dem Beethoven in der Ausführung das letzte Taktpaar als Faustpfand aller Schlussbildung nach einer Fermate abgekoppelt wissen wollte.

2. VIVACE. Das Scherzo an zweiter Stelle, in Ergänzung einer zunächst nur dreisätzigen Anlage vermutlich zuletzt entstanden, ist ein Satz von intrikater Rhythmik mit zahlreichen Verschiebungen: Die zweite Geige eilt um ein Viertel voran, die erste Geige hinkt ein Viertel hinterher. Die Zählzeiten sind anfangs nur im Ineinandergreifen der Stimmen gegenwärtig. Erst in der ausgeschriebenen Wiederholung des Achttakters werden sie aktiv von der herumspringenden Bratsche besetzt. Für das zugreifende Ereignismoment sorgen in diesem kurzen ersten Teil die letzten beiden Takte des ersten Achttakters. Denn sie bilden nach der losen Reihung von Takten ein kompaktes Paar durch Umstellung des Rhythmus. Aus dem ständigen ♩|♩ des Violoncellos wird ein zielstrebiges ♩♩|♩, zu dem sich alle Stimmen treffen und das in T. 8–9 noch im Pianissimo nachtönt.

Ein weiteres mögliches Nachtönen wird in T. 16 noch vor dem Doppelstrich drastisch unterbunden: durch Hereinbrechen eines *es* im Forte. Tonale Stabilität und gerade erst gewonnene metrische Sicherheit sind infrage gestellt. Das *es* will seinen eigenen Rhythmus ♩ ♩ durchsetzen, bleibt aber fehlender Einsen wegen unschlüssig bei der ersten Halben ♩ stecken, rückt höher zum *e* und macht wieder der Grundtonart Platz. Die beiden ersten F-Dur-Achttakter wiederholen sich mit feinen Varianten. Das tragende Violoncello-Motiv ist mit chromatischen Anreicherungen in die Bratsche verlegt. Im Forte von T. 33 gehen die Viertel auf die Geigen über. Was jetzt aber fehlt, ist die Schlusskraft des letzten Taktpaars, dessen Rhythmus sich in T. 31–32 nur noch schwach abzeichnet und vom Violoncello, das sich erst für das Nachhinken und dann für das Voraneilen interessiert, überhaupt negiert wird. In T. 39 widerfährt dem Rhythmus der drei Viertel in der Kraft eines Motives etwas Umstürzlerisches. Die Hauptstimme der oktavierten Geigen pausiert auf der Takt-Zwei. Die Unterstimmen erhalten den Rhythmus immerhin im Pianissimo aufrecht, worauf die Geigen verspätet reagieren, sodass sich eine Zone ergibt, in der alternierend allein das vervielfachte Rhythmus-Motiv herrscht.

Das Wechselspiel hat seinen Reiz im Ausloten harmonischer Veränderungen mit Berührung der IV. Stufe B-Dur und einer vage bleibenden VI. Stufe g-Moll, womit die Grenzpunkte diatonischer Modulation am Horizont erscheinen. Immer im achten Takt kehrt die Melodie aber zum sicheren F-Dur zurück (T. 48). Dabei bildet sich im Kadenzierungsvorgang durch Verlängerung des Rhythmus-Motivs eine neue Variante, die auch die Eins des vorletzten Taktes einbezieht und in T. 56 erstmals melodisch gebundene Viertel einführt. Sie übernehmen die Führungsrolle bei der Verlängerung des zweiten Achttakters ab T. 59. Die gebundene Formel setzt sich bei stetig kadenzierendem Bass geradezu ostinat fest, eröffnet ab T. 59 vier Taktpaare hintereinander, die immer auf drei repetierte Viertel c^2 hinauslaufen. Das wieder hereinbrechende *es* in T. 66 unterbindet ein Weiterlaufen und nötigt zurück in die Wiederholung des zweiten Teils. Nach ihr beginnt das Trio, zum dem Beethoven einen speziellen Anschluss schuf. Den Platz des *es* übernehmen vier Achtel, die es bisher nicht gegeben hat. Sie werden von den Unterstimmen korrigierend wiederholt. Denn erst mit ihnen rücken sie an den Anfang eines Achttakters großflächig periodischer Gliederung.

Der neue Achttakter, der in T. 67 mit dem Stoß der Achtel das Trio eröffnet und in spitzen Vierteln Skalen aussendet, verändert grundlegend die Satzarchitektur. Galten bisher verlässlich geschlossene Einheiten, die ihr Ziel im achten Takt fanden, geht Beethoven jetzt auf offene Achttakter über. Sie suchen ihr Ziel, das mit einem Kadenzschritt bekräftigt wird, immer in einem neunten Takt, den Anschluss an die nächste Einheit erstrebend. Wenn eine solche Einheit beginnt, tut es jeweils einen akzentuierenden Schlag, mit dem sich der impulsgesteuerte Bau über einen Schluss hinwegsetzt. Grundmaß ist der Achttakter, der sich durch Umleitungen einer Modulation auch vergrößern kann (T. 83–96: 8 + 6, T. 105–122: 6 + 8 + 4, T. 131–142: 8 + 4).

Die freiere Bewegung, die nicht mehr durch abphrasierende Schlüsse in zweiten Takten der Zweier-Ordnung ausgebremst wird und im stets gleichartigen Metrum 1-2 1-2 geradeaus laufen kann, führt auch tonal zu einer Entgrenzung. Vorbereitet von einer motivischen Verdichtung ab T. 83 sucht das Vorwärts des Vivace neue Ziele. Der Vorschlag a-Moll wird in T. 91 abgewiesen. Mit G-Dur ist in T. 97 ein interessanteres Ziel gefunden, das als II$^\sharp$ außerhalb der leitereigenen Klänge liegt. G-Dur hat in T. 111 dann schon wieder ausgedient. Die artistischen Sprünge der ersten Geige aus dem letzten Taktpaar 73–74 machen sich eine Weile selbstständig und liebäugeln erneut mit a-Moll. Die rückkehrenden Achtel haben schon wieder Besseres vor. Sie zielen auf ein noch weiter entferntes und abermals chromatisch verfärbtes A-Dur als III$^\sharp$.

Dieses A-Dur breitet sich ab T. 123 in einem fast 70 Takte lang währenden Feld aus, das sich vergleichbar dem Scherzo aus op. 132 im Charakter auf volkstümliche Bordunmusik einlässt. Ab dem Fortissimo von T. 143 blökt ungeschrieben die Quint *a-e* eines Dudelsacks mit. Darin wirkt die A-Dur-Zone wie ein zitatverliebtes »Bauern-Trio 2«. Mit subtiler Feinheit sind sowohl Hinleitung als auch Herausleitung gestaltet. Die Achtel als Signum des Anfangsimpulses der offenen Bauweise haben sich schon vorher immer wieder vermehrt: in T. 83–92, 119–122 und 129–130 am Ende von Einheiten, mit dem A-Dur von T. 131 auch an ihrem Anfang. Der Achttakter erweitert sich in einem 8 + 4 durch Verharren beim Dominantklang auf zwölf Takte. In den Zusatztakten drängen sich gegenläufig die Achtel, um beim Fortissimo von T. 143 in ein Dauer-Unisono überzugehen, bei dem die Achtel zwischen dem *a* und *e* einer verdeckten Bordun-Quint hin und herwechseln. Die erste Geige schafft darüber mit dem alten Sprungmotiv eine simple Melodie im Terzaufstieg a^2-cis^3-e^3 zum Quintton und einem Sekundfall e^3-d^3-cis^3-h^2-a^2 zurück zum Grundton, wie sich in den Spitzentönen zu erkennen gibt. Anfangs lässt sich die Melodie im vierten Takt mit einer langen Note kurz nieder, wiederholt ab T. 159 verdoppelnd ihren letzten Zweitakter und komprimiert den Fortgang ab T. 175 auf das erste Taktpaar. Im letzten Achttakter ab T. 183 verläuft sie sich nach langem Decrescendo, weil nur noch der Schlusstakt mit den a-Oktaven übrig bleibt. Dieser Achttakter verliert allmählich seinen Antrieb. Die erste Geige schließt sich den Bordun-Achteln an, die Beethoven in einem seiner minimalistischen Umbaufelder des Spätwerks mit vier zusätzlichen Takten den Tönen nach schrittweise verändert, bis sie nach F-Dur gehören und in die Geigensynkopen von T. 1 zurückführen. Ihnen folgt nach kompletten acht Takten das tongetreue Da capo des Scherzos einschließlich der Wiederholung seines zweiten Teils. Der Schluss ab T. 267 ist purer Rhythmus. Bei unverändertem F-Dur-Dreiklang im Diminuendo setzt die Störformel von T. 17 nicht zweimal, sondern dreimal an, um in gewaltsamem Forte auf Eins umgeformt zu werden: Sie wird mit ♩ | ♩ dem ♩ ♩ | ♩ der ersten Schlussgeste von T. 7–8 angepasst.

3. LENTO ASSAI, CANTANTE E TRANQUILLO – PIÙ LENTO – TEMPO I. Zählt der erste Satz zu den herausragend intelligenten und der zweite zu den besonders kritisch-wachen, um menschliche Eigenschaften auf Musik zu übertragen, ist das Lento assai, cantante e tranquillo bei aller Kürze von nur 54 Takten eine von Beethovens ausdrucksstärksten Schöpfungen überhaupt, im Ton versunkener Entrückung den langsamen Sätzen von op. 59 Nr. 2, op. 74 und op. 127 verwandt, in der bogenförmigen Anlage zudem der Cavatina aus op. 130. Die monothematische Reihung fünf gleichlanger und geschlossener Abschnitte gleicher Tonart mit einer Mollvariante in der Mitte legt eine Variationsform nahe (T. 1–12, 13–22, 23–32, 33–42, 43–54). Es wäre im Fall von Abschnitt 4 nur eine eigenartige Variation, die in T. 33 nicht viel mehr ändert als die Zuordnung der Stimmen. Hier ist der Eindruck der Wiederkehr ungleich stärker als einer der Fortentwicklung. Abschnitt 2 beginnt zudem in T. 13 ohne jeden Wechsel der Satzfaktur mit einer Erweiterung von Abschnitt 1, keiner variierenden Wiederholung. Und Abschnitt 3 im enharmonisch verwechselten cis-Moll steht für das schlechthin Andere, das vom Vertrauten

umrahmt wird. Die Reihungsanlage nach Art von Variationen ist so, im Hören noch stärker als im Sehen, von einem dreiteiligen A-B-A mit Reprisenwirkung überformt, mit dem sich die fünf Abschnitte zu 1+2 | 3 | 4+5 ordnen.

Nach schrittweisem Klangaufbau, in dem erst F-Dur, dann f-Moll angedeutet ist, sich mit der verfremdenden Sext in T. 2 jedoch zuletzt Des-Dur herausbildet, zelebriert die erste Geige, dem »cantante« der Vortragsbezeichnung folgend, in der stillen Verhaltenheit tiefer Lage frei eine periodisch gegliederte Gesangsmelodie der dreigliedrigen Standardfolge von 2+2+4 Takten. Leicht irregulär ist allein die Endungsfolge »stumpf–klingend–stumpf«, die verrät, dass Beethoven, falls er einen Text mitdachte, jedenfalls nichts Italienisches im Sinn hatte. Die einzige klingende Endung entsteht in T. 6 in Belebung ♪♩ des vorher stumpfen Viertels ♩ und gibt den Anstoß für den neuen Rhythmus ♩♪ zu Beginn des letzten Segments. Melodisch engräumig genügt zur Vollendung in T. 10 der eine Schritt f^1-es^1-des^1 mehr gegenüber dem f^1-es^1 der früheren Endungen. Ihre Positionierung immer in der Taktmitte verrät, dass Beethoven nach Praxis des »zusammengesetzten Tactes« nur jeden zweiten Taktstrich notiert, der inneren Struktur nach folglich eine ⅜-Melodie im Umfang von 16 Takten entworfen hat. Die innere Geschlossenheit entsteht nicht zuletzt durch ein Zurücksinken nach Ausweitung des tonalen Horizonts mit Berührung von IV. und II. Stufe in einer latenten Quintkette F-b/B-es-As-Des von T. 7–9. Die melodische Schlussfigur tönt wie in einem Strophenzwischenspiel der Choralpraxis in Erweiterung von acht auf zehn Takte zweimal nach, erst im Violoncello und dann der ersten Geige selbst.

Der zweite Abschnitt ab T. 13 baut die Melodie weiter aus. Die Endungen finden jetzt den Normalrhythmus ♩♪ von T. 7 und wiederholen sich in engeren Abständen, wobei das f^2-es^2 mit dem f^1-es^1 von T. 6 korrespondiert. Die harmonische Ausweitung beginnt schon nach zwei Takten und hält sich in komplizierender Stimmführung verbunden mit Sforzati variationskonform an die gleichen Stationen der Quintkette wie in Abschnitt 1. Die Schlussfigur von T. 20 ist in die zweite Geige verlegt, nutzt in modifizierender Artikulation die alten Töne f^2-es^2-des^2, die diesmal in erster Geige und Violoncello weiterklingen. Dass sich die Szenerie grundlegend verändern wird, verrät allein der Schritt *f-fes* der Bratsche.

Was wie nach einer Trennmauer folgt, ist einer der großen Momente in Beethovens Schaffen, ja vielleicht ihr ergreifendster überhaupt, nicht im Sinne einer »schönen Stelle«, sondern im Sinne magischen Sprechens, bei dem Musik aus sich selbst herauszutreten scheint. Zum enharmonisch verwechselten Des-Moll | cis-Moll erstarrt in Verlangsamung alle Bewegung. Die meisten Quartettensembles verzichten in diesem Moment auf ein belebendes Vibrato. Der Sänger verstummt, mit ihm der rhythmische Puls. Wenn noch etwas weitertönt, ist es eher eine innere Stimme. Sie singt nicht mehr, sie spricht, und sie spricht sich selbst ganz entfremdet wie bei der Verkündung eines Orakels. Das Artikulieren kommt nur stockend in zwei Tönen ♪ ♩ voran, sinkend, dann steigend und sich zu einem längeren crescendierenden Auftakt aufraffend, dem Beethoven mit Bogen und Tenuto-Strichen eine besondere Art des »Sprechens« abverlangt, ein Auftakt, der ins Nichts führt, weil ein stetes Zurücksinken ins Pianissimo ihm ausweicht. Silben sammeln sich und führen doch zu keinem Wort. Das Ringen um Sprachnähe und sprachliche Mitteilungskraft, früh im Werk Beethovens zu beobachten, kommt an eine Grenze, wo ein solches Wort greifbar nahe scheint – und doch extrem fern bleibt, weil es nur verkleinern könnte, was zu sagen ist. Richard Wagner hätte es vermutlich anders gesehen: Hier äußere sich eine Sehnsucht nach dem Neuschaffen antiker Einheit von Musik und Sprache, erfüllt endlich doch im Finale der 9. Sinfonie. Nur müsste er dann das Lento assai insgesamt als einen Rückschritt verstehen. Beethoven hatte ganz anders vielleicht resignativ das schmerzliche Bewusstsein letzter Unvereinbarkeit von Sprache und Musik im Sinn. Die Musik wirbt um die Sprache, aber die Sprache nicht um die Musik.

Intervallisch setzt der cis-Moll-Abschnitt am fallenden *des¹-c¹* von T. 3 an, bricht nach zwei Tönen ab und findet erst mit dem sechsten bis achten Achtel *c¹-des¹-es¹* enharmonisch verwechselt in die fragmentarisch bleibende Ursprungsmelodie zurück. Deutlicher ließe sich der Zerfall des selbstständig Melodischen im Banne freien Artikulierens kaum darstellen. Vom Thema bleiben ansonsten nur die Tendenz zu expandierendem Weitermodulieren, der achttaktige Umriss und ein kadenzierender Schluss, der zweimal wiederholt wird. Den letzten cis-Moll-Akkord lässt Beethoven unausgesprochen. An seiner Stelle steht in T. 32 nach dem Sechzehntel im Pianissimo als Dominantlösung des Quartsextakkords eine Pause. Wenn die Instrumente wieder einsetzen, ist der Zauber gebrochen. Es herrscht wieder die vertraute Des-Dur-Sphäre.

Abschnitt 4 ab T. 33 beschwört reprisenartig das Hauptthema wieder, das bei seiner Wiederholung im Violoncello nach Art der Aufteilung im Thema des Adagios von op. 127 durch weitere Stimmen angereichert ist, vor allem durch das eintaktig versetzte Echo der ersten Geige. Die Endungsfigur wandert während der zweitaktigen Verlängerung in T. 41–42 zwischen den beiden Protagonisten hin und her. Eine eingreifende Veränderung bringt erst Abschnitt 5, in dem sich in T. 43 das syntaktische Gefüge wandelt. Bisher folgte die Begleitung der Melodie und verharrte mit ihr beim stumpfen Schluss wie bei der klingenden Endung von T. 4 und 6. Jetzt macht sich die harmonische Progression in einem weiterschwingenden Pendel von Klängen selbstständig. Dazu gehört gleich zu Beginn eine gewandelte Satzfaktur laufender Sechzehntel, die sich komplementär in den Mittelstimmen ergänzen. In eine Folge offener Zweitakter, das Signal für Coda schon immer wieder bei Mozart, sind Reste melodischer Formeln nur noch einmontiert. Die freie Bewegung größeren Atems erfasst gleichermaßen die modulierende Passage des Quintfalls, dem ein chromatisch sinkender Bass *b-a-as-g-ges-f* als Geländer dient. Die vielleicht wichtigste Konsequenz des offenen Baus betrifft den Schluss. Die Melodie kann zwar in der zweiten Hälfte von T. 50 ihre Tonika finden, aber nicht abphrasieren und bleibt weiter von der klanglich-metrischen Struktur der Unterstimmen abhängig. Beethoven schafft sich so den Anlass, im Sinne von Coda einen ganz anderen Schluss zu finden. Er leitet die Kadenzschritte mit einer neuen und atemholenden Wechseldominante in T. 51 ein und geht erst in T. 52 mit dem Quartsextakkord und seiner Lösung wieder auf die kleinere rhythmische Ebene ♩ ♪ des Themas über. Die Dominante verschwindet bei den folgenden Wiederholungen und wird in »plagaler« Wendung durch die Subdominante ersetzt, die im letzten Takt wiederum der allein verbleibenden Tonika Platz macht. In dieses Feld ist motivisch die Schlussformel von T. 10 des Themas eingewoben, wenn die zweite Geige mit ihren Sechzehnteln von T. 52 den Aufschwung von *as* zu *f* aufnimmt und zu den fallenden Sekunden f^2-es^2-des^2 weiterführt, um den Schlusston *des*^{2} in einer kleinen Geste der Verzögerung freizustellen. Die so entstehende rhythmische Figur führen Bratsche und Violoncello im Zeichen des plagalen Schlusses weiter. Zuletzt endet die erste Geige in ihrem Dreiklangsabstieg beim Terzton f^2, wie schon in der Cavatina von op. 130 dem kritischen Ton der Melodiebildung im ganzen Satz.

4. GRAVE, MA NON TROPPO TRATTO – ALLEGRO. Das Motto des Finales, unter der Überschrift »Der schwer gefasste Entschluss« in einer separaten Notenzeile samt Text mitgeteilt, ruft zwei sehr verschiedene Arten an Musik hervor, das »Muß es sein?« ein Grave in Moll, das weitersequenzierende und textrepetierende »Es muß sein!« ein Allegro in Dur. Beethoven beginnt das Grave in Violoncello und Viola abweichend von der rezitativisch vorzeichenlosen Mottonotierung im Kontext von f-Moll, das von dem imitatorisch verflochtenen Figurenwerk eines Piano-Segments in all seinen Tönen vollends entfaltet wird. Auch in der anschließenden Quartversetzung nach oben verspannt sich die Quart zur verminderten Form, die umstandslos ein b-Moll evoziert, das im Gegensatz zum f-Moll aber keinen Bestand hat, weil Beethoven den Klang zum B^7 einer künstlichen Zwischendominante umformt und sie auf Eins wiederholend in ihrer dissonantesten Form als Sekundakkord zu Anfang von T. 5 wie einen Wall aufbaut. Beziehungslos steht der Akkord im Raum. Beethoven steigert den Effekt noch, weil er im Weiterschreiten den Ton *es* einer denkbaren Lösung zu *e* alteriert und über ihm einen verminderten Septakkord errichtet.

Ihre wahre Kraft entwickeln die Forte-Töne nicht allein in harmonischen Spannungen, sondern fast mehr noch durch ihren dreifach gehämmerten Rhythmus, in dem die Silben des Mottos ♫ ♩ komprimiert weitertönen und aus der tastenden Frage einen dramatischen Ausruf machen. In T. 7 kombiniert Beethoven beide Formeln. Einen Halbton höher als in T. 3 setzen die Fragetöne neu an und steigen Stufe um Stufe, ihren Zielpunkt jeweils zum Ausgangspunkt machend. Bräche der Anstieg nicht beim *g* von T. 9 ab, müsste sich tongetreu der Anfang bzw. das notierte Motto aus der Überschrift anschließen. Doch Beethoven ersetzt in T. 10 die Ausgangsformel durch ihre komprimierte Variante und unterlegt dem auf f-Moll gerichteten verminderten Septakkord den Dominantgrundton C. Das *des*^{3} als Non, die für Moll einsteht, verliert sich in verhallenden Echowellen. Das verbleibende C steht ambivalent für f-Moll und F-Dur gleichermaßen. Die Wendung zu Dur ist dann der Anstoß zum Allegro mit seiner konzilianteren Antwort.

Auch im Allegro haben die Mottotöne mehr als nur eröffnende Funktion. Beethoven beginnt mit einem sequenzierenden Viertakter, in dem rasche Skalenviertel in Erinnerung an die Eingangsfuge von op. 131 auftauchen, aus denen in Umkehrung und Legato-Glättung ein Thema von addierten Zweitakt-Einheiten entsteht. Die Achttakter vollenden sich jeweils mit dem Schluss-Stein, den im Forte das Motto von zweiter und dann erster Geige setzt (T. 24 und 32). Eine Pointe liegt darin, dass die dreitönigen Endungen ♩ ♩ ♩ des Legatos in diesem Moment durch die zweitönige Endung ♩ ♩ des Mottos belehrt werden. Auf diese Weise spukt weiter Sprache im Satz herum.

Mit einem Stoß beginnt in T. 33 ein neuer Achttakter, der sich auf den Auftakt des Mottos konzentriert und in einem Zusatzviertakter zu einem halbschlüssigen E-Klang umleitet. Die Legato-Melodie rückt so, mit Imitationen verdichtet, in T. 45 nach A-Dur. Wer zum letzten Takt auf den Forte-Schlag des Mottos wetten wollte, verlöre seinen Einsatz. Die zweite Pointe eines Ausbleibens öffnet den Weg zum Seitenthema. Vorgetragen wird es erst vom Violoncello, dann von der ersten Geige im munteren Tonfall und Charme eines Kinderlieds. Zum Schluss schaltet sich doch wieder das Motto ein und führt, vorgezogen in den vorletzten Takt, mit einem Ton mehr ♩|♩♩ ♩|♩ den Schluss im Fortissimo herbei.

Zwei Momente sind an der Exposition bemerkenswert. Im Metrischen ist sie im Zeichen heiteren Sich-Fügens strikt quadratisch gebaut: 4+8+8+8+4 | 8+8+8+8+4. Eine ähnliche Ordnung in 4+8 Takten gilt notationstechnisch schon für das Grave, auch wenn sie dort nicht ab- und mitzählbar ist, weil der Takt sich als selbstständige Größe nicht wirklich bemerkbar macht.

Formal und tonal verschmelzen in der Allegro-Exposition die Anteile von Haupt- und Seitensatz vergleichbar dem ersten Allegretto. A-Dur als Gegentonart einer alterierten III#-Stufe nach dem extravaganten Muster des ersten Satzes der »Waldsteinsonate« schiebt sich so nach vorne schon in den Hauptsatz. Die Begleitung des Seitenthemas entwickelt sich wiederum aus den letzten Viertelfiguren des Hauptthemas in T. 50–52. Die Exposition wird zu einer unteilbaren Einheit ohne Trennfuge, letzter Schritt im lang andauernden Prozess einer Umgestaltung der Zone zwischen Haupt- und Seitensatz.

Die Durchführung setzt das Auftaktmotto intervallisch vermindert in den Spannungszustand des Abtaktmottos. Danach verbinden sich

Motto und Legato-Motiv in einem regelmäßigen Verlauf, dessen Faden mit fallenden Vierteln im ersten und steigenden Vierteln im zweiten Takt sich durch alle Stimmen zieht. Auf dem Weg durch den Tonraum werden ausschließlich leitereigene Nebenstufen wie a-Moll und d-Moll berührt. In einen chromatisch veränderten Raum eines D-Dur als VI♯ führt ab T. 109 erst das »Kinderlied«, dessen Melodie beim zweiten Achttakter sequenzierend weitergesponnen wird und in T. 125 zum Legato-Motiv zurückführt, das wiederum, von der II. Stufe g-Moll am Ende von T. 129 ausgehend, ein entlegeneres und zu f-Moll tendierendes As-Dur erreicht, mit ♭III das tiefalterierte Gegenstück zum hochalterierten III♯ des Seitensatzes. Lied und Legato-Motiv wechseln sich ab und verbinden sich schließlich ab T. 143. Als Ziel ist ein halbschlüssig dominantisches C-Dur anvisiert, das in T. 155 mit Verzögerungen erreicht wird. Ein sechstaktiges Zwischenstück mit nur noch fallenden Skalen mündet zurück in die Einleitung des Grave.

Die alte Einleitung ist im Reprisenfeld ab T. 161 völlig umgestaltet. Das Motto setzt mit den Tönen an, die in T. 10 hätten folgen können, aber ausgeblieben waren. Die Achtel stehen nicht mehr neben dem Motto, sondern werden in einer sinfonischen Textur Teil von ihm. Von drastischer Wirkung ist, dass das angestrebte f-Moll von seiner Dominante verhindert wird und der Zusammenprall einen übermäßigen Dreiklang *as-c-e* zur Folge hat. Ein f-Moll stellt sich nur nebenbei auf der letzten Zählzeit von T. 162 ein und wird von einem dissonant grellen F-Dur ersetzt, das in Spannung zum Mottoton *des* steht. Ähnlich kurz erscheint das alte b-Moll von T. 4, wird aber durch den Zielton *e* des Mottos von einem verminderten Septakkord verdrängt. Dieser Akkord baut sich schließlich in Anlehnung an T. 10 in einem nachgebenden Bass-Schritt *Des-C* zu einem dominantischen Nonakkord um.

Beethoven hat das Grave radikal dramatisiert und dabei zu einem Ort der Durchführung gemacht. Dazu gehört, dass ab T. 170 beide Mottoformeln gleichzeitig erklingen und die erregten Sechzehntel, die in T. 166 überhängend nachtönen, den Zielton des Fragemottos verlängern. Der Umschlag zu Dur erfolgt ebenso plötzlich wie beiläufig. Denn das F-Dur drängt sich am Ende von T. 173 ins verklingende Grave hinein.

Die Allegro-Reprise formt das Hauptthema beträchtlich um, weil im pausenlosen Weitersequenzieren des Antwortmottos zwei Viertel aufeinander folgen, die Beethoven zum Ausbau eines Viertakters benutzt, aus dem das Legato-Motiv verschwindet. Es taucht erst ab T. 200 im Vorfeld des Seitenthemas wieder auf. Die Versetzung von T. 33 in die Unterquint von T. 188 würde im Normalfall zur Ausrichtung auf ein F-Dur genügen. In der tonalen Sonderkonstellation ergibt sich aber nur ein D-Dur, das weiter verschoben werden muss, um das Seitensatz-Lied in der Grundtonart F-Dur erscheinen zu lassen.

Für den Schluss sah Beethoven eine eigene Coda vor. Sie versetzt das Antwortmotto ab T. 244 in extreme intervallisch-akkordische Spannung, die den übermäßigen Dreiklang in der Form *a-cis-f* zurückbringt. Im Poco Adagio (T. 248) erstarrt auf einem scheinkonsonanten es-Moll-Dreiklang ungelöst alle Bewegung, weil die Bratsche keinen dritten Ton mehr liefert und das *fis* zu keinem *ges* wechselt. Das befreiende Dur geht nicht aus einem Modulationsprozess hervor, sondern setzt frei aus sich selbst heraus ein. Diese neue Freiheit feiert Beethoven in der quadratischen Ordnung von 8+8+8+4 Takten mit seinem »Kinderlied« im verfremdenden Pizzicato, an das sich zuletzt das Antwortmotto in überstürztem Fortsequenzieren hängt. Ein Unisono ab T. 274 koppelt die beiden Teilstücke des Antwortmottos schließlich zusammen, bevor schlichte Kadenzschritte den Satz beenden.

Als Komödie in Opposition zur Tragödie von op. 131 verstanden, wäre das Werk eigenartig »verkleinert«. Das letzte Quartett umschließt so gut wie alles, was Beethoven generell auszeichnet: Geist, Witz, lyrische Versenkung und dramatische Zuspitzung verbunden mit Sprachannäherung imaginärer und offener Texturierungen. Wer nur auf den Ton des Heroischen und Tragischen anspricht, wird am F-Dur-Streichquartett op. 135 achtlos vorbeigehen. Wer den ganzen Beethoven liebt, wird dieses Quartett zu den besonderen Edelsteinen in seinem Werk zählen.

*

Beethovens Streichquartette sind nicht nur ein Spiegel menschlicher Gefühle und Gemütslagen. Sie führen auch auf einen geistigen Abenteuer-Spielplatz, der den Intellekt ihrer Hörerinnen und Hörer herausfordert. Muss man »alles« wissen, wenn man die Quartette spielen möchte? Gewiss nicht. Letztlich ist es bei Musik nicht anders als auf dem Fußballplatz. Trainer Sepp Herberger hat weise darüber sinniert, wie der eine Spieler Erklärungen braucht, die den anderen nur stören. Es gibt in der Musik ein intuitives Erfassen, das nicht bis zur Ebene der Sprache vordringen muss, um wirksam werden zu können. Dieser allein in Tönen denkende und handelnde Musiker hat meine ganze Bewunderung, während ich den redseligen Interpreten nicht immer schätze, zumal wenn das fachliche und terminologische Rüstzeug fehlt, um das Richtige zu sagen. Den hohen Respekt vor einer rein musikalischen Intelligenz, die sich selbst genügt, hat mich der Umgang mit Rudolf Koeckert gelehrt, der Ähnlichkeit mit Ignaz Schuppanzigh gehabt haben muss, dem als Beethovens wichtigstem Konzertmeister und Quartettgeiger eine ähnliche Distanz zu erklärender Theorie nachgesagt wurde. Mit meinen Bevorzugungen will ich nicht die eigene Arbeit im Ringen um Erkenntnis abwerten. Für das konzentrierte Hören von Musik kann ein Bewusstwerden von Eigenheiten und Zusammenhängen eine erhellende Wirkung haben. Willkommen mag auch immer eine Anleitung zum kritischen Notenlesen sein, das im Reaktivieren von Hörerfahrungen selbst zu einer Art erlebbarer Aufführung werden kann. Und dann bleibt noch das unstillbare Bedürfnis, den Rätseln eines Menschheitswunders auf die Spur zu kommen.

Wie Beethovens frühe Streichquartette mit ihrem Publikum gewissermaßen kokettieren und die mittleren Quartette es überwältigen, so sind die späten Streichquartette mit Siegeln verschlossen, die sich nicht leicht lösen lassen, schon gar nicht vollständig. Die Werke stellen ihre Ansprüche an Menschen, die ihnen begegnen möchten. Unter Aspekten purer Nützlichkeit, bei denen nur Leistungen zählen, die für möglichst viele Menschen wirksam werden, ist Beethovens Spätwerk L'art pour l'art. Ein großer Irrtum. Denn es rechtfertigt sich nicht vor der Kunstwelt, sondern vor der Wahrheit. So will ich es sagen, in der Hoffnung, nicht gefragt zu werden, was das zwischen Gott und den Menschen sei, die Wahrheit.

HINWEISE ZU QUELLEN, DOKUMENTEN UND LITERATUR

Ausgaben

Beethoven. Streichquartette. Studienpartituren (Urtextausgaben) und separate Kritische Berichte, hrsg. von Jonathan Del Mar, mit Einleitungen von Barry Cooper und Misha Donat, Bärenreiter.

Beethoven. Streichquartette. Studieneditionen nach dem Text der Neuen Ausgabe sämtlicher Werke Beethovens, hrsg. von Rainer Cadenbach, Ernst Herttrich und Emil Platen (2003), Henle (die Taktangaben im vorliegenden Buch folgen dieser Ausgabe).

Quellen zum Notentext

Links und Scans zu Quellen, das heißt Autographen, Skizzen, frühen Abschriften, Erstdrucken von Stimmen und Partitur sowie weiteren Frühdrucken bietet in einem mustergültigen Service die Website des Beethoven-Hauses Bonn: www.beethoven.de/de/archive/list über die Leitworte »Werke – Kammermusik – Streichinstrumente«.

Gedruckte Faksimiles von Autographen
- op. 59 Nr. 1 und 2: with an Introduction by Alan Tyson, London 1980.
- op. 130 und 133: hrsg. von Ulrich Konrad, Kassel 2020.
- op. 132: hrsg. von Ernst Herttrich, München 2011.

Gedruckte Faksimiles und Übertragungen von Skizzen
- Beethoven. Skizzen und Entwürfe. Erste kritische Gesamtausgabe, Beethoven-Haus Bonn. Bd. 6: Ein Skizzenbuch zu den Streichquartetten aus op. 18, Faksimile und Übertragung von Wilhelm Virneisel, 1972 und 1974. Bd. 4: A Sketchbook from the Summer of 1800: Sketches for the String Quartets op. 18 Nos. 1, 2 and 6, Faksimile und Übertragung von Richard Kramer, 1996.
- Leitfaden für die Skizzen: The Beethoven Sketchbooks. History, Reconstruction, Inventory, hrsg. von Douglas Johnson, Alan Tyson und Robert Winter, Berkeley 1985.

Historische Zeugnisse

Ludwig van Beethoven. Briefwechsel. Gesamtausgabe, hrsg. von Sieghard Brandenburg, 5 Bände, München 1996.

Ludwig van Beethovens Konversationshefte, 11 Bände, hrsg. von Karl-Heinz Köhler, Grita Herre und Günter Brosche, Leipzig 1971–2011.

Ivan Pratsch (Práč), Sobranie russkich narodnych pešen s ich golosami [Sammlung russischer Nationallieder mit ihren Melodien], 2 Bände, St. Petersburg ²1806.

Faksimileausgabe durch Malcolm Hamrick Brown: Nikolai Lvov and Ivan Prach. A Collection of Russian Folk Songs. Facsimile of the 1806 Edition. Introduction and Appendixes by Margarita Mazo, Ann Arbor, 1987.
Stefan Kunze, Beethoven. Die Werke im Spiegel seiner Zeit. Gesammelte Konzertberichte und Rezensionen bis 1830, Laaber 1987.
Anton Schindler, Biographie von Ludwig van Beethoven, Münster 1840, ²1845, ³1860.
Karl Holz, [Erinnerungen, zitiert in:] »Kritischer Katalog« von Wilhelm von Lenz als Bd. 5 von: Beethoven. Eine Kunststudie, Vierter Theil, III. Periode op. 101 bis op. 138, Hamburg 1860, S. 216 f. und 226.
Carl Czerny, Erinnerungen an Beethoven, hrsg. von Georg Schünemann in: Neues Beethoven-Jahrbuch 9, 1939, S. 47–74. Neu ediert von Walter Kolneder, Straßburg und Baden-Baden 1968.
Carl Czerny, Über den richtigen Vortrag der sämtlichen Beethoven'schen Klavierwerke, hrsg. von Paul Badura-Skoda, Wien 1963.
Friedrich Kerst, Die Erinnerungen an Beethoven, 2 Bände, Stuttgart 1913.
Albert Leitzmann, Ludwig van Beethoven. Berichte der Zeitgenossen, Briefe und persönliche Aufzeichnungen, 2 Bände, Leipzig 1921.
Martin Kopitz, Die frühen Wiener Aufführungen von Beethovens Kammermusik, in: Beethovens Kammermusik, hrsg. von Friedrich Geiger und Martina Sichardt, Laaber 2014, ²2016, S. 165–211.

Literatur

Monographien zu Beethovens Quartetten insgesamt
Theodor Helm, Beethoven's Streichquartette, Leipzig 1885, ²1910.
Hugo Riemann, Beethoven's Streichquartette, Berlin [1910].
Joseph de Marliave, Les Quatuors de Beethoven, 1925; englisch als: Beethoven's Quartets, Oxford 1928, Reprint 1961.
Daniel Gregory Mason, The Quartets of Beethoven, New York 1947.
Philip Radcliffe, Beethoven's String Quartets, 1965, Cambridge ²1978.
Joseph Kerman, The Beethoven Quartets, New York 1967, ²1971.
Quirino Principe, I quartetti per archi di Beethoven, Mailand 1993, ²2014, ³2018.
Leonard Ratner, The Beethoven String Quartets. Compositional Strategies and Rhetoric, Stanford 1995.
Gerd Indorf, Beethovens Streichquartette. Kulturgeschichtliche Aspekte und Werkinterpretation, Freiburg u. a., 2004, ²2007.

Monographien zu einzelnen Quartetten oder Quartettgruppen
Hans Josef Wedig, Beethovens Streichquartett op. 18 Nr. 1 und eine erste Fassung, Bonn 1922.
Romain Rolland, Beethoven. Les derniers Quatuors. Les grandes époques créatrices, Bd. 5 (La cathédrale interrompue II), Paris 1943, ²1945, ³1953.
Joachim von Hecker, Untersuchungen zu den Skizzen zum Streichquartett cis-Moll op. 131 von Beethoven, Diss. Freiburg 1956 (Typoskript).

Ivan Maheim, Beethoven. Naissance et Renaissance des Derniers Quatuors, Paris 1964.
Harold Truscott, Beethoven's Late String Quartets, London 1968.
Massimo Mila, I quartetti di Beethoven. Parte prima: 1798–1819. Corso monografico di storia della musica, Turin 1968.
Ders., Beethoven. I quartetti Galitzine e la grande fuga. Corso monografico di storia della musica, Turin 1969.
Charles Rosen, The Classical Style. Haydn, Mozart, Beethoven, New York und London 1972; deutsch: München u. a. 1983.
Robert S. Winter, Compositional Origins of Beethoven's String Quartet in C♯ Minor, Op. 131, Diss. University of Chicago 1978.
Laura Kathryn Bumpass, Beethoven's Last Quartet, 2 Bände, Diss. University of Illinois 1982 [Kommentierte Edition der Skizzen].
Donald Greenfield, Sketch Studies for Three Movements of Beethoven's String Quartets Opus 18, Nos. 1 and 2, Diss. Princeton University 1983.
Lini Hübsch, Ludwig van Beethoven. Die Rasumowsky-Quartette op. 59, München 1983 (Meisterwerke der Musik 40).
Ulrich Siegele, Beethoven. Formale Strategien der späten Quartette (Musik-Konzepte 67/68), München 1990.
Theodor W. Adorno, Beethoven. Philosophie der Musik. Fragmente und Texte, hrsg. von Rolf Tiedemann, Frankfurt 1993, ³1994.
Daniel K. Chua, The »Galitzin« Quartets of Beethoven opp. 127, 132, 130, Princeton 1995 (als Taschenbuch 2014).
Nancy November, Beethoven's Theatrical Quartets Opp. 59, 74 and 95, Cambridge 2014.

Texte in Handbüchern und Beethoven-Sammelbänden
Beiträge zu Beethovens Kammermusik. Symposium Bonn 1984, hrsg. von Sieghard Brandenburg und Helmut Loos, München 1987:
- Richard Kramer, Counterpoint and Syntax. On a Difficult Passage in the First Movement of Beethoven's String Quartet in C minor, Opus 18 No. 4, S. 111–124.
- Reinhard Wiesend, Bemerkungen zum Streichquartett op. 95, S. 125–134.
- William Kinderman, Tonality and Form in the Variation Movements of Beethoven's Late Quartets, S. 135–151.
- Emil Platen, Über Bach, Kuhlau und die thematisch-motivische Einheit der letzten Quartette Beethovens, S. 152–164.
- Manfred Hermann Schmid, Klangaufbau als Themenvorbereitung im Spätwerk Beethovens, S. 283–295.
- Klaus Kropfinger, Das gespaltene Werk. Beethovens Streichquartett op. 130/133, S. 296–335.

Beethoven. Interpretationen seiner Werke, hrsg. von Albrecht Riethmüller, Carl Dahlhaus und Alexander L. Ringer, 2 Bände, Laaber 1994, ²1996:
- op. 18: Bd. 1, S. 133–150 (Herbert Schneider).
- op. 59: Bd. 1, S. 430–438 (Walter Salmen).

- op. 74: Bd. 1, S. 585–592 (Hartmut Krones).
- op. 95: Bd. 2, S. 78–95 (Herman Danuser).
- op. 127: Bd. 2, S. 278–291 (William Kinderman).
- op. 130 und 133: Bd. 2, S. 338–342 (Klaus Kropfinger).
- op. 131 und 132: Bd. 2, S. 317–337 (Manfred Hermann Schmid).
- op. 135: Bd. 2, S. 347–364 (Friedhelm Krummacher).

The Beethoven Quartet Companion, hrsg. von Robert Winter und Robert Martin, Berkeley und Los Angeles 1994:
- Joseph Kerman, Beethoven's Quartet Audiences. Actual, Potential, Ideal, S. 7–27.
- Michael Steinberg, Notes on the Quartets, S. 143–282.

Friedhelm Krummacher, Das Streichquartett, Laaber 2001 (Handbuch der musikalischen Gattungen Bd. 6/1–2), unveränderte Neuausgabe in drei Bänden, Laaber 2005.

The String Quartets of Beethoven, hrsg. von William Kinderman, Urbana und Chicago 2006:
- Harald Krebs, Metrical Dissonance and Metrical Revision in Beethoven's String Quartets, S. 31–59.
- Lewis Lockwood, Beethoven's »Harp« Quartet. The Sketches in Context, S. 89–108.
- Seow-Chin Ong, Aspects of the Genesis of Beethoven's String Quartet in F Minor, Op. 95, S. 132–167.
- Birgit Lodes, »So träumte mir, ich reiste ... nach Indien«. Temporality and Mythology in Op. 127/I, S. 168–213.
- William E. Caplin, The Genesis of the Countersubjects for the Große Fuge, S. 234–261.
- William Kinderman, Beethoven's Last String Quartets. Threshold to a Fourth Creative Period?, S. 279–322.

Ludwig van Beethoven. Die Streichquartette, hrsg. von Matthias Moosdorf, Kassel u. a. 2007:
- Peter Gülke, Beethoven. Musik der anderen Zeit, S. 7–17.
- Emil Platen, Die letzten Quartette. Vom Einfall zur Drucklegung, S. 18–36.
- Gerd Indorf, Werkbesprechungen, S. 37–130.
- Matthias Moosdorf, Aspekte der Interpretation und Aufführungspraxis, S. 132–141.
- Peter Korfmacher, Zyklen für Menschen. Beethovens Streichquartette auf Tonträgern, S. 142–151.

Beethoven-Handbuch, hrsg. von Sven Hiemke, Kassel und Stuttgart, 2009:
- Jürgen Heidrich, Die Streichquartette, S. 173–218.
- Hans-Joachim Hinrichsen, »Seid umschlungen Millionen«. Die Beethoven-Rezeption, S. 568–605.

Beethovens Kammermusik, hrsg. von Friedrich Geiger und Martina Sichardt, Laaber 2014, ²2016 (Das Beethoven-Handbuch, hrsg. von Albrecht Riethmüller, Bd. 3):
- op. 18: S. 257–284 (William Kinderman).
- op. 59, 74 und 95: S. 309–339 (Klaus Kropfinger).

- op. 127: S. 354–369 (Martina Sichardt).
- op. 130, 132, 133 und 135: S. 377–444 (Ullrich Scheideler).
- op. 131: S. 369–377 (Markus Bandur).
- Richard Kramer, Beethovens Streichquartette. Überlegungen zum Kompositionsprozess, S. 235–256.
- Andreas Eichhorn, Quartettkultur zur Beethovenzeit. Räume, Akteure, Repertoires, S. 285–308.
- Heinz von Loesch und Fabian Brinkmann, Tempogestaltung im Kopfsatz von op. 95. Eine exemplarische Studie, S. 445–467.

Beethoven-Biographien mit Kapiteln zu den Streichquartetten
Adolph Bernhard Marx, Ludwig van Beethoven. Leben und Schaffen, Leipzig 1859, ²1862, ⁶1918.
Ludwig Nohl, Beethovens Leben, 3 Bände (Bd. 3 in 2 Abteilungen), Wien und Leipzig 1864–1877, Berlin ²1909–1913.
Alexander Wheelock Thayer, Ludwig van Beethovens Leben, Bd. I–III hrsg. von Hermann Deiters, Berlin 1866–1879, Bd. IV–V bearbeitet von Hermann Deiters und Hugo Riemann, Leipzig 1907–1908.
Carl Dahlhaus, Ludwig van Beethoven und seine Zeit, Laaber 1987, ³1993.
Lewis Lockwood, Beethoven. The Music and the Life, London 2003, Paperback 2005; deutsch von Sven Hiemke, Kassel u. a. 2009, ²2012.
Hans-Joachim Hinrichsen, Ludwig van Beethoven. Musik für eine neue Zeit, Kassel und Berlin ²2020.

Aufsätze
Robert Adelson, Beethoven's String Quartet in E flat Op. 127. A Study of the First Performance, in: Music & Letters 79, 1998, S. 219–243.
Christina Bashford, The Late Beethoven Quartets and the London Press, 1836–ca. 1850, in: The Musical Quarterly 84, 2000, S. 84–122.
Moritz Bauer, Formprobleme des späten Beethoven, in: Zeitschrift für Musikwissenschaft 9, 1926/27, S. 341–348.
Otto Biba, Zu Beethovens Streichquartett Opus 95, in: Münchener Beethoven-Studien, hrsg. von Johannes Fischer, München 1992, S. 39–45.
Sieghard Brandenburg, The First Version of Beethoven's G Major String Quartet, op. 18, No. 2, in: Music & Letters 58, 1977, S. 127–152.
Ders., The Historical Background to the »Heiliger Dankgesang« in Beethoven's A Minor Quartet Op. 132, in: Beethoven Studies 3, 1982, S. 161–191.
Ders., Die Quellen zur Entstehungsgeschichte von Beethovens Streichquartett Es-Dur op. 127, in: Beethoven-Jahrbuch 10, Bonn 1983, S. 221–276.
Ders., Beethovens Streichquartette op. 18, in: Beethoven und Böhmen, hrsg. von Sieghard Brandenburg und Martella Gutiérrez-Denhoff, Bonn 1988, S. 259–302.
Rainer Cadenbach, Ende und Abschluß. Überlegungen und textkritische Anmerkungen zu Beethovens letztem Werk op. 135, in: Festschrift für Rudolf Stephan, Mainz 2005, S. 79–100.

Curt Cacioppo, Color and Dissonance in Late Beethoven. The Quartet Op. 135, in: Journal of Musicological Research 6, 1986, S. 207–212.

Deryck Cooke, The Unity of Beethoven's Late Quartets, in: The Music Review 24, 1963, S. 30–49.

Carl Dahlhaus, La Malinconia, in: Ludwig van Beethoven, hrsg. von Ludwig Finscher, Darmstadt 1983, S. 200–211.

Marianne Danckwardt, Zu den Streichquartetten op. 18 von Ludwig van Beethoven, in: Neues musikwissenschaftliches Jahrbuch, hrsg. von Franz Krautwurst, Jg. 6, 1997, S. 121–161.

Bernd Edelmann, Die poetische Idee des Adagio von Beethovens Quartett op. 18,1, in: Festschrift Rudolf Bockholdt, hrsg. von Norbert Dubowy und Sören Meyer-Eller, Pfaffenhofen 1990, S. 247–267.

Mark Ferraguto, Beethoven à la moujik. Russianness and Learned Style in the Razumovsky String Quartets, in: JAMS 67, 2014, S. 77–124.

Ludwig Finscher, Beethovens Streichquartett Op. 59,3. Versuch einer Interpretation, in: Zur musikalischen Analyse, hrsg. von Gerhard Schumacher, Darmstadt 1974, S. 122–160.

Kurt von Fischer, »Der schwer gefaßte Entschluß«. Eine Interpretationsstudie zu Beethovens Streichquartett op. 135, in: Beiträge zur Musikwissenschaft 18, 1976, S. 117–121.

Nathan Fishman, Beiträge zur Beethoveniana, in: Beiträge zur Musikwissenschaft 9, 1967, S. 323 f. (Faksimile und Beschreibung eines Skizzenblatts Beethovens mit einem Palestrina-Magnificat, vgl. dazu Palestrina GA Bd. XVII, S. 11–15).

Francesco Fontanelli, Progettare la forma. Gli schizzi per il quartetto op. 127 di Beethoven, in: Il Saggiatore Musicale 27, 2020, S. 75–115.

Arno Forchert, Rhythmische Probleme in Beethovens späten Streichquartetten, in: Kongressbericht Bonn 1970, Kassel u. a. 1971, S. 394–396.

Ders., Die Darstellung der Melancholie in Beethovens Op. 18,6, in: Ludwig van Beethoven, hrsg. von Ludwig Finscher, Darmstadt 1983, S. 212–239.

Michael D. Green, Beethoven's Path toward Large-Scale Rhythmic Development. The Exposition of the First Movement of op. 18, no. 1, in: Indiana Theory Review 7, 1986, S. 3–22.

Peter Gülke, Zur musikalischen Konzeption der Rasumowsky-Quartette op. 59 von Beethoven, in: Sozialistische Musikkultur, hrsg. von Jürgen Elsner u. a., Berlin 1977, S. 397–430.

Hans-Joachim Hinrichsen, Cis oder Des? Tonartsymbolik und zyklische Idee in Beethovens Streichquartett Opus 131, in: Wiener Musikgeschichte. Festschrift für Harmut Krones, Wien u. a. 2009, S. 213–237.

Douglas Johnson, Beethoven's Sketches for the Scherzo of the Quartet, op. 18, no. 6, in: Journal of the American Musicological Society 23, 1970, S. 385–404.

Warren Kirkendale, The Great Fugue Op. 133. Beethoven's »Art of Fugue«, in: Acta Musicologica 35, 1963, S. 14–24.

Richard Kramer, »Das Organische der Fuge«. On the Autograph of Beethoven's String Quartet in F Major, Opus 59 No. 1, in: The String Quartets of Haydn,

Mozart, and Beethoven. Studies of the Autograph Manuscripts, hrsg. von Christoph Wolff, Cambridge 1980, S. 223–265.

Ders., Ambiguities in »La Malinconia«. What the Sketches Say, in: Beethoven Studies 3, 1982, S. 29–46.

Ders., Between Cavatina and Ouverture: Opus 130 and the Voices of Narrative, in: Beethoven Forum 1, Lincoln und London 1992, S. 165–189.

Friedhelm Krummacher, Synthesis des Disparaten. Zu Beethovens späten Streichquartetten und ihrer frühen Rezeption, in: Archiv für Musikwissenschaft 37, 1980, S. 99–134.

Janet Levy, Beethoven's Compositional Choices. The Two Versions of op. 18, no. 1, First Movement, in: Studies in the Criticism and Theory of Music, Philadelphia 1982.

Judy Lochhead, The Temporal in Beethoven's Opus 135. When Are Ends Beginnings?, in: In Theory Only 4/7, 1979, S. 3–30.

Lewis Lockwood, On the Cavatina of Beethoven's String Quartet in B-Flat Major, Opus 130, in: Liedstudien, Wolfgang Osthoff zum 60. Geburtstag, hrsg. von Martin Just und Reinhard Wiesend, Tutzing 1989, S. 293–305.

Ders., Process vs. Limits. A View of the Quartet in F Major, Opus 59 No. 1, in: Lewis Lockwood, Beethoven. Studies in the Creative Process, Cambridge 1992, S. 198–208.

Ders., A Problem of Form. The »Scherzo« of Beethoven's String Quartet in F Major, Op. 59, No. 1, in: Beethoven-Forum 2, Nebraska 1993, S. 85–95 (dazu Jonathan Del Mar in Beethoven-Forum 8, S. 165–172, mit »Response« von Lewis Lockwood).

Birgit Lodes, Beethovens individuelle Aneignung der langsamen Einleitung. Zum Kopfsatz des Streichquartetts op. 127, in: Musica 49, 1995, S. 311–320.

Ludwig Misch, Das Finale des C-Dur-Quartetts. Eine Formstudie, in: Beethoven-Studien, Berlin 1950, S. 36–41.

Emil Platen, Ein Notierungsproblem in Beethovens späten Streichquartetten, in: Beethoven-Jahrbuch 8, Bonn 1975, S. 147–156.

Ders., Eine Frühfassung zum ersten Satz des Streichquartetts op. 131 von Beethoven, in: Beethoven-Jahrbuch 10, Bonn 1983, S. 277–304.

Erwin Ratz, Für die Originalfassung des B-Dur-Streichquartetts op. 130/133, in: Österreichische Musikzeitschrift 7, 1952, S. 81–87.

Albrecht Riethmüller, Im Banne der Urfassung. Am Beispiel von Beethovens Streichquartett B-dur op. 130, in: Die Musikforschung 43, 1990, S. 201–211.

Stephen Rumph, What Beethoven Learned from [Mozart's] K 464, in: Eighteenth-Century Music 11, 2014, S. 55–77.

Walter Salmen, Zur Gestaltung der »Thèmes russes« in Beethovens op. 59, in: Festschrift für Walter Wiora, Kassel u. a. 1967, S. 397–404.

Hermann Scherchen, Beethovens »Große Fuge« Opus 133, in: Zur musikalischen Analyse, hrsg. von Gerhard Schumacher, Darmstadt 1974, S. 161–185.

Oliver Schwab-Felisch, Die Logik der Koinzidenz. Modell und Modellverarbeitung in Ludwig van Beethovens Streichquartett Es-Dur, Op. 127, in: Festschrift für Helga de la Motte-Haber, hrsg. von Reinhard Kopiez, Würzburg 1998, S. 545–554.

Boris Schwarz, Beethovens Opus 18 und Haydns Streichquartette, in: Kongressbericht Bonn 1970, S. 75–79.

Nicole Schwindt-Gross, Zwischen Kontrapunkt und Divertimento. Zum zweiten Satz aus Beethovens Streichquartett op. 132, in: Studien zur Musikgeschichte, Festschrift für Ludwig Finscher, Kassel u. a. 1995, S. 446–455.

David H. Smyth, Beethoven's Revision of the Scherzo of the Quartet, Opus 18, No. 1, in: Beethoven Forum 1, Lincoln und London 1992, S. 147–163.

Wolfram Steinbeck, »Ein wahres Spiel mit musikalischen Formen«. Zum Scherzo Ludwig van Beethovens, in: Archiv für Musikwissenschaft 38, 1981, S. 194–226.

Rudolf Stephan, Zu Beethovens letzten Quartetten, in: Die Musikforschung 23, 1970, S. 245–256.

Alan Tyson, The »Razumovsky« Quartets. Some Aspects of the Sources, in: Beethoven Studies 3, 1982, S. 107–140.

James Webster, Traditional Elements in Beethoven's Middle-Period String Quartets, in: International Beethoven Congress Detroit 1977, Detroit 1980.

Robert Winter, Plan for the Structure of the String Quartet in C Sharp Minor, in: Beethoven Studies 2, 1977, S. 106–137.

Jeremy Yudkin, Beethoven's »Mozart«-Quartet, in: Journal of the American Musicological Society 45, 1992, S. 30–74.

Varia mit indirektem Bezug zu Beethovens Streichquartetten

August Halm, Einführung in die Musik, Berlin 1926.

Warren Kirkendale, Fuge und Fugato in der Kammermusik des Rokoko und der Klassik, Tutzing 1966.

Manfred Hermann Schmid, Orchester und Solist in den Konzerten von W. A. Mozart, Tutzing 1999, Kapitel E/2 »Die Grenzen des Tonraums«, S. 154–163 [Bezugspunkt: tonale Wege der Durchführung].

Ders., Zur Genese des vierstimmigen Streichersatzes: Instrumente, Stimmlagen, Schrift, in: Theatrum Instrumentorum Dresdense, hrsg. von Wolfram Steude und Hans-Günter Ottenberg, Schneverdingen 2003, S. 355–372 [Bezugspunkt: Vorgeschichte der Formation Streichquartett].

Petrus Eder, Die modernen Tonarten und die phrygische Kadenz, Tutzing 2004 [Bezugspunkt: Raumgrenzen von Tonarten].

Hans-Joachim Hinrichsen: Beethovens Klaviersonaten, Kassel u. a. 2013 [Bezugspunkt: op. 14 Nr. 1; generelle Fragen der Komposition].

Rafael Rennicke, Erinnerungspoetik. Berlioz und die »Ranz des vaches«-Rezeption im 19. Jahrhundert, Diss. Tübingen 2019 [Bezugspunkt: Elementarmusik in Beethovens späten Streichquartetten].

Manfred Hermann Schmid, Zur Dynamik in Mozarts Münchner Klaviersonaten, in: Zur performativen Expressivität des K/Claviers, hrsg. von Claus Bockmaier und Dorothea Hofmann, München 2020, S. 113–128 [Bezugspunkt: »Von Herzen zu Herzen«].

REGISTER

Register der Werke Beethovens
Die Streichquartette
op. 18 (allgemein)   12 f., 18, 25 f., 28, 32, 45, 90, 136 f.
op. 18 Nr. 1   15–17, 20, 26 f., 30 f., 35, 39, **45–54**, 62, 95, 150, 267
op. 18 Nr. 2   15, 17 f., 26 f., 30, 35, 39, **55–60**
op. 18 Nr. 3   14 f., 17, 26 f., 30, 35, 38 f., **60–68**, 83, 85
op. 18 Nr. 4   13–18, 20, 25, 30, **68–75**, 130
op. 18 Nr. 5   14–16, 22, 25 f., 29 f., 35, 38, 43, **75–81**, 199
op. 18 Nr. 6   14–18, 22, 25, 27, 30, 38, 40, **81–90**, 173
op. 59 (allgemein)   12 f., 20, 28, 31, 36, 40, 43, 91 f., 136, 140, 171 f., 174
op. 59 Nr. 1   14 f., 17, 20, 22, 25, 28, 36, 41, 91, **94–108**, 173
op. 59 Nr. 2   13–15, 17, 20, 22, 31, 37, 41, 43, 91, **108–122**, 135, 145 f., 151, 158, 173, 187, 205, 216, 261, 273
op. 59 Nr. 3   14 f., 17, 20, 24 f., 36, 40 f., 92, **122–136**, 141, 173
op. 74   13–17, 20 f., 23, 25, 29, 36, 40, **136–150**, 151, 155, 158, 175 f., 181, 211, 215, 273
op. 95   13–15, 18, 24–26, 41, **151–165**, 166, 172, 185, 187, 205, 232, 242
op. 127   10, 12–15, 21 f., 25 f., 29, 36 f., 44, 165–168, 170, 172 f., **174–192**, 193, 197 f., 207, 214, 237, 247, 252, 273, 276
op. 130   14 f., 23 f., 26, 28, 36, 62, 165–167, 170, 172 f., **192–218**, 219, 226, 247, 273, 277
op. 131   14–16, 18, 22–26, 28, 32, 38, 44, 131, 166–168, 170, 172–174, **226–245**, 248, 252, 278, 280
op. 132   13–16, 22–24, 26, 28, 32, 40, 44, 113, 166–168, 170 f., 173, 193, 203, 220, **245–264**, 272

op. 133   13 f., 24 f., 165 f., 169 f., 192, **218–226**
op. 135   14 f., 17, 23–26, 37 f., 40, 44, 165–167, 170, 172 f., 184, 237, **264–280**

Andere Werke
op. 14 Nr. 1 Klaviersonate   13
op. 16 Klavierquintett   122
op. 20 Septett   122
op. 21 Sinfonie Nr. 1   34, 123
op. 31 Nr. 2 »Sturmsonate«   23
op. 36 Sinfonie Nr. 2   34
op. 53 »Waldsteinsonate«   21, 34
op. 55 Sinfonie Nr. 3 *Eroica*   13
op. 57 »Appassionata«   21
op. 68 Sinfonie Nr. 6 *Pastorale*   13, 171
op. 72 *Fidelio*   159, 259
op. 73 Klavierkonzert Nr. 5   164
op. 86 C-Dur-Messe   253
op. 92 Sinfonie Nr. 7   93
op. 93 Sinfonie Nr. 8   130
op. 106 »Hammerklaviersonate«   34
op. 123 *Missa solemnis*   62, 257
op. 125 Sinfonie Nr. 9   18, 167, 207, 225, 256, 259, 275
WoO 13 Zwölf Deutsche Tänze   252
WoO 81 Allemande   252
WoO 207 Romanze   127

Personenregister
Amenda, Karl   16
Anerio, Giovanni Francesco   253
Aristoteles   62
Artaria (Verlag)   253
Bach, Johann Sebastian   7 (*Wohltemperiertes Clavier*), 113, 172, 174, 227 (*Musikalisches Opfer*), 256 (»Singet dem Herrn«), 257
Bossler, Philipp   126

Brainin, Norbert 141
Breitkopf (Verlag) 141
Bülow, Hans von 226
Cervantes, Miguel de 126
Chopin, Frédéric 7
Czerny, Karl 92, 113, 117, 126
Ditters von Dittersdorf, Karl 172
Dürer, Albrecht 88, 203
Edelmann, Bernd 9
Eder, Petrus 34
Ferraguto, Mark 92
Förster, Aloys 7
Galitzin, Nikolaus Fürst von 166
Georgiades, Thrasybulos 8
Goethe, Johann Wolfgang von 92, 227
Haydn, Joseph 10, 12–14, 16 (op. 20/2, op. 33/4), 17 (op. 20/2, op. 76/4, op. 76/6, op. 77/1), 18, 19 (op. 1/3, op. 20/2), 20, 43, 45, 48, 50 (op. 1/1, op. 20/2, op. 33/5), 52, 55, 61, 73, 79 (op. 71/2), 118, 130, 206, 227 (op. 20/5)
Hegel, Georg Wilhelm Friedrich 258
Helm, Theodor 7, 102, 122
Herberger, Sepp 280
Hinrichsen, Hans-Joachim 9
Hoffmann, E. T. A. 253
Holz, Karl 21, 206, 226
Horaz (Quintus Horatius Flaccus) 62
Indorf, Gerd 7
Janáček, Leoš 265
Jean Paul (Johann Paul Friedrich Richter) 24
Kerman, Joseph 7, 54
Kiesewetter, Raphael Georg 253
Kinderman, William 167
Kirnberger, Johann Philipp 254
Knecht, Justinus Heinrich 254
Koch, Heinrich Christoph 38, 40, 255
Koeckert, Rudolf 8, 141, 281
Lenz, Wilhelm von 7, 102, 113, 183
Lichnowsky, Karl Graf von 45
Liszt, Franz 7
Lobkowitz, Franz Joseph Graf von 45, 136

Luther, Martin 254
Marx, Adolph Bernhard 24, 44, 165, 171
Mattheson, Johann 38
Mendelssohn Bartholdy, Felix 7, 190, 260 (op. 13)
Monteverdi, Claudio 11
Mozart, Leopold 12 (op. 1), 169
Mozart, Wolfgang Amadeus 10, 12 f., 18, 19 (KV 80), 20, 34 (*Idomeneo*), 36 (*Idomeneo*), 40, 43 (KV 614), 45, 48 f., 53, 65, 76, 77 (KV 464), 80 (KV 464), 113 (*Idomeneo*), 118 (KV 614), 119 (KV 281, 296, 309), 123 (KV 465), 126, 164, 166, 169 (KV 428), 175 (KV 593), 180 (*Idomeneo*), 187, 190 (KV 545), 201, 207, 236 (KV 551), 238, 248 (KV 551), 251 (KV 614), 252 (*Idomeneo*, *Figaro*), 276
Oulibicheff, Alexander 91
Palestrina, Pierluigi 253 (Magnificat im 3. Ton, »Tristis est anima mea«), 255 (Magnificat im 3. Ton), 257
Pleyel, Ignaz 10
Práč (Pratsch), Ivan 91–93, 117
Principe, Quirino 62
Rasumowsky, Andreas Graf von 43, 91–93, 122
Reicha, Anton 34, 174 (*Nouveau Système*)
Rennicke, Rafael 171
Réti, Rudolf 174
Riepel, Joseph 33, 38, 62, 83, 123, 138, 210, 215
Ries, Ferdinand 167
Rolland, Romain 183
Rousseau, Jean-Jacques 44, 171 f.
Schering, Arnold 126, 226
Schick, Hartmut 9
Schlegel, Friedrich 146
Schott (Verlag) 167
Schreiber, Christian 92 f., 126, 171
Schubart, Christian Friedrich Daniel 113
Schubert, Franz 190, 217 f. (D 960)
Schumann, Robert 44 (op. 41/3), 173 (op. 41/3)

Schuppanzigh, Ignaz 7, 21, 45, 91, 166, 167, 281
Seiffert, Wolf-Dieter 9
Senancour, Étienne Pivert de 171
Shakespeare, William 16, 50, 146
Spohr, Louis 90
Strawinsky, Igor 7, 223
Thibaut, Anton Friedrich Justus 253
Thomson, George 103
Tucher, Gottlieb 253
Türk, Daniel Gottlob 256 f.
Verdi, Giuseppe 51 (*Aida*), 258
Viotti, Gianbattista 175 (Violinkonzert e-Moll)
Vittoria, Tommaso Ludovico 253
Vulpius, Melchior 254 f.
Wagner, Richard 18, 116, 174, 227, 245, 275
Weber, Carl Maria von 131 (*Aufforderung zum Tanz*)
Weingartner, Felix 226
Zarlino, Gioseffo 257